Datenerhebung im arbeitsrechtlichen Vertragsanbahnungsverhältnis

Europäische Hochschulschriften
Publications Universitaires Européennes
European University Studies

Reihe II
Rechtswissenschaft

Série II Series II
Droit
Law

Bd./Vol. 4749

PETER LANG
Frankfurt am Main · Berlin · Bern · Bruxelles · New York · Oxford · Wien

Michael Eschenbacher

Datenerhebung im arbeitsrechtlichen Vertragsanbahnungsverhältnis

PETER LANG
Internationaler Verlag der Wissenschaften

Bibliografische Information der Deutschen Nationalbibliothek
Die Deutsche Nationalbibliothek verzeichnet diese Publikation in der Deutschen Nationalbibliografie; detaillierte bibliografische Daten sind im Internet über <http://www.d-nb.de> abrufbar.

Zugl.: Köln, Univ., Diss., 2008

D 38
ISSN 0531-7312
ISBN 978-3-631-58339-5

www.peterlang.de

Meinen Eltern gewidmet

Vorwort

Dank möchte ich zunächst Herrn Prof. Dr. Dres. h.c. Peter Hanau aussprechen, der diese Arbeit betreut und ihr Gelingen in jeder Phase gefördert hat, weiterhin Herrn Prof. Dr. Martin Henssler für die zügige Erstellung des Zweitgutachtens. Für unzählige Diskussionen und aufmunternde Worte danke ich Herrn Dr. Norbert Windeln.

Mein besonderer Dank gilt meinen Eltern, ohne deren Unterstützung die Fertigstellung der Arbeit nicht möglich gewesen wäre.

Düsseldorf, im Mai 2008 *Michael Eschenbacher*

Inhaltsverzeichnis

Kapitel 1 – Problemstellung

A. Gegenstand der Untersuchung

Im arbeitsrechtlichen Vertragsanbahnungsstadium treffen Informations- und Geheimhaltungsinteressen von Arbeitgeber und Bewerber aufeinander: Der Arbeitgeber möchte sich möglichst umfassend über einen Bewerber informieren, der Bewerber möglichst wenig oder jedenfalls nur vorteilhaft erscheinende Informationen preisgeben.[1]

Daraus entsteht die viel diskutierte Problematik des arbeitgeberseitigen Fragerechts bzw. seiner Beschränkung, der Offenbarungspflichten des Bewerbers ohne vorausgehende Frage des Arbeitgebers[2] sowie der Zulässigkeit „indirekter“ Datenerhebungsmethoden des Arbeitgebers, wie ärztlicher, psychologischer oder graphologischer Begutachtungen.

Gegenstand der vorliegenden Arbeit ist eine Untersuchung dieses Gesamtkomplexes arbeitgeberseitiger Datengewinnung im Vertragsanbahnungsverhältnis.

Veranlassung zu einer erneuten Untersuchung dieses in der Literatur bereits umfänglich diskutierten Bereichs geben zunächst die Entwicklungen auf dem Gebiet des Diskriminierungsschutzes durch die europäischen Richtlinien 2000/43/EG[3], 2000/78/EG[4] und 2002/73/EG[5] sowie ihre Umsetzung ins nationale Recht durch § 81 SGB IX und das am 18.08.2006 als Art. 1 des Gesetzes zur Umsetzung europäischer Richtlinien zur Verwirklichung des Grundsatzes der Gleichbehandlung[6] in Kraft getretene Allgemeine Gleichbehandlungsgesetz (AGG), aufgrund derer „klassische“ Fallgruppen des arbeitgeberseitigen Datenerhebungsrechts neu zu diskutieren sind und sich auch gänzlich neue Problemfälle ergeben haben.

---

1 Vgl. Kuhla, 83; Degener, 60, 82; Sproll ZIP 1984, 23, 25; Hofmann ZfA 1975, 1, 18 f.; Wiese ZfA 1971, 309; Heußner BB 1990, 1281, 1282.

2 Nachfolgend als Mitteilungspflichten bezeichnet.

3 Richtlinie 2000/43/EG des Rates vom 29.06.2000 zur Anwendung des Gleichbehandlungsgrundsatzes ohne Unterschied der Rasse oder der ethnischen Herkunft (ABl. EG Nr. L 180, 22).

4 Richtlinie 2000/78/EG des Rates vom 27.11.2000 zur Festlegung eines allgemeinen Rahmens für die Verwirklichung der Gleichbehandlung in Beschäftigung und Beruf (ABl. EG Nr. L 303, 16).

5 Richtlinie 2002/73/EG des Europäischen Parlaments und des Rates vom 23.09.2002 zur Änderung der Richtlinie 76/207/EWG des Rates zur Verwirklichung des Grundsatzes der Gleichbehandlung von Männern und Frauen hinsichtlich des Zugangs zur Beschäftigung, zur Berufsbildung und zum beruflichen Aufstieg sowie in Bezug auf die Arbeitsbedingungen (ABl. EG Nr. L 269, 15).

6 BGBl. I v. 17.08.2006, 1897 ff.

Weiterhin hat das am 23.05.2001 in Kraft getretene Gesetz zur Änderung des Bundesdatenschutzgesetzes vom 18.05.2001[7], durch welches die Richtlinie 95/46/EG[8] (nachfolgend EG-DSR) in deutsches Recht umgesetzt wurde, bislang noch wenig untersuchte Fragen hinsichtlich des arbeitgeberseitigen Datenerhebungsrechts bei der Vertragsanbahnung aufgeworfen.

Nicht zuletzt sind darüber hinaus in jüngerer Zeit wieder Bestrebungen zu registrieren, das Datenerhebungsrecht des Arbeitgebers sowie Mitteilungspflichten des Bewerbers im Vertragsanbahnungsstadium einer gesetzlichen Regelung zuzuführen. So wurde im Zuge der letzten Novellierung des BDSG – erneut[9] – die seitens der Literatur geforderte[10] Kodifizierung eines bereichsspezifischen Arbeitnehmerdatenschutzgesetzes angekündigt[11]. Daneben haben auch die Bestrebungen nach einem Arbeitsvertragsgesetz neuen Schub bekommen. Die CDU hat im Jahre 2005 die Erarbeitung eines einheitlichen Arbeitsgesetzbuches beschlossen[12], jüngst wurde ein im Auftrag der Bertelsmann Stiftung erarbeiteter Diskussionsentwurf veröffentlicht[13], welcher auch Regelungen zum Fragerecht des Arbeitgebers sowie zu Mitteilungspflichten des Bewerbers und Eignungsuntersuchungen vorsieht.

Auch wenn zur Zeit noch nicht erkennbar ist, wann mit einer Umsetzung dieser Vorhaben zu rechnen ist[14], sollte im Rahmen einer möglichen Kodifizierung des Fragerechts des Arbeitgebers und anderer Datenerhebungsmethoden im Vertragsanbahnungsstadium nicht unreflektiert auf die Rspr. des BAG zurückgegriffen werden, weshalb auch vor diesem Hintergrund eine umfassende Analyse der in Rspr. und Schrifttum vertretenen Ansichten zu den teilweise auch nach jahr-

---

7 BGBl. I v. 22.05.2001, 904 ff.

8 Richtlinie 95/46/EG des Europäischen Parlaments und des Rates vom 24.10.1995 zum Schutz natürlicher Personen bei der Verarbeitung personenbezogener Daten und zum freien Datenverkehr (ABl. EG Nr. L 281, 31).

9 Seit Jahren verspricht die Bundesregierung, unabhängig von ihrer jeweiligen politischen Zusammensetzung, ein Arbeitnehmerdatenschutzgesetz (vgl. Däubler RDV 2003, 7).

10 Vgl. etwa Faber RDV 2003, 278, 283; Däubler RDV 2003, 7.

11 BT-Drucks. 14/4329, 31.

12 Dazu Hanau NJW 2005, Editorial zu Heft 14.

13 In: NZA 2006, Beilage zu Heft 23.

14 Im ehemaligen BMA wurden Überlegungen zu einem Arbeitnehmerdatenschutzgesetz bereits unter dem Arbeitstitel „Gesetz zur Information und Kommunikation im Arbeitsverhältnis“ geführt, welches zunächst für das Jahr 2001 in Aussicht gestellt worden war (vgl. den Bericht in RDV 2000, 184 und Gola RDV 2000, 202, 206 f.). Das Gesetzesvorhaben wurde letztlich jedoch nicht mehr in der 14. Legislaturperiode realisiert. Auch im rot-grünen Koalitionsvertrag für die 15. Legislaturperiode war die Regelung des Arbeitnehmerdatenschutzes – anders als allerdings im Koalitionsvertrag der großen Koalition für die 16. Legislaturperiode – noch vorgesehen (vgl. http://www.spd.de/servlet/PB/show/1023294/Koalitionsvertrag.pdf, 55).

zehntelanger Diskussion immer noch umstrittenen sowie den neu entstandenen Einzelproblemen sinnvoll erscheint[15].

B. Gang der Untersuchung

Dabei werden zunächst die dogmatischen Grundfragen behandelt. Dies betrifft die nach wie vor umstrittenen Grundlagen der Fragerechtsbeschränkung und – in dessen Anwendungsbereich – die Auswirkungen des BDSG 2001 auf die Grenzen des arbeitgeberseitigen Fragerechts. Hinzu kommt eine Untersuchung der Problematik, nach welchen Grundsätzen der Bewerber auch ohne vorausgehende Frage des Arbeitgebers zur Offenbarung bestimmter Umstände verpflichtet ist. Den Schwerpunkt der Arbeit bildet die sich anschließende Analyse einzelner problematischer Fallgruppen des Fragerechts und der Mitteilungspflichten des Bewerbers, der eine Untersuchung der Zulässigkeit „indirekter" Datenerhebungsmethoden folgt. Nach einer Skizzierung der de lege lata bestehenden Probleme bei der Durchsetzung der Fragerechtsgrenzen werden in einem abschließenden Kapitel die gefundenen Ergebnisse noch einmal kurz zusammengefasst und daraus einige Vorschläge für eine mögliche Kodifizierung des Fragerechts und anderer Datenerhebungsmethoden des Arbeitgebers abgeleitet.

Kapitel 2 – Dogmatische Grundlagen

A. Allgemeine dogmatische Grundlagen der Fragerechtsbeschränkung

Man ist sich heute einig, dass das Fragerecht des Arbeitgebers beschränkt ist.[16] Die dogmatische Begründung ist nach wie vor umstritten.

I. Begrenzung des Fragerechts zum Schutz des allgemeinen Persönlichkeitsrechts des Bewerbers ?

1. Rspr. des BAG und h.M. in der Literatur

Das BAG hat sich mit der Beschränkung des Fragerechts stets in Fällen beschäftigen müssen, in denen ein Bewerber nach wahrheitswidriger Beantwortung einer durch den Arbeitgeber gestellten Frage bereits eine Einstellung erreicht hatte und der Arbeitgeber nach bekannt werden der Wahrheit den Arbeitsvertrag durch Anfechtung nach § 123 BGB beseitigen wollte.

Die Rechtsprechung zum Fragerecht ist deshalb eng mit dem Tatbestand des § 123 BGB verknüpft. In seinem Grundsatzurteil entschied der 1. Senat, nicht jede unwahre Beantwortung einer in einem Einstellungsfragebogen gestellten Frage sei eine arglistige Täuschung im Sinne des § 123 BGB, sondern nur eine falsche Antwort auf eine zulässigerweise gestellte Frage.[17] Indiskrete Befragungen

---

15 Vgl. auch Thüsing/Lambrich BB 2002, 1146, 1153.

16 ErfKomm – Preis § 611 BGB Rdnr. 331.

17 BAG 05.12.1957 – 1 AZR 594/56 = BAGE 5, 159.

könnten als Einbruch in die rechtlich zu schützende Individualsphäre des Arbeitnehmers unzulässig sein.[18]

In den nachfolgenden Entscheidungen wird eine zulässigerweise gestellte Frage und eine damit korrespondierende Pflicht des Bewerbers zur wahrheitsgemäßen Beantwortung nur angenommen, wenn der Arbeitgeber ein berechtigtes, billigenswertes und schutzwürdiges Interesse an der Beantwortung seiner Frage im Hinblick auf das Arbeitsverhältnis hat.[19]

Dabei muss das Interesse des Arbeitgebers objektiv so gewichtig sein, dass dahinter das Interesse des Arbeitnehmers, seine persönlichen Lebensumstände zum Schutz seines Persönlichkeitsrechts und zur Sicherung seiner Individualsphäre geheim zu halten, zurückzutreten hat"[20] bzw. „das Interesse des Arbeitnehmers am Schutz seines Persönlichkeitsrechts und an der Unverletzbarkeit seiner Individualsphäre zurücktreten muss"[21].

Ergänzend zieht das BAG zur Begründung der Fragerechtsbeschränkung den Grundsatz von Treu und Glauben aus § 242 BGB heran.[22]

Auch in der Literatur ist der Ansatz des Geheimhaltungsschutzes beim Persönlichkeitsrecht des Bewerbers, insbesondere auch in der Ausprägung des so genannten Rechts auf informationelle Selbstbestimmung, weit verbreitet[23], ebenso die Heranziehung des Grundsatzes von Treu und Glauben[24].

---

18 BAG 05.12.1957 – 1 AZR 594/56 = BAGE 5, 159, 163.

19 BAG 07.06.1984 – 2 AZR 270/83 = AP Nr. 26 zu § 123 BGB; BAG 05.10.1995 – 2 AZR 923/94 = NZA 1996, 371 f.; BAG 21.02.1991 – 2 AZR 449/90 = NZA 1991, 719.

20 BAG 05.10.1995 – 2 AZR 923/94 = NZA 1996, 371 f.

21 BAG 07.06.1984 – 2 AZR 270/83 = AP Nr. 26 zu § 123 BGB; BAG 01.08.1985 – 2 AZR 101/83 = NZA 1986, 635.

22 Vgl. BAG 06.07.2000 – 2 AZR 543/99 = NZA 2001, 317, 319: „Das allgemeine Persönlichkeitsrecht des Arbeitnehmers und der Grundsatz von Treu und Glauben rechtfertigen es, nur Fragen des Arbeitgebers zuzulassen und dementsprechend eine wahrheitswidrige Beantwortung dieser Fragen als rechtswidrig anzusehen, die eine hinreichende Bedeutung für den Bestand des Arbeitsverhältnisses haben."

23 Vgl. etwa Degener, 60 ff.; Staudinger – Richardi § 611 Rdnr. 140; Thüsing/Lambrich BB 2002, 1146 ff.; jüngst auch *Kaehler* (ZfA 2006, 519, 521), der Frageverbote aber zusätzlich aus weiteren Grundrechtspositionen des Bewerbers (z.B. Art. 5 GG) sowie speziellen Diskriminierungsverboten herleitet.

24 Vgl. etwa Wiedemann FS Herschel, 463, 468 f.; Moritz NZA 1987, 329, 332; auch *Hofmann* (ZfA 1975, 1 ff; 26 f., 63) wählt einen Ansatz bei § 242 BGB und bestimmt dadurch die Reichweite der Offenbarungspflicht des Bewerbers im Sinne einer Pflicht zur Wahrhaftigkeit, die sich aus dessen Verpflichtung zur Rücksichtnahme auf die Interessen des Arbeitgebers ableitet (ähnlich Neumann DB 1961, 1291).

Die objektive Berechtigung eines arbeitgeberseitigen Informationsinteresses im Einzelfall wird dabei anhand in der gesamten Rechtsordnung auffindbarer Wertentscheidungen bestimmt.[25]

2. Kritik aus der Literatur

An der Rspr. des BAG wird von Teilen der Literatur kritisiert, die Begrenzung des Fragerechts lasse sich nicht allein aus dem Schutz des Persönlichkeitsrechts des Arbeitnehmers ableiten, da sich damit solche Fragen nicht erfassen ließen, die nicht auf Umstände aus der Intim- oder Privatsphäre des Bewerbers zielten.[26] Von beleidigenden Fragen abgesehen sei es grundsätzlich niemandem verwehrt, irgend jemanden irgend etwas zu fragen.[27] Zudem setze die Verletzung des allgemeinen Persönlichkeitsrechts ein widerrechtliches Eindringen des Arbeitgebers in die Privatsphäre des Bewerbers voraus, der Arbeitgeber erhalte die Informationen jedoch letztlich vom Bewerber selbst und damit mit dessen Einwilligung, weshalb die Begrenzung des Fragerechts nur dann aus dem allgemeinen Persönlichkeitsrecht abgeleitet werden könne, wenn man diese Einwilligung als unwirksam ansehen müsse.[28]

Die Begrenzung des Fragerechts lasse sich entgegen der Rspr. nur aus einer rechtlichen Begrenzung des arbeitgeberseitigen Auswahlermessens ableiten, denn es sei widersprüchlich, einerseits an der uneingeschränkten Vertragsfreiheit des Arbeitgebers festzuhalten, andererseits jedoch bestimmte Fragen für unzulässig zu erklären.[29] Wenn dem Arbeitgeber von Rechts wegen gestattet sei, ein Datum bei der Einstellungsentscheidung zu berücksichtigen, müsse er auch danach fragen dürfen.[30]

---

[25] Vgl. aus der Rspr. BAG 05.10.1995 – 2 AZR 923/94 = NZA 1996, 371, 372 ff.; aus der Literatur MünchArbR – Buchner § 41 Rdnr. 29 ff.; Hofmann ZfA 1975, 1, 17 ff., 25, 32 f.; Leipold AuR 1971, 161, 166; Moritz NZA 1987, 329, 331 f.; Degener, 68, 111.

[26] Raab RdA 1995, 36, 39.

[27] Leipold AuR 1971, 161, 163.

[28] Raab RdA 1995, 36, 39.

[29] Leipold AuR 1971, 161, 163 f.; Raab RdA 1995, 36, 39; Gamillscheg, Grundrechte, 65. Vgl. auch *Hofmann* (ZfA 1975, 1, 5): „Auf der einen Seite könnte die uneingeschränkte Vertragsfreiheit des Arbeitgebers vertreten werden (...). Daher habe folgerichtig der Arbeitgeber die völlige Freiheit, den Abschluß eines Arbeitsvertrages von Fragen abhängig zu machen, deren Inhalt und Umfang ausschließlich seiner Entscheidung unterliege. Die Konsequenz einer solchen Position müßte ein grenzenloses Fragerecht des Arbeitgebers und dementsprechend eine totale Pflicht des Arbeitnehmers zur wahrheitsgemäßen Beantwortung sein." *Buchner* (MünchArbR § 41 Rdnr. 5) bezeichnet die davon abweichende Konzeption von Rspr. und herrschender Meinung immerhin als „problematisch".

[30] Leipold AuR 1971, 161, 163 f.; Raab RdA 1995, 36, 39.

3. Eigene Stellungnahme

a) Von der Sphärentheorie zum Recht auf informationelle Selbstbestimmung

Bezüglich des Umfangs des durch das allgemeine Persönlichkeitsrecht gewährleisteten Schutzes des bewerberseitigen Geheimhaltungsinteresses ist zunächst zu beachten, dass das BVerfG im Volkszählungsurteil[31] aus dem allgemeinen Persönlichkeitsrecht des Art. 2 I i.V.m. Art. 1 I GG das so genannte Recht auf informationelle Selbstbestimmung abgeleitet hat[32]. Dieses gewährleistet die Befugnis des einzelnen, grundsätzlich selbst über die Preisgabe und Verwendung seiner persönlichen Daten zu bestimmen.[33] Hatte das BVerfG, ebenso wie der BGH, als Schutzgut des allgemeinen Persönlichkeitsrechts zunächst die Privat-, Geheim-, und Intimsphäre anerkannt und bei der aufgrund der generalklauselartigen Weite und Unbestimmtheit des Begriffs des allgemeinen Persönlichkeitsrechts vorgenommenen einzelfallbezogenen Weiterentwicklung[34] einzelner Schutzgüter an der „Sphärentheorie" festgehalten[35], ist der Schutzbereich des Rechts auf informationelle Selbstbestimmung gerade nicht auf Daten, die sich einer bestimmten Persönlichkeitssphäre zuordnen lassen, beschränkt. Aufgrund der besonderen Gefahren moderner Informationstechnologien[36] gibt es unter den Bedingungen der automatisierten Datenverarbeitung vielmehr kein „belanglo-

---

31 BVerfG 15.12.1983 – 1 BvR 209, 269, 362, 420, 440, 484/83 = BVerfGE 65, 1.

32 Kritisch zur Ableitung aus dem allgemeinen Persönlichkeitsrecht Langer, 184; Krause JuS 1984, 268, 269 ff.; H. Ehmann AcP 188, 230, 301 f.

33 BVerfG 15.12.1983 – 1 BvR 209, 269, 362, 420, 440, 484/83 = BVerfGE 65, 1.

34 Zur Entwicklung des allgemeinen Persönlichkeitsrechts vgl. nur BVerfG 03.06.1980 – 1 BvR 185/77 = BVerfGE 54, 148, 154.

35 So wurde das Recht, „für sich zu sein", bzw. „sich selbst zu gehören" und ein Eindringen oder einen Einblick durch andere auszuschließen sowie das Verfügungsrecht über die Darstellung der eigenen Person noch auf einen privaten Bereich begrenzt (vgl. BVerfG 05.06.1973 – 1 BvR 536/72 = BVerfGE 35, 202, 220). Auch das Recht, von der Unterschiebung nicht getaner Äußerungen verschont zu bleiben, wurde davon abhängig gemacht, dass zugleich ein anerkanntes Schutzgut des allgemeinen Persönlichkeitsrechts, etwa die Privatsphäre, verletzt wurde (BGH 08.12.1964 – VI ZR 201/63 = NJW 1965, 685, 687; BVerfG 14.02.1973 – 1 BvR 112/65 = BVerfGE 34, 269, 282 f.). In der Eppler-Entscheidung (BVerfG 03.06.1980 – 1 BvR 185/77 = BVerfGE 54, 148, 153 f.) hat das BVerfG dann bereits das Recht, das Unterschieben nicht getaner Äußerungen nicht hinnehmen zu müssen, allein aus dem Gedanken der Selbstbestimmung gefolgert und eine Beeinträchtigung des allgemeinen Persönlichkeitsrechts unabhängig davon bejaht, ob ein anderes anerkanntes Schutzgut, wie etwa die Privatsphäre, beeinträchtigt ist. Es könne nur Sache der einzelnen Person selbst sein, über das zu bestimmen, was ihren sozialen Geltungsanspruch ausmachen solle (kritisch dazu H. Ehmann AcP 188, 230, 306).

36 Dazu im Einzelnen BVerfG 15.12.1983 – 1 BvR 209, 269, 362, 420, 440, 484/83 = BVerfGE 65, 1, 42; BAG 06.06.1984 – 5 AZR 286/81 = SAE 1985, 95, 97; Heußner BB 1990, 1281.

ses" Datum mehr[37]. Wieweit Informationen sensibel sind, kann nicht allein davon abhängen, ob sie intime Vorgänge betreffen.[38] Erst wenn Klarheit darüber besteht, zu welchem Zweck[39] Angaben verlangt werden und welche Verknüpfungs- und Verwendungsmöglichkeiten bestehen, lässt sich die Frage einer zulässigen Beschränkung des Rechts auf informationelle Selbstbestimmung beantworten[40]. Damit ist die sphärenbedingte Betrachtung des Persönlichkeitsschutzes zwar nicht gänzlich aufgegeben, da hinsichtlich der Schranken des Rechts auf informationelle Selbstbestimmung je nach der Qualität der Daten unterschieden und sensible, möglicherweise stigmatisierende Daten unter verstärkten Schutz gestellt werden.[41] Die tatbestandliche Reichweite des allgemeinen Persönlichkeitsrechts ist insoweit jedoch abschließend umschrieben und wird im Einzelfall nicht bereits auf Tatbestandsebene im Wege einer Güter- und Interessenabwägung beschränkt.[42]

---

[37] BVerfG 15.12.1983 – 1 BvR 209, 269, 362, 420, 440, 484/83 = BVerfGE 65, 1, 45.

[38] BVerfG 15.12.1983 – 1 BvR 209, 269, 362, 420, 440, 484/83 = BVerfGE 65, 1, 45.

[39] So macht es etwa einen Unterschied, ob ein Arzt im Rahmen einer Behandlung nach dem letzten geschlechtlichen Kontakt oder zurückliegenden Krankheiten fragt oder ein Arbeitgeber im Rahmen eines Einstellungsgesprächs. Das bekannt werden ganz ähnlicher Details kann für einen Politiker vernichtend, für einen Popstar verkaufsfördernd wirken (Dammann/Simitis Art. 8 Anm. 3).

[40] BVerfG 15.12.1983 – 1 BvR 209, 269, 362, 420, 440, 484/83 = BVerfGE 65, 1, 45.

[41] Vgl. BVerfG 15.12.1983 – 1 BvR 209, 269, 362, 420, 440, 484/83 = BVerfGE 65, 1, 46, 48; BVerfG 17.07.1984 – 2 BvE 11, 15/83 = BVerfGE 67, 100, 144; BVerfG 09.03.1988 – 1 BvL 49/86 = NJW 1988, 2031; BVerfG 14.09.1989 – 2 BvR 1062/87 = NJW 1990, 563; BAG 06.06.1984 – 5 AZR 286/81 = SAE 1985, 95, 97; BAG 22.10.1986 – 5 AZR 660/85 = DB 1987, 1048, 1049; BAG 15.07.1987 – 5 AZR 215/86 = NZA 1988, 53, 54; Geis CR 1995, 171, 172; Hufen JZ 1984, 1072, 1076; Sternberg-Lieben GA 90, 289, 300; Däubler, Gläserne Belegschaften ?, Rdnr. 119 Fn. 116.

[42] Vgl. allgemein zur tatbestandsbestimmenden Interessenabwägung BGH 02.04.1957 – VI ZR 9/56 = BGHZ 24, 72, 80; BGH 19.09. 1961 – VI ZR 259/60 = BGHZ 35, 363, 368; Brossette, 235; H. Ehmann AcP 188, 230, 252, 304 und speziell in Bezug auf das Fragerecht des Arbeitgebers Degener, 63 f.; zur Abkehr von der tatbestandsbestimmenden Interessenabwägung Gallwas NJW 1992, 2785, 2787; deutlich BVerfG 09.03.1988 – 1 BvL 49/86 = NJW 1988, 2031 f., wo die Umstände des Einzelfalls bei der Bekanntgabe einer Entmündigung (Kundgabe an eine unbestimmte Öffentlichkeit, Gefahr der sozialen Abstempelung, Inhalt der Bekanntmachung, Betroffenheit der Person als Ganzes) nur herangezogen werden, um die *Schwere* des allein durch die Bekanntgabe des Datums bewirkten Eingriffs zu bestimmen. Deutlich auch BVerfG 11.06.1991 – 1 BvR 239/90 = CR 1992, 368, 369; BVerfG 25.07.1988 – 1 BvR 109/85 = NJW 1988, 3009, wonach auch der regelmäßig gesteigerte Sozialbezug bestimmter Daten zwar bei der Prüfung der *Einschränkbarkeit* des Rechts auf informationelle Selbstbestimmung im Einzelfall berücksichtigt werden muss, jedoch nicht dazu führen kann, dass diese Daten aus dem Schutzbereich des Grundrechts als von vornherein entzogen anzusehen sind.

Nachdem das BVerfG eine Drittwirkung[43] des Rechts auf informationelle Selbstbestimmung in zwei Entscheidungen zum Mietrecht[44] ausdrücklich bejaht hat, steht zudem fest, dass das Recht auf informationelle Selbstbestimmung auch gegen Informationshandlungen Privater schützt und damit auch dem Bewerber im Bereich des geltenden Arbeitsrechts zusteht[45].

Dabei hat das BVerfG in der Volkszählungsentscheidung bereits die Datenerhebung in den Schutzbereich des Rechts auf informationelle Selbstbestimmung einbezogen und die Unabhängigkeit des dadurch bewirkten Schutzes von der nachfolgenden Speicherung im Beschluss vom 09.03.1988[46] bestätigt.

Das Recht auf informationelle Selbstbestimmung schützt damit generell vor der Erhebung und Verarbeitung personenbezogener Daten und ist nicht auf den jeweiligen Anwendungsbereich der Datenschutzgesetze oder datenschutzrelevanter gesetzlicher Sonderregelungen beschränkt.[47] Auch in den Entscheidungen vom 11.06.1991[48] und vom 28.01.1992[49] sieht das BVerfG das Recht auf informationelle Selbstbestimmung als betroffen an, obwohl konkrete „Verdatungsgefahren" nicht angesprochen werden[50].

Das BAG greift bei seinen Entscheidungen zum Fragerecht zwar nicht auf das Recht auf informationelle Selbstbestimmung zurück[51], hat dessen Geltung im

---

43 Dabei wird hier an der herkömmlichen Terminologie der „Drittwirkung" festgehalten, auch wenn Rspr. und Lehre das Problem der Bindung Privater an die Grundrechte zunehmend über die Theorie der „Schutzgebotsfunktion" der Grundrechte lösen. Nach der Theorie der mittelbaren Drittwirkung werden die Grundrechte im Zivilrecht vornehmlich über das Medium der Generalklauseln realisiert. Auch nach der Theorie der Schutzgebotsfunktion der Grundrechte bleibt dies das wichtigste, aber nicht das einzige Instrument, die Schutzgebotsfunktionen der Grundrechte zur Geltung zu bringen. Insoweit bestehen im Ergebnis also keine Unterschiede. Ausführlich zum Ganzen Stern, Staatsrecht, Band III/1, 1538 ff., 1584.

44 BVerfG 11.06.1991 – 1 BvR 239/90 = CR 1992, 368; BVerfG 28.01.1992 – 1 BvR 1319/91 = NJW 1992, 1379.

45 Eine Drittwirkung des Rechts auf informationelle Selbstbestimmung bejahend auch Wohlgemuth DB 1985, Beilage Nr. 21, 5; ders. AuR 1985, 239, 240 ff. und AuR 1992, 46; Erman[10] – Hanau § 611 Rdnr. 169; Mallmann CR 1988, 93, 94; Däubler CR 1994, 101, 103; Wedde CR 1992, 679, 683; MünchArbR – Buchner § 41 Rdnr. 24. M/D/H/S – Di Fabio Art. 2 Abs. 1 Rdnr. 191; Thüsing/Lambrich BB 2002, 1146, 1152. Eine Drittwirkung des Rechts auf informationelle Selbstbestimmung noch ablehnend Zöllner DB 1984, 241, 246; Langer, 180 f.

46 BVerfG 09.03.1988 – 1 BvL 49/86 = NJW 1988, 2031.

47 BVerfG NJW 1988, 2031; dazu auch Gallwas NJW 1992, 2785, 2787.

48 BVerfG 11.06.1991 – 1 BvR 239/90 = CR 1992, 368.

49 BVerfG 28.01.1992 – 1 BvR 1319/91 = NJW 1992, 1379.

50 Dazu auch Däubler CR 1994, 104; Sternberg-Lieben GA 90, 289, 300; kritisch zur Abstrahierung von konkreten Verdatungsgefahren hingegen H. Ehmann AcP 188, 230, 309 f.

51 Kritisch dazu MünchArbR – Buchner § 41 Rdnr. 26.

Bereich des Arbeitsrechts jedoch grundsätzlich in bezug auf Datenspeicherungen durch den Arbeitgeber anerkannt[52].

Der gegen die Rspr. vorgebrachten Kritik ist deshalb zunächst entgegenzuhalten, dass das Geheimhaltungsinteresse des Bewerbers durch das allgemeine Persönlichkeitsrecht tatbestandlich umfassend geschützt ist, sich also bestimmte Daten nicht unter Berufung auf die Sphärentheorie von vornherein aus dem Schutzbereich des allgemeinen Persönlichkeitsrechts ausklammern lassen.[53]

b) Einwilligungsproblematik

Die Rspr. des BAG lässt sich auch nicht überzeugend mit dem Argument ablehnen, dass es aufgrund einer Einwilligung des Bewerbers an der Verletzung des allgemeinen Persönlichkeitsrechts mangele.

Richtig ist zwar, dass eine Verletzung des allgemeinen Persönlichkeitsrechts allein in der Frage des Arbeitgebers nicht gesehen werden kann.[54]

Auch bedarf der Arbeitgeber als Grundrechtsträger, anders als staatliche Stellen[55], grundsätzlich[56] keiner einfachgesetzlichen Grundlage, um einen anderen etwas fragen zu dürfen[57]. Denn durch die Frage des Arbeitgebers wird – anders als bei staatlich auferlegten Auskunftspflichten – das Recht auf informationelle Selbstbestimmung nicht per se ausgeschlossen.

Ein Eingriff des Arbeitgebers in das Recht auf informationelle Selbstbestimmung des Bewerbers ist jedoch auch nicht zwingende Voraussetzung dafür, einen Fragerechtsausschluss zum Schutz des Rechts auf informationelle Selbstbestimmung des Bewerbers dogmatisch zu rechtfertigen.

---

52 BAG 06.06.1984 – 5 AZR 286/81 = SAE 1985, 95, 97; BAG 22.10.1986 – 5 AZR 660/85 = DB 1987, 1048, 1049; BAG 04.04.1990 – 5 AZR 299/89 = DB 1990, 1522.

53 So jedoch noch *Degener* (66 f.), der Bewerberdaten aus der „Arbeitssphäre" im Wege einer Interessenabwägung aus dem Schutzbereich des allgemeinen Persönlichkeitsrechts ausklammert. Vgl. auch *Klak* (BB 1987, 1382, 1384), der vertritt, der Schutzbereich des Persönlichkeitsrechts des Bewerbers werde mitunter inhaltlich durch das angestrebte Arbeitsverhältnis vorbestimmt.

54 Dazu noch ausführlich unten Kapitel 5 B. II. 1.

55 Nach dem Volkszählungsurteil bedürfen Einschränkungen des Rechts auf informationelle Selbstbestimmung einer verfassungsgemäßen gesetzlichen Grundlage, die dem rechtsstaatlichen Gebot der Normenklarheit entsprechen muss (BVerfG 15.12.1983 – 1 BvR 209, 269, 362, 420, 440, 484/83 = BVerfGE 65, 1). In der Literatur ist daraus vereinzelt gefolgert worden, nach den Vorgaben des Volkszählungsurteils bestehe aufgrund einer fehlenden gesetzlichen Grundlage für die Datenerhebung eine Lücke, die durch die von der Rspr. entwickelten Regeln über das Fragerecht des Arbeitgebers – wenngleich unzureichend – nur provisorisch geschlossen worden sei (so Wohlgemuth AuR 1984, 257, 262; ders. AuR 1985, 239, 241).

56 Zum Verbot der Datenerhebung mit Erlaubnisvorbehalt im novellierten BDSG noch unten Kapitel 2 B. II. 1. b).

57 Vgl. H. Ehmann RDV 1999, 12, 15; Krause JuS 1984, 268, 270; Gallwas NJW 1992, 2785, 2788.

Es liegt auf der Hand, dass der Bewerber eine Frage des Arbeitgebers regelmäßig wird beantworten müssen, möchte er die Chance auf den Arbeitsplatz nicht verlieren. Dadurch kann er in eine Drucksituation geraten, von seinem Recht auf informationelle Selbstbestimmung keinen Gebrauch zu machen, sondern Daten preiszugeben, die er tatsächlich geheim halten möchte.

Eine Frage des Arbeitgebers kann somit zwar nicht als Eingriff, aber als *Angriff* auf die informationelle Selbstbestimmung bezeichnet werden.[58]

Insofern erlangt die zusätzliche Anknüpfung des BAG an den Grundsatz von Treu und Glauben gemäß § 242 BGB Bedeutung. Aus diesem werden seit jeher auch für das Stadium der arbeitsrechtlichen Vertragsanbahnung gegenseitige Rücksichtnahme- und Schutzpflichten der potentiellen Vertragsparteien abgeleitet[59], deren Existenz nunmehr auch in § 241 II i.V.m. § 311 II Nr. 1 BGB anerkannt wird.

Insbesondere soll, worauf unten noch zurückzukommen sein wird, für den Bewerber – ebenso wie für den Arbeitgeber[60] – nach der Rspr. des BAG und der ganz h.M. in der Literatur aus dem Grundsatz von Treu und Glauben vor Abschluss eines Arbeitsvertrags die Pflicht folgen, auf bestimmte Umstände sogar ungefragt hinzuweisen[61]. Wenn für den Bewerber damit also eine Pflicht zur Rücksichtnahme auf elementare Informationsinteressen des Arbeitgebers angenommen wird[62], könnte ebenso eine vorvertragliche Rücksichtnahmepflicht des

---

58 So auch Rauscher FS Gitter, 757, 775; ähnlich Kaehler ZfA 2006, 519, 523.

59 Vgl. etwa BAG 01.08.1985 – 2 AZR 101/83 = NZA 1986, 635; Wiedemann FS Herschel, 463 ff; Hofmann ZfA 1975, 1, 26.

60 BAG 02.12.1976 – 3 AZR 401/75 = AP Nr. 10 zu § 276 BGB Verschulden bei Vertragsabschluß; BAG 08.03.1977 – 4 AZR 700/75 = DB 1977, 1322; BAG 14.07.2005 – 8 AZR 300/04 = NZA 2005, 1298.

61 BAG 21.02.1991 – 2 AZR 449/90 = NZA 1991, 719; BAG 07.02.1964 – 1 AZR 251/63 = AP Nr. 6 zu § 276 BGB Verschulden bei Vertragsabschluß; BAG 24.01.1974 – 3 AZR 488/72 = AP Nr. 74 zu § 611 BGB Haftung des Arbeitnehmers; BAG 02.12.1976 – 3 AZR 401/75 = AP Nr. 10 zu § 276 BGB Verschulden bei Vertragsabschluß; BAG 18.09.1987 – 7 AZR 507/86 = AP Nr. 32 zu § 123 BGB; Staudinger – Richardi § 611 Rdnr. 161; Neumann DB 1961, 1291; Hofmann ZfA 1975, 1, 49.

62 Entgegen *Zöllner* (RDV 1985, 3, 13) und *Brossette* (88 f.) ist die Annahme solcher Mitteilungspflichten im Hinblick auf § 242 BGB auch nicht unvereinbar mit einer Drittwirkung des Rechts auf informationelle Selbstbestimmung. Denn dieses ist nicht schrankenlos gewährleistet (BVerfG 15.12.1983 – 1 BvR 209, 269, 362, 420, 440, 484/83 = BVerfGE 65, 1, 43; BVerfG 10.02.1988 – 2 BvR 522/87 = CR 1989, 416; BVerfG 09.03.1988 – 1 BvL 49/86 = NJW 1988, 2031; BVerfG 25.07.1988 – 1 BvR 109/85 = NJW 1988, 3009; BVerfG 11.06.1991 – 1 BvR 239/90 = CR 1992, 368, 369; BVerfG 28.01.1992 – 1 BvR 1319/91 = NJW 1992, 1379) und kann seine Grenze unter anderem in den Rechten Dritter finden (BVerfG 11.06.1991 – 1 BvR 239/90 = CR 1992, 368, 369; Linnenkohl/Rauschenberg /Schüttler/Schütz BB 1988, 57, 62), womit rechtlich geschützte Informationsinteressen des Arbeitgebers zu einer entsprechenden Beschränkung des Rechtsauf informationelle Selbstbestimmung führen können. Trotz Zuerkennung des Rechts auf informationelle Selbstbestim-

Arbeitgebers dahingehend postuliert werden, den in einer Frage liegenden Angriff auf die informationelle Selbstbestimmung des Bewerbers zu unterlassen, ohne dass die Frage bereits in das allgemeine Persönlichkeitsrecht des Bewerbers eingreifen müsste[63].

c) Das Spannungsverhältnis zwischen Auswahlfreiheit und Fragerechtsbeschränkung

Das dogmatische Kernproblem der Rspr. des BAG wird von den Kritikern jedoch angesprochen, wenn sie zur Begründung der Begrenzung des Fragerechts das Besetehen rechtlicher Einschränkungen des arbeitgeberseitigen Auswahlermessens für erforderlich halten. Denn mit der Beschränkung des Fragerechts wird dem Arbeitgeber der rechtliche Schutz seines Informationsinteresses an bestimmten Daten versagt. Dies wirft jedoch zunächst die durch das BAG nicht weiter problematisierte Frage auf, in welche Rechtspositionen des Arbeitgebers damit eingegriffen wird und ob sich ein solcher Eingriff allein durch ein gleichsam abstraktes – wenn auch durch das Recht auf informationelle Selbstbestimmung grundsätzlich umfassend geschütztes – „Interesse" des Bewerbers an der Geheimhaltung bestimmter Daten rechtfertigen lässt.

aa) Der rechtliche Schutz des arbeitgeberseitigen Informationsinteresses durch die Vertragsfreiheit

Private sind schon aufgrund der allgemeinen Handlungsfreiheit aus Art. 2 I GG in der Befugnis, Daten zu erheben, grundrechtlich geschützt.[64] Die allgemeine Handlungsfreiheit tritt allerdings insoweit zurück, als ein speziellerer Grundrechtsschutz zum Tragen kommt.[65] Wenn der Arbeitgeber Daten zwecks Bewerberauswahl erhebt, dann geschieht dies in Ausübung der ihm zustehenden Vertragsfreiheit in der Ausprägung der Abschlussfreiheit. Diese wird primär durch die Berufsfreiheit des Art. 12 I GG als dem zu Art. 2 I GG spezielleren Grundrecht geschützt.[66] Hinzu kann ein grundrechtlicher Schutz aus Art. 14 I GG tre-

---

mung gegenüber dem Arbeitgeber bejaht auch *Klein* (NZA 1998, 1208 f.) Mitteilungspflichten des Bewerbers.

63 Dies übersieht Leipold AuR 1971, 161, 163, wenn er postuliert: „Von beleidigenden Fragen abgesehen ist es grundsätzlich niemandem verwehrt, irgend jemanden irgend etwas zu fragen." Vgl. auch *Kaehler* (ZfA 2006, 519, 522 f.), der die Fragerechtsbeschränkung aus der ansonsten drohenden erzwungenen Aufgabe eines Zurückbehaltungsrechts an der Information ableitet. Zurückhaltender *Buchner* (MünchArbR § 41 Rdnr. 199), wonach „zu erwägen" ist, aus dem vorvertraglichen Vertrauensverhältnis eine Verpflichtung des Arbeitgebers abzuleiten, das Interesse des Bewerbers zu respektieren, nicht mit unzulässigen Fragen konfrontiert zu werden.

64 M/D/H/S – Di Fabio Art. 2 Abs. 1 Rdnr. 189.

65 BVerfG 19.10.1971 – 1 BvR 387/65 = BVerfGE 32, 98, 107.

66 M/D/H/S – Scholz Art. 12 Rdnr. 115; MünchArbR – Buchner § 39 Rdnr. 11; Brossette, 203; Däubler CR 1994, 101, 103; Breitfeld, 16 ff.; Boemke/Gründel ZfA 2001, 245, 253; die

ten[67], da Beschränkungen der Abschlussfreiheit – etwa durch Einstellungszwänge bezüglich bestimmter Personengruppen – vor allem in Kleinbetrieben die Überlebensfähigkeit des Unternehmens und damit seine materielle Substanz gefährden können[68].

Aus der Vertragsfreiheit folgt zunächst einmal, dass der Arbeitgeber frei entscheiden kann, ob er überhaupt ein Arbeitsverhältnis eingehen möchte, und, wenn ja, mit wem ein Arbeitsvertrag abgeschlossen werden soll.[69] Die Einstellungsentscheidung steht daher grundsätzlich im Ermessen des Arbeitgebers.[70] Dieser möchte den Arbeitsplatz durch Ausübung seines Einstellungsermessens mit einem geeigneten Bewerber, also „richtig" besetzen.[71] Grundlage „richtiger" Entscheidungen sind Informationen.[72] Deshalb ist Vertragsfreiheit ohne Informationsfreiheit nicht denkbar.[73] Die Freiheit des Arbeitgebers, Informationen über einen Bewerber zu erheben, ist also als *Ausfluss* der Vertragsfreiheit verfassungsrechtlich gewährleistet.[74]

bb) Beschränkungen des Auswahlermessens als Voraussetzung der Fragerechtsbeschränkung

Das BAG scheint – zumindest in seinen Entscheidungen zum Fragerecht des Arbeitgebers – so wie ausdrücklich auch einige Autoren[75], davon auszugehen, dass die das Informationsinteresse des Arbeitgebers schützende Vertragsfreiheit – und damit auch das Auswahlermessen des Arbeitgebers – grundsätzlich keiner Einschränkung unterliegt.

---

weit verbreitete Gegenansicht leitet auch die Vertragsfreiheit des Arbeitgebers aus Art. 2 I GG ab, so Degener, 41; Kuhla, 102; Raab RdA 1995, 36, 38, 40; dagegen ausführlich M/D/H/S – Scholz Art. 12 Rdnr. 115 ff.

67 Dazu ausführlich M/D/H/S – Scholz Art. 12 Rdnr. 132; Breitfeld, 29 ff.; Brossete, 202; Linnenkohl/Rauschenberg/Schüttler/Schütz BB 1988, 57, 62.

68 Vgl. M/D/H/S – Scholz Art. 12 Rdnr. 133; Däubler, Gläserne Belegschaften ?, Rdnr. 115.

69 Boemke/Gründel ZfA 2001, 245, 253; Buchner NZA 1991, 577, 579; Raab RdA 1995, 36, 37.

70 Raab RdA 1995, 36, 37.

71 BAG 01.08.1985 – 2 AZR 101/83 = NZA 1986, 635; Wiedemann FS Herschel, 463, 470; MüchArbR – Buchner § 41 Rdnr. 10; Wedde CR 1992, 679, 680.

72 MünchArbR – Buchner § 41 Rdnr. 10; H. Ehmann NZA 1985, Beilage Nr. 1, 3; Steinbuch GRUR 1987, 579, 581; dazu auch Degener, 60, 82; Hofmann ZfA 1975, 1, 18 f.; Wiese ZfA 1971, 309; Wedde CR 1992, 679, 680.

73 Degener, 41; H. Ehmann/Sutschet RDV 1997, 3, 5; Kuhla, 102; Hofmann ZfA 1975, 1, 24 f.; MünchArbR – Buchner § 41 Rdnr. 9.

74 ErfKomm – Preis § 611 BGB Rdnr. 331; vgl. dazu auch Linnenkohl/Rauschenberg/Schüttler/Schütz BB 1988, 57, 62; H. Ehmann/Sutschet RDV 1997, 3, 5; Rüpke ZRP 1995, 185, 188; Degener, 60; Breitfeld, 18; MünchArbR – Buchner § 41 Rdnr. 9; Walker DB 1987, 273.

75 Vgl. MünchArbR – Buchner § 39 Rdnr. 103, § 41 Rdnr. 1; Kaehler ZfA 2006, 519, 523.

So heißt es in der Rspr. des BAG im Zusammenhang mit der Problematik der Fragerechtsbegrenzung, dass sowohl Arbeitgeber als auch Bewerber während der Einstellungsverhandlungen in ihren Entschlüssen frei seien und dass bei den Einstellungsverhandlungen „von einer Rechtsstellung des Bewerbers in dem Sinne, dass Rechte geltend gemacht werden könnten“, noch nicht gesprochen werden könne.[76]

Wenn dies jedoch zuträfe, hätte die Fragerechtsbegrenzung eine (mittelbare) Beschränkung der Vertragsfreiheit des Arbeitgebers erst zur Folge, indem sie dem Arbeitgeber verbietet, alle ihm für die Einstellungsentscheidung subjektiv wichtigen Daten zu erheben.

Eine solche mittelbar bewirkte Einschränkung der Vertragsfreiheit des Arbeitgebers ließe sich – insofern ist die Kritik an der Rspr. des BAG berechtigt – allein mit dem entgegenstehenden allgemeinen Persönlichkeitsrecht des Bewerbers in der Ausprägung des Rechts auf informationelle Selbstbestimmung aber nicht rechtfertigen.

Das Geheimhaltungsinteresse des Bewerbers resultiert – worauf auch das BAG gelegentlich hingewiesen hat – in der spezifischen Situation der Vertragsanbahnung letztlich daraus, dass er nicht durch die Offenbarung „ungünstiger“ Daten die Chance auf den Arbeitsplatz verlieren möchte.[77] Gäbe es also beispielsweise eine gesetzliche Pflicht zur Förderung der Resozialisierung Vorbestrafter, würde der Bewerber bei lebensnaher Betrachtungsweise Vorstrafen sogar ungefragt offenbaren, ohne sich auf sein allgemeines Persönlichkeitsrecht berufen zu wollen.[78]

Die Fragerechtsbeschränkung dient damit aber tatsächlich dem Interesse des Bewerbers an der Einstellung bzw. dem Erhalt des Arbeitsplatzes nach erfolgter Einstellung und nicht einem gleichsam „abstrakten“ Schutz vor zu weit gehender Ausforschung seiner Persönlichkeit.

Nur unter diesem Gesichtspunkt ist der Bewerber auch schutzwürdig, denn einen zu weit gehenden Einblick in seine persönlichen Verhältnisse kann er ohne weiteres durch Nichtbeantwortung einer Frage abwehren, so dass es der Postulierung einer Rücksichtnahmepflicht des Arbeitgebers auf „überwiegende“ Geheimhaltungsinteressen des Bewerbers aus § 242 BGB bzw. § 241 II i.V.m. § 311 II Nr. 1 BGB zum Schutz seiner informationellen Selbstbestimmung gar nicht bedarf.

Ist der Bewerber jedoch nicht schutzwürdig, wäre der durch die Fragerechtsbeschränkung mittelbar bewirkte Eingriff in die Vertragsfreiheit des Arbeitgebers nicht erforderlich und damit unverhältnismäßig.

---

[76] BAG 22.09.1961 – 1 AZR 241/60 = AP Nr. 15 zu § 123 BGB.

[77] BAG 01.08.1985 – 2 AZR 101/83 = NZA 1986, 635; vgl. auch Wiedemann FS Herschel, 463, 469 f.; MünchArbR – Buchner § 41 Rdnr. 17; Hofmann ZfA 1975, 1, 19; Falkenberg BB 1970, 1013, 1015.

[78] Wiedemann FS Herschel, 463, 469.

Die Fragerechtsbegrenzung kann deshalb überzeugend nur gerechtfertigt werden, wenn sich aus der Rechtsordnung eine Pflicht des Arbeitgebers zur Rücksichtnahme auf das *Interesse des Bewerbers an der Einstellungschance* herleiten lässt, was wiederum voraussetzt, dass dem Bewerber *insoweit* bereits eine Rechtsposition zukommt, die geeignet ist, die Vertragsfreiheit des Arbeitgebers und damit dessen Auswahlermessen einzuschränken.

Nach richtiger Auffassung setzt die Fragerechtsbeschränkung also eine bereits bestehende Beschränkung der Vertragsfreiheit des Arbeitgebers voraus. Die Tatsache, dass das Problem einer Ermessensbeschränkung bei der Auswahlentscheidung über den Bereich des Datenerhebungsrechts hinausgeht und auch solche Daten erfassen würde, die der Arbeitgeber nicht durch Überschreiten der Fragerechtsgrenzen, sondern aus anderen Quellen (z.B. aus der Presse) erfahren hat, vermag daran nichts zu ändern.[79] Vielmehr lassen sich nur bei einer bestehenden Ermessensbeschränkung die mit der Konstruktion der Rspr. und der h.M. verbundenen Wertungswidersprüche vermeiden: Denn danach soll der Arbeitgeber Daten nicht erfragen dürfen, an denen er nach den in der gesamten Rechtsordnung auffindbaren Wertentscheidungen objektiv kein überwiegendes Informationsinteresse hat, weil sich aus diesen Wertentscheidungen ergebe, dass der Arbeitgeber diese Informationen seiner Einstellungsentscheidung nicht zugrunde legen soll.[80]

Wenn die Rechtsordnung jedoch die Entscheidung enthält, dass die Vertragsfreiheit und damit das Einstellungsermessen des Arbeitgebers grundsätzlich unbeschränkt ist, darf diese Entscheidung nicht mittelbar dadurch entwertet werden, dass man dem Arbeitgeber unter Berufung auf sonstige, den Einstellungsvorgang unmittelbar gar nicht betreffende gesetzliche Wertungen den Weg zu von ihm subjektiv benötigten Informationen abschneidet. Es bedeutet also in der Tat einen Widerspruch, einerseits an der uneingeschränkten Vertragsfreiheit des Arbeitgebers festzuhalten, andererseits jedoch bestimmte Fragen für unzulässig zu erklären.

4. Ergebnis zu I.

Festzuhalten ist somit zunächst, dass allein der Schutz des allgemeinen Persönlichkeitsrechts des Bewerbers – auch in der weiten Ausprägung des Rechts auf

---

[79] Eine Widersprüchlichkeit von Fragerechtsbegrenzung und Ermessensfreiheit bei der Einstellungsentscheidung im Ergebnis deshalb jedoch ablehnend *Zöllner* (Gutachten, 80 f.). Auch nach *Wiedemann* (FS Herschel, 463, 468 ff.) soll der Arbeitgeber bestimmte Daten, die außerhalb des Fragerechts liegen, dann bei der Einstellungsentscheidung verwerten dürfen, wenn er anderweitig davon Kenntnis erlangt hat. Auch *Kuhla* (110 m. Fn. 271) vertritt ein Verwertungsverbot unzulässig *ermittelter* Daten, ohne für eine weitergehende Beschränkung des Einstellungsermessens einzutreten.

[80] Vgl. aus der Rspr. BAG 05.10.1995 – 2 AZR 923/94 = NZA 1996, 371, 372 ff.; aus der Literatur MünchArbR – Buchner § 41 Rdnr. 29 ff.; Hofmann ZfA 1975, 1, 17 ff., 25, 32 f.; Moritz NZA 1987, 329, 331 f.; Degener, 68, 111.

informationelle Selbstbestimmung – sowie der Grundsatz von Treu und Glauben entgegen der Rspr. des BAG und der h.M. in der Literatur keine Einschränkungen des Fragerechts des Arbeitgebers rechtfertigen. Fragerechtsbeschränkungen setzen vielmehr entsprechende Grenzen des arbeitgeberseitigen Auswahlermessens voraus, die sich wiederum nur aus einer Ermessensfreiheit des Arbeitgebers entgegenstehenden Rechtspositionen des Bewerbers ableiten lassen können. Es ist deshalb nachfolgend zu untersuchen, ob und inwieweit bereits das Interesse des Bewerbers an der Einstellungschance rechtlich geschützt wird.

Soweit dies der Fall ist, wird das Informationsinteresse des Arbeitgebers nicht mehr durch dessen Vertragsfreiheit geschützt. Damit ließe sich aus § 242 BGB eine Pflicht des Arbeitgebers ableiten, das Geheimhaltungsinteresse des Bewerbers zu achten und Fragen nach Daten zu unterlassen, die er seiner Einstellungsentscheidung nicht zugrunde legen dürfte, deren Offenbarung dem Bewerber aber die Chance auf den Erhalt des Arbeitsplatzes nehmen könnte.

II. Beschränkungen des arbeitgeberseitigen Auswahlermessens

Weitgehend unstreitig sind in Rspr. und Literatur lediglich einige punktuelle Beschränkungen des arbeitgeberseitigen Auswahlermessens durch bestimmte, unmittelbar auch den privaten Arbeitgeber bindende Diskriminierungsverbote.

Dies gilt für den unmittelbar drittwirkenden Art. 9 III GG, der bewirkt, dass der Arbeitgeber einen Bewerber grundsätzlich nicht wegen dessen Gewerkschaftszugehörigkeit ablehnen darf[81] sowie für die einfachgesetzlich geregelten Diskriminierungsverbote, bis zu seiner Aufhebung[82] also § 611 a BGB a.F.[83] sowie weiterhin § 81 II S. 1 SGB IX und seit dem 18.08.2006 insbesondere § 7 I i.V.m. § 1 AGG[84].

Im Übrigen sind Beschränkungen des arbeitgeberseitigen Auswahlermessens streitig. Dies betrifft neben der Frage einer Bindung des privaten Arbeitgebers an die Benachteiligungsverbote des Art. 3 III GG insbesondere die darüber hinausgehende Frage, ob und ggf. aufgrund welcher Rechtsposition des Bewerbers das Auswahlermessen des privaten Arbeitgebers generell auf sachbezogene, willkürfreie Gesichtspunkte beschränkt ist.

---

81 BAG 28.03.2000 – 1 ABR 16/99 = RdA 2002, 46; Boemke/Gründel ZfA 2001, 245, 256; MünchArbR – Buchner § 39 Rdnr. 78, 80, 127, § 40 Rdnr. 149, 236 f., § 41 Rdnr. 1, 12.; vgl. auch Henssler/Holletschek SAE 1994, 14. Aus dieser Wertung ergibt sich nach ganz herrschender Meinung – mit Ausnahmen für Tendenzbetriebe – auch die Unzulässigkeit der Frage nach der Gewerkschaftszugehörigkeit (Staudinger – Richardi § 611 Rdnr. 150; MünchArbR – Buchner § 41 Rdnr. 12 f., 113, 119 ff.; Moritz NZA 1987, 329, 332; Hanau/Adomeit Rdnr. 625; ohne nähere Begründung a.A. Schaub – Schaub § 26 Rdnr. 18).

82 Durch Art. 3 XIV des Gesetzes zur Umsetzung europäischer Richtlinien zur Verwirklichung des Grundsatzes der Gleichbehandlung, BGBl. Teil I v. 17.08.2006, 1897, 1909.

83 Vgl. Bertelsmann/Pfarr DB 1984, 1297, 1298; Henssler/Holletschek SAE 1994, 14; Buchner NZA 1991, 577, 579; MünchArbR – Buchner § 39 Rdnr. 72, § 40 Rdnr. 162.

84 Vgl. etwa Däubler AiB 2006, 614, 617.

1. Rspr. des BAG zur Geschlechtsdiskriminierung

Wie oben ausgeführt, hat der 1. Senat des BAG in seiner Rspr. zum Fragerecht ausgeführt, bei den Einstellungsverhandlungen könne „von einer Rechtsstellung des Bewerbers in dem Sinne, dass Rechte geltend gemacht werden könnten", noch nicht gesprochen werden.[85]

Demgegenüber hat der 8. Senat in seiner Rspr. zur geschlechtsbezogenen Diskriminierung[86] jedoch ausgeführt, im Arbeitsleben habe jeder Arbeitnehmer das Recht, nach sachangemessenen Maßstäben beurteilt zu werden und dies aus dem allgemeinen Persönlichkeitsrecht des Bewerbers abgeleitet. In der geschlechtsbedingten Benachteiligung im Zuge eines Stellenbesetzungsverfahrens liege zugleich eine Verletzung des durch § 823 I BGB geschützten allgemeinen Persönlichkeitsrechts.[87] Ein Arbeitgeber, der bei der Auswahl zu Unrecht auf das Geschlecht abstelle, beeinträchtige die Entfaltungsmöglichkeiten der Bewerber, die dem gesuchten Geschlecht nicht angehören.[88] Diese würden bei der Bewerbung um eine Einstellung daran gehindert, die erstrebte Berufstätigkeit aufzunehmen und ihre individuelle Persönlichkeit zu entfalten, indem ihnen die chancengleiche Teilnahme an einem Auswahlverfahren von vornherein verweigert werde.[89] Darin liege eine Herabwürdigung der beruflichen Fähigkeiten der ausgeschlossenen Bewerber.[90] Danach stehen einer völligen Freiheit des Arbeitgebers zu unsachlichen und diskriminierenden Einstellungsentscheidungen also die über das Einfallstor des § 823 I BGB drittwirkenden Grundrechte aus Art. 2 I, 1 I GG entgegen, wobei eine Verletzung des allgemeinen Persönlichkeitsrechts bei genauer Betrachtung unter zwei Gesichtspunkten, nämlich einerseits einer Verletzung der Entfaltungsfreiheit und andererseits einer Ehrverletzung[91] angenommen wird.

2. Ansichten in der Literatur

a) Ermessensbindungen ablehnende Ansichten

Demgegenüber wird in der Literatur eine generelle Bindung des arbeitgeberseitigen Einstellungsermessens an sachliche Gründe wohl überwiegend abge-

---

85 BAG 22.09.1961 – 1 AZR 241/60 = AP Nr. 15 zu § 123 BGB.

86 BAG 14.03.1989 – 8 AZR 447/87 = AP Nr. 5 zu § 611 a BGB.

87 BAG 14.03.1989 – 8 AZR 447/87 = AP Nr. 5 zu § 611 a BGB; BAG 14.03.1989 – 8 AZR 351/86 = AP Nr. 6 zu § 611 a BGB; zustimmend Hanau FS Dieterich, 201, 212; MünchArbR – Buchner § 40 Rdnr. 211; zuvor bereits Bertelsmann/Pfarr DB 1984, 1297, 1300; Eisemann AuR 1988, 225, 231; Zuleeg RdA 1984, 325, 331; ablehnend Kutsch BB 1991, 2149, 2152; Annuß NZA 1999, 738, 741; Wiese JuS 1990, 357, 359 ff.

88 BAG 14.03.1989 – 8 AZR 447/87 = AP Nr. 5 zu § 611 a BGB; BAG 14.03.1989 – 8 AZR 351/86 = AP Nr. 6 zu § 611 a BGB.

89 BAG 14.03.1989 – 8 AZR 447/87 = AP Nr. 5 zu § 611 a BGB.

90 BAG 14.03.1989 – 8 AZR 447/87 = AP Nr. 5 zu § 611 a BGB.

91 Zutreffend differenzierend Wiese JuS 1990, 357, 360 f.

lehnt.[92] Teilweise wird daneben selbst eine Bindung des Arbeitgebers an die Diskriminierungsverbote des Art. 3 III GG verneint.[93] Der Arbeitgeber könne einen Bewerber z.B. wegen seiner politischen Anschauungen oder seiner Konfession einstellen, aber auch ablehnen.[94]

Nach diesen Ansichten kommt der Abschlussfreiheit des Arbeitgebers stets höheres Gewicht zu, als den für Ermessensreduzierungen sprechenden Rechtspositionen des Bewerbers[95]:

So wird gegen ein Recht des Bewerbers auf sachbezogene Einstellungsentscheidung aus Art. 12 I GG eingewandt, diese Norm garantiere die privatautonome Entscheidung des Arbeitgebers, der Einstellungsentscheidung auch andere als sachbezogene, sogar sachwidrige Kriterien zugrunde zu legen.[96] Sie sei Gegenstand eines Freiheitsrechts und stelle daher nicht zugleich Schranke oder Begrenzung für die Wahlfreiheit des anderen Teils dar.[97]

Die speziellen Normen, die den Arbeitgeber punktuell individualrechtlich zu einer sachbezogenen Entscheidung verpflichteten, seien nicht Ausdruck eines allgemeinen arbeitsrechtlichen Grundsatzes; dem stehe entgegen, dass das Arbeitsvertragsrecht vom Prinzip der Abschlussfreiheit ausgehe.[98]

Ähnlich wird gegen ein aus dem allgemeinen Persönlichkeitsrecht fließendes Recht auf sachbezogene Entscheidung vorgebracht, den Interessen des Kontra-

---

92 MünchArbR – Buchner § 39 Rdnr. 103 ff., 115, § 40 Rdnr. 148, § 41 Rdnr. 1 ff.; Buchner NZA 1991, 577, 579; Boemke/Gründel ZfA 2001, 245, 254; Scholz, Gemeinsame Anm. zu BAG AP Nr. 5 und 6 zu § 611 a BGB, Bl. 6 R f.; M/D/H/S – Scholz Art. 12 Rdnr. 58; Kaehler ZfA 2006, 519, 523.

93 Adomeit NJW 2002, 1622, 1623; Boemke/Gründel ZfA 2001, 245, 254; Boemke NJW 1993, 2083, 2084. Unklar *Buchner*, der an verschiedenen Stellen die Bindungswirkung des Art. 3 III GG für die Einstellungsentscheidung betont (MünchArbR § 39 Rdnrn. 82-86, 93, 127, § 40 Rdnrn. 1, 148-150, 192, § 41 Rdnrn. 1, 12 f.), was aber wohl nur dann gelten soll, wenn hinter den in Art. 3 III GG genannten Kriterien weitere verfassungs- oder einfachrechtliche Wertentscheidungen in speziellen Vorschriften stehen, die den Diskriminierungsverboten gegenüber der Vertragsfreiheit größeres Gewicht verleihen (so § 40 Rdnr. 150). Wohl deshalb geht *Buchner* davon aus, dass der Arbeitgeber einen Bewerber grundsätzlich nicht wegen seiner politischen oder religiösen Anschauungen ablehnen darf (§ 40 Rdnrn. 227 ff.), tritt einer individualrechtlichen Bindung des Arbeitgebers an Art. 3 III GG in bezug auf die Diskriminierung wegen der Staatsangehörigkeit jedoch entgegen (§ 40 Rdnr. 226; vgl. aber wiederum auch § 41 Rdnr. 12 f.).

94 Boemke/Gründel ZfA 2001, 245, 255; Boemke NJW 1993, 2083, 2084; Hesse, Verfassungsrecht, Rdnr. 356.

95 Vgl. MünchArbR – Buchner § 39 Rdnr. 115; Boemke/Gründel ZfA 2001, 245, 254 ff.; Wiese JuS 1990, 357, 360; im Grunde auch *Herrmann* (ZfA 1996, 19, 50), die allerdings einen Anspruch des Bewerbers auf sachbezogene Entscheidung aus § 611 a a.F. BGB ableitet, dagegen zutreffend MünchArbR – Buchner § 39 Rdnr. 73, 109.

96 Boemke/Gründel ZfA 2001, 245, 254.

97 Boemke/Gründel ZfA 2001, 245, 254.

98 MünchArbR – Buchner § 39 Rdnr. 115.

hierungswilligen stehe die Vertragsfreiheit des anderen gegenüber; sie sei eine rechtsethische Entscheidung unserer Rechtsordnung zugunsten der Selbstbestimmung des einzelnen; auf dieser Grundlage lasse es sich nicht rechtfertigen, dass dem Interesse auf sachgerechte Würdigung als möglicher Vertragspartner und auf Abschluss des Vertrages, das stärkere Gewicht zukomme.[99] Die Höherbewertung der Interessen des Vertragswilligen ließe sich nur unter Aufgabe der bisherigen Fundamente der Rechtsordnung rechtfertigen; die Frage der Güterabwägung sei zwangsläufig gleichbedeutend mit der Wert- und Willensentscheidung, ob man die Abschlussfreiheit erhalten wolle oder nicht.[100]

Auch bzgl. einer Ermessensbindung durch die speziellen Diskriminierungsverbote des Art. 3 III GG wird ausgeführt, diese würde ebenso wie der allgemeine Gleichheitssatz durch den Grundsatz der Privatautonomie ausgeschlossen, der gerade die rechtliche Möglichkeit zu willkürlicher, selbstbestimmter Gestaltung der Rechtsbeziehungen durch die Beteiligten gewähre.[101] Einschränkungen der Partnerwahlfreiheit ergäben sich nur, soweit Diskriminierungsverbote gesetzlich fixiert seien.[102]

Weiterhin wird gegen aus der Berufsfreiheit oder dem allgemeinen Persönlichkeitsrecht des Bewerbers sowie aus Art. 3 III GG folgende Ermessensbindungen von der Rechtsfolgenseite aus argumentiert:

Die aus Art. 12 GG folgende Vertragsfreiheit des Arbeitnehmers gewährleiste lediglich einen gegen den Staat und auch private Institutionen gerichteten Anspruch, in der beruflichen Betätigung nicht behindert zu werden.[103] Mit der Wahlfreiheit des Bewerbers aus Art. 12 GG sei aber kein Anspruch auf Bereitstellung eines Arbeitsplatzes eigener Wahl oder auf Abschluss eines Arbeitsvertrages verbunden.[104]

Der Schutz des allgemeinen Persönlichkeitsrechts in § 823 I BGB besage lediglich, dass jeder die Rechte und Rechtsgüter des anderen unversehrt lassen müsse, nicht aber, dass jeder sich so verhalten müsse, dass der andere seine Rechte und Rechtsgüter zur Entfaltung bringen könne.[105] Damit stehe im Widerspruch, wenn das allgemeine Persönlichkeitsrecht inhaltlich dahingehend geändert werde, dass aus einem Schutz- und Abwehrrecht ein Recht auf Persönlichkeitsentfaltung gemacht werde.[106] Selbst die sachwidrige Ablehnung eines Be-

---

99 Herrmann ZfA 1996, 19, 50.
100 Herrmann ZfA 1996, 19, 50.
101 Boemke NJW 1993, 2083, 2084.
102 Boemke/Gründel ZfA 2001, 245, 255.
103 MünchArbR – Buchner § 39 Rdnr. 33.
104 Boemke/Gründel ZfA 2001, 245, 254; vgl. auch MünchArbR – Buchner § 39 Rdnr. 33, 36; Wiese JuS 1990, 357, 361.
105 Herrmann ZfA 1996, 29, 52.
106 Herrmann ZfA 1996, 29, 51 f.

werbers sei nicht schon eine Persönlichkeitsrechtsverletzung auf Betätigung der Arbeitskraft bzw. der Berufs- und Betätigungskraft.[107]

Auch gegen eine Bindung des Einstellungsermessens aus Art. 3 III GG wird ausgeführt, die verfassungskonforme Auslegung sowie die Ausstrahlungswirkung mittels der Generalklauseln betreffe lediglich die inhaltliche Ausgestaltung bzw. Wirksamkeit von Rechtsgeschäften, bei der Ablehnung des Bewerbers gehe es aber nicht um den Inhalt oder die Wirksamkeit eines Rechtsgeschäfts, sondern um dessen Nichtvornahme. [108] Der rechtlich relevante Vorwurf knüpfe somit nicht an die Ablehnung des Bewerbers, sondern an die Nichteinstellung an.[109] Es gehe also um die Pflichtwidrigkeit eines Unterlassens, die nach allgemeinen zivilrechtlichen Regeln eine Handlungspflicht voraussetze.[110] Deshalb könne eine Grundrechtsverletzung auf Seiten des Bewerbers nur dann bejaht werden, wenn dieser einen Einstellungsanspruch habe, was jedoch grundsätzlich nicht der Fall sei.[111] Die Verletzung von Grundrechten des Bewerbers setze also einen Einstellungsanspruch voraus, könne diesen aber nicht begründen.[112]

Schließlich wird von der Ebene der Beweislast aus argumentiert:
Die Beschränkung des Auswahlermessens auf sachliche Gesichtspunkte müsse zu einem generellen Rechtfertigungszwang führen, so dass dem Arbeitgeber die Darlegungs- und Beweislast dafür auferlegt würde, dass er seine Auswahlentscheidung auf solche Gesichtspunkte gestützt habe.[113]

b) Ermessensbindungen bejahende Ansichten

In der Literatur weit verbreitet ist die Auffassung, dass der Arbeitgeber – mit gewissen Ausnahmen für Tendenzunternehmen[114] – die Diskriminierungsverbote des Art. 3 III GG zu beachten hat[115]. Mit verschiedenen Begründungen[116] wird

---

[107] Wiese JuS 1990, 357, 360.

[108] Boemke/Gründel ZfA 2001, 245, 254; zwischen Abschluss- und Inhaltskontrolle insoweit unterscheidend auch Adomeit NJW 2002, 1622, 1623.

[109] Boemke NJW 1993, 2083, 2084.

[110] Boemke NJW 1993, 2083, 2084; Boemke/Gründel ZfA 2001, 245, 254.

[111] Boemke NJW 1993, 2083, 2084; Boemke/Gründel ZfA 2001, 245, 254.

[112] Boemke NJW 1993, 2083, 2084.

[113] MünchArbR – Buchner § 41 Rdnr. 1 ff.

[114] Vgl. MünchArbR – Buchner § 41 Rdnr. 16, 123.

[115] Wiedemann FS Herschel, 463, 474; Zöllner, Gutachten, 105 f.; Raab RdA 1995, 36, 38; Löwisch Rdnr. 1209. Dementsprechend soll auch etwa die Frage des Arbeitgebers nach politischen Anschauungen, insbesondere der Parteizugehörigkeit des Bewerbers, unzulässig sein (vgl. nur ErfKomm – Preis § 611 BGB Rdnr. 349; Däubler, Gläserne Belegschaften ?, Rdnr. 212).

[116] Einen Überblick über die verschiedenen in der Literatur zur Beschränkung des Auswahlermessens auf sachbezogene Gründe vertretenen dogmatischen Ansätze bietet MünchArbR – Buchner § 39 Rdnr. 103 ff.; vgl. auch Hanau FS Dieterich, 201 ff.; Herrmann ZfA 1996, 19, 21 Fn. 7.

von Teilen der Literatur darüber hinaus eine Bindung des arbeitgeberseitigen Einstellungsermessens an sachliche Gründe vertreten.

So wurde bereits vor den oben dargestellten Entscheidungen des BAG zur geschlechtsbedingten Benachteiligung im Zuge eines Stellenbesetzungsverfahrens aus dem allgemeinen Persönlichkeitsrecht abgeleitet, im Arbeitsleben habe jedermann das Recht, als gleichwertig anhand von sachangemessenen Maßstäben beurteilt zu werden.[117] Auch *Leipold* hat bereits frühzeitig aus dem allgemeinen Persönlichkeitsrecht des Bewerbers ein „Recht auf Arbeit" abgeleitet, welches im Anbahnungsverhältnis der Vertragsfreiheit des Arbeitgebers gegenübertrete und bewirke, dass für die Einstellungsentscheidung nur sachbezogene Gesichtspunkte maßgebend sein dürften.[118]

Nicht aus dem allgemeinen Persönlichkeitsrecht, sondern aus der Berufsfreiheit des Bewerbers aus Art. 12 I GG leitet *Raab* einen Anspruch auf eine sachangemessene Einstellungsentscheidung ab.[119] In einer arbeitsteiligen Wirtschaft, in der die meisten Menschen darauf angewiesen seien, ihre Erwerbstätigkeit im Rahmen einer abhängigen Beschäftigung auszuüben, müsse das Grundrecht der Berufsfreiheit ohne das Recht auf freie Wahl des Arbeitsplatzes ein Torso bleiben.[120] Die Wahl des Arbeitsplatzes stelle zumindest im Bereich der abhängigen Beschäftigung eine Voraussetzung der Berufsausübung dar.[121] Es sei Aufgabe des Staates, zwischen den Rechtsgütern der Vertragsfreiheit des Arbeitgebers und der Berufsfreiheit des Bewerbers einen adäquaten Ausgleich nach dem Prinzip der praktischen Konkordanz herzustellen.[122] Gewährleiste Art. 12 I GG im Grundsatz die freie Wahl des Arbeitsplatzes und damit den Zugang zum Arbeitsmarkt, und seien die meisten Menschen in der arbeitsteiligen, privatwirtschaftlichen Ordnung darauf angewiesen, diesen Zugang durch Abschluss eines privatrechtlichen Arbeitsvertrages zu erlangen, so sei es mit der Wertentscheidung des Grundgesetzes unvereinbar, dass der Arbeitgeber den Abschluss eines solchen Vertrages ohne sachlichen Grund, mithin willkürlich ablehnen könne, da hier dem Grundrecht des Arbeitnehmers kein auch nur annähernd gleichwertiges oder überwiegendes Interesse des Arbeitgebers gegenüberstehe.[123]

Dem könne auch nicht entgegengehalten werden, eine Beschränkung des Auswahlermessens auf sachliche Gründe müsse zu einem mit dem Grundsatz der Vertragsfreiheit unvereinbaren Rechtfertigungszwang für Einstellungsent-

---

117 Zuleeg RdA 1984, 325, 331; vgl. auch Eisemann AuR 1988, 225, 230 f.; Bertelsmann/Pfarr DB 1984, 1297, 1300.

118 Leipold AuR 1971, 161 ff.

119 Raab RdA 1995, 36 ff.

120 Raab RdA 1995, 36, 37.

121 Raab RdA 1995, 36, 37.

122 Raab RdA 1995, 36, 38.

123 Raab RdA 1995, 36, 38.

scheidungen führen.[124] Insoweit sei die materiell-rechtliche Ebene von der Ebene der Darlegungs- und Beweislast zu unterscheiden.[125] Denn das BVerfG[126] habe entschieden, dass eine Auslegung der Regelung über die Verteilung der Darlegungs- und Beweislast in § 611 a I S. 3 BGB, die der gerichtlichen Durchsetzung des Diskriminierungsverbots praktisch unüberwindliche Hindernisse entgegensetzen würde, den Schutzauftrag des Art. 3 II GG grundsätzlich verfehlen würde und damit verfassungswidrig wäre[127]. Dies zeige, dass der Ebene der Darlegungs- und Beweislast neben der Beschränkung der materiellen Auswahlkriterien eine eigenständige Funktion bei der Beurteilung der Grenzen des Auswahlermessens zukomme.[128] Auf der Ebene der Beweislast gehe es also erneut um den Ausgleich zwischen widerstreitenden Grundrechten, der nach dem Prinzip der praktischen Konkordanz aufzulösen sei.[129]

Hanau[130] schlägt eine Brücke zwischen der oben dargestellten Rspr. des BAG zur Geschlechtsdiskriminierung und der Rspr. des BVerfG[131] zum Kündigungsschutz in Kleinbetrieben, wonach die durch Art. 12 GG gewährleistete Freiheit der Arbeitsplatzwahl vor willkürlichen oder auf sachfremden Motiven beruhenden Kündigungen schützt. Für die Geltung des aus Art. 12 I GG abgeleiteten Verbots unsachlichen und willkürlichen, insbesondere diskriminierenden Verhaltens schon bei der Einstellung spreche, dass Art. 12 I GG primär die freie Wahl des Arbeitsplatzes schütze, sich also in der zivilrechtlichen Ausprägung seiner Schutzpflicht gerade auf den Einstellungsvorgang beziehe.[132]

Von der Sache her sei auch nicht einzusehen, warum die Diskriminierungsverbote des Art. 3 III GG und das Verbot unsachlichen und willkürlichen Verhaltens zwar einen Tag nach der Einstellung, aber nicht bei ihr selbst gelten solle.[133] Zivilrechtlich verortet *Hanau* den Schutz vor unsachlichen und willkürlichen Entscheidungen in § 823 I BGB, der zum Einfallstor der Wertungen von Art. 3 III GG und Art. 12 GG werde.[134]

---

124 Raab RdA 1995, 36, 38 f.
125 Raab RdA 1995, 36, 38 ff.
126 BVerfG 16.11.1993 – 1 BvR 258/86 = NJW 1994, 647, 648.
127 Raab RdA 1995, 36, 39 f.
128 Raab RdA 1995, 36, 39.
129 Raab RdA 1995, 36, 40.
130 Hanau FS Dieterich, 201, 211 ff.
131 BVerfG 27.01.1998 – 1 BvL 15/87 = BVerfGE 97, 169, 179; aufgegriffen durch BAG 21.02.2001 – 2 AZR 15/00 = RdA 2002, 99.
132 Hanau FS Dieterich, 201, 211; Erman[10] – Hanau § 611 Rdnr. 249.
133 Hanau FS Dieterich, 201, 211; ähnlich auch schon Gamillscheg, Grundrechte, 63.
134 Hanau FS Dieterich, 201, 212; zu den „sonstigen Rechten" des § 823 I BGB als „Einfallstor" für die mittelbare Geltung von Grundrechten vgl. auch Eisemann AuR 1988, 225, 232.

3. Eigene Stellungnahme

Soweit in der Literatur bisher vertreten wird, der private Arbeitgeber sei bei der Einstellungsentscheidung nicht an die Diskriminierungsverbote des Art. 3 III GG gebunden, ist diese Auffassung bereits insoweit überholt, als eine Benachteiligung wegen solcher verpönter Merkmale in Rede steht, welche nunmehr auch vom einfachgesetzlichen Benachteiligungsverbot des § 7 I i.V.m § 1 AGG und den zugrunde liegenden europäischen Richtlinien erfasst sind.

Art. 3 III GG enthält die Merkmale Geschlecht, Abstammung, Rasse, Sprache, Heimat und Herkunft, Glaube, religiöse und politische Anschauungen sowie Behinderung. § 1 AGG nennt als grundsätzlich verbotene Benachteiligungskriterien die Merkmale Rasse, ethnische Herkunft, Geschlecht, Religion oder Weltanschauung, Behinderung, Alter sowie sexuelle Identität.

Offensichtliche Übereinstimmungen zwischen Art. 3 III GG und § 7 I i.V.m. § 1 AGG sowie den Richtlinien bestehen also insoweit, als Benachteiligungen wegen der Rasse, des Geschlecht, der Religion und der Behinderung betroffen sind. Bezüglich dieser Merkmale kann eine Beschränkung des arbeitgeberseitigen Auswahlermessens nicht mehr geleugnet werden. Die oben zitierte Auffassung, der Arbeitgeber könne einen Bewerber wegen dessen Konfession ablehnen, ist damit – mit gewissen Ausnahmen für Tendenzbetriebe – nicht mehr vertretbar.

§ 1 AGG und die zugrunde liegenden Richtlinien enthalten allerdings nicht sämtliche in Art. 3 III GG genannten Merkmale, insbesondere fehlt nach wie vor ein umfassendes einfachgesetzliches Diskriminierungsverbot bezüglich politischer Anschauungen i.S.d. Art. 3 III GG.[135]

---

[135] Ein solches ist nach zutreffender Ansicht auch nicht in dem Verbot der Benachteiligung wegen der in § 1 AGG genannten – allerdings weder im AGG und seiner Begründung (vgl. BT-Drucks. 16/1780, 30), noch in der Richtlinie 2000/78/EG näher definierten – „Weltanschauung" enthalten. Art. 3 III GG schützt das Innehaben einer politischen Überzeugung, wie sie beispielsweise in der Mitgliedschaft in einer politischen Partei ihren Ausdruck findet (vgl. BAG 28.09.1972 – 2 AZR 469/71 = NJW 1973, 77; BAG 12.03.1986 – 7 AZR 20/83 = NJW 1987, 1100). Dabei werden an die Programmatik der politischen Partei keine besonderen Anforderungen gestellt und auch rein tagespolitische Ansichten fallen in den Schutzbereich des Art. 3 III GG. Demgegenüber geht die in § 1 AGG genannte „Weltanschauung" im „Schlepptau der Religion", so dass insbesondere systematische Gründe dafür sprechen, darunter allenfalls Fundamentalkonzepte über die Ordnung des gesellschaftlichen Zusammenlebens, die einer Religion vergleichbar sind, zu subsumieren (so Roesner, 105; Thüsing NZA 2004, Sonderbeilage zu Heft 22, 3, 11; noch restriktiver *Hanau* (ZIP 2006, 2189 f.), der „Religion und Weltanschauung" als ein einheitliches Diskriminierungsmerkmal ansieht. Damit können als Weltanschauung allenfalls politische Anschauungen von einer bestimmten „Intensität" verstanden werden (vgl. Roesner, 105), wie etwa der Marxismus oder Kommunismus (vgl. Däubler AiB 2006, 614). Nicht geschützt werden damit aber rein tagespolitische Einstellungen (Roesner, 105). Einer weiter gehenden Ansicht (Säcker ZRP 2002, 286, 289, ders., Regierungsentwurf, 7 ff.) ist zwar zuzugeben, dass die Textfassungen von Art. 13 EGV in anderen EU-Sprachen durchaus ein weiteres Verständnis der „Weltanschauung" im Sinne allgemeiner

Aber auch soweit einfachgesetzliche oder unmittelbar zwischen Privaten wirkende verfassungsrechtliche Diskriminierungsverbote nicht bestehen, lässt sich m.E. eine Beschränkung des Auswahlermessens auf sachliche und insbesondere diskriminierungsfreie Auswahlkriterien nicht überzeugend leugnen:

Art. 3 III GG entfaltet über die zivilrechtlichen Generalklauseln auch (mittelbare) Drittwirkung im Anbahnungsverhältnis.[136] Gleiches gilt für das allgemeine Persönlichkeitsrecht aus Art. 2 I, 1 I GG, welches eben nicht nur die Achtung, sondern auch die Entfaltung der Persönlichkeit sichert[137], welche sich wesentlich an einem konkreten Arbeitplatz vollzieht. Insbesondere schützt die gegenüber dem allgemeinen Persönlichkeitsrecht speziellere Berufsfreiheit des Bewerbers aus Art. 12 GG den einzelnen nach der Rspr. des BVerfG in seinem Entschluss, eine konkrete Beschäftigung im gewählten Beruf zu ergreifen.[138]

Wie bei jeder Grundrechtskollision ist der vorliegende Gegensatz nach dem Prinzip der praktischen Konkordanz[139] aufzulösen. Danach ist die Grenzlinie zwischen kollidierenden Grundrechtsentscheidungen so zu ziehen, dass beide Grundrechtsbereiche angemessen zur Geltung kommen.[140] Verfassungsrechtlich geschützte Rechtsgüter müssen in der Problemlösung einander so zugeordnet werden, dass jedes von ihnen Wirklichkeit gewinnt.[141]

Wo Kollisionen entstehen, darf nicht in vorschneller „Güterabwägung" oder gar abstrakter „Wertabwägung" eines auf Kosten des anderen realisiert werden.[142]

Dies wird von den Vertretern der Ermessensbeschränkungen ablehnenden Ansicht verkannt, wenn bereits mit Schlagwörtern wie „Grundsatz der Privatautonomie" oder „Prinzip der Abschlussfreiheit" eine Unbeschränkbarkeit der Vertragsfreiheit des Arbeitgebers begründet wird. Der anzulegende Wertungsmaßstab lautet eben nicht, ob „wir die bisherigen Fundamente der Rechtsordnung aufgeben" oder „die Abschlussfreiheit erhalten" wollen[143], sondern wie jeder der

---

Überzeugungen zuließen, sie würde jedoch zu dem kaum gewollten Ergebnis führen, dass die ausdrücklich geschütze Religion nur noch ein bloßer Unterfall allgemeiner Überzeugungen wäre (Thüsing NZA 2004, Sonderbeilage zu Heft 22, 3, 11).

136 Vgl. zur mittelbaren Drittwirkung des Art. 3 III GG auf zivilrechtliche Anbahnungsverhältnisse auch BT-Drucks. 16/1780, 22; Preis, 204.

137 Vgl. allgemein zur Entfaltungsfreiheit BGH 02.04.1957 – VI ZR 9/56 = BGHZ 24, 73; 27; speziell zur Entfaltungsfreiheit im beruflichen Bereich BAG 14.03.1989 – 8 AZR 447/87 = AP Nr. 5 zu § 611 a BGB; Kuhla, 96 f.; Preis, 204; Hanau FS Dieterich, 201, 212; im Ergebnis auch Leipold AuR 1971, 161, 165 f.; vgl. auch Degener, 64 f.

138 BVerfG 24.04.1991 – 1 BvR 1341/90 = BVerfGE 84, 133.

139 Dazu BVerfG 27.11.1990 – 1 BvR 402/87 = BVerfGE 83, 130, 143; Hesse, Verfassungsrecht, Rdnr. 72.

140 Vgl. ErfKomm – Dieterich Einl. GG Rdnr. 71.

141 Hesse, Verfassungsrecht, Rdnr. 72.

142 Hesse, Verfassungsrecht, Rdnr. 72.

143 So jedoch Herrmann ZfA 1996, 19, 50.

widerstreitenden Grundrechtspositionen möglichst weitgehende Wirkung verschafft werden kann.

Ist das Auswahlermessen des Arbeitgebers jedoch unbegrenzt, laufen die Diskriminierungsverbote des Art. 3 III GG – soweit sie nicht nunmehr auch einfachgesetzlich normiert sind – und das in Art. 12 I GG gewährleistete Grundrecht des Bewerbers, eine *konkrete* Beschäftigung im gewählten Beruf zu ergreifen, in einer privatrechtlich organisierten Wirtschaftsordnung weitgehend leer. Diesen Rechtspositionen des Bewerbers wird nur durch Einschränkung der Vertragsfreiheit des Arbeitgebers überhaupt erst Geltung verschafft.

Mit dem Prinzip der praktischen Konkordanz wäre es deshalb unvereinbar, von einem gänzlich unbeschränkten Auswahlermessen des Arbeitgebers auszugehen. Mit dem Ausschluss unsachlicher und diskriminierender Gesichtspunkte aus der Einstellungsentscheidung des Arbeitgebers wird demgegenüber ein angemessener Ausgleich zwischen den widerstreitenden Grundrechtspositionen erzielt: Es liegt auf der Hand, dass ein Bewerber nur dann ein anerkennenswertes Interesse an der Erlangung eines konkreten Arbeitsplatzes hat, wenn er nach sachlichen Gesichtspunkten der bestgeeignete Bewerber ist. In der Regel ist aber auch der Arbeitgeber selbst daran interessiert, den nach sachlichen Gesichtspunkten Bestgeeigneten einzustellen.[144]

Seine Abschlussfreiheit wird nur punktuell beschränkt und keinesfalls aufgehoben. Es geht um die Ausklammerung bestimmter Gesichtspunkte aus der Auswahlentscheidung, nicht um die Abschaffung der Vertragsfreiheit an sich.[145] Selbst wenn der Arbeitgeber seiner Auswahlentscheidung unsachliche Gesichtspunkte zugrundelegt, würde dies die getroffene Auswahlentscheidung noch nicht per se rechtswidrig machen. Die Rechtmäßigkeit der Einstellungsentscheidung kann sich bei einem Motivbündel des Arbeitgebers vielmehr durchaus aus sachlichen Gesichtspunkten ergeben. Der Arbeitgeber kann zudem unter verschiedenen sachlichen Auswahlkriterien unterschiedlich gewichten[146] und seine Auswahlfreiheit bleibt bei Gleichqualifizierten unangetastet.

Eine interessengerechte Auflösung der bestehenden Grundrechtskollision muss deshalb zur Anerkennung eines über die zivilrechtlichen Generalklauseln zu realisierenden Rechts des Bewerbers führen, im Berufsleben nur nach sachangemessenen, insbesondere diskriminierungsfreien Gesichtspunkten beurteilt zu werden.

---

144 Vgl. MünchArbR – Buchner § 41 Rdnr. 2.

145 Vgl. auch § 15 II S. 2 AGG, wo der Vorwurf gerade nicht die Nichteinstellung, sondern die Tatsache betrifft, dass bei der Ablehnung *auch* ein verpöntes Merkmal berücksichtigt worden ist. Entsprechend geht es auch bei der Bindung an Art. 3 III GG tatsächlich nicht um die Frage der Pflichtwidrigkeit der unterlassenen Einstellung, sondern nur um die Zulässigkeit der Zugrundelegung *bestimmter* Einstellungskriterien.

146 Vgl. auch Leipold AuR 1971, 161, 166.

Derartige Bindungen des arbeitgeberseitigen Einstellungsermessens setzen auch weder einen Einstellungsanspruch des Bewerbers voraus, noch müssen sie, wie *Raab*[147] zutreffend aufgezeigt hat, zu einem Rechtfertigungszwang bzgl. der Einstellungsentscheidung führen[148]. Dass diese Ebenen zu unterschieden sind, zeigen auch die Regelungen des AGG, die zwar das Einstellungsermessen des Arbeitgebers beschränken (§ 7 I i.V.m. § 1 AGG), einen Einstellungsanspruch jedoch explizit ausschließen (§ 15 VI AGG) und zudem eine besondere Beweislastregelung treffen (§ 22 AGG).

4. Ergebnis zu II.

Neben den einfachgesetzlichen Diskriminierungsverboten (§ 7 I i.V.m. § 1 AGG; § 81 II S. 1 SGB IX) sowie Art. 9 III GG bewirkt auch Art. 3 III GG Beschränkungen des arbeitgeberseitigen Auswahlermessens.

Darüber hinaus ergibt sich aus der Wertentscheidung des Art. 12 I GG eine Ermessensbindung bei der Einstellungsentscheidung dahingehend, dass der Arbeitgeber einen Bewerber generell nicht aus willkürlichen oder sachfremden Gründen benachteiligen darf. Die Vertragsfreiheit des Arbeitgebers endet dort, wo er mit der Ablehnung eines Bewerbers dessen Recht auf sachgerechte Auswahlentscheidung verletzen würde. Entsprechende Daten unterliegen im Hinblick auf die Berufsfreiheit des Bewerbers einem Verwertungsverbot.[149]

Damit besteht auch ein rechtlich geschütztes Informationsinteresse des Arbeitgebers nur an Daten, die für eine sachgerechte und willkürfreie Einstellungsentscheidung geeignet und erforderlich sind.[150]

III. Grundsätze für die Beurteilung der Sachlichkeit einzelner Auswahlkriterien

Wann ein unsachliches Auswahlkriterium vorliegt und deshalb ein entsprechendes Fragerverbot besteht, ist eine Frage des Einzelfalls. Um Wertungswidersprüche zwischen einzelnen Fallgruppen zu vermeiden, bedarf es jedoch der Aufstellung grundsätzlicher Maßstäbe, an denen sich die – in Kapitel 3 und 4 folgende – Auseinandersetzung mit einzelnen problematischen Fallgruppen des

---

[147] Raab RdA 1995, 36, 39.

[148] Vgl. auch Löwisch, Rdnr. 1210: „Vertragsautonomie einerseits und Grundrechte des Bewerbers andererseits sind auch insoweit gegeneinander abzuwägen, als es um die Folgen eines Verfassungsverstoßes bei Ablehnung einer Einstellung geht".

[149] Dem kann auch nicht entgegengehalten werden, dass es für den Arbeitgeber kaum möglich sein wird, die Kenntnis eines Datums bei seiner Willensbildung auszuschließen (so jedoch MünchArbR – Buchner § 41 Rdnr. 202). Schon weil etwa § 7 I i.V.m. § 1 AGG von dem Arbeitgeber grundsätzlich verlangt, bestimmte offensichtliche Daten (z.B. Geschlecht des Bewerbers) bei der Einstellungsentscheidung unberücksichtigt zu lassen, können derartige tatsächliche Bedenken das rechtliche Ergebnis nicht beeinflussen.

[150] Im Ergebnis für den Umfang des Fragerechts so auch MünchArbR – Buchner § 41 Rdnr. 29.

Fragerechts und anderer Datenerhebungsmethoden des Arbeitgebers orientieren müssen, soweit sich der Ausschluss eines Auswahlkriteriums nicht bereits aus besonderen Diskriminierungsverboten ergibt.

Dabei ist zunächst zu berücksichtigen, dass sich das Arbeitsverhältnis – ohne dass die hierzu vertretenen Theorien im Einzelnen dargestellt werden sollen – durch die Eingliederung des Arbeitnehmers in den Betrieb und die damit verbundene Kooperation mit anderen Arbeitnehmern oder dem Arbeitgeber selbst, den Fürsorgepflichten des Arbeitgebers gegenüber den übrigen Arbeitnehmern und den mit dem Arbeitsverhältnis verbundenen besonderen Versorgungslasten grundlegend von reinen Austauschverhältnissen unterscheidet.[151] Deshalb kann die Verwendung von Daten, die lediglich einen Aussagegehalt für die Entwicklung des Arbeits*verhältnisses* im weiteren Sinne haben, sei es auch nur, weil sie sich auf das persönliche Verhältnis zwischen Arbeitgeber und Arbeitnehmer oder der Arbeitnehmer untereinander (Betriebsklima) auswirken können, sei es, dass dem Arbeitgeber besondere Vorsorgungslasten drohen, vorbehaltlich spezieller gesetzlicher Wertentscheidungen nicht generell bereits als unsachlich angesehen werden.[152] Zudem können auch außenstehende Dritte durch eine unsorgfältige Auswahl in Mitleidenschaft gezogen werden.[153] Wie die Wertung des § 831 I BGB zeigt, sind auch *Dritt*interessen, insbesondere also solche von Kunden des Arbeitgebers, in die Beurteilung einzubeziehen.[154] Eine Frage kann deshalb nicht unzulässig sein, wenn sie zur Vermeidung von Beeinträchtigungen (grund-)rechtlich geschützter Interessen Dritter, etwa nach körperlicher Unversehrtheit, geboten ist.[155]

Abzulehnen ist damit eine strenge Begrenzung des Fragerechts auf Daten, die sich unmittelbar auf den einzunehmenden Arbeits*platz*, also die eigentliche fachliche oder persönliche Eignung für die zu erbringende Arbeitsleistung beziehen.[156] Der für das Fragerecht vielfach geforderte Zusammenhang zum einzuge-

---

151 Vgl. auch Wronka/Gola RDV 1992, 12, 15. Generell zum Charakter des Arbeitsverhältnisses Hanau/Adomeit Rdnr. 580.

152 Zum Unterschied zwischen der „Arbeitsplatzrelevanz“ und dem Zusammenhang zum Arbeitsverhältnis im Grundsatz richtig auch Klak BB 1987, 1382, 1384; Wronka/Gola RDV 1992, 12, 15. Zur Berücksichtigung der Fürsorgepflicht des Arbeitgebers gegenüber der übrigen Belegschaft vgl. auch Zeller BB 1987, 2439, 2441; Eich NZA 1987, Beilage Nr. 2, 10, 11 f.

153 Thüsing/Lambrich BB 2002, 1146, 1152.

154 Dieser Aspekt findet sich insbesondere im US-amerikanischen Recht in Form der Doktrin des „negligent hiring“. Dazu Waas JR 1992, 365 ff.; Thüsing/Lambrich BB 2002, 1146, 1152 f.; vgl. für den Bereich der Gesundheitsdaten auch schon BAG 07.06.1984 – 2 AZR 270/83 = AP Nr. 26 zu § 123 BGB (Berücksichtigung von Kundeninteressen); Richardi NZA 1988, 73, 75; Keller NZA 1988, 561, 563.

155 Waas JR 1992, 365, 369.

156 Zu eng deshalb § 12 des im Auftrag der Bertelsmann Stiftung erarbeiteten Diskussionsentwurfs eines Arbeitsvertragsgesetzes (abgedruckt in NZA 2006, Beilage zu Heft 23) sowie

henden Arbeitsverhältnis ist vielmehr weit zu verstehen.[157] Auch das BAG hat dementsprechend gelegentlich einen Zusammenhang zum einzugehenden Arbeits*verhältnis* für das Fragerecht ausreichen lassen und auch Fragen nach „tätigkeitsneutralen“ Daten zugelassen.[158]

Besteht der erforderliche Zusammenhang zum einzugehenden Arbeitsverhältnis, kann sich die weitere Prüfung der Sachlichkeit eines Einstellungskriteriums weder nach den subjektiven Vorstellungen des Arbeitgebers noch des Rechtsanwenders richten. Zutreffend stellen Rspr. und h.M. im Schrifttum bei der Prüfung einzelner Fragen deshalb auf ein aus *objektiver* Sicht berechtigtes, billigenswertes und schutzwürdiges Interesse des Arbeitgebers im Hinblick auf das einzugehende Arbeitsverhältnis und damit letztlich auf die in der gesamten Rechtsordnung auffindbaren, jeweils einschlägigen Wertentscheidungen ab.[159]

Es ist also in jedem Einzelfall zu prüfen, ob Normen, die unmittelbar nicht (nur) den Einstellungsvorgang betreffen (wie z.B. die Vorschriften des Bundeszentralregistergesetzes oder des Stasi-Unterlagen-Gesetzes) Wertentscheidungen enthalten, die auf die Fragerechtsproblematik übertragen werden müssen.

Zuletzt folgt aus dem Erfordernis der Sachlichkeit von Einstellungskriterien die Unzulässigkeit der Erhebung und Verwertung solcher Daten, denen die nötige „Validität“ fehlt, die also nur eine vermeintliche Aussagekraft über den Bewerber haben.

IV. Ergebnis zu A.

Eine Beschränkung des Fragerechts des Arbeitgebers lässt sich entgegen der Rspr. des BAG und weiten Teilen der Literatur nicht allein mit dem Schutz des allgemeinen Persönlichkeitsrechts des Bewerbers – auch in der weiten Ausprägung als Recht auf informationelle Selbstbestimmung – begründen. Die dogmatische Rechtfertigung der Beschränkung des Fragerechts setzt vielmehr voraus, dass die Vertragsfreiheit des Arbeitgebers und damit dessen Auswahlermessen

---

Wohlgemuth BB 1980, 1530, 1533; Linnenkohl AuR 1984, 129. Zu eng auch *Raab* (RdA 1995, 36, 38), der eine willkürliche Auswahlentscheidung stets dann annimmt, wenn die Ablehnung des Vertragsschlusses aus Gründen erfolgt, die für das vertragliche *Erfüllungsinteresse* des Arbeitgebers bedeutungslos sind. Noch restriktiver *Däubler* (CR 1994, 101, 103 und Gläserne Belegschaften ?, Rdnr. 117 f.), wonach nur bei einer Gefährdung der „Funkionsfähigkeit des Unternehmens“ und der dadurch bedingten Beeinträchtigung der Berufswahlfreiheit des Arbeitgebers ein Überwiegen der Arbeitgeberinteressen angenommen werden kann, dagegen ausführlich Brossette, 206 ff.; Thüsing/Lambrich BB 2002, 1146, Fn. 6.

157 Vgl. auch Wronka/Gola RDV 1992, 12, 15; vgl. auch MünchArbR – Buchner § 41 Rdnr. 36; Wiedemann FS Herschel, 463, 471; Sproll ZIP 1984, 23, 26.

158 Vgl. BAG 07.06.1984 – 2 AZR 270/83 = AP Nr. 26 zu § 123 BGB; BAG 05.10.1995 – 2 AZR 923/94 = NZA 1996, 371; vgl. auch MünchArbR – Buchner § 41 Rdnr. 36.

159 Vgl. aus der Rspr. etwa BAG 05.10.1995 – 2 AZR 923/94 = NZA 1996, 371, 372 ff.; aus der Literatur MünchArbR – Buchner § 41 Rdnr. 29 ff.; Hofmann ZfA 1975, 17 ff., 25, 32 f.; Leipold AuR 1971, 161, 166; Moritz NZA 1987, 329, 331 f.; Degener, 68, 111.

rechtlichen Beschränkungen unterliegt. Eine solche Beschränkung auf sachliche, willkürfreie Einstellungskriterien ergibt sich – über die speziellen einfachgesetzlichen (§ 7 I i.V.m. § 1 AGG, § 81 II S. 1 SGB IX) und verfassungsrechtlichen (Art. 9 III, Art. 3 III GG) Diskriminierungsverbote hinaus – aus der der Vertragsfreiheit des Arbeitgebers im Vertragsanbahnungsstadium entgegentretenden Berufsfreiheit des Bewerbers aus Art. 12 GG. Der Arbeitgeber hat gemäß § 242 BGB auf das dadurch rechtlich geschützte Interesse des Bewerbers an einer sachgerechten Auswahl Rücksicht zu nehmen und Fragen zu unterlassen, bei deren wahrheitsgemäßer Beantwortung der Bewerber Gefahr laufen würde, aus unsachlichen Gründen abgelehnt zu werden.

Die Bewertung eines Auswahlkriteriums als sachlich setzt voraus, dass es eine hinreichend sichere Aussagekraft in Bezug auf das einzugehende Arbeitsverhältnis aufweist und der Verwertung entsprechender Daten keine gesetzgeberischen Wertentscheidungen entgegenstehen.

B. Beschränkungen des Fragerechts im Anwendungsbereich des BDSG 2001

Für die Bestimmung der Reichweite des arbeitgeberseitigen Fragerechts spielte das BDSG 1990 keine Rolle. Bezüglich der Datenerhebung enthielt § 13 BDSG 1990 eine detaillierte Regelung nur für den öffentlichen Bereich. Mit § 28 I S. 2 BDSG 1990 war für den nicht-öffentlichen Bereich lediglich geregelt, dass Daten nach Treu und Glauben und auf rechtmäßige Weise erhoben werden mussten. Letztlich konnten dieser Generalklausel keine konkreten Zulässigkeitsmerkmale entnommen werden[160] und sie besagte nichts über die Beschränkung des arbeitgeberseitigen Fragerechts[161]. Die Grenzen zulässiger Datenerhebung wurden vielmehr auch im Anwendungsbereich des BDSG 1990 nach den durch die Rspr. zum Frage- bzw. Datenerhebungsrecht entwickelten Grundsätzen konkretisiert.[162]

Fraglich ist, ob das BDSG nach dessen Novellierung im Jahr 2001 demgenüber dem Fragerecht des Arbeitgebers nunmehr selbst Grenzen setzt.

I. Anwendbarkeit des BDSG 2001 auf Fragen des Arbeitgebers

Da dies nur der Fall sein kann, wenn das BDSG auf Fragen des Arbeitgebers überhaupt Anwendung findet, sind zunächst kurz die Anwendungsvoraussetzungen des BDSG 2001 auf Datenerhebungen durch den Arbeitgeber zu untersuchen.

---

160 Franzen RDV 2003, 1; MünchArbR – Blomeyer § 99 Rdnr. 26; Wohlgemuth BB 1996, 690, 692; Gola RDV 2000, 202, 203; H. Ehmann/Sutschet RDV 1997, 3, 6, Fn. 39; H. Ehmann RDV 1999, 12, 14.

161 Wohlgemuth AuR 1992, 46.

162 Franzen RDV 2003, 1; MünchArbR – Blomeyer § 99 Rdnr. 26; Wohlgemuth AuR 1992, 46 f.; Tinnefeld NJW 1993, 1117, 1118; Däubler CR 1994, 101, 104.

1. Das „Stellen einer Frage“ als Datenerhebung i.S.d. § 3 III BDSG 2001

Frageverbote ließen sich aus dem BDSG 2001 allenfalls dann ableiten, wenn bereits das „Stellen einer Frage“ Datenerhebung i.S.d. BDSG 2001 darstellen würde, da das Verbot bereits bei der Handlung feststehen muss und sich nicht etwa erst daraus ergeben kann, dass tatsächlich über die Antwort des Bewerbers ein Datum „erlangt“ wird.

§ 3 III BDSG 2001 definiert den Begriff der Datenerhebung jedoch als „Beschaffen von Daten über den Betroffenen“.[163] Dabei bleibt unklar, ob der Begriff des Beschaffens gleichsam einen „Erfolg“ voraussetzt, oder ob auch schon die auf die Erlangung eines Datums gerichtete Handlung, also auch der (etwa mangels Antwort auf eine Frage gescheiterte) Versuch, Daten zu erlangen, unter diesen Begriff zu subsumieren ist. Der Begriff „Beschaffen“ legt zwar nahe, darunter gerade keine bloßen Fragen zu verstehen, da es eigentlich der Befragte ist, der dem Fragenden durch seine Antwort die Information verschafft. Dem widerspricht jedoch der Schutzzweck des BDSG. Das Datenschutzrecht bezweckt generell eine Art „Vorfeldsicherung“[164], will Eingriffe in Rechtspositionen des Betroffenen also verhindern. Deshalb wird man auch bereits das Stellen einer Frage als auf die Beschaffung von Daten über den Betroffenen zielende Handlung als Datenerhebung im Sinne des § 3 III BDSG 2001 ansehen müssen[165].

2. Zweck der Datenerhebung

Ausgenommen vom Anwendungsbereich sind Datenerhebungen und -verarbeitungen für ausschließlich persönliche oder familiäre Zwecke (§§ 1 II Nr. 3, 27 I S. 2 BDSG 2001). Da ein Arbeitgeber Bewerberdaten zu dem Geschäftszweck erhebt, den richtigen Bewerber herauszufinden, greift dieser Ausnahmetatbestand im arbeitsrechtlichen Vertragsanbahnungsstadium ersichtlich nicht.[166]

3. Geplante automatisierte oder dateimäßige Weiterverarbeitung/Nutzung

Voraussetzung der Anwendbarkeit des BDSG 2001 auf die Datenerhebung des Arbeitgebers ist weiterhin, dass die Daten anschließend entweder unter Einsatz von Datenverarbeitungsanlagen oder in nicht-automatisierten Dateien verarbeitet (in der Regel also gespeichert) oder genutzt werden sollen (§§ 1 II Nr. 3, 27 I S. 1 BDSG 2001).

---

163 Damit ist nur die intendierte, auf den Betroffenen gezielte Beschaffung gemeint; die zufällige Wahrnehmung scheidet als Erhebung aus, ebenso die sog. aufgedrängte Erhebung (Tinnefeld NJW 1993, 1117).

164 Vgl. Gola/Schomerus § 1 Rdnr. 6.

165 So ohne Problematisierung dieser Frage auch Sutschet RDV 2000, 107, 110; Thüsing/Lambrich BB 2002, 1146, 1149 f.; Gola RDV 2003, 177 f.

166 Thüsing/Lambrich BB 2002, 1146, 1150.

a) Automatisierte Verarbeitung der Bewerberdaten
Der Anwendungsbereich des BDSG 2001 ist somit dann eröffnet, wenn die Daten mittels eines EDV-gestützen Personalinformationssystems verwaltet werden sollen.[167] Anders als nach § 3 II Nr.1 BDSG 1990 kommt es dabei für das Vorliegen einer automatisierten Datenverarbeitung nicht mehr darauf an, dass die Datensammlung zusätzlich durch automatisierte Verfahren nach bestimmten Merkmalen ausgewertet werden kann.

b) Nicht-automatisierte Verarbeitung der Bewerberdaten/Dateibegriff
Im Falle einer geplanten nicht-automatisierten Verarbeitung der Bewerberdaten ist das BDSG 2001 nur anwendbar, wenn die weitere Verarbeitung in einer „Datei“ i.S.d. BDSG 2001 erfolgen soll.

Der Dateibegriff des § 3 II S. 2 BDSG 2001 (jede nicht-automatisierte Sammlung personenbezogener Daten, die gleichartig aufgebaut und nach bestimmten Merkmalen zugänglich ist und ausgewertet werden kann) eröffnet einen gegenüber dem BDSG 1990 erweiterten Anwendungsbereich. Denn nicht mehr erforderlich ist, dass die Datensammlung nach bestimmten Kriterien geordnet oder umgeordnet werden kann. Entsprechend dem Schutzzweck des Art. 2 lit. c der EG-DSR genügt für einen „gleichartigen Aufbau“ eine wie auch immer vorgenommene Strukturierung, die einen „leichten Zugriff“ auf die Daten ermöglichen soll.[168] Die EG-DSR legt auch keine bestimmte Anzahl von Kriterien fest, die den Dateibegriff begründen; es genügt bereits das Vorliegen eines bestimmten Merkmals, um die Existenz einer Datei zu bejahen.[169]

Damit erfasst die Definition der Datei manuell geführte Personalakten oder etwa auch eine systematisierte Liste mit den Daten der im Rahmen eines Einstellungsprozesses interviewten Bewerber, sofern sie in der in § 3 II S. 2 BDSG 2001 genannten Weise strukturiert sind.[170] Dies ist z.B. bei der Verwendung einheitlicher Formulare anzunehmen.[171] Damit stellt insbesondere ein Personalfragebogen eine nicht-automatisierte Datei dar.

4. Wegfall der Sonderregelungen für vorübergehend erstellte und interne Dateien
Da die EG-DSR weder eine Privilegierung nur vorübergehend erstellter automatisierter Dateien (§ 1 III Nr. 1 BDSG 1990) noch einen der Regelung für sogenannte interne Dateien vergleichbaren Ausnahmetatbestand (§ 1 III Nr. 2 BDSG

---

167 Thüsing/Lambrich BB 2002, 1146, 1150.
168 Kloepfer, Gutachten, 107.
169 Kloepfer, Gutachten, 107; Simitis NJW 1997, 281 ff.
170 Thüsing/Lambrich BB 2002, 1146, 1150.
171 Thüsing/Lambrich BB 2002, 1146, 1150; Däubler NZA 2001, 874, 875.

1990)[172] enthält, sind die entsprechenden Ausnahmen vom Anwendungsbereich aufgehoben worden. Der Anwendung der datenschutzrechtlichen Regelungen auf die Datenerhebung des Arbeitgebers steht es also nicht entgegen, wenn dieser die Daten nur vorübergehend bis zum Abschluß des Stellenbesetzungsverfahrens automatisiert speichern möchte oder dass die Daten jedenfalls noch nicht bei der Erhebung für eine Übermittlung an andere Stellen bestimmt sind.

II. Zulässigkeit der Datenerhebung

Ist der Anwendungsbereich des BDSG 2001 nach dem soeben Gesagten eröffnet, richtet sich die Zulässigkeit der Datenerhebung nach § 28 BDSG 2001.

1. Grundsätze

a) Festlegung des Verwendungszwecks

Danach sind bei der Erhebung zunächst die Zwecke, für die die Daten verarbeitet oder genutzt werden sollen, konkret festzulegen (§ 28 I S. 2 BDSG 2001). Diese Anforderung bereitet dem Arbeitgeber keine besonderen Schwierigkeiten, da der Zweck der Datenerhebung, nämlich der Vertragsschluss mit einem geeigneten Bewerber bzw. die Feststellung der Eignung für das einzugehende Arbeitsverhältnis, im Vertragsanbahnungsstadium auf der Hand liegt.[173]

b) Verbot mit Erlaubnisvorbehalt

Nach Art. 2 b) EG-DSR unterfällt auch das Erheben personenbezogener Daten dem Begriff und damit den Regeln über die Zulässigkeit der Datenverarbeitung.[174] Obwohl § 4 I BDSG 2001 begrifflich auch weiterhin die Erhebung von der Verarbeitung unterscheidet, findet sich im BDSG 2001 in Umsetzung dieser Vorgabe keine § 28 I S. 2 BDSG 1990 entsprechende Sonderregelung für die Zulässigkeit der Erhebung mehr[175], sondern das Erheben wird in § 28 I S. 1 BDSG 2001 dem Speichern, Verändern oder Übermitteln gleichgestellt.

Als wichtigste Konsequenz ist die Datenerhebung auch im privaten Bereich entsprechend Art. 7 EG-DSR, ebenso wie die Verarbeitung und Nutzung, nun einem Verbot mit Erlaubnisvorbehalt unterstellt.

Datenerhebung ist also im Anwendungsbereich des BDSG nur noch zulässig, soweit das BDSG oder eine andere Rechtsvorschrift sie erlaubt oder anordnet oder der Betroffene eingewilligt hat (§ 4 I BDSG 2001).[176]

---

172 Dazu Tinnefeld/E. Ehmann S. 177 f.; Kloepfer, Gutachten, 111; Wuermeling DB 1996, 663, 664.

173 Vgl. Däubler NZA 2001, 874, 876.

174 Wohlgemuth BB 1996, 692.

175 Vgl. die Gesetzesbegründung BT-Drucks. 14/4329, 42.

176 Kritisch zum grundsätzlichen Erhebungsverbot im privaten Bereich Rüpke ZRP 1995, 185, 187 f.; die von *H. Ehmann/Sutschet* (RDV 1997, 3, 6) geäußerten Bedenken, überspitzt

c) Erlaubnistatbestände

Damit muss sich nunmehr auch die Datenerhebung des Arbeitgebers im Vertragsanbahnungsstadium auf einen Erlaubnistatbestand stützen lassen.

aa) § 28 I S. 1 Nr. 1 BDSG 2001

Erhebt der Arbeitgeber keine unten noch näher zu behandelnden „besonderen Arten" personenbezogener Daten, kommt als Erlaubnistatbestand für die Datenerhebung im Vertragsanbahnungsstadium § 28 I S. 1 Nr. 1 BDSG 2001 in Betracht.

Dieser regelt die Zulässigkeit der Datenerhebung im Rahmen eines Vertragsverhältnisses oder vertragsähnlichen Vertrauensverhältnisses. Ein (arbeitsrechtliches) Vertragsanbahnungsverhältnis stellt ein vertragsähnliches Vertrauensverhältnis im Sinne dieser Vorschrift dar.[177] Datenerhebung ist nach § 28 I S. 1 Nr. 1 BDSG 2001 zulässig, wenn sie der Zweckbestimmung eines Vertragsverhältnisses oder vertragsähnlichen Vertrauensverhältnisses mit dem Betroffenen „dient". Damit ist gemeint, dass nur solche Daten erhoben werden dürfen, deren Verwendung im Rahmen der Zweckbestimmung des vertragsähnlichen Vertrauensverhältnisses *erforderlich* ist.[178] Die Zweckbestimmung des arbeitsrechtlichen Vertragsanbahnungsverhältnisses liegt in der Auswahl eines geeigneten Bewerbers. Mithin muss die Erhebung eines Datums für die Bewerberauswahl erforderlich sein.

In der Umsetzungsdiskussion zur EG-DSR wurde vereinzelt vertreten, das Kriterium der „Erforderlichkeit" führe zu einer im Verhältnis zur Rspr. des BAG weitergehenden Beschränkung des arbeitgeberseitigen Fragerechts: In den Bestimmungen der EG-DSR über den Verarbeitungsrahmen komme deutlicher der Gesichtspunkt der Erforderlichkeit zum Ausdruck, während die Rspr. des BAG insoweit großzügiger lediglich darauf abstelle, ob ein aus objektiver Sicht berechtigtes bzw. billigenswertes Informationsinteresse des Arbeitgebers bestehe.[179] Deshalb sei fraglich, ob es noch bei der (mittlerweile allerdings als überholt anzusehenden[180] und zudem in den Bereich der „besonderen Arten" personenbezogener Daten fallenden) Rspr. bleiben könne, nach welcher der Arbeitge-

---

könne man formulieren, dass jeder nur noch das erfahren dürfe, was ihm ausdrücklich zu erfahren erlaubt sei und man dürfe in Zukunft nur noch mit offenen Augen und Ohren durch die Welt gehen, wenn man das Gesehene und Gehörte nicht später in einer Datei speichern wolle, ist nicht nur überspitzt formuliert, sondern auch sachlich falsch. Datenerhebung ist auch weiterhin ein *gezieltes* Beschaffen von Daten über den Betroffenen. Es wird also niemand gezwungen, Augen und Ohren zu verschließen, um nicht zufällig Daten aufzunehmen.

177 Gola/Schomerus § 28 Rdnr. 26.

178 Vgl. Gola/Schomerus § 28 Rdnr. 13, 26.

179 So Wohlgemuth BB 1996, 690, 692 f.

180 Vgl. unten Kapitel 3. E. IV. 2.

ber immer eine wahrheitsgemäße Beantwortung der Frage nach einer etwaigen Schwerbehinderteneigenschaft verlangen könne[181].

Diese Ansicht stützt sich wohl darauf, dass Art. 7 lit. b EG-DSR im Rahmen eines bestehenden Vertragsverhältnisses auf die Erforderlichkeit für die *Erfüllung* eines Vertrags abstellt, während die Rspr. des BAG, wie oben dargestellt, vereinzelt auch die Frage nach *tätigkeitsneutralen* Daten, bei denen es also nicht um die Fähigkeit zur Erfüllung der Primärleistung geht, zulässt, bislang eben insbesondere beim Fragerecht nach der Schwerbehinderteneigenschaft. Tatsächlich enthält die EG-DSR für die Datenerhebung im Anbahnungsverhältnis insoweit jedoch keine strengeren Vorgaben, als die Rspr. des BAG zum Fragerecht. Sie fordert für den vorvertraglichen Bereich insbesondere nicht, dass der Arbeitgeber nur Daten erheben darf, die sich auf die Fähigkeit des Bewerbers zur Erfüllung der Primärleistung des einzugehenden Arbeitsverhältnisses beziehen. Art. 7 lit. b EG-DSR unterscheidet nämlich zwischen der Vertragsanbahnung und einem bereits bestehenden Vertragsverhältnis.[182] Nur für das bestehende Vertragsverhältnis bezieht sich das Kriterium der Erforderlichkeit auf die *Erfüllung* des Vertrags. Ansonsten muss die Datenerhebung nur erforderlich sein zur Durchführung vorvertraglicher Maßnahmen. Dafür, wann eine Datenerhebung im Hinblick auf den Abschluss eines Vertrages erforderlich ist, gibt die Richtlinie keine Kriterien vor.

Ebenso trifft das BDSG auch nach der Novellierung keine Aussage darüber, welche Daten für die Bewerberauswahl erforderlich sind und deshalb verlangt werden können.[183] Mangels anderslautender gesetzlicher Vorgaben beurteilt sich die Reichweite des arbeitgeberseitigen Fragerechts deshalb jedenfalls dann, wenn keine „besonderen Arten“ personenbezogener Daten erhoben werden, auch im Anwendungsbereich des BDSG 2001 nach denselben Kriterien, die oben bereits ausführlich dargelegt worden sind. Die allgemeinen Grundsätze über das Fragerecht des Arbeitgebers gelten somit auch im Anwendungsbereich des BDSG 2001 weiter.[184]

bb) § 28 I S. 1 Nr. 2 BDSG 2001

Der Erlaubnistatbestand des § 28 I S. 1 Nr. 2 BDSG 2001, wonach die Erhebung personenbezogener Daten erlaubt ist, soweit es zur Wahrung berechtigter Inter-

---

181 Wohlgemuth BB 1996, 690, 692 f.

182 Vgl. Erwägungsgrund 30, wonach die Verarbeitung personenbezogener Daten (u.a.) dann rechtmäßig ist, wenn sie notwendig ist im Hinblick auf den Abschluss *oder* die Erfüllung eines die betroffene Person bindenden Vertrags.

183 Däubler NZA 2001, 874, 876.

184 Däubler NZA 2001, 874, 876; Thüsing/Lambrich BB 2002, 1146, 1150; Gola/Schomerus § 28 Rdnr. 28; entsprechend schon zu den Auswirkungen der EG-DSR auf das Fragerecht Gola RDV 2000, 202, 203; MünchArbR – Blomeyer § 99 Rdnr. 26; ähnlich H. Ehmann/Sutschet RDV 1997, 3, 10; vgl. auch Dammann/Simitis Art. 7 Anm. 5.

essen der verantwortlichen Stelle erforderlich ist und kein Grund zu der Annahme besteht, dass das schutzwürdige Interesse des Betroffenen an dem Ausschluss der Verarbeitung oder Nutzung überwiegt, lässt die Erhebung von Bewerberdaten nicht in weiterem Umfange zu, als die Rspr. der Arbeitsgerichte, da nach diesem Erlaubnistatbestand eine Abwägung zwischen dem Informationsinteresse des Arbeitgebers und dem Geheimhaltungsinteresse des Bewerbers ebenso vorzunehmen ist, wie dies für die Bestimmung des Fragerechts nach den oben dargestellten allgemeinen Grundsätzen der Fall ist; das arbeitsrechtliche Fragerecht zieht also erneut die maßgebliche Grenze.[185]

cc) Einwilligung

Nach § 4 I BDSG 2001 kommt als Erlaubnistatbestand der Datenerhebung zwar grundsätzlich auch die Einwilligung des Bewerbers in Betracht, eine Bereichsausnahme für das Arbeitsrecht enthält das BDSG 2001 insoweit nicht.[186]

Dennoch spielt die Einwilligung des Bewerbers für den Bereich des Fragerechts keine Rolle[187], kann also eine nach § 28 BDSG 2001 i.V.m. den allgemeinen Grundsätzen zum Fragerecht des Arbeitgebers verbotene Frage nicht legitimieren. Insbesondere kann in der Beantwortung einer Frage keine Einwilligung im Sinne des BDSG 2001 gesehen werden, weil die datenschutzrechtliche Einwilligung als vorherige Zustimmung des Betroffenen zu verstehen ist, der Begriff also der Terminologie des § 183 BGB entspricht.[188] Wenn bereits das Stellen der Frage Datenerhebung darstellt, muss deren Rechtmäßigkeit auch zum Zeitpunkt der Fragestellung feststehen.

d) Ergebnis zu 1.

Wenn der Arbeitgeber keine sogleich näher zu behandelnden „besonderen Arten" personenbezogener Daten erfragt, ergeben sich für die Zulässigkeit der Datenerhebung im Anwendungsbereich des BDSG 2001 keine Besonderheiten zu den arbeitsrechtlichen Grundsätzen. Das Fragerecht besteht aufgrund der Erlaubnistatbestände des § 28 BDSG in gleichem Umfang.

2. Das Erheben „besonderer Arten" personenbezogener Daten

Aufgrund der Rspr. des BVerfG zum Recht auf informationelle Selbstbestimmung, wonach es keine belanglosen Daten gibt, fand sich ein besonderer Schutz sogenannter „sensibler" bzw. „sensitiver" Daten nur partiell in den §§ 28 II S. 1 Nr. 1 lit. b, S. 2, 35 II S. 2 Nr. 2 BDSG 1990[189]. Nach den Vorgaben des Art. 8 I

---

185 Thüsing/Lambrich BB 2002, 1146, 1150.

186 Thüsing/Lambrich BB 2002, 1146, 1150.

187 Im Ergebnis so auch Thüsing/Lambrich BB 2002, 1146, 1150 f.

188 Gola/Schomerus § 4 a Rdnr. 2.

189 Vgl. dazu etwa H. Ehmann/Sutschet RDV 1997, 3, 10 m. Fn. 89; Sutschet RDV 2000, 107, 111; Rüpke ZRP 1995, 185, 186; Kloepfer, Gutachen, 118.

EG-DSR musste der Gesetzgeber demgegenüber bestimmte Daten generell einem besonderen Schutz unterstellen, was darauf zurückzuführen ist, dass der informationsrechtlich spezifische deutsche Ansatz den anderen Mitgliedstaaten fremd war.[190] Nach den Vorgaben der EG-DSR war die Verarbeitung bestimmter „sensibler" Daten zu untersagen. In Umsetzung des Art. 8 EG-DSR werden in § 3 IX BDSG 2001 „besondere Arten" personenbezogener Daten definiert und in § 28 VI-IX strengere Zulässigkeitserfordernisse für das Erheben, Verarbeiten und Nutzen dieser Daten aufgestellt.[191]

Davon betroffen sind Angaben über die rassische und ethnische Herkunft, politische Meinungen, religiöse oder philosophische Überzeugungen, Gewerkschaftszugehörigkeit, Gesundheit oder Sexualleben.

Diese Daten haben gemeinsam, dass bei ihnen in besonderem Maße die Gefahr einer diskriminierenden Verwendung besteht, so dass insoweit ein direkter Zusammenhang zu Art. 14 EMRK und Art. 3 III GG besteht.[192]

a) Schutzbereich

Erste Schwierigkeiten bei der Beurteilung der möglichen Auswirkungen der Sonderregelungen für besondere Arten personenbezogener Daten auf das Fragerecht des Arbeitgebers bereitet die Tatsache, dass die EG-DSR in Art. 8 I bereits einen besonderen Schutz für Daten fordert, aus denen die rassische und ethnische Herkunft, politische Meinungen, religiöse oder philosophische Überzeugungen und die Gewerkschaftszugehörigkeit *hervorgehen*. Etwas enger formuliert ist Art. 8 I EG-DSR zwar, wenn er daneben Daten *über* Gesundheit und Sexualleben unter besonderen Schutz stellt, daraus ergibt sich aber kein unterschiedlicher Anwendungsbereich. Entscheidend ist allein, dass mittelbar oder unmittelbar durch die Daten die betreffende Kategorie von Informationen vermittelt wird.[193] Damit können in der Praxis erhebliche Abgrenzungsprobleme bei der Frage auftreten, ob ein nicht-sensitives Datum mittelbar den Schluss auf eine sensitive Information zulässt.[194] Unter den besonderen Schutz können aber jedenfalls nur Informationen fallen, die einen *sicheren* Schluss auf ein sensibles Datum zulassen. Dies ist z.B. nicht der Fall bei Vor- und Familiennamen, auch wenn sie eine bestimmte rassische oder ethnische Herkunft nahe legen.[195] Wenn der Arbeitgeber also diese Daten erhebt, richtet sich die Zulässigkeit nicht nach den Regelungen über die besonderen Arten personenbezogener Daten.

---

190 Rüpke ZRP 1995, 185, 186; Kopp DuD 1995, 204, 205.
191 Thüsing/Lambrich BB 2002, 1146, 1151.
192 Dammann/Simitis Art. 8 Anm. 6.
193 Dammann/Simitis Art. 8 Anm. 7.
194 Dammann/Simitis Art. 8 Anm. 7.
195 Dammann/Simitis Art. 8 Anm. 7.

Zu den für das Fragerecht des Arbeitgebers besonders relevanten Gesundheitsdaten[196] zählen sicherlich eine etwaige Schwerbehinderung[197] eine HIV-Infektion bzw. Aids-Erkrankung sowie genetische Daten, soweit diese – anders als etwa die genetische Grundlage für die Augenfarbe – einen gesundheitsspezifischen Informationsgehalt aufweisen[198]. Darüber hinaus werden nach den Vorgaben der EG-DSR aber nicht nur Angaben mit Krankheitswert, sondern auch Daten, die einen normalen oder hervorragenden Gesundheitszustand umschreiben, erfasst.[199]

b) Keine Sonderregelung für Daten über Straftaten/Vereinbarkeit mit europarechtlichen Vorgaben

Nicht zu den besonderen Arten personenbezogener Daten zählen Informationen, die Straftaten, strafrechtliche Verurteilungen oder Sicherungsmaßregeln betreffen. Die Zulässigkeit der Erhebung dieser Daten im Anbahnungsverhältnis richtet sich also nach § 28 I S. 1 Nr. 1 BDSG 2001 i.V.m. den allgemeinen Regeln über das Fragerecht des Arbeitgebers.

Fraglich ist, ob das Fehlen einer diesbezüglichen Sonderregelung im BDSG 2001 den europarechtlichen Vorgaben gerecht wird. Denn nach Art. 8 V EG-DSR darf die Verarbeitung von Daten, die Straftaten, strafrechtliche Verurteilungen oder Sicherungsmaßregeln betreffen, nur unter behördlicher Aufsicht oder aufgrund von einzelstaatlichem Recht, das „angemessene Garantien" vorsieht, erfolgen, wobei ein Mitgliedstaat jedoch Ausnahmen aufgrund innerstaatlicher Rechtsvorschriften, die „geeignete besondere Garantien" vorsehen, festlegen kann. Art. 8 V EG-DSR soll wohl sicherstellen, dass keine privaten Strafregister geführt werden, relevant ist die Regelung also, wenn die Datenverarbeitung im Rahmen privatwirtschaftlicher Tätigkeit erfolgt.[200] Nach Art. 8 V S. 2 EG-DSR darf ein vollständiges Register der strafrechtlichen Verurteilungen nur unter behördlicher Aufsicht geführt werden. Der Akzent liegt bei dem Merkmal „vollständig".[201]

Soweit es für legitime wirtschaftliche Interessen notwendig ist, darf privaten Einrichtungen also durchaus das Recht gegeben werden, Daten über strafrechtliche Verurteilungen zu sammeln und auszuwerten.[202]

Wieweit das berechtigte Informationsinteresse privater Arbeitgeber hinsichtlich der Vorstrafen eines Bewerbers reicht, wird von der Richtlinie nicht vorgegeben. Sie fordert lediglich, dass das einzelstaatliche Recht „angemessene Ga-

---

196 Vgl. dazu auch Thüsing/Lambrich BB 2002, 1146, 1151.

197 Thüsing/Lambrich BB 2002, 1146, 1151.

198 Dammann/Simitis Art. 8 Anm. 7.

199 Dammann/Simitis Art. 8 Anm. 6.

200 H. Ehmann/Sutschet RDV 1997, 3, 7; Dammann/Simitis Art. 8 Anm. 24.

201 Dammann/Simitis Art. 8 Anm. 29.

202 Dammann/Simitis Art. 8 Anm. 29.

rantien“ vorsieht. Was die Richtlinie unter „angemessenen Garantien“ versteht, wird in ihr allerdings nicht ansatzweise verdeutlicht.[203]

In der Literatur wird insoweit vertreten, die Garantien seien angemessen, wenn sie dem „sensitiven Charakter der Daten im Hinblick auf den jeweiligen Verarbeitungskontext Rechnung tragen“.[204] Zu berücksichtigen seien insofern die Art und Schwere der in Betracht kommenden Straftaten, der jeweilige Zweck der Verarbeitung und das Bedürfnis bestimmter Kategorien von Personen oder Unternehmen, in personenbezogener Form von Straftaten informiert zu werden.[205]

Die Garantien müssten darauf gerichtet sein, dass die Daten nicht im Sinne einer unberechtigten Diskriminierung und nicht ohne Rücksicht auf die Bedeutung einer Straftat und die danach vergangene Zeitspanne verwendet würden.[206]

Auch aus diesen Präzisierungsversuchen bzgl. des Begriffs der „angemessenen Garantien“ lassen sich letztlich keine konkreten Vorgaben der EG-DSR für die Reichweite des Fragerechts eines privaten Arbeitgebers nach Vorstrafen eines Bewerbers ableiten.

Danach bestehen aus europarechtlicher Sicht im Ergebnis auch keine Bedenken, die Reichweite des Fragerechts nach Vorstrafen im Anwendungsbereich des BDSG 2001 nach § 28 I S. 1 Nr. 1 BDSG 2001 i.V.m. den allgemeinen Grundsätzen über das Fragerecht zu bestimmen.

c) Verbot mit Erlaubnisvorbehalt

Auch die Erhebung besonderer Arten personenbezogener Daten unterliegt einem Verbot mit Erlaubnisvorbehalt. Angaben über die rassische und ethnische Herkunft, politische Meinungen, religiöse oder philosophische Überzeugungen, Gewerkschaftszugehörigkeit, Gesundheit oder Sexualleben des Bewerbers darf der Arbeitgeber somit im Anwendungsbereich des BDSG 2001 nur noch erfragen, wenn ein entsprechender Erlaubnistatbestand eingreift.

d) Erlaubnistatbestand: § 28 VI Nr. 3 BDSG 2001

Als Erlaubnistatbestand für die Erhebung besonderer Arten personenbezogener Daten kommt im arbeitsrechtlichen Vertragsanbahungsverhältnis lediglich § 28 VI Nr. 3 BDSG 2001 in Betracht.[207]

Danach ist das Erheben besonderer Arten personenbezogener Daten zulässig, wenn dies zur Geltendmachung, Ausübung oder Verteidigung rechtlicher Ans-

203 Gleiches gilt für „geeignete Garantien“ i.S.d. Art. 6 I lit. b der Richtlinie, vgl. Simitis, Vom Markt zur Polis, 51, 62.

204 Dammann/Simitis Art. 8 Anm. 26.

205 Dammann/Simitis Art. 8 Anm. 26.

206 Dammann/Simitis Art. 8 Anm. 27.

207 Thüsing/Lambrich BB 2002, 1146, 1151; Franzen RDV 2003, 1, 2; Gola RDV 2001, 125, 126; vgl. auch schon Sutschet RDV 2000, 107, 111.

prüche erforderlich ist und kein Grund zu der Annahme besteht, dass das schutzwürdige Interesse des Betroffenen an dem Ausschluss der Erhebung, Verarbeitung oder Nutzung überwiegt.

aa) Auslegung des Begriffs „Anspruch"

Die Datenerhebung müsste also im Hinblick auf einen „Anspruch" des Arbeitgebers erforderlich sein. Nach der Definition des § 194 I BGB ist ein Anspruch das Recht, von einem anderen ein Tun oder Unterlassen zu verlangen.

Fraglich ist, welcher Anspruch des Arbeitgebers gegen den Bewerber im Anbahnungsverhältnis die Erhebung besonderer Arten personenbezogener Daten legitimieren kann.

(1) Anfechtungsrecht als „Anspruch"?

Man könnte zunächst daran denken, als „Anspruch" das (zukünftige) Anfechtungsrecht nach wahrheitswidriger Beantwortung einer Frage anzusehen. Dagegen spricht jedoch bereits, dass die Anfechtung ein Gestaltungsrecht und kein Anspruch i.S.d. § 194 I BGB ist.[208] Selbst wenn man dennoch aus dem Sinn des § 28 VI Nr. 3 BDSG 2001, die Wahrung eigener Rechtspositionen zu ermöglichen, den Schluss ziehen wollte, dass die Vorschrift auch die Anfechtung umfasst[209], könnte auch die potentielle Anfechtungsmöglichkeit jedenfalls kein Fragerecht begründen[210]. Denn darin läge ein Zirkelschluss, da die Anfechtungsmöglichkeit sich erst aus der wahrheitswidrigen Beantwortung einer Frage ergibt, die Zulässigkeit der Frage sich aber nicht erst aus der Antwort ergeben kann.[211] Zudem bliebe die Frage bei wahrheitsgemäßer Beantwortung unzulässig, denn dann bestünde gar kein Anfechtungsrecht und die Frage wäre nicht erforderlich zur Ausübung eines solchen Rechts.[212]

(2) Erfassung lediglich potentieller zukünftiger Ansprüche ?

Tatsächlich beziehen sich die im Anbahnungsverhältnis stattfindenden Datenerhebungen auf Ansprüche i.S.d. § 194 I BGB, die – wie der Anspruch auf die Arbeitsleistung – erst nach der zum Zeitpunkt der Datenerhebung noch ungewissen Begründung des Arbeitsverhältnisses mit dem betroffenen Bewerber entstehen

---

208 Thüsing/Lambrich BB 2002, 1146, 1151.

209 So Sutschet RDV 2000, 107, 111 (noch zum gleichlautenden § 28 VI Nr. 1 eines Referentenentwurfs des BMI zur Novellierung des BDSG vom 06.07.1999, abrufbar unter http://www.datenschutz-berlin.de/recht/de/ggebung/bdsg_neu/bdsg0607.htm).

210 Thüsing/Lambrich BB 2002, 1146, 1151; Sutschet RDV 2000, 107, 111.

211 Thüsing/Lambrich BB 2002, 1146, 1151 f.; Sutschet RDV 2000, 107, 111; Franzen RDV 2003, 1, 3.

212 Thüsing/Lambrich BB 2002, 1146, 1152; Sutschet RDV 2000, 107, 111.

würden.[213] Fraglich ist, ob § 28 VI Nr. 3 BDSG 2001 solche lediglich potentiellen zukünftigen Ansprüche erfasst.

(a) Teile der Literatur

Dies wird von Teilen der Literatur bejaht.[214] Für die Anwendbarkeit auf potentielle Ansprüche spreche, dass oftmals die Prüfung, ob ein Anspruch bestehe, überhaupt erst nach vorheriger Informationsgewinnung möglich sei; in allen diesen Fällen liefe § 28 VI Nr. 3 BDSG 2001 leer; das könne trotz der besonderen Schutzbedürftigkeit der in § 3 IX BDSG 2001 genannten Angaben nicht gewollt sein.[215]

Weiterhin wird zur Begründung dieser Ansicht auf Art. 8 II lit. b EG-DSR verwiesen.[216] Danach gilt das Verarbeitungsverbot nicht, wenn die Verarbeitung erforderlich ist, um den Rechten und Pflichten des für die Verarbeitung Verantwortlichen auf dem Gebiet des Arbeitsrechts Rechnung zu tragen, sofern dies nach einzelstaatlichem Recht, das angemessene Garantien vorsieht, zulässig ist.

Diese wegen ihrer auf das Arbeitsrecht bezogenen Bereichsspezifikation engere, in den Voraussetzungen („Rechte und Pflichten") im Vergleich zu § 28 VI Nr. 3 BDSG 2001 hingegen weitere Fassung habe der deutsche Gesetzgeber nur deshalb nicht übernommen, weil er den Erlaubnistatbestand über arbeitsrechtliche Beziehungen hinaus auf sämtliche Vertragsverhältnisse habe erstrecken wollen.[217]

Auch gehe aus der Gesetzesbegründung[218] hervor, dass der Gesetzgeber nicht verhindern wollte, dass die in § 3 IX BDSG 2001 genannten Daten weiterhin im Rahmen des allgemeinen arbeitsrechtlichen Informations- und Datenschutzes erhoben, verarbeitet und genutzt werden[219].

Art. 8 II lit. b EG-DSR biete somit keinen Anlass, die Rspr. zum Fragerecht des Arbeitgebers aufgrund EU-Rechts neu zu regeln[220], weil das EU-Recht nicht

---

213 Gola RDV 2001, 125, 127.

214 Thüsing/Lambrich BB 2002, 1146, 1152; Gola/Schomerus § 28 Rdnr. 72; Gola RDV 2001, 125, 127; anders noch ders. RDV 2000, 202, 207. Anders auch Sutschet RDV 2000, 107, 111; Franzen RDV 2003, 1, 3.

215 Thüsing/Lambrich BB 2002, 1146, 1152.

216 Thüsing/Lambrich BB 2002, 1146, 1152; Gola RDV 2001, 125, 127.

217 Thüsing/Lambrich BB 2002, 1146, 1152; Gola RDV 2001, 125, 127; zur Begründung dieser Ansicht verweist *Gola* auf den Statusbericht von *Christians* (RDV 4/2000, Sonderdruck zur BDSG-Novellierung, 10), in dem es heißt: „Um hier nicht wichtige Datenverarbeitungen sowohl im öffentlichen als auch im nicht-öffentlichen Bereich zu verhindern, war es wichtig, die durch die Richtlinie erlaubten Ausnahmen von dem grundsätzlichen Verarbeitungsverbot so umfassend wie möglich in das BDSG aufzunehmen."

218 BT-Drucks. 14/4329, 43.

219 Thüsing/Lambrich BB 2002, 1146, 1152; Gola RDV 2001, 125, 127.

220 Gola RDV 2001, 125, 127 unter Berufung auf E. Ehmann/Helfrich Art. 8 Rdnr. 25, deren Aussage, Art. 8 II lit. b biete keinen Raum, die Rechtsprechung zum Fragerecht des Ar-

mehr, aber auch nicht weniger gestatte, als nach deutschem Datenschutzrecht bislang als zulässig bewertet worden sei; auszugehen sei davon, dass es nicht Absicht des Gesetzgebers gewesen sei, diese Rechtslage zu ändern.[221]

In Ansehung dieser Intention sei die Beschränkung des § 28 VI Nr. 3 BDSG auf „rechtliche Ansprüche" terminologisch verfehlt.[222]

Zur Rechtfertigung der Frage nach Gesundheitsdaten vor der Einstellung reiche daher auch das potentiell bestehende Recht des Arbeitgebers zu einer späteren personenbedingten Kündigung des Arbeitsverhältnisses wegen Ungeeignetheit des einzustellenden Bewerbers für die vertraglich übernommene Leistung aufgrund Behinderung oder Krankheit; daneben sei an sich hieraus möglicherweise ergebende Schadensersatzansprüche zu denken.[223]

(b) Eigene Stellungnahme

Der Begriff des Anspruchs ist in § 194 I BGB legaldefiniert. Es ergeben sich aus der Entstehungsgeschichte des BDSG 2001 keinerlei Anhaltspunkte dafür, dass der in § 28 VI Nr. 3 BDSG 2001 verwandte Begriff des Anspruchs eine weitergehende Bedeutung haben soll.

Verfehlt ist in diesem Zusammenhang das Argument, der Gesetzgeber habe in § 28 VI Nr. 3 BDSG 2001 den Erlaubnistatbestand des Art. 8 II lit. b EG-DSR, allerdings nicht beschränkt auf den Bereich des Arbeitsrechts, umsetzen wollen. Dagegen spricht bereits, dass eine Umsetzung des Art. 8 II lit. b EG-DSR über den Bereich des Arbeitsrechts hinaus gegen die Vorgaben der EG-DSR verstoßen hätte. Es wäre europarechtlich gar nicht zulässig gewesen, eine Ausnahme bezogen auf „Rechte und Pflichten" über den arbeitsrechtlichen Bereich auszuweiten, da Art. 8 II lit. b EG-DSR sich speziell auf das Arbeitsrecht bezieht und Art. 8 II lit. e EG-DSR für andere Vertragsverhältnisse nur Ausnahmen zulässt, wenn die Verarbeitung zur Geltendmachung, Ausübung oder Verteidigung *rechtlicher Ansprüche vor Gericht* erforderlich ist.

Insbesondere widerspricht diese Interpretation aber auch der insoweit eindeutigen Begründung des Gesetzentwurfs. Dort heißt es ausdrücklich, § 28 VI Nr. 3 BDSG 2001 setze Art. 8 II lit. e EG-DSR um.[224] Datenerhebungen im Hinblick auf bloße „Rechte und Pflichten" reichen nach Art. 8 II lit. e EG-DSR aber gerade nicht aus.

---

beitgebers nunmehr aus datenschutzrechtlichen Gründen neu zu überdenken, allerdings dahingehend präzisiert wird, dass die Verarbeitung jener Daten, die nicht im Rahmen des Fragerechts erhoben werden dürfen, auch nicht über die Ausnahmevorschrift des Buchstabens b möglich ist. Sie schließen also eine gesetzliche Erweiterung des Fragerechts aufgrund des Art. 8 II lit. b aus.

221 Gola RDV 2001, 125, 127; Gola/Schomerus § 28 Rdnr. 72.

222 Thüsing/Lambrich BB 2002, 1146, 1152.

223 Thüsing/Lambrich BB 2002, 1146, 1152.

224 BT-Drucks 14/4329, 43.

Im Übrigen verweist der Gesetzgeber auch darauf, dass nach Art. 8 II lit. b EG-DSR auf dem Gebiet des Arbeitsrechts *bereichsspezifische* Regelungen geschaffen werden *können.*[225] Diese Formulierung kann nur als Hinweis auf das angekündigte bereichsspezifische Arbeitnehmerdatenschutzgesetz verstanden werden, in dem Art. 8 II lit. b EG-DSR erst umgesetzt werden sollte. Nicht zuletzt ist auch die überflüssige[226] Bezeichnung der Ansprüche als „rechtlich" auf den Wortlaut des Art. 8 II lit. e EG-DSR zurückzuführen.

Damit lassen weder der Wortlaut, noch die Materialien eine Auslegung des § 28 VI Nr. 3 BDSG 2001 dahingehend zu, dass damit auch lediglich potentielle zukünftige Ansprüche eine Datenerhebung rechtfertigen können.

bb) Teleologische Reduktion des § 28 VI Nr. 3 BDSG 2001 ?

(1) Teile der Literatur

Nach Teilen der Literatur soll die weiterhin bestehende Befugnis des Arbeitgebers zur Erhebung besonderer Arten personenbezogener Daten im Anbahnungsverhältnis im Anwendungsbereich des BDSG 2001 nicht aus einer weiten Auslegung des Begriffs „Anspruch", sondern aus einer teleologischen Reduktion des § 28 VI Nr. 3 BDSG 2001 folgen.[227] Der Gesetzgeber habe die bislang anerkannten arbeitsrechtlichen Grundsätze nicht ändern und arbeitsrechtliche Fragen in § 28 VI Nr. 3 BDSG 2001 gar nicht regeln wollen, ohne dies aber im Wortlaut der Vorschrift zum Ausdruck gebracht zu haben.[228] § 28 VI Nr. 3 BDSG 2001 solle deshalb auf Informationserhebungen im Stadium der Anbahnung eines Arbeitsvertrags nicht angewandt werden.[229]

(2) Eigene Stellungnahme

Zutreffend ist, dass der Gesetzgeber offensichtlich nicht die Absicht hatte, die Erhebung „besonderer Arten" personenbezogener Daten im Arbeitsrecht strengeren Zulässigkeitsvoraussetzungen zu unterwerfen, als dies außerhalb des Anwendungsbereichs des BDSG 2001 der Fall ist.

So heißt es in der Gesetzesbegründung, dass die in § 3 IX BDSG 2001 genannten Daten *auch bisher* nur im Rahmen der Grundsätze des allgemeinen arbeitsrechtlichen Informations- und Datenschutzes erhoben, verarbeitet und genutzt werden, die die von der Richtlinie vorgesehenen Garantien enthielten.[230] In der Begründung zu § 28 Abs. VI-VIII eines Referentenentwurfs des BMI zur

---

225 BT-Drucks 14/4329, 43 (Hervorhebungen nur hier).
226 Gola/Schomerus § 28 Rdnr. 70.
227 Franzen RDV 2003, 1, 4.
228 Franzen RDV 2003, 1, 4.
229 Franzen RDV 2003, 1, 4.
230 BT-Drucks 14/4329, 43 (Hervorhebungen nur hier).

Novellierung des BDSG vom 06.07.1999[231] hieß es sogar, dass Sonderregelungen für sensitive Daten auf dem Gebiet des Arbeitsrechts – im Regelfall auf der Basis höchstrichterlicher Rechtsprechung – bestünden, so dass Art. 8 II lit. b EG-DSR nicht umzusetzen sei. Dass es infolge der Nichtumsetzung des Art. 8 II lit. b EG-DSR zu einer gegenüber den allgemeinen Grundsätzen weiteren Beschränkung des arbeitgeberseitigen Fragerechts in bezug auf „besondere Arten" personenbezogener Daten kommen würde, hat der Gesetzgeber also offensichtlich übersehen.

Deshalb ist der Ansatz von *Franzen*, eine interessengerechte Lösung im Wege der Rechtsfortbildung zu suchen, zutreffend.

Eine teleologische Reduktion des § 28 VI Nr. 3 BDSG 2001 würde allerdings das Gegenteil des Gewollten bewirken. Denn § 28 VI Nr. 3 BDSG 2001 ist, wie oben ausgeführt, der einzige zur Rechtfertigung der Datenerhebung durch den Arbeitgeber in Betracht kommende Tatbestand. Wäre § 28 VI Nr. 3 BDSG 2001 im Wege teleologischer Reduktion auf das Anbahnungsverhältnis nicht anwendbar, verbliebe es also mangels Erlaubnistatbestandes beim grundsätzlichen Erhebungsverbot. Man müsste mithin auch das Verbot mit Erlaubnisvorbehalt für das Arbeitsrecht teleologisch reduzieren, was europarechtlich jedoch nicht möglich ist, denn das durch die EG-DSR vorgegebene grundsätzliche Erhebungsverbot kennt für das Arbeitsrecht keine Bereichsausnahme.

Hat der Gesetzgeber eine bestimmte Fallgruppe jedoch offensichtlich nicht bedacht und liegt von seiner Regelungsabsicht her gesehen eine Lücke des Gesetzes vor, kann diese Lücke auch im Wege teleologischer Extension, also durch Erweiterung des zu eng gefassten Gesetzestextes, geschlossen werden.[232]

Damit kann § 28 VI Nr. 3 BDSG 2001, den Vorgaben des Art. 8 II lit. b EG-DSR entsprechend, im Wege der Rechtsfortbildung dahingehend ergänzt werden, dass das Verarbeitungsverbot nicht gilt, wenn die Verarbeitung erforderlich ist, um den Rechten und Pflichten des für die Verarbeitung Verantwortlichen auf dem Gebiet des Arbeitsrechts Rechnung zu tragen. Zu den „Rechten" des Arbeitgebers gehört es auch, von seiner Vertragsfreiheit in sachgerechter Weise Gebrauch zu machen. Auf diese Weise lässt sich das interessengerechte Ergebnis begründen, dass auch die Erhebung „besonderer Arten" personenbezogener Daten im Anwendungsbereich des BDSG 2001 weiterhin den allgemeinen Regeln des Fragerechts folgt.

e) Ergebnis zu 2.

Damit ergeben sich im Ergebnis auch dann, wenn der Arbeitgeber „besondere Arten" personenbezogener Daten erfragt, für die Zulässigkeit der Datenerhe-

---

231 Abrufbar unter http://www.datenschutz-berlin.de/recht/de/ggebung/bdsg_neu/bdsg0607.htm.

232 Vgl. Larenz, Methodenlehre, 397 f.

bung im Anwendungsbereich des BDSG 2001 keine Besonderheiten zu den allgemeinen arbeitsrechtlichen Grundsätzen.

III. Ergebnis zu B.

Insgesamt bestehen damit für die Reichweite des arbeitgeberseitigen Fragerechts im Anwendungsbereich des novellierten BDSG keine Unterschiede zu den allgemeinen Regeln. Bei der in Kapitel 3 folgenden Untersuchung einzelner problematischer Fallgruppen des Fragerechts braucht deshalb die Rechtslage im Anwendungsbereich des BDSG 2001 nicht gesondert dargestellt zu werden.

C. Mitteilungspflichten des Bewerbers

Kontrovers diskutiert werden in Rspr. und Literatur nicht nur die dogmatischen Grundlagen des arbeitgeberseitigen Fragerechts. Auch die Frage, ob und inwieweit den Bewerber im Anbahnungsverhältnis Offenbarungspflichten ohne vorausgehende Frage des Arbeitgebers treffen, wird unterschiedlich beantwortet.

I. Rspr. des BAG und der Instanzgerichte

Nach der Rspr. des BAG und der Instanzgerichte folgt für den Bewerber aus dem Grundsatz von Treu und Glauben vor Abschluss eines Arbeitsvertrags die Pflicht, auf bestimmte Umstände auch ungefragt hinzuweisen.[233] Dies soll hinsichtlich solcher Umstände gelten, die die Erfüllung der arbeitsvertraglichen Leistungspflicht unmöglich machen oder sonst für den in Betracht kommenden Arbeitsplatz von ausschlaggebender Bedeutung sind.[234]

II. Ansichten in der Literatur

1. Mitteilungspflichten ablehnende Ansicht

Vereinzelt wird in der Literatur demgegenüber die Annahme solcher Mitteilungspflichten des Bewerbers im Anbahnungsverhältnis generell, d.h. sogar bezüglich solcher Umstände, die dem Bewerber die Erbringung der vertraglich geschuldeten Leistung unmöglich machen würden, abgelehnt.[235] Es sei schon in

---

233 BAG 07.02.1964 – 1 AZR 251/63 = DB 1964, 555; BAG 24.01.1974 – 3 AZR 488/72 = AP Nr. 74 zu § 611 BGB Haftung des Arbeitnehmers; BAG 02.12.1976 – 3 AZR 401/75 = AP Nr. 10 zu § 276 BGB Verschulden bei Vertragsabschluß; BAG 18.09.1987 – 7 AZR 507/86 = AP Nr. 32 zu § 123 BGB; BAG 21.02.1991 – 2 AZR 449/90 = NZA 1991, 719; LAG Frankfurt 07.08.1986 – 12 Sa 361/896 = NZA 1987, 352; LAG Bremen 08.12.1954 – Sa 86/54 = DB 1955, 170, 171.

234 BAG 21.02.1991 – 2 AZR 449/90 = NZA 1991, 719; BAG 25.03.1976 – 2 AZR 136/75 = AP Nr. 19 zu § 123 BGB; BAG 18.09.1987 – 7 AZR 507/86 = EzA Nr. 28 zu § 123 BGB; BAG 24.01.1974 – 3 AZR 488/72 = EzA Nr. 11 zu § 611 BGB Gefahrgeneigte Arbeit; BAG 08.09.1988 – 2 AZR 102/88 = NZA 1989, 178; LAG Bremen 08.12.1954 – Sa 86/54 = DB 1955, 170, 171.

235 Moritz NZA 1987, 329, 331.

tatsächlicher Hinsicht zweifelhaft, dass derjenige, der sich (offensichtlich) subjektiv zur Erbringung einer bestimmten Arbeit in der Lage fühle, den Arbeitgeber darüber aufklären müsse, dass er objektiv zur Erfüllung seiner Leistungspflicht nicht fähig sei.[236] Im Übrigen werde in den Fällen, in denen in der Literatur eine Mitteilungspflicht angenommen werde, bereits der Tatbestand des § 119 II BGB erfüllt sein.[237] Den Interessen des Arbeitgebers sei auch durch die Möglichkeit zur (ggf. außerordentlichen) Kündigung sowie durch etwaige Schadensersatzansprüche gegen den Bewerber Genüge getan.[238]

2. Mitteilungspflichten bejahende Ansichten

a) Grundsatz

Die ganz herrschende Meinung in der Literatur folgt hingegen der Rspr. und bejaht demnach grundsätzlich auch das Bestehen von Mitteilungspflichten des Bewerbers.[239]

Gegen die Verneinung einer Mitteilungspflicht selbst für solche Umstände, die der Vertragserfüllung durch den Bewerber entgegenstehen, wird dabei vorgebracht, in solchen Fällen entspreche nur die Annahme einer Mitteilungspflicht der Wertung des § 611 I BGB, der dem Arbeitgeber in erster Linie einen Anspruch auf die Primärleistung gewähre.[240] Die Schadensersatzpflicht des Bewerbers, auf die die Gegenansicht verweise, stelle allenfalls eine Kompensation dar, die nichts an der Tatsache ändere, dass die Nichterfüllung im Widerspruch zum Sollenszustand stehe.[241] Schütze die Rechtsordnung primär das Leistungsinteresse des Arbeitgebers, so müsse sie ihm konsequenterweise die Instrumente zur Verfügung stellen, die zu dessen Sicherung erforderlich seien, wozu die sanktionierte Verpflichtung des Arbeitnehmers gehöre, bei Vertragsabschluss sämtliche diesem Interesse zuwiderlaufenden Umstände offenzulegen.[242]

b) Reichweite

Einigkeit besteht innerhalb der h.M. zunächst dahingehend, dass eine Mitteilungspflicht nur dann gegeben sein kann, wenn der Arbeitgeber nach entspre-

---

236 Moritz NZA 1987, 329, 331.

237 Moritz NZA 1987, 329, 331.

238 Moritz NZA 1987, 329, 334 f.

239 ErfKomm – Preis § 611 BGB Rdnr. 353; MünchArbR – Buchner § 41 Rdnr. 165; Schaub – Schaub § 25 Rdnr. 15; Staudinger – Richardi § 611 Rdnr. 161; Hofmann ZfA 1975, 1, 49; Raab RdA 1995, 36, 43; Gola RDV 2000, 202, 204; Reinfeld, AR – Blattei SD, Vorstrafen, 1996, Rdnr. 86; Linnenkohl AuR 1983, 129, 132 f.; Ehrich DB 2000, 421, 423.

240 Raab RdA 1995, 36, 43.

241 Raab RdA 1995, 36, 43.

242 Raab RdA 1995, 36, 43.

chenden Umständen auch fragen darf.[243] Ansonsten sind die Voraussetzungen einer den Bewerber treffenden Mitteilungspflicht innerhalb der h.M. umstritten.

aa) Alle Umstände von ausschlaggebender Bedeutung

Überwiegend wird dabei mit der Rspr. vertreten, Mitteilungspflichten des Bewerbers bestünden hinsichtlich solcher Umstände, die die Erfüllung der arbeitsvertraglichen Leistungspflicht unmöglich machen oder sonst für den in Betracht kommenden Arbeitsplatz von ausschlaggebender Bedeutung sind.[244] Dies entspreche den allgemein bürgerlich-rechtlichen Grundsätzen.[245] Da der Bereich der eigenständigen Offenbarungspflicht damit aber nicht klar umrissen sei, empfehle sich für den Arbeitgeber, die Mitteilung der ihn interessierenden Daten durch Ausübung des Fragerechts anzufordern.[246]

bb) Begrenzung auf Fälle der Unfähigkeit zur Leistungserbringung

Nach anderer Auffassung sind die Mitteilungspflichten des Bewerbers streng auf solche Umstände beschränkt, die ihm die Erbringung der vertraglichen Leistung unmöglich machen.[247] Bezüglich sonstiger risikoerhöhender Umstände habe der Arbeitgeber ein Fragerecht; übe er dies nicht aus, verzichte er auf die Vorteile der zu seinen Gunsten bestehenden Wertung der Interessenlage.[248] Es sei nicht einzusehen, dass in solchen Fällen der Bewerber gleichsam automatisch seinerseits eventuelle Risikofaktoren mitzuteilen hätte.[249]

III. Eigene Stellungnahme

1. Grundsatz

Dass die potentiellen Vertragspartner bei der Vertragsanbahnung Pflichten zur ungefragten Offenbarung bestimmter Umstände treffen können, entspricht allgemeinen Regeln.[250]

Die Argumente, mit denen von Teilen der Literatur Mitteilungspflichten des Bewerbers dennoch sogar hinsichtlich solcher Umstände verneint werden, die unmittelbar seine (Un-)Fähigkeit zur Primärleistung betreffen, erweisen sich sämtlich als nicht stichhaltig und können deshalb ein Abweichen von den allgemeinen Grundsätzen nicht begründen: So ist es bereits widersprüchlich, wenn

---

243 ErfKomm – Preis § 611 BGB Rdnr. 353.

244 ErfKomm – Preis § 611 BGB Rdnr. 353; Schaub – Schaub § 25 Rdnr. 15; MünchArbR – Buchner § 41 Rdnr. 171; Staudinger – Richardi § 611 Rdnr. 162; Reimers/Wiesinger AuA 2003, 25, 27.

245 MünchArbR – Buchner § 41 Rdnr. 172.

246 MünchArbR – Buchner § 41 Rdnr. 172.

247 Hofmann ZfA 1975, 1, 48 f.

248 Hofmann ZfA 1975, 1, 47.

249 Hofmann ZfA 1975, 1, 47.

250 Vgl. Palandt – Heinrichs § 242 Rdnr. 37.

einerseits gegen die Annahme von Mitteilungspflichten eingewandt wird, der Bewerber fühle sich (offensichtlich) subjektiv zur Erbringung einer bestimmten Arbeit in der Lage und werde deshalb auch kaum darüber aufklären, dass er dies objektiv nicht sei[251], andererseits jedoch eine Mitteilungspflicht selbst für den Fall verneint wird, dass der Bewerber weiß, dass er zum vereinbarten Zeitpunkt des Arbeitsantritts inhaftiert sein wird[252], sich also denknotwendig nicht subjektiv zur Erbringung der Arbeitsleistung in der Lage fühlen kann. Abgesehen davon kann sich die Erkenntnis des Bewerbers, zur Erfüllung des avisierten Vertrages nicht in der Lage zu sein, auch erst im Bewerbungsgespräch ergeben, wenn ihm nämlich die näheren Anforderungen der zu verrichtenden Tätigkeit oder der beabsichtigte Vertragsbeginn mitgeteilt werden.

Auch kann der Hinweis auf die unabhängig von einer Mitteilungspflicht des Bewerbers verbleibende Möglichkeit des Arbeitgebers zur Anfechtung nach § 119 II BGB nicht überzeugen, weil sie im Gegensatz zur – bei Verletzung einer bestehenden Mitteilungspflicht möglichen – Anfechtung nach § 123 BGB unverzüglich erfolgen muss, also strengere Anforderungen an den Arbeitgeber stellt als § 123 BGB und damit dessen Interessen nicht gleichwertig schützt.

Der Hinweis auf etwaige Kündigungsmöglichkeiten oder Schadensersatzansprüche des Arbeitgebers spricht ebenfalls nicht gegen die Annahme von Mitteilungspflichten des Bewerbers, weil es dabei nicht primär um den Schutz des Interesses des Arbeitgebers geht, sich wieder vom Vertrag lösen oder entstandene Schäden kompensieren zu können, sondern vielmehr um das schützenswerte Interesse, das Entstehen von Schäden, etwaiger Störungen im Betriebsablauf oder das Erfordernis eines erneuten Stellenbesetzungsverfahrens durch Verzicht auf einen Vertragsschluss mit dem betreffenden Bewerber von vornherein zu vermeiden.

Lassen sich demnach keine überzeugenden Argumente für die generelle Ablehnung von Mitteilungspflichten des Bewerbers finden, verbleibt es bei den allgemeinen Regeln, nach denen auch den Bewerber im arbeitsrechtlichen Vertragsanbahnungsstadium Mitteilungspflichten gegenüber dem potentiellen Arbeitgeber treffen können.

2. Reichweite

Fraglich ist jedoch, unter welchen Voraussetzungen eine Mitteilungspflicht im Einzelfall anzunehmen ist.

Insoweit ist die durch das BAG und weite Teile der Literatur vertretene Auffassung, dass sämtliche „Umstände von ausschlaggebender Bedeutung“ mitzuteilen sind, abzulehnen.

Diese generalklauselartige Formulierung führt zu erheblicher Rechtsunsicherheit und insbesondere zu Schwierigkeiten bei der Abgrenzung zum Fragerecht.

---

251 Vgl. Moritz NZA 1987, 329, 331.

252 Moritz NZA 1987, 329, 335.

Zwar entspricht es den im allgemeinen Zivilrecht anerkannten Grundsätzen, dass vor Vertragsschluss sämtliche Umstände, die für die Willensbildung des anderen Teils offensichtlich von besonderer Bedeutung sind, ungefragt offenbart werden müssen.[253] Im allgemeinen Zivilrecht müssen Fragen des anderen Teils vor Vertragsschluss aber auch generell vollständig und richtig beantwortet werden.[254] Im Unterschied dazu besteht im Arbeitsrecht eine umfangreich diskutierte und publizierte Fragerechtsproblematik. Vor diesem Hintergrund darf der Bewerber grundsätzlich davon ausgehen, dass der Arbeitgeber über den Umfang des ihm zustehenden Fragerechts hinsichtlich solcher Umstände, die für ihn „von ausschlaggebender Bedeutung sind", informiert ist und ein gegebenes Fragerecht auch ausüben wird. Verzichtet der Arbeitgeber darauf, ist für den Bewerber gerade nicht erkennbar, dass der betreffende Umstand für den Arbeitgeber ausschlaggebende Bedeutung haben soll.

Anderes kann nur bei Vorliegen solcher Umstände gelten, die dem Bewerber die Verrichtung der vorgesehenen Tätigkeit tatsächlich oder rechtlich unmöglich machen.

Denn der Arbeitgeber wird und muss redlicherweise auch nicht damit rechnen, dass sich jemand in Kenntnis der Tatsache, dass er seine Primärleistung zum vereinbarten Zeitpunkt oder in absehbarer Zeit danach mit Sicherheit nicht wird erfüllen können, bewirbt und deshalb dahingehende Fragen auch nicht stellen. Unabhängig von einer Frage drängt sich dem Bewerber das Informationsinteresse des Arbeitgebers hinsichtlich solcher Umstände aber auf, so dass er aus einer fehlenden Frage ausnahmsweise auch nicht auf einen „Informationsverzicht" des Arbeitgebers schließen darf.

Eine Mitteilungspflicht des Bewerbers besteht deshalb nur bei Vorliegen solcher Umstände, die der Leistungserbringung beim beabsichtigten Vertragsbeginn oder in absehbarer Zeit danach entgegenstehen, wobei sich das berechtigte Informationsinteresse des Arbeitgebers auch dann nur auf die Tatsache der Unmöglichkeit der Leistungserbringung an sich beschränkt und nicht auch die ihr zugrundeliegenden Umstände umfasst. Da die Begründung einer Mitteilungspflicht ein berechtigtes Informationsinteresse des Arbeitgebers voraussetzt, sind Mitteilungspflichten zusätzlich nur bei Vorliegen solcher Umstände gegeben, nach denen der Arbeitgeber auch fragen dürfte. Der Bewerber muss deshalb selbst die Unmöglichkeit der Erbringung der Arbeitsleistung zum vorgesehenen Zeitpunkt nicht mitteilen, wenn diese auf Umständen beruht, die den Arbeitgeber nicht zur Ablehnung des Bewerbers berechtigen.

---

253 BGH 28.04.1971 – VIII ZR 258/69 = NJW 1971, 1795, 1799.

254 Vgl. BGH 11.06.1979 – VIII ZR 224/78 = BGHZ 74, 383, 392; BGH 20.03.1967 – VIII ZR 288/64 = NJW 1967, 1222.

IV. Ergebnis zu C.

Wie bei jeder anderen Vertragsanbahnung können auch bei den Verhandlungen über den Abschluss eines Arbeitsvertrags Mitteilungspflichten der potentiellen Vertragspartner bestehen. Die in Abweichung von allgemeinen zivilrechtlichen Grundsätzen gegen eine Mitteilungspflicht des Bewerbers vorgebrachten Argumente haben sich als nicht stichhaltig erwiesen. Die Reichweite von Mitteilungspflichten des Bewerbers muss jedoch mit der im Arbeitsrecht bestehenden besonderen Fragerechtsproblematik in Einklang gebracht werden. Dies führt dazu, dass eine Mitteilungspflicht – anders als im allgemeinen Zivilrecht – nicht bezüglich jedes Umstands angenommen werden kann, der für den potentiellen Arbeitgeber „von ausschlaggebender Bedeutung" sein kann. Denn bezüglich solcher Umstände wird der Arbeitgeber ein Fragerecht haben, dessen Nichtausübung sich für den Bewerber grundsätzlich als Informationsverzicht darstellt, so dass es für die Begründung einer Mitteilungpflicht des Bewerbers an der Erkennbarkeit der Bedeutung des Umstands für den Arbeitgeber mangeln wird. Nur bei Vorliegen solcher Umstände, die dem Bewerber die Erfüllung der Primärleistung zum vorgesehenen Vertragsbeginn oder unmittelbar danach rechtlich oder tatsächlich unmöglich machen werden, besteht eine Pflicht des Bewerbers zur ungefragten Offenbarung, da der Arbeitgeber davon ausgehen darf, dass der Bewerber die elementarsten Anforderungen für Aufnahme der geschuldeten Tätigkeit erfüllt und aus einer fehlenden Frage deshalb nicht auf einen entsprechenden Informationsverzicht geschlossen werden darf.

Kapitel 3 – Das Fragerecht des Arbeitgebers und Mitteilungspflichten des Bewerbers in verschiedenen Fallgruppen

Nachfolgend sollen nun verschiedene, teilweise auch nach Jahrzehnten der Diskussion noch ungeklärte Fallgruppen des Fragerechts sowie neu aufgetretene Problemfälle untersucht werden. Dabei wird – wo problematisch – auch auf etwaige Mitteilungspflichten des Bewerbers eingegangen.

A. Vorstrafen

I. Fragerecht

1. Rspr. des BAG und der Instanzgerichte

Nach ständiger Rspr. des BAG sowie der Rspr. der Instanzgerichte darf der Arbeitgeber nur nach solchen Vorstrafen fragen, die für den jeweiligen Arbeitsplatz erheblich sind.[255] Dies wird damit begründet, dass die Resozialisierung der

---

[255] BAG 05.12.1957 – 1 AZR 594/56 = BAGE 5, 159; BAG 07.02.1964 – 1 AZR 251/63 = DB 1964, 555; BAG 15.01.1970 – 2 AZR 64/69 = EzA Nr. 16 zu § 1 KSchG; BAG 21.02.1991 – 2 AZR 449/90 = NZA 1991, 719; BAG 20.05.1999 – 2 AZR 320/98 = EzA Nr. 52 zu § 123 BGB; ArbG Münster 28.07.1988 – 2 Ca 142/88 = DB 1988, 2209.

Gestrauchelten nicht unnötig zu erschweren und der sich redlich um einen Arbeitsplatz bemühende Vorbestrafte nicht in unnötige Gewissenskonflikte zu bringen sei.[256] Nicht für jede Tätigkeit sei die Vorstrafe des Bewerbers ein beachtliches Hindernis, denn es gebe eine Anzahl von Tätigkeiten, die ein Vorbestrafter durchaus ausführen könne.[257] Es dürfe deshalb jedenfalls nicht schlechthin ohne sinnvolle Beschränkung auf das für den zu besetzenden Arbeitsplatz wichtige Strafrechtsgebiet gefragt werden.[258] Als Beispiele für die Arbeitsplatzrelevanz nennt das BAG Vorstrafen auf vermögensrechtlichem Gebiet für einen Kassierer, Einkäufer oder Lagerverwalter, Sittlichkeitsdelikte bei der Einstellung eines Ausbilders oder Jugendpflegers und Verkehrsdelikte bei der Einstellung eines Kraftfahrers.[259]

An dem Kriterium der „Arbeitsplatzrelevanz" hält die Rspr. auch nach Inkrafttreten des BZRG am 01.01.1972, dessen § 53 (ehemals § 51) bestimmt, dass sich der Verurteilte als unbestraft bezeichnen darf, wenn die Verurteilung entweder nicht in das Führungszeugnis oder nur in ein Führungszeugnis für Behörden nach § 32 III, IV BZRG aufzunehmen oder zu tilgen ist, fest.[260]

Die Regelung des § 53 I BZRG wird dabei nur zugunsten des Bewerbers dahingehend berücksichtigt, dass sie den Mindestschutz festschreiben soll, der durch das weitere Kriterium der „Arbeitsplatzrelevanz" verstärkt wird.[261]

§ 53 I BZRG regele die Reichweite der Befugnis, Vorstrafen verschweigen zu dürfen, deshalb nicht abschließend, weil der Wille, eine erschöpfende und abschließende Regelung zu schaffen, im Gesetz, etwa dadurch, dass sich der Vorbestrafte „nur" in den in § 53 I BZRG genannten Fällen als unbestraft bezeichnen dürfe, nicht zum Ausdruck gebracht worden sei.[262] Weiterhin wird insoweit damit argumentiert, dass im Rahmen der Normierung des BZRG nicht ausdrücklich auf die Einschlägigkeitsrechtsprechung des BAG eingegangen worden sei.[263] Es sei nicht sicher, dass die Bestimmungen des BZRG in voller Kenntnis der einschlägigen arbeitsrechtlichen Diskussion verabschiedet worden seien.[264] Daraus wird offenbar gefolgert, es bestünden keine Anhaltspunkte dafür, dass der Gesetzgeber die Rspr. zu Lasten des Bewerbers habe ändern wollen.

---

256 BAG 05.12.1957 – 1 AZR 594/56 = BAGE 5, 159, 164.
257 BAG 05.12.1957 – 1 AZR 594/56 = BAGE 5, 159, 164.
258 BAG 05.12.1957 – 1 AZR 594/56 = BAGE 5, 159, 164.
259 BAG 05.12.1957 – 1 AZR 594/56 = BAGE 5, 159, 164; BAG 07.02.1964 – 1 AZR 251/63 = DB 1964, 555.
260 BAG 21.02.1991 – 2 AZR 449/90 = NZA 1991, 719; BAG 20.05.1999 – 2 AZR 320/98 = EzA Nr. 52 zu § 123 BGB Bl. 5 (jeweils ohne nähere Begründung); ArbG Münster 28.07.1988 – 2 Ca 142/88 = DB 1988, 2209.
261 ArbG Münster 28.07.1988 – 2 Ca 142/88 = DB 1988, 2209, 2210.
262 ArbG Münster 28.07.1988 – 2 Ca 142/88 = DB 1988, 2209, 2210.
263 ArbG Münster 28.07.1988 – 2 Ca 142/88 = DB 1988, 2209, 2210.
264 ArbG Münster 28.07.1988 – 2 Ca 142/88 = DB 1988, 2209, 2210.

2. Ansichten in der Literatur

a) § 53 I BZRG als Mindestschutz

Auch die ganz herrschende Meinung in der Literatur stellt für die Bestimmung der Reichweite des Fragerechts nach Vorstrafen auf die „Arbeitsplatzrelevanz" bzw. „Einschlägigkeit" der der Verurteilung zugrundeliegenden Tat ab.[265]

Dabei werden die „Arbeitsplatzrelevanz" bzw. „Einschlägigkeit" bestimmter Vorstrafen in der Regel nicht näher konkretisiert, sondern lediglich die oben genannten Beispiele des BAG wiederholt.[266] Darüber hinaus sei es wenig realistisch, für jeden überhaupt denkbaren Arbeitsplatz eine Auflistung einschlägiger Vorstrafen zu erstellen, das Bild der Praxis werde von der Einzelfallentscheidung geprägt bleiben.[267] Den damit verbundenen Preis der erschwerten Voraussehbarkeit des rechtlichen Ergebnisses und der Beeinträchtigung der Rechtssicherheit müsse man für die Vernünftigkeit und gesellschaftliche Adäquanz der Einzelfallentscheidung zahlen.[268]

Vereinzelt findet sich aber auch innerhalb der h.M. die Auffassung, die Grenze dürfe im Hinblick auf die Schutzwirkung der Verträge zwischen dem Arbeitgeber und seinen anderen Mitarbeitern nicht zu eng gezogen und etwa nur auf den Leistungsbereich als solchen abgestellt werden.[269] Vielmehr müsse auch den Beziehungen des künftigen Arbeitnehmers zur Betriebsgemeinschaft (z.B. sogenannter Kameradendiebstahl, Körperverletzungsdelikte) Rechnung getragen werden, und seien Vorstrafen zu berücksichtigen, die für das Persönlichkeitsbild (Querulantentum) oder wegen ihres Gewichts (Kapitalverbrechen), sei es auch in der Form ihrer Häufigkeit, im Einzelfall als erheblich erschienen.[270]

§ 53 I BZRG wird auch von der h.M. mangels ausdrücklicher Anordnung einer abschließenden Regelung[271] und Eingehens des Gesetzgebers auf die Ein-

---

[265] ErfKomm – Preis § 611 BGB Rdnr. 341; Däubler, Gläserne Belegschaften ?, Rdnr. 217; ArbRBGB – Schliemann § 611 Rdnr. 426; Wedde CR 1992, 679, 681; Linnenkohl AuR 1983, 129, 135; Moritz NZA 1987, 329, 334; Wohlgemuth, Datenschutz für Arbeitnehmer, Rdnr.133; ders. AuR 1985, 239, 242; Maurer AuR 1972, 9, 10; Gola/Schomerus § 28 Rdnr. 28; Reinfeld, AR – Blattei SD, Vorstrafen, 1996, Rdnr. 54 ff.; Höfle, AR – Blattei D, Vorstrafen I, 1977, C I. 2.; Leipold AuR 1971, 161; Staudinger – Richardi § 611 Rdnr. 157 f.; Raab RdA 1995, 36, 42.

[266] Vgl. etwa ErfKomm – Preis § 611 BGB Rdnr. 341; Staudinger – Richardi § 611 Rdnr. 158; ArbRBGB – Schliemann § 611 Rdnr. 426; Däubler, Gläserne Belegschaften ?, Rdnr. 217.

[267] Reinfeld, AR – Blattei SD, Vorstrafen, 1996, Rdnr. 70 ff.

[268] Linnenkohl AuR 1983, 129, 136.

[269] Höfle, AR – Blattei D, Vorstrafen I, 1977, C I. 2.

[270] Höfle, AR – Blattei D, Vorstrafen I, 1977, C I. 2.

[271] Maurer AuR 1972, 9, 10; Reinfeld, AR – Blattei SD, Vorstrafen, 1996, Rdnr. 56; Höfle, AR – Blattei D, Vorstrafen I, 1977, C I. 2.

schlägigkeitsrechtsprechung[272] nur als Mindestschutz, nicht jedoch als abschließende Regelung angesehen[273].

Im Gegenteil wird vertreten, wegen des weiterhin bestehenden Erfordernisses der Arbeitsplatzbezogenheit sei auch das Vorlageverlangen nach einem Führungszeugnis – aus dem sich auch nicht arbeitsplatzrelevante Vorstrafen ergeben könnten – als Umgehung der Fragerechtsgrenzen unzulässig.[274] Dem stünden die Wertungen des BZRG nicht entgegen, denn dieses enthalte keinen zwingenden Hinweis darauf, dass der Arbeitgeber die Vorlage eines privaten Führungszeugnisses verlangen könne.[275]

b) Nichtberücksichtigung des § 53 I BZRG

Nach anderer Auffassung soll der Arbeitgeber ungeachtet des § 53 I BZRG nach allen einschlägigen Vorstrafen fragen dürfen, wobei die Einschlägigkeit aber weiter verstanden wird, als überwiegend innerhalb der h.M., und auch nicht unmittelbar auf die zu verrichtende Tätigkeit bezogene Vorstrafen einschließen soll.[276] Begründet wird diese Auffassung mit einem Vergleich zur Rspr. des BGH zum Auswahlverschulden nach § 831 I BGB, nach der sich die mangelnde charakterliche Zuverlässigkeit des Stellenbewerbers auch aus solchen Straftaten ableiten lasse, die keinen unmittelbaren Zusammenhang zur aufgetragenen Verrichtung aufwiesen.[277] Damit zu vereinbaren sei nur ein extensiv zu interpretierendes „Einschlägigkeits-Kriterium“, nicht aber die These vom abschließenden Charakter der Regelungen des BZRG.[278]

§ 53 I BZRG enthält nach dieser Auffassung also weder eine abschließende Wertung, noch einen Mindestschutz.

c) § 53 I BZRG als abschließende Wertung

Eine weitere Auffassung in der Literatur lehnt die Bestimmung der Reichweite des Fragerechts nach Vorstrafen anhand des Kriteriums der Arbeitsplatzrelevanz

---

272 Reinfeld, AR – Blattei SD, Vorstrafen, 1996, Rdnr. 54.

273 Reinfeld, AR – Blattei SD, Vorstrafen, 1996, Rdnr. 58; Höfle, AR – Blattei D, Vorstrafen I, 1977, C I. 2.; Dörr/Schmidt BDSG § 28 Rdnr. 41; Moritz NZA 1987, 329, 334; Däubler, Arbeitsrecht, 46.

274 Wohlgemuth, Datenschutz für Arbeitnehmer, Rdnr. 135; ders. DB 1985, Beilage 21, 9 f.; Däubler, Gläserne Belegschaften ?, Rdnr. 217; Linnenkohl AuR 1983, 129, 135; Zeller BB 1987, 1522, 1525; Reinfeld, AR – Blattei SD, Vorstrafen, 1996, Rdnr. 137; Bedenken gegen das Vorlageverlangen – selbst für den öffentlichen Dienst – äußert auch Moritz NZA 1987, 329, 335.

275 Schwerdtner, Rdnr. 13.

276 Waas JR 1992, 365, 369.

277 Waas JR 1992, 365, 369.

278 Waas JR 1992, 365, 369.

ab und stellt stattdessen ausschließlich auf die Wertungen des Strafregisterrechts ab.[279]

An dem Kriterium der Arbeitsplatzrelevanz wird die damit verbundene Rechtsunsicherheit bemängelt[280], aber auch darauf hingewiesen, dass wegen des persönlichen Kontakts im Arbeitsverhältnis ein weitergehendes Fragerecht bestehen müsse[281]. Nach Inkrafttreten des BZRG wird gegen Rspr. und h.M. darüber hinaus insbesondere vorgebracht, der Gesetzgeber habe mit § 53 I BZRG eine abschließende Wertung darüber, unter welchen Voraussetzungen im Rechtsverkehr und speziell auch im Bereich des Arbeitsrechts Vorstrafen nicht offenbart werden müssen, getroffen.[282]

Der Gesetzgeber habe die Wertung der Rspr. und h.M. bewusst nicht übernommen, sondern die Erteilung von Führungszeugnissen mit jeweils nur „einschlägigem" Inhalt erwogen und ausdrücklich abgelehnt.[283] Dabei sei das Führungszeugnis auch und gerade zur Vorlage beim privaten Arbeitgeber konzipiert worden.[284] Dies habe aber notwendigerweise zur Folge, dass dem Arbeitgeber aufgrund des zulässigen Vorlageverlangens bezüglich des Führungszeugnisses auch „nicht einschlägige" Vorstrafen bekannt würden.[285] Wenn der Arbeitgeber aber die Vorlage eines privaten Führungszeugnisses verlangen könne, dann müsse er auch nach allen darin enthaltenen Vorstrafen fragen dürfen.[286]

Zudem beruhten die Vorschriften darüber, was in das Führungszeugnis aufzunehmen sei und was nicht (§§ 30 ff. BZRG), bereits auf einer Interessenabwägung.[287] Der Gesetzgeber habe berücksichtigt, dass das Interesse des Verurteilten auf Wiedereingliederung in die Gemeinschaft dem Interesse auch von Privatpersonen an zutreffender Unterrichtung über die Persönlichkeit des Betroffenen, denen das Zeugnis vorgelegt werden soll, gegenüberstehe.[288] Deshalb bedeute jede weitergehende Einschränkung des Fragerechts eine Ersetzung der bereits auf einer Interessenabwägung beruhenden gesetzgeberischen Wertentscheidung durch die subjektiven Wertvorstellungen des Rechtsanwenders, was mit dem im Rechtsstaat unabdingbaren Grundsatz, dass die rechtsanwendende Tä-

---

279 Degener, 110 ff.; Hofmann ZfA 1975, 1, 29 ff.; Erman[10] – Hanau § 611 Rdnr. 264; auch schon Neumann-Duesberg JZ 1962, 204 Fn. 2.

280 Degener, 113; Gumpert BB 1970, 804; Erman[10] – Hanau § 611 Rdnr. 264.

281 Degener, 112 f.; Neumann-Duesberg JZ 1962, 204, Fn. 2.

282 Hofmann ZfA 1975, 1, 30.

283 Hofmann ZfA 1975, 1, 32 unter Verweis auf den Ausschussbericht BT-Drucks. VI/1550, 15; Degener, 111 f.; Kuhla, 122.

284 Hofmann ZfA 1975, 1, 32 unter Verweis auf den Gesetzentwurf BT-Drucks. VI/477, 19 sowie den Ausschussbericht BT-Drucks. VI/1550, 11 ff.; Degener, 112; Kuhla, 123.

285 Hofmann ZfA 1975, 1, 32.

286 Hanau/Adomeit Rdnr. 625, Fn. 13.

287 Hofmann ZfA 1975, 1, 30.

288 Hofmann ZfA 1975, 1, 30 unter Verweis auf BT-Drucks. VI/477, 20; Degener, 111.

tigkeit durch die Bindung an die gesetzlichen Wertungen gekennzeichnet ist, nicht zu vereinbaren sei.[289]

In der Konsequenz darf der Arbeitgeber dieser Auffassung zufolge also nach allen – auch nicht „arbeitsplatzrelevanten" – Vorstrafen fragen, die in dem privaten Führungszeugnis enthalten sind.[290]

3. Eigene Stellungnahme

a) Zum Kriterium der „Arbeitsplatzrelevanz"

aa) Die Bedeutung von Vorstrafen für das einzugehende Arbeits*verhältnis* und das Außenverhältnis

Das Fragerecht nach Vorstrafen wird, wie auch von Vertretern der h.M. ausgeführt wird, aus dem Gedanken abgeleitet, dass vorbestrafte Arbeitnehmer „rückfällig" werden können und damit eine besondere Gefahr für den Arbeitgeber bzw. sein Unternehmen darstellen.[291] Aufgrund der Eingliederung des Arbeitnehmers in den Betrieb trifft diese Rückfallgefahr aber nicht nur Rechte und Rechtsgüter des Arbeitgebers am konkreten Arbeitsplatz, sondern auch solche des Arbeitgebers sowie der übrigen Belegschaft außerhalb des reinen Arbeitsbereiches des einzustellenden Arbeitnehmers.

Dies gilt zunächst für Delikte, die kaum jemals „einschlägig" im Sinne der h.M. sein werden, wie etwa Körperverletzungs- und Beleidigungsdelikte.

Auch Delikte, die den „Standardbeispielen" der h.M. zufolge offenbar nur in bestimmten Fällen erfragt werden dürfen, wie Eigentums- oder Vermögensdelikte bei der Einstellung eines Bankkassierers oder Lagerverwalters und Sittlichkeitsdelikte bei der Einstellung eines Ausbilders oder Jugendpflegers, können den Arbeitgeber bzw. seine Mitarbeiter im Falle eines Rückfalles völlig unabhängig von der konkret zu verrichtenden Tätigkeit des einzustellenden Arbeitnehmers treffen.

Für ein berechtigtes Interesse des Arbeitgebers, seine übrige Belegschaft auch insoweit vor einem etwaigen Rückfall des Vorbestraften zu schützen, spricht, dass den Arbeitgeber Schutz- und Obhutspflichten dahingehend treffen, die materiellen und immateriellen Belange seiner Arbeitnehmer bei der Erfüllung des Arbeitsverhältnisses zu wahren.[292] Schon aufgrund seiner allgemeinen Fürsorgepflicht hat der Arbeitgeber etwa das berechtigterweise in den Betrieb eingebrachte Arbeitnehmereigentum jedenfalls in gewissem Umfang vor Verlust und

[289] Hofmann ZfA 1975, 1, 32 f.; Degener, 111.

[290] Hofmann ZfA 1975, 1, 33; Hanau/Adomeit Rdnr. 625; in diese Richtung auch MünchArbR – Buchner § 41 Rdnr. 150.

[291] Däubler, Gläserne Belegschaften ?, Rdnr. 217; Wedde CR 1992, 679, 681; Moritz NZA 1987, 329, 334.

[292] Vgl. dazu etwa Schaub – Koch § 108 Rdnr. 6 ff.

Beschädigung zu schützen.[293] Ein berechtigtes Interesse des Arbeitgebers an der Kenntnis von Vorstrafen wegen Eigentums- und Vermögensdelikten auf den Fall der Einstellung eines Bankkassierers oder Lagerverwalters zu beschränken, ist damit schwer vereinbar.

Wo die Schutzpflichten des Arbeitgebers darüber hinaus gesetzlich konkretisiert sind, erscheint ein arbeitsplatzunabhängiges Fragerecht sogar geradezu geboten: So hat der Arbeitgeber nach den Wertungen des AGG dafür Sorge zu tragen, dass Benachteiligungen, wozu auch sog. Belästigungen gehören, seiner Arbeitnehmer untereinander wegen der in § 1 AGG genannten Gründe unterbleiben.

Zu den in § 3 IV AGG definierten sexuellen Belästigungen zählen insbesondere auch sexuelle Handlungen und Verhaltensweisen, die nach den strafgesetzlichen Vorschriften unter Strafe gestellt sind.[294] Dabei ist der Arbeitgeber nach § 12 I S. 1 AGG verpflichtet, die erforderlichen Maßnahmen zum Schutz vor Benachteiligungen wegen eines in § 1 AGG genannten Grundes zu treffen, wobei dieser Schutz nach S. 2 auch *vorbeugende Maßnahmen* umfasst.[295] Die Benachteiligung eines Arbeitnehmers i.S.d. § 7 I AGG durch einen Beschäftigten stellt zudem gemäß § 7 III AGG eine Verletzung vertraglicher Pflichten dar, die den Arbeitgeber nach § 12 III AGG zu Maßnhamen, die bis zur Kündigung reichen können, zwingen. Damit kann ein berechtigtes Interesse des Arbeitgebers etwa an der Kenntnis von Vorverurteilungen wegen Delikten gegen die sexuelle Selbstbestimmung bzw. „Sittlichkeitsdelikten" aber kaum nur bei der Einstellung eines Ausbilders oder Jugendpflegers bejaht werden, wie dieses in Rspr. und Literatur häufig genannte Standardbeispiel der „Arbeitsplatzrelevanz" suggeriert. Hier drängt sich mit Blick auf die Wertungen des AGG eher die Frage auf, ob der Arbeitgeber nicht sogar verpflichtet ist, eine entsprechende Frage als „vorbeugende Maßnahme" zu stellen.

Darüber hinaus hat der Arbeitgeber – wie sich aus der Haftung nach § 831 I BGB ergibt – das Fragerecht u.U. auch gleichsam als Sachwalter von Interessen außenstehender Dritter wahrzunehmen. Nach der Rspr. des BGH zum Auswahlverschulden nach § 831 I BGB erfordert die mit dem Beruf des Lastzugfahrers verbundene erhöhte Gefährdung von Gesundheit und Eigentum Dritter eine besonders sorgfältige Prüfung nicht nur seiner fachlichen, sondern auch seiner charakterlichen Eignung.[296] Die Ungeeignetheit für den Beruf eines Lastzugfahrers

---

293 BAG 25.05.2000 – 8 AZR 518/99 = NZA 2000, 1052 ff.

294 Vgl. BT-Drucks. 16/1780, 33 sowie bisher bereits § 2 II Nr. 1 BeschSG.

295 Für den Bereich der sexuellen Belästigungen ergab sich eine entsprechende Verpflichtung des Arbeitgebers bislang schon aus § 2 I S. 1 des Beschäftigtenschutzgesetzes, welches gemäß Art. 4 des Gesetzes zur Umsetzung europäischer Richtlinien zur Verwirklichung des Grundsatzes der Gleichbehandlung (BGBl. I v. 17.08.2006, 1897, 1910) am 18.08.2006 außer Kraft getreten ist.

296 BGH 07.06.1966 – VI ZR 130/65 = VersR 1966, 929, 930.

soll sich daraus ergeben, dass der Betroffene mehrfach vorbestraft ist, wobei der Betroffene im vom BGH entschiedenen Fall mehrfach wegen Diebstahls, wegen Urkundenfälschung, Betruges und Untreue und viermal wegen Fahrens mit nicht zugelassenen oder nicht haftpflichtversicherten Fahrzeugen vorbestraft war.[297] Diese Straftaten und – (lediglich) im Besonderen die vier letztgenannten – decken nach dem BGH einen bedenklichen Mangel an Verantwortungsgefühl auf, der die Ungeeignetheit des Betroffenen begründet.[298] Mit anderen Worten ist nach der Rspr. des BGH also die mangelnde charakterliche Zuverlässigkeit des Stellenbewerbers auch aus solchen Straftaten ableitbar, die keinen unmittelbaren Zusammenhang zur aufgetragenen Verrichtung aufweisen.[299] Damit lässt sich ein weiteres Standardbeispiel der h.M., wonach bei der Einstellung eines Kraftfahrers (nur) Verkehrsdelikte einschlägig sein sollen, nicht vereinbaren.

Dies alles macht deutlich, dass die Beschränkung des Fragerechts auf das für den zu besetzenden Arbeitsplatz wichtige Strafrechtsgebiet entgegen der Rspr. des BAG nicht sinnvoll ist, sondern die Tatsache ignoriert, dass Vorstrafen vor dem Hintergrund der Rückfallgefahr Relevanz für das einzugehende Arbeits*verhältnis* sowie das Außenverhältnis und eben nicht nur für die persönliche Eignung im Hinblick auf den konkret zu besetzenden Arbeitsplatz haben. Konsequenz dieser Erkenntnis kann aber nicht sein, den Begriff der „Einschlägigkeit" – wie von Teilen der Literatur – derart weit auszulegen, dass von seiner ursprünglichen, das Fragerecht beschränkenden Intention letztlich nichts mehr übrig bleibt. Vielmehr erweist sich das Kriterium der „Arbeitplatzrelevanz" als untauglicher Maßstab zur interessengerechten Bestimmung der Reichweite des Fragerechts nach Vorstrafen.

bb) Wertungswidersprüche zu anderen Fallgruppen des Fragerechts

Zudem leidet die „Einschlägigkeitsrechtsprechung" auch an Wertungswidersprüchen zu anderen Fallgruppen des Fragerechts. So stellt das BAG bei der Beurteilung des Fragerechts nach der Schwerbehinderteneigenschaft[300] bislang gerade nicht auf die „Arbeitsplatzrelevanz" der Behinderung ab, sondern auf die erheblichen rechtlichen und wirtschaftlichen Belastungen des Arbeitgebers, die mit der Beschäftigung Schwerbehinderter verbunden sind und damit auf die Auswirkungen auf das Arbeitsverhältnis insgesamt. Auch passt die Beschränkung auf rein arbeitsplatzbezogene Vorstrafen, unter Ausklammerung des Interesses des Arbeitgebers, das Fragerecht auch zum Schutz der Belegschaft und Dritter vor Schädigungen auszuüben, nicht zur Rspr. des BAG zum Fragerecht nach Gesundheitsdaten[301], bei dem das BAG ein berechtigtes Interesse des Ar-

---

[297] BGH 07.06.1966 – VI ZR 130/65 = VersR 1966, 929, 930.
[298] BGH 07.06.1966 – VI ZR 130/65 = VersR 1966, 929, 930.
[299] Darauf zu Recht verweisend Waas JR 1992, 365, 369.
[300] Dazu ausführlich unten Kapitel 3 E. IV. 2.
[301] BAG 07.06.1984 – 2 AZR 270/83 = AP Nr. 26 zu § 123 BGB.

beitgebers am Schutz der zukünftigen Kollegen oder Kunden vor Ansteckung mit Krankheiten ausdrücklich anerkennt.

b) Die Wertung des § 53 I BZRG

Ein Abstellen auf das Kriterium der „Arbeitsplatzrelevanz“ ist aber nicht nur wegen seiner aufgezeigten Schwächen abzulehnen, vor allem ist es unvereinbar mit der Wertentscheidung des § 53 I BZRG.

aa) Der abschließende Charakter des § 53 I BZRG

Denn nach zutreffender Ansicht enthält § 53 I BZRG eine abschließende Wertung darüber, ob und inwieweit Vorstrafen im Rechtsverkehr nicht offenbart werden müssen, eine weitergehende Einschränkung des Fragerechts des Arbeitgebers durch das Kriterium der „Arbeitsplatzrelevanz“ lässt sich nicht rechtfertigen.

§ 53 I Nr. 1 BZRG normiert das Recht, im Rechtsverkehr solche Vorstrafen geheim zu halten, die im privaten Führungszeugnis nicht enthalten oder zu tilgen sind. Ein abschließender Charakter der so bestimmten Reichweite der Geheimhaltungsbefugnis des Bewerbers könnte nur dann verneint werden, wenn dem Arbeitgeber das Recht abgesprochen werden müsste, vom Bewerber die Vorlage eines privaten Führungszeugnisses zu verlangen. Dies lässt sich aber in dogmatisch haltbarer Weise nicht begründen. Denn der von der Gegenansicht[302] vermisste zwingende Hinweis darauf, dass der Arbeitgeber die Vorlage eines privaten Führungszeugnisses verlangen kann, ergibt sich aus § 30 V S. 1 BZRG und den dieser Norm zugrundeliegenden gesetzgeberischen Erwägungen. Nach § 30 V S. 1 BZRG ist das Führungszeugnis zur Vorlage bei Behörden nicht dem Betroffenen auszuhändigen, sondern unmittelbar der Behörde zu übersenden. Diese Regelung wurde gerade deshalb eingeführt, damit ein privater Arbeitgeber von den in einem Führungszeugnis zur Vorlage bei Behörden *zusätzlich* enthaltenen Eintragungen nicht aufgrund eines Vorlageverlangens gegenüber dem Bewerber Kenntnis erlangt.[303] Wenn aber dem möglichen Vorlageverlangen eines privaten Arbeitgebers nur für diesen Fall mit einer gesetzlichen Regelung begegnet wurde, muss das Vorlageverlangen eines privaten Arbeitgebers nach dem privaten Führungszeugnis nach der gesetzlichen Wertentscheidung zulässig sein.

Damit handelt es sich bei dem Vorlageverlangen nach einem privaten Führungszeugnis entgegen teilweise geäußerter Auffassung also nicht um eine „Umgehung der Fragerechtsgrenzen“. Auch wenn die zum arbeitgeberseitigen Fragerecht entwickelten Regeln für jede Form der Datenerhebung Geltung beanspruchen mögen, bedeutet dies nicht, dass die rechtliche Bewertung des Vorlageverlangens nach einem Führungszeugnis sich danach zu richten hat, ob es mit der Rspr. des BAG konform ist. Wenn das Registerrecht das Verlangen ei-

---

302 Vgl. Schwerdtner, Rdnr. 13.

303 Vgl. die Gesetzesbegründung BT-Drucks. VI/477, 19.

nes Arbeitgebers nach einem privaten Führungszeugnis eindeutig legitimiert, dann ist diese Wertung umgekehrt entscheidend für die Bestimmung des Umfangs des arbeitgeberseitigen Fragerechts zu berücksichtigen.

Der These von der abschließenden Wertung des § 53 I BZRG kann auch nicht entgegengehalten werden, sie sei nicht mit der Rspr. des BGH zum Auswahlverschulden gemäß § 831 BGB zu vereinbaren, weil dem Arbeitgeber natürlich dann auch kein Auswahlverschulden nach § 831 I BGB vorgeworfen werden kann, wenn sich der Bewerber nach § 53 I BZRG als unbestraft bezeichnen darf und der Arbeitgeber bestimmte Vorstrafen selbst bei Vorlage eines privaten Führungszeugnisses nicht erfahren könnte. Zu Wertungswidersprüchen zwischen Delikts- und Arbeitsrecht kann es insoweit nicht kommen.

bb) Ausreichende Berücksichtigung des Resozialisierungsgedankens durch das BZRG und die Strafrechtspraxis

Der von Rspr. und h.M. besonders hervorgehobene Resozialisierungsgedanke wird bei einer Bestimmung des Fragerechtsumfangs anhand der Wertung des § 53 I BZRG auch genügend berücksichtigt. Der Gesetzgeber hat aber bewusst nicht auf die „Einschlägigkeit" abgestellt, sondern dem Resozialisierungsgedanken auf andere Weise Rechnung getragen. Dadurch, dass der Bewerber keine Vorstrafen zu offenbaren braucht, die nicht in das Führungszeugnis aufzunehmen ist, wird vermieden, dass bei einer Verurteilung unterhalb einer bestimmten „Erheblichkeitsgrenze" weitere soziale Nachteile für den Verurteilten entstehen. Dem tragen nicht zuletzt auch die Gerichte und Staatsanwaltschaften in der Praxis dadurch Rechnung, dass entweder Ermittlungsverfahren nach §§ 153, 153 a StPO mit der Folge eingestellt werden, dass keine Eintragung im Bundeszentralregister erfolgt[304] bzw. bei der Strafzumessung eine Geldstrafe von mehr als 90 Tagessätzen im Rahmen des Vertretbaren vermieden wird. Zudem werden Verurteilungen gemäß den §§ 33 ff. BZRG nach Ablauf bestimmter Fristen nicht mehr in das Führungszeugnis aufgenommen.

c) Fazit

Nach allem darf der Arbeitgeber im Ergebnis ohne weitere Einschränkung durch das Kriterium der „Arbeitsplatzrelevanz" nach allen Vorstrafen fragen, die zum Zeitpunkt der Bewerbung in das private Führungszeugnis einzutragen sind.

II. Mitteilungspflicht

Ob und inwieweit der Bewerber verpflichtet ist, ohne vorausgehende Frage des Arbeitgebers von sich aus bereits verbüßte Strafen mitzuteilen, ist umstritten.

---

[304] Nach wohl allgemeiner Meinung darf nach abgeschlossenen/eingestellten Ermittlungs- bzw. Strafverfahren, die nicht zu einer Verurteilung geführt haben, nicht gefragt werden (Degener, 116; Linnenkohl AuR 1983, 129, 140).

1. Ansichten in der Literatur

a) Mitteilungspflicht in Ausnahmefällen

Eine Auffassung orientiert sich an der Rspr. des BAG, wonach eine Mitteilungspflicht des Bewerbers, wie oben ausgeführt, sowohl hinsichtlich solcher Umstände besteht, die die Erfüllung der arbeitsvertraglichen Leistungspflicht unmöglich machen, als auch hinsichtlich solcher Umstände, die sonst für den in Betracht kommenden Arbeitsplatz von ausschlaggebender Bedeutung sind.

Vor diesem Hintergrund wird eine Mitteilungpflicht zum einen dort bejaht, wo ein aus einer strafrechtlichen Verurteilung resultierendes Beschäftigungsverbot (etwa nach §§ 28, 29 I Nr. 1 BBiG) die Erbringung der Arbeitsleistung rechtlich unmöglich macht.[305]

Zum anderen wird vertreten, eine verbüßte Vorstrafe könne auch sonst im Sinne der Rspr. für den zu besetzenden Arbeitsplatz von ausschlaggebender Bedeutung sein.[306] Wann dies der Fall sein soll, wird dabei teilweise offen gelassen, darüber könne nur im Einzelfall befunden werden.[307] Andere Autoren bejahen die Voraussetzungen einer Mitteilungspflicht konkret für Bewerber um besondere Vertrauenspositionen, in denen es erkennbar auf die Integrität des Stelleninhabers ankomme.[308]

b) Generelle Ablehnung einer Mitteilungspflicht

Nach anderer Auffassung ist der Bewerber unter keinen Umständen verpflichtet, von sich aus bereits verbüßte Vorstrafen zu offenbaren, da eine Mitteilungspflicht generell nur hinsichtlich solcher Umstände bestehe, die dem Bewerber die Erbringung der vertraglichen Leistung faktisch unmöglich machten und diese Voraussetzung bei einer verbüßten Vorstrafe nicht gegeben sei.[309] Das Rückfallrisiko nehme der Arbeitgeber bewusst in Kauf, wenn er sein Fragerecht nach Vorstrafen nicht ausübe.[310] Dies gelte ebenso bei Vertrauensstellungen, weshalb auch insoweit keine Ausnahmen zuzulassen seien.[311]

2. Eigene Stellungnahme

Wie oben ausgeführt, sind Mitteilungspflichten des Bewerbers auf Fälle begrenzt, in denen ihm die zukünftige Erfüllung der Arbeitspflicht unmöglich ist. Zwar wird eine Vorstrafe die tatsächliche Fähigkeit des Bewerbers zur Leis-

---

305 Vgl. Reinfeld, AR – Blattei SD, Vorstrafen, 1996, Rdnr. 83.

306 Reinfeld, AR – Blattei SD, Vorstrafen, 1996, Rdnr. 83.

307 Reinfeld, AR – Blattei SD, Vorstrafen, 1996, Rdnr. 83.

308 ErfKomm – Preis § 611 BGB Rdnr. 355; Schaub – Schaub § 25 Rdnr. 15; Reimers/Wiesinger AuA 2003, 25, 27.

309 Hofmann ZfA 1975, 1, 49 f.

310 Hofmann ZfA 1975, 1, 49 f.

311 Hofmann ZfA 1975, 1, 50.

tungserbringung nie tangieren, der Erfüllung der Arbeitspflicht können aber auch rechtliche Hindernisse entgegenstehen, wie etwa ein gegen den Bewerber gemäß § 70 StGB verhängtes Berufsverbot. Auch in diesen Fällen ist ihm die Leistungserbringung unmöglich, so dass eine Mitteilungspflicht besteht. Ansonsten obliegt es dem Arbeitgeber, auch bei der Besetzung von Vertrauensstellungen, durch Ausübung seines Fragerechts oder das Verlangen nach Vorlage eines privaten Führungszeugnisses, die ihn interessierenden Umstände zu ermitteln.

B. Anhängige Strafverfahren

I. Fragerecht

Das Fragerecht des Arbeitgebers nach anhängigen Strafverfahren[312] gegen den Bewerber ist umstritten.

1. Rspr. des BAG und Teile der Literatur

a) Grundsatz

Nach der Rspr. des BAG und Teilen der Literatur ist die Frage nach anhängigen Strafverfahren grundsätzlich zulässig.[313]

Danach führt insbesondere die Unschuldsvermutung des Art. 6 II EMRK mangels Anwendbarkeit zwischen Privatpersonen nicht zu einem Ausschluss des Fragerechts.[314] Der Anwendungsbereich der Unschuldsvermutung sei zudem selbst im öffentlichen Bereich bereits derart begrenzt, dass sie außerhalb eines *konkreten Strafverfahrens* nicht gelte.[315] So sei etwa ein Zivilgericht vor Rechts-

---

312 Als anhängige Strafverfahren werden, wie in der Literatur üblich (vgl. etwa Linnenkohl AuR 1983, 129, 140; Hofmann ZfA 1975, 1, 35, Fn. 166; Reinfeld, AR – Blattei SD, Vorstrafen, 1996, Rdnr. 99 ff.), laufende Ermittlungs- und Hauptverfahren, einschließlich des Zeitraums zwischen Erhebung der öffentlichen Klage und dem Beginn des noch nicht eröffneten gerichtlichen Hauptverfahrens, bezeichnet.

313 BAG 20.05.1999 – 2 AZR 320/98 = EzA Nr. 52 zu § 123 BGB; Hofmann ZfA 1975, 1, 35; Raab RdA 1995, 36, 42 ff.; MünchArbR – Buchner § 41 Rdnr. 152 ff.; Linnenkohl AuR 1983, 129, 140; Reinfeld, AR – Blattei SD, Vorstrafen, 1996, Rdnr. 98 ff. Das BAG (20.05.1999 – 2 AZR 320/98 = EzA Nr. 52 zu § 123 BGB) hält es sogar für zulässig, dass der Arbeitgeber den Bewerber verpflichtet, ein bis zum tatsächlichen Vertragsabschluss noch anhängig werdendes „einschlägiges" Ermittlungsverfahren nachträglich mitzuteilen; eine solche Verpflichtung tangiere die Interessen des Bewerbers nicht erheblich mehr als die durch den Arbeitgeber im Lauf des Bewerbungsverfahrens mehrfach gestellte Frage nach einem laufenden Ermittlungsverfahren; dem Arbeitnehmer sei es in derartigen Fällen regelmäßig nach Treu und Glauben zumutbar, nachdem er eine entsprechende Verpflichtung übernommen habe, selbst tätig zu werden und das später eingeleitete Ermittlungsverfahren zu offenbaren.

314 BAG 20.05.1999 – 2 AZR 320/98 = EzA Nr. 52 zu § 123 BGB; Raab RdA 1995, 36, 45 f.

315 Raab RdA 1995, 36, 44 f.

kraft des Strafurteils nicht daran gehindert, in einem Schadensersatzprozess gegen den Beschuldigten zu entscheiden.[316] Diesem Verständnis widerspreche auch nicht die Rspr. des BVerfG[317], nach der der rechtskräftige Nachweis der Schuld auch erforderlich ist, damit dem Verurteilten diese im allgemeinen Rechtsverkehr vorgehalten werden kann, denn diese Rspr. beziehe sich auf Schuldzuweisungen in Einstellungsbeschlüssen; dies bedeute, dass dem Betroffenen ohne rechtskräftige Verurteilung die Vorstrafe, also die Feststellung richterlicher Schuld, nicht vorgehalten werden dürfe.[318] Daneben lasse sich aus der Unschuldsvermutung jedoch nicht der Schluss ziehen, dass dem Betroffenen aus der Tatsache, dass ein Ermittlungsverfahren gegen ihn anhängig sei, überhaupt keine Nachteile entstehen dürften.[319] Dies zeigten schon die lediglich einen bestimmten Verdachtsgrad voraussetzenden strafprozessualen Zwangsmaßnahmen.[320] Ein realitätsbestimmtes Verhalten dieser Art bedeute keine Vorwegnahme eines denkbaren Schuldspruchs.[321] Dies werde im arbeitsrechtlichen Bereich auch durch das Institut der Verdachtskündigung[322] bestätigt[323].

b) Reichweite des Fragerechts

Uneinigkeit herrscht innerhalb dieser Auffassung jedoch darüber, nach welchen Kriterien die Reichweite des Fragerechts im Einzelfall zu bestimmen ist.

Das BAG[324] stellt insoweit, wie beim Fragerecht nach Vorstrafen, auf die „Einschlägigkeit" bzw. „Arbeitsplatzrelevanz" des Tatvorwurfs ab. So soll etwa der Bewerber um eine Einstellung als Kindergärtner ein gegen ihn geführtes Ermittlungsverfahren wegen sexuellen Missbrauchs von Kindergartenkindern in einem vorhergehenden Arbeitsverhältnis offenbaren müssen.[325] Bei einem Bewerber für die Einstellung in den Polizeidienst stellt das BAG darauf ab, ob die-

---

316 Raab RdA 1995, 36, 44.

317 BVerfG 26.03.1987 – 2 BvR 589/79, 2 BvR 740/81, 2 BvR 284/85 = BVerfGE 74, 358 ff.; BVerfG 29.05.1990 – 2 BvR 254/88, 2 BvR 1343/88 = NStZ 1990, 598 ff.

318 Raab RdA 1995, 36, 44 f.; Reinfeld, AR – Blattei SD, Vorstrafen, 1996, Rdnr. 111 f.

319 BAG 20.05.1999 – 2 AZR 320/98 = EzA Nr. 52 zu § 123 BGB; Raab RdA 1995, 36, 44 f.; Reinfeld, AR – Blattei SD, Vorstrafen, 1996, Rdnr. 113.

320 Raab RdA 1995, 36, 45; vgl. auch Reinfeld, AR – Blattei SD, Vorstrafen, 1996, Rdnr. 112.

321 Hofmann ZfA 1975, 1, 35; Raab RdA 1995, 36, 45; Reinfeld, AR – Blattei SD, Vorstrafen, 1996, Rdnr. 113.

322 Vgl. dazu – auch zur gegen das Institut der Verdachtskündigung geäußerten Kritik aus der Literatur – BAG 14.09.1994 – 2 AZR 164/94 = BAGE 78, 18.

323 Hofmann ZfA 1975, 1, 35; MünchArbR – Buchner § 41 Rdnr. 153; kritisch insoweit jedoch *Raab* (RdA 1995, 36, 46), der darauf hinweist, dass die Verdachtskündigung nur aufgrund des Vertrauensverlustes im bestehenden Arbeitsverhältnis und nur bei im Rahmen des Arbeitsverhältnisses begangenen Straftaten zulässig ist.

324 BAG 20.05.1999 – 2 AZR 320/98 = EzA Nr. 52 zu § 123 BGB.

325 BAG 20.05.1999 – 2 AZR 320/98 = EzA Nr. 52 zu § 123 BGB; vgl. auch BAG 05.08.1976 – 3 AZR 491/75 = AP Nr. 10 zu § 630 BGB.

ser etwa als Streifenpolizist dieselben Vergehen aufzuklären hätte, wegen derer ein Ermittlungsverfahren anhängig ist.[326]

Auch von Teilen der Literatur wird die „Einschlägigkeit“ des Tatvorwurfs – wenn auch nicht ausschließlich – als Kriterium zur Bestimmung der Reichweite des Fragerechts herangezogen.[327]

Vereinzelt wird dabei jedoch einschränkend auch auf die Wertungen des BZRG zurückgegriffen: Im Bereich von Straftaten, die mit einer gewissen Wahrscheinlichkeit zu einer Verurteilung führten, die nicht in das Führungszeugnis aufgenommen würde, müsse das Fragerecht generell verneint werden; der lediglich Beschuldigte könne insoweit nicht schlechter stehen, als der rechtskräftig Verurteilte.[328]

Andere halten demgegenüber weder die Wertungen des BZRG, noch das Kriterium der Einschlägigkeit für geeignet zur Bestimmung der Reichweite des Fragerechts: Die Ungewissheit des Verfahrensausgangs führe dazu, dass die Wertungen des BZRG nicht zur Bestimmung der Reichweite des Fragerechts herangezogen werden könnten, denn die mögliche Eintragung in das Führungszeugnis bedeute reine Spekulation.[329] Mit dem Kriterium der „Arbeitsplatzrelevanz“ könne man der Interessenlage nicht gerecht werden.[330] Denn ein nicht einschlägiges Strafverfahren wegen eines Verbrechens und damit drohender Verurteilung zu einer längeren Freiheitsstrafe sei für den Arbeitgeber von wesentlich größerem Interesse, als ein anhängiges Strafverfahren wegen eines einschlägigen Delikts, bei dem jedoch lediglich eine Geldstrafe zu erwarten sei.[331]

Ein Fragerecht lasse sich vielmehr nur soweit begründen, als durch das laufende Strafverfahren das Interesse des Arbeitgebers an der Verfügbarkeit des Arbeitnehmers tangiert werde[332], ein Gesichtspunkt, der auch von Vertretern der „Einschlägigkeitsrechtsprechung“ zusätzlich und unabhängig von der „Einschlägigkeit“ des Tatvorwurfs zur Begründung eines berechtigten Informationsinteresses angeführt wird[333].

---

326 BAG 20.05.1999 – 2 AZR 320/98 = EzA Nr. 52 zu § 123 BGB.

327 Reinfeld, AR – Blattei SD, Vorstrafen, 1996, Rdnr. 125; MünchArbR – Buchner § 41 Rdnr. 152 ff.; Raab RdA 1995, 36, 42 f.

328 MünchArbR – Buchner § 41 Rdnr. 152.

329 Hofmann ZfA 1975, 1, 36.

330 Hofmann ZfA 1975, 1, 36; Linnenkohl AuR 1983, 129, 140.

331 Hofmann ZfA 1975, 1, 36.

332 Hofmann ZfA 1975, 1, 36 f.

333 MünchArbR – Buchner § 41 Rdnr. 154; Raab RdA 1995, 36, 42 f.; Reinfeld, AR – Blattei SD, Vorstrafen, 1996, Rdnr. 127 f.; auch das BAG hat in der Entscheidung vom 20.05.1999 (2 AZR 320/98 = EzA Nr. 52 zu § 123 BGB) diesen Gesichtspunkt jedenfalls ergänzend herangezogen. Das Interesse des Arbeitgebers an der Verfügbarkeit des Arbeitnehmers begründet nach wohl allgemeiner Meinung ein Fragerecht nach einer rechtskräftigen Verurteilung zu einer noch anzutretenden Freiheitsstrafe (Schwerdtner, Rdnr. 14; wohl auch Moritz NZA 1987, 329, 334 f.) Unter diesem Gesichtspunkt wird auch die Frage nach aktuell

Diese Gefahr bestehe im Hinblick darauf, dass der Bewerber zu einer zu verbüßenden Freiheitsstrafe veurteilt werden könne.[334]

Uneinheitlich beurteilt wird vor dem Hintergrund des ungewissen Verfahrensausgangs insoweit jedoch wiederum die Frage, wann diese Gefährdung des Interesses an der Verfügbarkeit einen für die Begründung des Fragerechts hinreichenden Konkretisierungsgrad erreicht.

Teilweise wird insoweit schon für ausreichend gehalten, dass der betreffende Tatbestand neben der Verhängung einer Geldstrafe auch Freiheitsstrafe vorsieht.[335] Der Arbeitgeber habe dem Bewerber jedoch Gelegenheit zu geben, den Verfahrensstand zu erläutern.[336] Der Arbeitgeber wisse um die Ungewissheit des Verfahrensausgangs und kenne die maßgeblichen Strafzumessungsvorschriften, so dass er das Risiko der Verhängung einer Freiheitsstrafe ohne Strafaussetzung zur Bewährung selbst beurteilen und auf dieser Basis sachgerechte Entscheidungen treffen könne.[337]

Andere halten demgegenüber für erforderlich, dass die Verhängung einer Freiheitsstrafe ohne Strafaussetzung zur Bewährung im Einzelfall „ernsthaft in Betracht zu ziehen" ist[338], womit etwa bei Ersttätern nur äußerst selten zu rechnen sei[339]. Insoweit bestehe eine Wahrheitspflicht, wenn der Bewerber verlässliche Anhaltspunkte dafür habe, dass eine Freiheitsstrafe zu verbüßen sein werde, etwa aus der Anklageschrift oder einer Verurteilung in 1. Instanz.[340]

Während in der Literatur zumeist unter dem Gesichtspunkt der Verfügbarkeit des Arbeitnehmers ausschließlich auf die Gefahr der Verbüßung einer Freiheitsstrafe abgestellt wird, hält *Raab*[341] daneben auch schon die möglichen Ausfallzeiten, die sich aufgrund des Verfahrens, unabhängig von einer späteren Verurteilung, ergeben können, u.U. für ausreichend, um ein Fragerecht zu begründen. Er hält den Bewerber deshalb für verpflichtet, die Frage schon dann wahrheitsgemäß zu beantworten, wenn für diesen der Tatvorwurf erkennbar so schwerwiegend ist, dass mit einer längeren Hauptverhandlung gerechnet werden muss.[342] Dies sei der Fall bei Delikten, für deren Begehung in der Regel eine Freiheitsstrafe verhängt werde.[343] In diesen Fällen sei auch mit einer für die Ar-

---

bestehenden Krankheiten unstreitig als zulässig angesehen, vgl. BAG 07.06.1984 – 2 AZR 270/83 = AP Nr. 26 zu § 123 BGB; vgl. auch Raab RdA 1995, 36, 42 f.

334 Hofmann ZfA 1975, 1, 36; Reinfeld, AR – Blattei SD, Vorstrafen, 1996, Rdnr. 131; MünchArbR – Buchner § 41 Rdnr. 154.

335 Hofmann ZfA 1975, 1, 38; Reinfeld, AR – Blattei SD, Vorstrafen, 1996, Rdnr. 131.

336 Hofmann ZfA 1975, 1, 38.

337 Hofmann ZfA 1975, 1, 38.

338 MünchArbR – Buchner § 41 Rdnr. 154; ähnlich Linnenkohl AuR 1983, 129, 140.

339 MünchArbR – Buchner § 41 Rdnr. 154.

340 Raab RdA 1995, 36, 43.

341 Raab RdA 1995, 36, 43.

342 Raab RdA 1995, 36, 43.

343 Raab RdA 1995, 36, 43.

beitsleistung relevanten psychischen Belastung des Bewerbers zu rechnen.[344] Damit bestehe eine Pflicht zur wahrheitsgemäßen Beantwortung regelmäßig nur bei Delikten jenseits des Bagatellbereichs.[345] Sofern die Belastungen durch das Strafverfahren für den Bewerber nicht bereits aus der Schwere des Tatvorwurfs erkennbar seien, bestehe eine Wahrheitspflicht damit spätestens, wenn er durch seinen Verteidiger davon informiert werde, dass eine Hauptverhandlung erforderlich sein werde, wenn eine Freiheitsstrafe drohe, wenn die Anklageschrift dem Bewerber mitgeteilt worden sei oder wenn vom Gericht bereits Termine anberaumt worden seien.[346]

2. Ein Fragerecht ablehnende Ansicht in der Rspr. der Instanzgerichte und in der Literatur

In der Instanzrechtsprechung und der Literatur wird demgegenüber vereinzelt ein Fragerecht des Arbeitgebers nach anhängigen Strafverfahren generell abgelehnt, wobei dieses Ergebnis überwiegend aus der Unschuldsvermutung des Art. 6 II EMRK abgeleitet wird.[347] Das Fragerecht nehme den Ausgang des Strafverfahrens im gesellschaftlichen Bereich in dem Sinne vorweg, dass der Bewerber wegen eines bloßen Verdachts mit der Abweisung seiner Bewerbung „bestraft" würde.[348] Nur bei schwersten Delikten könne von der Verneinung des Fragerechts eine Ausnahme gemacht werden.[349] Teilweise wird es zudem für die Wahrung der Arbeitgeberinteressen als ausreichend angesehen, dass dieser für den Fall einer Verurteilung und Inhaftierung die Möglichkeit zur ggf. außerordentlichen Kündigung habe.[350] Weiterhin wird darauf verwiesen, dass nach dem BZRG im Strafregister noch nicht vermerkte Verurteilungen auch nicht offenbart werden müssten.[351]

3. Eigene Stellungnahme

M.E. lässt sich ein Fragerecht des Arbeitgebers nach anhängigen Strafverfahren gegen den Bewerber entgegen der Rspr. des BAG und der h.M. im Schrifttum nicht überzeugend begründen. Ein Ausschluss des Fragerechts ergibt sich zwar nicht unmittelbar aus der Unschuldsvermutung des Art. 6 II EMRK, da diese zwischen dem Arbeitgeber und dem Bewerber nicht anwendbar ist und selbst erheblichen staatlichen Grundrechtseingriffen (z.B. §§ 102, 112 StPO) innerhalb

---

344 Raab RdA 1995, 36, 43.
345 Raab RdA 1995, 36, 43.
346 Raab RdA 1995, 36, 43.
347 ArbG Münster 20.11.1992 – 3 Ca 1459/92 = NZA 1993, 461; Moritz NZA 1987, 329, 334; Wohlgemuth, Datenschutz für Arbeitnehmer, Rdnr. 136.
348 Moritz NZA 1987, 329, 334.
349 Wohlgemuth, Datenschutz für Arbeitnehmer, Rdnr. 136.
350 Moritz NZA 1987, 329, 334.
351 Moritz NZA 1987, 329, 334.

eines laufenden Strafverfahrens nicht entgegensteht. Soweit für den Ausschluss des Fragerechts auf Art. 6 II EMRK verwiesen wird, ist zudem widersprüchlich, wenn davon bei schwersten Delikten eine Ausnahme gemacht werden soll, denn Art. 6 II EMRK beansprucht unbedingte und uneingeschränkte Geltung.[352]

Aufgrund der Ungewissheit des Verfahrensausgangs hat die alleinige Tatsache, dass gegen den Bewerber ein Strafverfahren anhängig ist, jedoch letztlich keinerlei Aussagekraft für dessen Eignung und kann deshalb auch nicht als sachliches Auswahlkriterium anerkannt werden.

Diese fehlende Aussagekraft wird deutlich, wenn man die Kriterien, die durch die Gegenansicht für die Bestimmung der Reichweite des vermeintlichen Fragerechts im Einzelfall herangezogen werden, einer genaueren Betrachtung unter Berücksichtigung des ungewissen Verfahrensausgangs unterzieht:

So macht die Ungewissheit des Verfahrensausgangs die „Arbeitsplatzrelevanz" oder „Einschlägigkeit" des Tatvorwurfs zu einem noch weniger geeigneten Kriterium für die Bestimmung der Reichweite eines Fragerechts, als bei der Fallgruppe Vorstrafen:

Ist bereits eine Verurteilung erfolgt, ergibt sich der Straftatbestand, dessen „Einschlägigkeit" für das einzugehende Arbeitsverhältnis zu beurteilen wäre, ohne weiteres aus dem Schuldspruch. Jedenfalls so lange noch keine Anklage erhoben worden ist, lässt sich der Tatvorwurf, dessentwegen lediglich Ermittlungen geführt werden und dessen Einschlägigkeit somit zu beurteilen wäre, demgegenüber gar nicht immer ohne weiteres bestimmen. Insoweit ist nämlich zu berücksichtigen, dass der Tatvorwurf, mit dem ein Ermittlungsverfahren bei der Staatsanwaltschaft eingetragen wird, nicht selten schlicht auf die Bezeichnung in der Strafanzeige eines (u.U. völlig rechtsunkundigen) Anzeigenerstatters zurückgeht. Dadurch kann hinsichtlich des Gegenstands der Ermittlungen ein falscher Eindruck entstehen, etwa wenn scheinbar wegen eines ausdrücklich angezeigten Vermögensdeliktes (Erpressung gemäß § 253 StGB), „tatsächlich" aber nur wegen eines Delikts zum Schutz der Freiheit der Willensbildung und -betätigung (Nötigung gemäß § 240 StGB) ermittelt wird.

Hinzu kommt, dass bei der Fallgruppe Vorstrafen das Abstellen auf die „Einschlägigkeit" des Tatvorwurfes durch Rspr. und h.M. damit begründet wird, dass sich aus bestimmten Vorstrafen der Ausschluss der charakterlichen Eignung für die konkret zu verrichtende Tätigkeit ergeben soll. Allein aus der Tatsache, dass gegen den Bewerber ein Strafverfahren geführt wird, lassen sich, unabhängig von den oben ausführlich behandelten Schwächen des Kriteriums der „Arbeitsplatzrelevanz", aber noch keinerlei Rückschlüsse auf dessen charakterliche Eignung zur Ausübung bestimmter Tätigkeiten ziehen. Die Praxis zeigt, wie schnell jemand zu Unrecht, etwa durch querulatorische Strafanzeigen[353], Beschuldigter eines Ermittlungsverfahrens werden kann. Zudem wird die charakterliche Nicht-

---

352 Vgl. Raab RdA 1995, 36, 45.

353 Vgl. dazu Kockel/Vossen-Kempkens NStZ 2001, 178 ff.

eignung für bestimmte Tätigkeiten bei der Fallgruppe Vorstrafen gerade vor dem Hintergrund des Rückfallrisikos angenommen. Eine solche Rückfallgefahr lässt sich aber, wenn noch nicht einmal eine Vorverurteilung wegen einer „einschlägigen" Straftat vorliegt, schwerlich annehmen.

Kann die „Einschlägigkeit" des Tatvorwurfs somit kein berechtigtes Informationsinteresse des Arbeitgebers begründen, ließe sich ein solches allenfalls daraus ableiten, dass laufende Strafverfahren das Interesse des Arbeitgebers an der Verfügbarkeit des Arbeitnehmers tangieren können. Im Hinblick auf den ungewissen Ausgang des Strafverfahrens kann jedoch eine irgendwie geartete, rein abstrakte Gefährdung dieses Interesses kein Fragerecht begründen.

So kann es im Hinblick auf eine mögliche Nichtverfügbarkeit wegen einer zu verbüßenden Freiheitsstrafe keinesfalls ausreichen, dass der betreffende Tatbestand neben der Verhängung einer Geldstrafe auch Freiheitsstrafe vorsieht. Damit würde – unabhängig davon, ob es überhaupt zu einer Verurteilung kommen wird – zusätzlich missachtet, dass es Fallgestaltungen gibt, wie etwa bei einem Verfahren gegen den geständigen Ersttäter wegen eines „Bagatelldelikts", bei denen die Verhängung einer Freiheitsstrafe, auch wenn abstrakt angedroht, schlechthin undenkbar ist. Dass der Arbeitgeber dies, wie teilweise vertreten wird, aufgrund einer Kenntnis der maßgeblichen Strafzumessungsvorschriften auch so beurteilen kann, ist lebensfremd. Zudem würde dies zu einem nahezu uferlosen Fragerecht führen, denn StGB und Nebenstrafrecht kennen kaum Tatbestände, die nicht (auch) Freiheitsstrafe androhen.

Ebenso wenig kann es ausreichen, dass die Verhängung einer Freiheitsstrafe ohne Strafaussetzung zur Bewährung im Einzelfall „ernsthaft in Betracht zu ziehen ist" bzw. dass der Bewerber verlässliche Anhaltspunkte dafür hat, dass eine Freiheitsstrafe zu verbüßen sein wird.

Gegen das Abstellen auf solch generalklauselartige Maßstäbe spricht schon, dass sie zu einer erheblichen Rechtsunsicherheit führen müssen.

Auch soweit die verlässlichen Anhaltspunkte dahingehend konkretisiert werden, solche ergäben sich etwa aus der Anklageschrift oder einer Verurteilung in 1. Instanz, kann dem nicht gefolgt werden. Selbst bei einer erstinstanzlichen Verurteilung zu einer Freiheitsstrafe ohne Strafaussetzung zur Bewährung bleibt der Verfahrensausgang ungewiss. Dies gilt insbesondere auch vor dem Hintergrund, dass gemäß § 56 I S. 2 StGB für die anzustellende Sozialprognose die Lebensverhältnisse des Verurteilten zu berücksichtigen sind, zu denen insbesondere Beruf und soziale Einordnung gehören. Dies führt nicht selten dazu, dass in der Berufungsinstanz gerade wegen der erst nach erstinstanzlicher Verurteilung erfolgten Erlangung eines Arbeitsplatzes des Angeklagten abweichend vom erstinstanzlichen Urteil eine positive Sozialprognose begründet wird und deshalb eine Strafaussetzung zur Bewährung erfolgt.

Vor diesem Hintergrund ist gerade die Erlangung eines Arbeitsplatzes für einen erstinstanzlich zu einer Freiheitsstrafe ohne Strafaussetzung zu Bewährung

Verurteilten häufig eine durchaus realistische Chance, der Vollstreckung der Freiheitsstrafe in der Berufungsinstanz zu entgehen, womit das Geheimhaltungsinteresse des Bewerbers in diesen Fällen eher zusätzliches Gewicht erlangt.

Ein Fragerecht nach anhängigen Strafverfahren könnte deshalb, will man nicht die rein abstrakte Möglichkeit eines das Arbeitgeberinteresse an der Verfügbarkeit tangierenden endgültigen Ausgangs des Verfahrens als sachliches Auswahlkriterium anerkennen, allenfalls insoweit bejaht werden, als zum Zeitpunkt des Einstellungsgespräches bereits sicher feststeht, dass durch das anhängige Strafverfahren das Interesse des Arbeitgebers an der Primärleistung des Arbeitnehmers, etwa aufgrund einer zum Zeitpunkt des Vorstellungsgesprächs bereits erfolgten Vorladung zur Vernehmung durch die Staatsanwaltschaft gemäß § 163 a I StPO, aufgrund der Ladung zur Hauptverhandlung gemäß § 230 StPO oder aufgrund einer vorläufigen Entziehung der für die zu verrichtende Tätigkeit erforderlichen Fahrerlaubnis nach § 111 a StPO, konkret betroffen sein wird.

Auch in diesen Fällen beschränkt sich das berechtigte Informationsinteresse des Arbeitgebers jedoch auf die Tatsache der zeitweisen Nichtverfügbarkeit des Bewerbers, unabhängig davon, worauf diese beruht. Unter diesem Gesichtspunkt ist dem Arbeitgeber deshalb das grundsätzliche Fragerecht nach der Verfügbarkeit zuzugestehen[354], weiterhin muss der Bewerber die Tatsache, dass er, und sei es auch nur kurzfristig, zur Verrichtung der aufzunehmenden Tätigkeit nicht in der Lage sein wird, von sich aus mitteilen. Dadurch werden die Interessen des Arbeitgebers ausreichend geschützt.

Nach allem ist ein Fragerecht des Arbeitgebers nach anhängigen Strafverfahren uneingeschränkt abzulehnen.

II. Mitteilungspflicht

1. Ansichten in der Literatur

a) Mitteilungspflicht bejahende Ansicht

Von Teilen der Literatur wird der Bewerber sogar für verpflichtet gehalten, unter bestimmten Umständen ungefragt mitzuteilen, dass gegen ihn ein Strafverfahren geführt wird.[355] Dies wird angenommen für den Fall, dass sich aus der Anklageschrift, der Rechtsbelehrung des Strafverteidigers oder einer Verurteilung in 1. Instanz für den Bewerber verlässliche Anhaltspunkte für eine Verur-

[354] Dazu noch ausführlich unten Kapitel 3 F.

[355] Raab RdA 1995, 36, 43; Reinfeld, AR – Blattei SD, Vorstrafen, 1996, Rdnr. 132; Linnenkohl AuR 1983, 129, 140.

teilung zu einer zu verbüßenden Freiheitsstrafe ergeben.[356] Ebenso müsse ein Kraftfahrer mitteilen, wenn ein Entzug der Fahrerlaubnis in Betracht komme.[357]

b) Mitteilungspflicht ablehnende Ansicht

Andere lehnen eine Mitteilungspflicht mit der Begründung ab, dass schwebende Strafverfahren der vertragsgemäßen Leistungserbringung nicht entgegenstehen.[358]

2. Eigene Stellungnahme

Wenn der Arbeitgeber nach den obigen Ausführungen schon kein diesbezügliches Fragerecht hat, ist der Bewerber erst recht nicht verpflichtet, die Tatsache, dass gegen ihn ein Strafverfahren anhängig ist, von sich aus mitzuteilen.

Davon zu unterscheiden ist seine oben bereits bejahte Mitteilungspflicht hinsichtlich etwaiger bereits feststehender zukünftiger Ausfallzeiten wegen des Verfahrens oder der vorläufigen Entziehung der für die zu verrichtende Tätigkeit benötigten Fahrerlaubnis.

C. Fragerecht nach früherer MfS – Tätigkeit

I. Rspr. des BAG und der Instanzgerichte

Für den öffentlichen Bereich bewertet das BAG die Frage nach einer früheren Tätigkeit des Bewerbers für das Ministerium für Staatssicherheit (MfS) der ehemaligen DDR grundsätzlich als zulässig[359], denn zur Eignung i.S.d. Art. 33 II GG gehöre auch die Fähigkeit und innere Bereitschaft, die dienstliche Aufgabe nach den Grundsätzen der Verfassung wahrzunehmen, insbesondere die Freiheitsrechte der Bürger zu wahren und rechtsstaatliche Regeln einzuhalten[360]. In zeitlicher Hinsicht besteht das Fragerecht nach der Rspr. des BAG jedoch nicht uneingeschränkt.[361] Der öffentliche Arbeitgeber habe bei Ausübung des ihm zustehenden Fragerechts vielmehr den Zeitfaktor zu berücksichtigen, da sich persönliche Haltungen im Laufe der Zeit ändern und längere beanstandungsfreie Zeiten auf innere Distanz und Abkehr von früheren Einstellungen hinweisen

---

356 Raab RdA 1995, 36, 43; Reinfeld, AR – Blattei SD, Vorstrafen, 1996, Rdnr. 132; Linnenkohl AuR 1983, 129, 140.

357 Linnenkohl AuR 1983, 129, 140.

358 Hofmann ZfA 1975, 1, 50; eine Mitteilungspflicht zumindest für den Fall ablehnend, dass der Bewerber damit rechnen darf, das Verfahren werde zu seinen Gunsten ausfallen, auch LAG Bremen 08.12.1954 – Sa 86/54 = DB 1955, 170, 171.

359 BAG 28.05.1998 – 2 AZR 549/97 = NZA 1998, 1052; dazu Nichtannahmebeschluss des BVerfG 21.07.1999 – 1 BvR 1584/98 = NZA 1999, 1095; BAG 06.07.2000 – 2 AZR 543/99 = NZA 2001, 317.

360 BAG 28.05.1998 – 2 AZR 549/97 = NZA 1998, 1052, 1053; vgl. auch BVerfG 08.07.1997 – 1 BvR 2111/94 u.a. = NZA 1997, 992, 993.

361 BAG 28.05.1998 – 2 AZR 549/97 = NZA 1998, 1052, 1053.

können.[362] Tätigkeiten für das MfS, die vor dem Jahre 1970 abgeschlossen gewesen seien, hätten je nach dem Grad der Verstrickung keine oder äußerst geringe Bedeutung für die Neueinstellung von Arbeitnehmern in den öffentlichen Dienst, so dass die Arbeitnehmer auf eine zeitlich unbeschränkte Frage nach MfS-Tätigkeiten die vor dem Jahre 1970 abgeschlossenen Tätigkeiten verschweigen dürften.[363]

Fragen öffentlicher Arbeitgeber nach vor 1970 abgeschlossenen Tätigkeiten sollen allerdings dann zulässig sein, wenn diese Tätigkeiten besonders schwer wiegen oder wenn spätere Verstrickungen für sich allein genommen noch keine eindeutige Entscheidung zulassen.[364]

Zur weiteren Begrenzung des Fragerechts stellt das BAG auf die zu verrichtende Tätigkeit ab.[365] Es gäbe in der staatlichen Verwaltung im weitesten Sinne zahlreiche Aufgaben, für die es etwa auf eine gesteigerte politische Treuepflicht nicht ankomme, z.B. Reinigungstätigkeiten oder solche in Büro- oder technischen Berufen.[366] Die Beschäftigung eines belasteten Arbeitnehmers mit rein vollziehender Sachbearbeitung oder handwerklicher Tätigkeit beeinträchtige das Vertrauen in die Verwaltung weniger als die Ausübung von Entscheidungs- und Schlüsselpositionen durch einen ebenso belasteten Arbeitnehmer.[367]

Für den Bereich der Privatwirtschaft hatte das BAG in der Entscheidung vom 25.10.2001[368] zwar unmittelbar nur über die Wirksamkeit der außerordentlichen Kündigung eines Arbeitnehmers zu entscheiden, der an ihn während des bereits bestehenden Arbeitsverhältnisses gerichtete Fragen nach einer früheren MfS-Tätigkeit wiederholt wahrheitswidrig beantwortet hatte. In dieser Entscheidung hat das BAG jedoch auch ein Fragerecht des privaten Arbeitgebers nach einer früheren MfS-Tätigkeit im Vertragsanbahnungsverhältnis grundsätzlich anerkannt.

Auch in der Privatwirtschaft seien Arbeitsplätze denkbar, in denen eine frühere Tätigkeit des Einzustellenden für das MfS derart gravierende Eignungsmängel erkennen lasse, dass der Betreffende eine entsprechende Frage des Arbeitgebers wahrheitsgemäß zu beantworten habe.[369]

---

362 BAG 28.05.1998 – 2 AZR 549/97 = NZA 1998, 1052, 1053 f.; BAG 06.07.2000 – 2 AZR 543/99 = NZA 2001, 317, 319; zur Berücksichtigung des Zeitablaufs vgl. auch BVerwG 27.04.1999 – 2 C 26/98 = BVerwGE 109, 59 ff.; BGH 14.02.2000 – AnwZ (B) 12/99 = VIZ 2000, 435 f.

363 BAG 28.05.1998 – 2 AZR 549/97 = NZA 1998, 1052, 1054 ; BAG 06.07.2000 – 2 AZR 543/99 = NZA 2001, 317, 319.

364 BAG 28.05.1998 – 2 AZR 549/97 = NZA 1998, 1052, 1054; BAG 06.07.2000 – 2 AZR 543/99 = NZA 2001, 317, 319.

365 BAG 28.05.1998 – 2 AZR 549/97 = NZA 1998, 1052, 1054.

366 BAG 28.05.1998 – 2 AZR 549/97 = NZA 1998, 1052, 1054.

367 BAG 28.05.1998 – 2 AZR 549/97 = NZA 1998, 1052, 1054.

368 BAG 25.10.2001 – 2 AZR 559/00 = EzA Nr. 191 zu § 626 BGB n.F.

369 BAG 25.10.2001 – 2 AZR 559/00 = EzA Nr. 191 zu § 626 BGB n.F.

Auch in der Entscheidung vom 13.06.2002[370] hatte sich das BAG zwar unmittelbar nur mit dem Fragerecht eines privaten Arbeitgebers im bereits bestehenden Arbeitsverhältnis auseinanderzusetzen, dabei aber ebenso ausgeführt, dass es Arbeitsstellen geben kann, deren Besetzung der Arbeitgeber von der wahrheitsgemäßen Beantwortung der Frage nach etwaiger MfS-Verstrickung abhängig machen kann.

Bzgl. der Reichweite eines Fragerechts stellt das BAG wiederum auf das Kriterium der „Arbeitsplatzrelevanz" ab, wobei es ausdrücklich auf seine Rspr. zum Fragerecht nach Vorstrafen Bezug nimmt.[371]

Konkret bejaht wird ein berechtigtes Informationsinteresse des privaten Arbeitgebers, wenn die Tätigkeit des Arbeitnehmers mit erheblichen Sicherheitsanforderungen verbunden ist.[372]

Das Arbeitsgericht Leipzig hat in einer Entscheidung vom 20.09.1994 ein Fragerecht des privaten Arbeitgebers nach früherer MfS-Tätigkeit des Bewerbers zumindest für den Fall bejaht, dass die Einstellung auf eine Führungsposition, im konkreten Fall die eines leitenden Angestellten, beabsichtigt ist.[373] Zur Begründung wird ausgeführt, die bei Führungspositionen erforderliche Autorität im Unternehmen werde durch die frühere MfS-Tätigkeit untergraben.[374] Die Vorbildfunktion einer Führungskraft sei nicht mehr gewährleistet.[375] Zudem repräsentierten Führungskräfte das Unternehmen auch nach außen und es sei zu befürchten, dass die Beschäftigung von ehemaligen MfS-Mitarbeitern Kunden abschrecke und das Ansehen des Unternehmens Schaden nehme.[376] Letztlich könne es auch zu Störungen des Betriebsklimas kommen, wenn negative Auswirkungen für einen Arbeitnehmer aufgrund einer Stasi-Mitarbeit bekannt würden.[377]

II. Ansichten in der Literatur

In der Literatur ist die Reichweite des Fragerechts eines privaten Arbeitgebers nach einer früheren MfS-Tätigkeit des Bewerbers umstritten.

1. Tätigkeitsneutrales Fragerecht

Nach einer Ansicht hat der Arbeitgeber ein unabhängig vom konkreten Tätigkeitsbezug bestehendes und auch sonst nicht weiter beschränktes Fragerecht

---

370 BAG 13.06.2002 – 2 AZR 234/01 = NZA 2003, 265 ff.
371 BAG 25.10.2001 – 2 AZR 559/00 = EzA Nr. 191 zu § 626 BGB n.F.
372 BAG 25.10.2001 – 2 AZR 559/00 = EzA Nr. 191 zu § 626 BGB n.F.
373 ArbG Leipzig 20.09.1994 – 16 Ca 2828/94 = AuA 1995, 173 f.
374 ArbG Leipzig 20.09.1994 – 16 Ca 2828/94 = AuA 1995, 173, 174.
375 ArbG Leipzig 20.09.1994 – 16 Ca 2828/94 = AuA 1995, 173, 174.
376 ArbG Leipzig 20.09.1994 – 16 Ca 2828/94 = AuA 1995, 173, 174.
377 ArbG Leipzig 20.09.1994 – 16 Ca 2828/94 = AuA 1995, 173, 174.

nach einer früheren MfS-Tätigkeit.[378] Dies wird mit dem Unwertgehalt der Tätigkeit für das MfS[379] sowie der Gefahr einer Störung des Betriebsklimas vor dem Hintergrund, dass ein ehemaliger Stasi-Mitarbeiter möglicherweise mit Opfern des DDR-Regimes wird zusammenarbeiten müssen[380], begründet. Dem sollen auch die eine Verwendung von Stasi-Unterlagen beschränkenden Vorschriften des StUG nicht entgegen stehen, denn es liege durchaus in der Linie der politischen Zielsetzung, wenn sich ein Arbeitgeber über einen Mitarbeiter Informationen mit politischem Hintergrund beschaffe, die über den gesetzlichen Rahmen hinausgingen.[381]

2. Auf Tendenzbetriebe beschränktes Fragerecht

Nach einer anderen Auffassung ist die Frage nach einer früheren MfS-Tätigkeit des Bewerbers grundsätzlich unzulässig.[382] Sei schon das Fragerecht nach Vorstrafen, also rechtskräftig festgestellter Schuld, auf ganz bestimmte Fälle beschränkt, könne für ehemalige MfS-Tätigkeiten, selbst bei unterstellter Strafbarkeit ihres Verhaltens, keine weitergehende Offenbarungspflicht bestehen.[383] Müsse ein Bürger aus den alten Bundesländern, der – etwa gemäß § 99 StGB – wegen einer früheren Tätigkeit für das MfS verurteilt worden sei, die Frage nach dieser Vorstrafe mangels Einschlägigkeit nicht offenbaren, könne auch ein gleich- oder ähnlich gelagertes Fehlverhalten bei einem ehemaligen DDR-Bürger – ohne Schuldfeststellung – nicht zu einer schlechteren Behandlung führen.[384] Zudem könne sich der Arbeitgeber, anders als bei Vorstrafen, bzgl. der MfS-Tätigkeit nicht auf eine Rückfallgefahr berufen.[385] Eine Ausnahme von der Unzulässigkeit der Frage gelte nur bei Einstellungen durch Tendenzunternehmen und auch dort nur unter der weiteren Voraussetzung, dass der Betroffene mit der Außendarstellung des Arbeitgebers betraut werden solle.[386]

Ähnlich wie bei der Diskussion über die Zulässigkeit des Verlangens des Arbeitgebers nach einem privaten Führungszeugnis wird auch innerhalb dieser Auffassung vertreten, eine selbständige Anforderung von Auskünften durch den Arbeitgeber sei, auch wenn das StUG sie ermögliche, mit Blick auf das Persönlichkeitsrecht und die zu schützende informationelle Selbstbestimmung im Rahmen eines Arbeitsverhältnisses unzulässig.[387]

---

378 U. Scholz BB 1992, 2424, 2429, wohl auch Wronka/Gola RDV 1992, 12, 15.
379 U. Scholz BB 1992, 2424, 2429.
380 Wronka/Gola RDV 1992, 12, 16.
381 Wronka/Gola RDV 1992, 12, 16.
382 Wedde CR 1992, 679, 682; ErfKomm – Preis § 611 BGB Rdnr. 350.
383 Wedde CR 1992, 679, 682.
384 Wedde CR 1992, 679, 682.
385 Wedde CR 1992, 679, 682.
386 Wedde CR 1992, 679, 682; so auch ErfKomm – Preis § 611 BGB Rdnr. 350.
387 So Wedde CR 1992, 679, 683. Vgl. demgegenüber den Ausgangsfall bei D. Schmidt RDV 1993, 63.

3. Fragerecht bei Besetzung hervorgehobener und sicherheitsrelevanter Positionen

Nach einer weiteren Auffassung ist ein Fragerecht des Arbeitgebers zwar nicht auf Tendenzunternehmen, aber auf den Fall der Besetzung bestimmter Positionen beschränkt.[388] Im privaten Bereich habe der Arbeitgeber in der Regel kein berechtigtes Interesse daran, die persönliche Eignung der Bewerber an den Kriterien des Art. 33 II GG zu messen.[389] Nur dort, wo die persönliche Integrität des Bewerbers von besonderer Bedeutung für die in Aussicht genommene Tätigkeit sei, könne ein Informationsbedürfis anerkannt werden.[390] Ein Fragerecht sei deshalb nur dann anzunehmen, wenn es um die Vergabe hervorgehobener[391] oder sicherheitsrelevanter[392] Positionen gehe.

III. Eigene Stellungnahme

Wie oben ausgeführt, sind bei der Beantwortung der Frage, ob der Arbeitgeber an bestimmten Daten ein berechtigtes Informationsinteresse hat, die in der gesamten Rechtsordnung auffindbaren Wertentscheidungen zu berücksichtigen.

M.E. hatte der Gesetzgeber ursprünglich mit den Regelungen über die Befugnis zur Verwendung von Stasi-Unterlagen über Bewerber im nicht-öffentlichen Bereich im Stasi-Unterlagen-Gesetz (StUG) vom 20.12.1991 eine abschließende Wertung über den legitimen Informationsbedarf privater Arbeitgeber über frühere Stasi-Tätigkeiten des Bewerbers getroffen. Denn er hatte im Gesetzgebungsverfahren die betroffenen Interessen von privatem Arbeitgeber und Bewerber gesehen und gegeneinander abgewogen: So wurde zum einen zwar grundsätzlich anerkannt, dass nicht-öffentliche Stellen und damit auch private Arbeitgeber ein berechtigtes Informationsinteresse bzgl. einer früheren MfS-Tätigkeit bestimmter Arbeitnehmer haben können, zum anderen wurden dem Bedürfnis nach Klärung, wer Mitarbeiter des Staatssicherheitsdienstes war, aber bewusst auch Grenzen gezogen, um eine große Bevölkerungsgruppe nicht gesellschaftlich und beruflich zu isolieren und ihr die Chance auf die Eingliederung in den demokratischen Staat zu nehmen.[393] Im Einzelnen bestand zunächst – mit gewissen, den Zeitablauf nach der Tätigkeit für das MfS berücksichtigenden Einschränkungen – auch im nicht-öffentlichen Bereich eine Befugnis, Stasi-Unterlagen vor Besetzung hervorgehobener Positionen (Vorstandsmitglieder, Geschäftsführer, Be-

---

388 MünchArbR – Buchner § 41 Rdnr. 134; Hanau/Adomeit[12] Rdnr. 631; im Ergebnis auch Wohlgemuth BB 1992, 281, 282; ders. AuR 1992, 46, 48 f.

389 MünchArbR – Buchner § 41 Rdnr. 134.

390 MünchArbR – Buchner § 41 Rdnr. 134.

391 Vgl. Hanau/Adomeit[12] Rdnr. 631 (besondere Vetrauensstellungen); im Ergebnis so auch Wohlgemuth BB 1992, 281, 282; ders. AuR 1992, 46, 48 f.; MünchArbR – Buchner § 41 Rdnr. 134.

392 Vgl. MünchArbR – Buchner § 41 Rdnr. 134.

393 Vgl. Beschlussempfehlung und Bericht des Innenausschusses BT-Drucks. 12/1540, 57.

triebsleiter, leitende Angestellte) zu verwenden (§ 20 I Nr. 6 lit. f i.V.m. § 20 I Nr. 7 lit. f StUG a.F.). Nach § 20 I Nr. 6 lit. g StUG a.F. war die Verwendung des Weiteren zulässig für Sicherheitsüberprüfungen von Personen, denen im öffentlichen Interesse geheimhaltungsbedürftige Tatsachen, Gegenstände oder Erkenntnisse anvertraut werden, die Zugang dazu erhalten sollen oder ihn sich verschaffen können oder die an sicherheitsempfindlichen Stellen von lebens- oder verteidigungswichtigen Einrichtungen beschäftigt sind oder werden sollen.

Daraus ließ sich ein Fragerecht des privaten Arbeitgebers vor Vergabe hervorgehobener (arg. e § 20 I Nr. 6 lit. f StUG a.F.) oder sicherheitsrelevanter (arg. e § 20 I Nr. 6 lit. g StUG a.F.) Positionen ableiten, denn soweit der Arbeitgeber sogar Stasi-Unterlagen zur Überprüfung der Bewerber verwerten darf, muss er diese auch nach einer früheren MfS-Tätigkeit befragen dürfen. Ein Fragerecht für sonstige Fälle war mit den Wertungen des StUG a.F. nicht vereinbar. Da § 20 III StUG a.F. überdies vorsah, dass auch die Verwendung für die in § 20 I Nr. 6 und 7 StUG a.F genannten Zwecke grundsätzlich nach Ablauf einer Frist von 15 Jahren nach Inkrafttreten des StUG – d.h. ab dem 29.12.2006 – unzulässig sein sollte und die Tatsache einer Tätigkeit für den Staatssicherheitsdienst dem Mitarbeiter im Rechtsverkehr nicht mehr vorgehalten und nicht zu seinem Nachteil verwertet werden durfe, wäre ein Fragerecht des privaten Arbeitgebers nach den Wertungen des StUG a.F. ab dem 29.12.2006 generell abzulehnen gewesen.

Der Gesetzgeber hat jedoch u.a. den bevorstehenden Ablauf der in § 20 III StUG a.F. vorgesehenen Frist zum Anlass für eine Novellierung des StUG genommen.

In der durch das am 29.12.2006 in Kraft getretene siebte Gesetz zur Änderung des Stasi-Unterlagen-Gesetzes vom 21.12.2006[394] novellierten Fassung ist eine Befugnis, Stasi-Unterlagen vor der Besetzung hervorgehobener Positionen im nicht-öffentlichen Bereich zu verwenden, nicht mehr enthalten. Gemäß § 20 I Nr. 11 StUG n.F. ist die Verwendung von Stasi-Unterlagen entsprechend dem bisherigen § 20 I Nr. 6 lit. g StUG weiterhin zulässig zum Zweck der Sicherheitsüberprüfung von Personen gemäß den Sicherheitsüberprüfungsgesetzen des Bundes und der Länder.[395]

Im Übrigen sollte die Tatsache einer Tätigkeit für den Staatssicherheitsdienst dem Mitarbeiter gemäß der im Gesetzentwurf der Fraktionen CDU/CSU, SPD

---

394 BGBl. I v. 28.12.2006, 3326 ff.

395 Danach kann der Betroffene, der mit einer sicherheitsempfindlichen Tätigkeit bei einer nicht-öffentlichen Stelle betraut werden soll, verpflichtet sein, eine Sicherheitserklärung mit Angaben über Kontakte zu Nachrichtendiensten der ehemaligen DDR, die auf einen Anbahnungs- oder Werbungsversuch hindeuten können, gegenüber der nicht-öffentlichen Stelle abzugeben (vgl. etwa §§ 13 I Nr. 14, 24, 26 des Gesetzes über die Voraussetzungen und das Verfahren von Sicherheitsüberprüfungen des Bundes, BGBl. I 1994, 867, §§ 14 I Nr. 14, 25, 27 des Gesetzes über die Voraussetzungen und das Verfahren von Sicherheitsüberprüfungen des Landes Nordrhein-Westfalen – SÜG NW – vom 07.03.1995, GV NRW Nr. 28 vom 11.04.1995, 210 ff.).

und BÜNDNIS 90/DIE GRÜNEN vom 17.10.2006[396] vorgesehenen Fassung des § 20 III im nicht-öffentlichen Bereich nicht mehr vorgehalten und nicht zu seinem Nachteil verwertet werden dürfen. Eine Verlängerung der in § 20 III StUG a.F. vorgesehenen Frist bis zum Eingreifen des Vorhalteverbots wurde in dem Gesetzentwurf noch ausdrücklich abgelehnt. Die in Absatz 3 geregelte Frist habe der Gesetzgeber bei Schaffung der Regelung als äußerste Lösung angesehen, mit der dem allgemeinen Verjährungsgrundsatz als Ausfluss des verfassungsrechtlich gewährleisteten Rechtsstaatsprinzips noch Rechnung getragen werden könne, eine Verlängerung dieser Frist komme daher nicht in Betracht.[397]

Im Gegensatz dazu steht die letztendlich beschlossene Fassung des § 20 III StUG n.F. § 20 III S. 1 StUG n.F. sieht nämlich nicht nur eine Verlängerung der Frist für die Zulässigkeit der Verwendung für die in Absatz 1 Nr. 6 genannten Zwecke bis zum 21.12.2011 vor, sondern enthält darüber hinaus für sonstige Fälle gar keine Frist mehr, bis zu der die Verwendung von Unterlagen nur noch zulässig ist. Überdies wurde das in § 20 III StUG a.F enthaltene Vorhalteverbot gänzlich gestrichen. Ob und inwieweit jemandem seine frühere Tätigkeit für den Staatssicherheitsdienst in arbeits- oder dienstrechtlichen Rechtsverhältnissen vorgehalten werden kann, soll vielmehr im Einzelfall zu prüfen sein.[398]

Damit lässt sich ein genereller Ausschluss des Fragerechts allein wegen des mittlerweile eingetretenen Zeitablaufs seit der Tätigkeit für das MfS – obwohl in Parallele zu § 53 BZRG eigentlich konsequent – nach den neuen gesetzgeberischen Vorgaben nicht mehr vertreten.

Im Übrigen ergibt sich aus den neuen Vorgaben, dass die Vorschriften über die

die Befugnis zur Verwendung von Stasi-Unterlagen im nicht-öffentlichen Bereich zwar noch zur Bestimmung des Fragerechtsumfangs insoweit herangezogen werden können, als immer auch ein Fragerecht bestehen muss, wenn der Arbeitgeber sogar Stasi-Unterlagen verwenden darf, der Gesetzgeber damit aber ausdrücklich keine abschließende Wertung über den legitimen Informationsbedarfs privater Arbeitgeber getroffen hat. In Fällen, in denen der Arbeitgeber keine Stasi-Unterlagen verwenden darf, ist ein Fragerecht also nicht von vornherein ausgeschlossen. Ob insoweit ein Fragerecht besteht, ist vielmehr im Einzelfall anhand einer Interessenabwägung zu bestimmen.

Dabei dürfte die Gefahr einer Störung des Betriebsklimas dadurch, dass beispielsweise ein ehemaliger Stasi-Mitarbeiter mit Opfern des DDR-Regimes wird zusammenarbeiten müssen, von untergeordneter Bedeutung sein. Auch das BAG hat in der Entscheidung vom 25.10.2001[399] den Gesichtspunkt, dass ernsthafte

396 BT-Drucks. 16/2969.

397 Vgl. Gesetzentwurf, BT-Drucks. 16/2969, 7.

398 Beschlussempfehlung und Bericht des (federführenden) Ausschusses für Kultur und Medien vom 29.11.2006, BT-Drucks. 16/3638 (elektronische Vorabfassung), 15.

399 BAG 25.10.2001 – 2 AZR 559/00 = EzA Nr. 191 zu § 626 BGB nF.

Störungen des Betriebsfriedens und der betrieblichen Verbundenheit möglich seien, wenn sich herausstelle, dass der Arbeitnehmer frühere eigene Arbeitskollegen bespitzelt habe, nur zur Begründung der These herangezogen, dass eine frühere Tätigkeit des Arbeitnehmers für das MfS einen wichtigen Grund für eine außerordentliche Kündigung darstellen kann, verwendet. Damit mag zwar eine nach bekannt werden einer früheren MfS-Tätigkeit entstandene konkrete Gefahr für den Betriebsfrieden eine fristlose Kündigung rechtfertigen, eine diesbezügliche rein abstrakte Gefahr aber kein Fragerecht vor der Einstellung.

Das Informationsinteresse des privaten Arbeitgebers resultiert – anders als bei Vorstrafen – auch nicht aus einer Rückfallgefahr, denn eine solche ist nach Auflösung des MfS nicht mehr gegeben.

Vielmehr dürfte das Informationsinteresse des privaten Arbeitgebers – insoweit besteht eine Parallele zum öffentlichen Dienst[400] – im Hinblick auf eine frühere Stasi-Tätigkeit vor allem darauf zurückzuführen sein, dass die Außendarstellung des Unternehmens unter der Beschäftigung ehemaliger Stasi-Mitarbeiter leiden könnte[401]. Diese Gefahr besteht jedoch nur bei gehobenen Positionen, die auch mit der Außendarstellung des Unternehmens verbunden sind.

Damit kann ein Fragerecht des Arbeitgebers m.E. weiterhin nur vor Besetzung hervorgehobener und – wie sich aus der Wertung des § 20 I Nr. 11 StUG n.F. i.V.m. den Sicherheitsüberprüfungsgesetzen des Bundes und der Länder ergibt – vor Besetzung sicherheitsrelevanter Positionen bejaht werden.

Auch in diesen Fällen wird der Zeitfaktor aber nicht gänzlich ausgeblendet werden dürfen: Wenn, wie oben ausgeführt, selbst Bewerber um eine Einstellung in den öffentlichen Dienst nach der Rspr. des BAG vor dem Jahre 1970 abgeschlossene MfS-Tätigkeiten regelmäßig verschweigen dürfen, muss dies auch im nicht-öffentlichen Bereich gelten.

D. Genetische Veranlagungen

I. Vorbemerkung

Bei der Entschlüsselung des menschlichen Genoms sind in den letzten Jahren wohl entscheidende Durchbrüche gelungen.[402] Die im Jahr 2000 vermeldete (fast) vollständigen Erkundung und Kartierung eines Referenzgenoms kann als

---

400 Vgl. etwa Rauscher FS Gitter, 757, 762 ff.

401 Vgl. zu diesem Aspekt ArbG Potsdam 27.11.1991 – 1 BV 24/91 = CR 1992, 684.

402 Vgl. dazu nur die Entschließung der 60. Konferenz der Datenschutzbeauftragten des Bundes und der Länder vom 12./13. Oktober 2000 zum Thema „Datenschutzrechtliche Konsequenzen aus der Entschlüsselung des menschlichen Genoms", BT-Drucks. 14/5555, 230 sowie den 18. Tätigkeitsbericht des Bundesbeauftragten für den Datenschutz vom 13.03.2001, BT-Drucks. 14/5555, 161 f.

Meilenstein der Genomforschung bezeichnet werden.[403] Zeitgleich betriebene Forschungen mit anderen Zielen führten zu der Entdeckung bestimmter selten vorkommender Sequenzen, deren Auftreten jeweils ein Indiz für das hohe Risiko der Träger dieses Merkmals ist, dass bei ihnen eine bestimmte Krankheit ausbricht.[404] Demnächst werden nicht nur – wie bisher – Gensequenzen aufgedeckt und verglichen, sondern auch die mit dem Genom verbundenen Wirkungszusammenhänge für die menschliche Gesundheit und für die Persönlichkeitsstruktur entschlüsselt werden können.[405]
Im Jahr 2000 litten in Deutschland fünf Millionen Menschen an einem mutmaßlich genetisch bedingten Leiden – Blutkrankheit, bestimmte Formen der Depressionen, rätselhafter Nervenschwund.[406] Solche genetischen Veranlagungen dürften auch das Interesse der Arbeitgeber wecken: Wer z.B. Bewerber, deren Gene auf geringe körperliche oder psychische Belastbarkeit hindeuten, nicht einstellt, erspart sich spätere finanzielle Belastungen durch Entgeltfortzahlung bei überdurchschnittlich häufigen Erkrankungen.[407] In den USA ist die Diskriminierung durch genetische Tests in 39 Staaten verboten, dennoch sammelt nach einer Umfrage der American Management Association ein Drittel der mittleren und größeren US-Firmen genetische Daten über ihre Mitarbeiter, sieben Prozent nutzen sie als Kriterium bei der Anstellung und Beförderung.[408]

Soweit ersichtlich, liegt bzgl. der Zulässigkeit der Frage des Arbeitgebers nach genetischen Daten des Bewerbers bislang keine Rspr. vor.

Für die Gegenwart dürfte zwar noch angenommen werden können, dass kaum ein Bewerber selbst seine genetischen Veranlagungen kennt, so dass der Arbeitgeber diese Daten auch nicht direkt erfragen wird. Unter Berücksichtigung der bereits heute bestehenden Möglichkeiten, genetische Daten im Rahmen einer Einstellungsuntersuchung mittels genetischer Tests zu gewinnen[409], besteht je-

---

403 18. Tätigkeitsbericht des Bundesbeauftragten für den Datenschutz vom 13.03.2001, BT-Drucks. 14/5555, 161 f.

404 18. Tätigkeitsbericht des Bundesbeauftragten für den Datenschutz vom 13.03.2001, BT-Drucks. 14/5555, 161 f.

405 Entschließung der 60. Konferenz der Datenschutzbeauftragten des Bundes und der Länder vom 12./13. Oktober 2000 zum Thema „Datenschutzrechtliche Konsequenzen aus der Entschlüsselung des menschlichen Genoms“, BT-Drucks. 14/5555, 230.

406 Der Spiegel v. 26.06.2000, 80.

407 Hunold DB 1993, 224, 229; vgl. auch Weichert DuD 2002, 133, 135.

408 Der Spiegel v. 26.06.2000, 90; vgl. zur Verwendung genetischer Daten durch Arbeitgeber in den USA auch Weichert DuD 2002, 133 f. und Roos AuR 2001, 121, 123 f.

409 Für mehr als 20, oft vererbliche Krankheiten sind bereits Gentests zu erwerben, mit denen in Labors analysiert werden kann, ob eine Erkrankung vorliegt bzw. in welchem Umfang ein Erkrankungsrisiko besteht (vgl. die Entschließung der 60. Konferenz der Datenschutzbeauftragten des Bundes und der Länder vom 12./13. Oktober 2000 zum Thema „Datenschutzrechtliche Konsequenzen aus der Entschlüsselung des menschlichen Genoms“, BT-Drucks. 14/5555, 230; 18. Tätigkeitsbericht des Bundesbeauftragten für den Datenschutz vom 13.03.2001, BT-Drucks. 14/5555, 161 f.; Hunold DB 1993, 224, 229). Durch eine Genomana-

doch bzgl. der Frage, ob und ggf. inwieweit der Arbeitgeber an solchen Daten ein berechtigtes Informationsinteresse hat, bereits erheblicher Klärungsbedarf.

II. Ansichten zum Fragerecht in der Literatur

1. Grundsätzliches Frageverbot

Die nahezu einhellige Meinung in der Literatur lehnt ein Fragerecht des Arbeitgebers nach genetischen Daten grundsätzlich ab.[410] Dabei wird vornehmlich mit der von der ganz h.M. befürworteten Rspr. des BAG[411] zum Fragerecht nach Gesundheitsdaten argumentiert, welches nicht unbegrenzt ist, sondern sich auf folgende Fragen beschränkt:

Liegt eine Krankheit bzw. eine Beeinträchtigung des Gesundheitszustandes vor, durch die die Eignung für die vorgesehene Tätigkeit auf Dauer oder in periodisch wiederkehrenden Abständen eingeschränkt ist ? Liegen ansteckende Krankheiten vor, die zwar nicht die Leistungsfähigkeit beeinträchtigen, jedoch die zukünftigen Kollegen oder Kunden gefährden ? Ist zum Zeitpunkt des Dienstantritts bzw. in absehbarer Zeit mit einer Arbeitsunfähigkeit zu rechnen, z.B. durch eine geplante Operation, eine bewilligte Kur oder auch durch eine zur Zeit bestehende akute Erkrankung ?

Nach diesen restriktiven Grundsätzen habe der Arbeitgeber jedenfalls erst recht kein berechtigtes Interesse an der Kenntnis genetischer Daten des Bewerbers.[412] Denn der Ausbruch von Krankheiten, für die eine genetisch bedingte

---

lyse können auch Krankheiten mit Spätmanifestation (z.B. die Nervenkrankheit Chorea Huntington) ausfindig gemacht werden (Tinnefeld NJW 1993, 1117, 1118).

410 ArbRBGB – Schliemann § 611 Rdnr. 407; Hanau/Adomeit[12] Rdnr. 628, Fn. 8; Hunold DB 1993, 224, 229; Wohlgemuth, Datenschutz für Arbeitnehmer, Rdnr. 152; Däubler, Gläserne Belegschaften ?, Rdnr. 231; Wiese RdA 1988, 217, 218; Sternberg-Lieben GA 90, 289 ff.; Simitis NJW 1998, 2473 ff.; Wellbrock CR 1989, 204 ff.; Tinnefeld NJW 1993, 1117 ff.; Tinnefeld/Böhm DuD 1992, 62 f; ohne nähere Begründung anders jedoch *Schaub* (Schaub § 24 Rdnr. 19 f.), der sogar genetische Untersuchungen dann für zulässig hält, wenn sie sich auf arbeitsvertragsrelevante Ermittlungen beschränken und der Arbeitnehmer eingewilligt hat.

411 BAG 07.06.1984 – 2 AZR 270/83 = AP Nr. 26 zu § 123 BGB; zustimmend MünchArbR – Buchner § 41 Rdnr. 61; Wohlgemuth, Datenschutz für Arbeitnehmer, Rdnr. 138. Vgl. aber auch die Ausführungen *Zöllners* (Daten- und Informationsschutz im Arbeitsverhältnis, 36), wonach ein berechtigtes Interesse des Arbeitgebers nicht nur daran bestehen soll, zu wissen, ob der Arbeitnehmer überhaupt körperlich und geistig in der Lage ist, die in Aussicht genommene Tätigkeit zu verrichten, sondern auch daran, wie der „allgemeine Gesundheitszustand" des Arbeitnehmers ist. Zur Einstellung Kranker könne der Arbeitgeber zwar im Rahmen der Schwerbehindertenquote verpflichtet sein, aber nicht im Übrigen. Ob damit allerdings ein im Vergleich zur BAG-Rspr. weiter gehendes Fragerecht vertreten wird, wird letztlich nicht deutlich.

412 Vgl. Hanau/Adomeit[12] Rdnr. 628, Fn. 8; Hunold DB 1993, 224, 229; Wohlgemuth, Datenschutz für Arbeitnehmer, Rdnr. 152; Däubler, Gläserne Belegschaften ?, Rdnr. 231; Wiese

Veranlagung bestehe, sei keinesfalls zwangsläufig und hänge von diversen weiteren Faktoren, wie etwa von Umwelteinflüssen und der Lebensführung des Betroffenen, ab.[413]

Gegen die Zulassung von Genomanalysen vor Begründung eines Arbeitsverhältnisses wird teilweise zudem ein aus dem Recht auf informationelle Selbstbestimmung abgeleitetes „Recht auf Nichtwissen" ins Feld geführt.[414] Dieses Recht soll die Befugnis schützen, unbelastet von der Kenntnis einer möglicherweise später ausbrechenden Krankheit leben zu können.[415] Dieses Recht sei immer betroffen, wenn Genomanalysen im Rahmen einer Einstellungsuntersuchung durchgeführt würden, denn selbstverständlich müsse der Betroffene in diesen Fällen Kenntnis von den Untersuchungsergebnissen erhalten, da sie konkrete Auswirkungen für ihn haben könnten.[416]

Zuletzt wird gegen die Zulässigkeit von Genomanalysen auch auf die Gefahr der Schaffung einer neuen Problemgruppe auf dem Arbeitsmarkt („Gen-Behinderte") hingewiesen.[417]

2. Ausnahmen ?

a) Ausnahmen bejahende Ansicht

Dennoch wird von Teilen der Literatur vertreten, in Ausnahmefällen könne ein berechtigtes Informationsinteresse an genetischen Daten des Bewerbers bestehen.[418]

Dies wird für den Fall angenommen, dass die einzunehmende Tätigkeit bei einer entsprechenden genetischen Konstitution mit besonderen Gesundheitsgefährdungen für den Arbeitnehmer selbst verbunden ist, die durch vorrangige Maßnahmen des Arbeitsschutzes nicht ausgeschlossen werden können.[419] Des weiteren wird ein legitimes Informationsinteresse des Arbeitgebers an genetischen Daten des Bewerbers auch für den Fall bejaht, dass die einzunehmende Tätigkeit bei einer entsprechenden genetischen Konstitution mit besonderen Ge-

---

RdA 1988, 217, 218; Sternberg-Lieben GA 90, 289 ff.; Simitis NJW 1998, 2473 ff.; Wellbrock CR 1989, 204 ff.; Tinnefeld NJW 1993, 1117 ff.; Tinnefeld/Böhm DuD 1992, 62 f.

413 Wellbrock CR 1989, 204, 205, 207; Menzel DuD 2002, 146; Weichert DuD 2002, 133, 134; Roos AuR 2001, 121, 124; Wiese RdA 1986, 120, 122.

414 Däubler, Gläserne Belegschaften ?, Rdnr. 232; ein Recht auf Nichtwissen bejahend auch Menzel DuD 2002, 146; Tinnefeld/Böhm DuD 1992, 62, 63; Wiese RdA 1988, 217, 220; Wellbrock CR 1989, 204, 209 f.

415 Wellbrock CR 1989, 204, 209; Menzel DuD 2002, 146.

416 Wellbrock CR 1989, 204, 210.

417 Däubler, Gläserne Belegschaften ?, Rdnr. 230.

418 Wiese RdA 1988, 217, 220; auch *Wellbrock* (CR 1989, 204, 208) schließt für besonders begründete Fälle Ausnahmen von dem grundsätzlichen Erhebungsverbot im Arbeitsrecht im Rahmen einer gesetzlichen Regelung nicht generell aus.

419 Wiese RdA 1988, 217, 218.

fährdungen für Dritte verbunden ist, was beispielsweise bei einer genetischen Veranlagung zur Geisteskrankheit bei einem Piloten der Fall sein soll.[420]

b) Ausnahmen ablehnende Ansicht

Die Gegenansicht verneint ein berechtigtes Informationsinteresse des Arbeitgebers an genetischen Daten ausnahmslos.[421] Für den Fall einer eigenen Gesundheitsgefährdung des Bewerbers sei völlig ausreichend, wenn der Arbeitgeber den Bewerber vor Aufnahme der Tätigkeit auf das entsprechende Risiko hinweise und es dem Bewerber selbst überlassen bleibe, ob er daraufhin in eigenem Interesse eine genetische Untersuchung durchführen lasse.[422] Der Bewerber könne dann selbst entscheiden, ob er sich einem besonders hohen Gesundheitsrisiko aussetzen wolle oder nicht.[423] Nur so bleibe auch das Recht auf Nichtwissen gewahrt.[424] Aber auch für den Fall, dass Drittinteressen bei Ausbruch einer genetisch bedingten Erkrankung gefährdet sein könnten, bestehe jedenfalls zunächst keine Ausnahme, da die Forschung noch weit davon entfernt sei, verlässliche Angaben über den Zeitpunkt oder die nahe Wahrscheinlichkeit einer Erkrankung machen zu können.[425]

III. Eigene Stellungnahme

Wie oben ausgeführt, folgt aus dem Erfordernis der Sachlichkeit von Auswahlkriterien die Unzulässigkeit der Erhebung solcher Daten, denen die nötige „Validität" fehlt, die also keine hinreichend gesicherte Aussagekraft über die Eignung des Bewerbers haben. Schon weil vollkommen ungewiss ist, ob eine bestimmte genetische Krankheitsanlage sich zukünftig in dem Ausbruch der Krankheit manifestieren wird, haben entsprechende Daten keinen hinreichenden Aussagegehalt, um als Grundlage einer sachlichen Auswahlentscheidung anerkannt werden zu können. Deshalb ist ein berechtigtes Informationsinteresse des Arbeitgebers an der genetischen Konstitution des Bewerbers und damit ein entsprechendes Fragerecht abzulehnen. Von der Unzulässigkeit der Frage können mit der zuletzt dargestellten Ansicht in der Literatur auch keine Ausnahmen

---

420 Wiese RdA 1988, 217, 219.

421 Däubler, Gläserne Belegschaften ?, Rdnr. 232 f.; wohl auch Weichert DuD 2002, 133, 144. Auch die Regelungsvorschläge der 62. Konferenz der Datenschutzbeauftragten in Bund und Ländern von Oktober 2001 (abgedruckt in DuD 2002, 150, 153) sehen keine Ausnahmetatbestände vom Verwertungsverbot bzgl. genetischer Daten des Bewerbers durch den Arbeitgeber bei der Einstellungsentscheidung vor.

422 Däubler, Gläserne Belegschaften ?, Rdnr. 232; Weichert DuD 2002, 133, 144. Für eine entsprechende Hinweispflicht des Arbeitgebers auch Ziff. 20 der Regelungsvorschläge der 62. Konferenz der Datenschutzbeauftragten in Bund und Ländern von Oktober 2001, abgedruckt in DuD 2002, 150, 153.

423 Däubler, Gläserne Belegschaften ?, Rdnr. 232.

424 Däubler, Gläserne Belegschaften ?, Rdnr. 232.

425 Däubler, Gläserne Belegschaften ?, Rdnr. 233.

anerkannt werden: Die Tatsache, dass Drittinteressen bei Ausbruch einer genetisch bedingten Erkrankung gefährdet sein könnten, ändert nichts an der völligen Ungewissheit daüber, ob eine entsprechende Krankheit überhaupt jemals ausbrechen wird und damit an der Willkürlichkeit einer darauf gestützten Ablehnung. Hinzu kommt, dass der Bewerber bei gegebenem Fragerecht immer auch Daten offenbaren müsste, die nicht nur ihn, sondern auch unbeteiligte Blutsverwandte betreffen.[426] Auch weil der Bewerber durch die Offenbarung eigener genetischer Daten gegenüber dem potentiellen Arbeitgeber damit gleichzeitig in das informationelle Selbstbestimmungsrecht dieser Personen eingreifen würde, wird man die wahrheitsgemäße Beantwortung der Frage nach genetischen Defekten von ihm letztlich unter keinen Umständen verlangen können. Auf eine potentiell bei Vorliegen einer bestimmten genetischen Konstitution bestehende Gesundheitsgefährdung für den Bewerber selbst mag der Arbeitgeber hinweisen. Zum Schutz des Bewerbers bedarf es insoweit keines Fragerechts nach genetischen Daten des Bewerbers.

Ein Fragerecht des Arbeitgebers nach genetischen Daten des Bewerbers ist deshalb im Ergebnis uneingeschränkt abzulehnen.

E. Fragerecht und Mitteilungspflichten im Bereich besonderer Diskriminierungsverbote

Beschränkungen des arbeitgeberseitigen Auswahlermessens mit der Folge eines Fragerechtsausschlusses können sich, wie oben bereits dargelegt, insbesondere aufgrund besonderer Diskriminierungsverbote ergeben.

Für verschiedene Diskriminierungsmerkmale existieren seit dem 18.08.2006 mit dem AGG diesbezüglich neue einfachgesetzliche Regelungen, welche – nebst der ihnen zugrundeliegenden europäischen Richtlinien und der Umsetzungsgeschichte – im Rahmen einiger Vorbemerkungen zunächst kurz vorgestellt werden sollen. Anschließend werden die Auswirkungen der neuen Gesetzeslage auf einzelne Fallgruppen des Fragerechts betrachtet.

I. Vorbemerkungen

1. Die europäischen Antidiskriminierungsrichtlinien

Änderungen des deutschen Arbeitsrechts im Bereich des Diskriminierungsschutzes sind aufgrund der Richtlinien 2000/43/EG, 2000/78/EG und 2002/73/EG erforderlich geworden.

Während die Richtlinie 2002/73/EG die Richtlinie 76/207/EWG ändert und damit lediglich Modifizierungen im Bereich des im deutschen Recht bereits vor dem 18.08.2006 durch § 611 a BGB a.F. ausgestalteten geschlechtsspezifischen Diskriminierungsschutzes mit sich bringt, enthalten die Richtlinien 2000/43/EG

---

426 Vgl. Menzel DuD 2002, 146; Weichert DuD 2002, 133, 134, 137, 138.

und 2000/78/EG Vorgaben zur Schaffung einfachgesetzlicher Diskriminierungsverbote hinsichtlich weiterer Diskriminierungsmerkmale:

Die Richtlinie 2000/43/EG beinhaltet ein umfassendes Diskriminierungsverbot im Hinblick auf die Rasse und die ethnische Herkunft.

Die Richtlinie 2000/78/EG bezweckt die Schaffung eines allgemeinen Rahmens zur Bekämpfung der Diskriminierung wegen der Religion oder der Weltanschauung, einer Behinderung, des Alters oder der sexuellen Ausrichtung in Beschäftigung und Beruf im Hinblick auf die Verwirklichung des Grundsatzes der Gleichbehandlung in den Mitgliedstaaten.

Die Richtlinien 2000/43/EG und 2000/78/EG enthalten jeweils in Art. 3 I einen ausdrücklichen Geltungsbefehl für den Bereich des Arbeitsrechts, speziell auch hinsichtlich der Auswahlkriterien und Einstellungsbedingungen für den Zugang zu unselbständiger und selbständiger Erwerbstätigkeit.

Darüber hinaus enthält die Richtlinie 2000/43/EG auch einen Umsetzungsbefehl bezüglich des Zugangs zu und der Versorgung mit Gütern und Dienstleistungen, die der Öffentlichkeit zur Verfügung stehen, einschließlich von Wohnraum.

2. Frühe partielle Umsetzungsmaßnahmen und gescheiterte Umsetzungsvorhaben

Die Richtlinien waren bis zum 19.07.2003 (Art. 16 der Richtlinie 2000/43/EG) bzw. bis zum 02.12.2003 (Art. 18 der Richtlinie 2000/78/EG) umzusetzen.

Lediglich um die Bestimmungen über die Diskriminierung wegen des Alters und einer Behinderung umzusetzen, konnten die Mitgliedstaaten unter bestimmten Voraussetzungen von einer Zusatzfrist von drei Jahren Gebrauch machen.

Innerhalb der Umsetzungsfrist erfolgte lediglich eine partielle Umsetzung der Richtlinie 2000/78/EG bzgl. des Merkmals „Behinderung“[427] mit der Schaffung des am 01.07.2001 in Kraft getretenen Benachteiligungsverbots für Schwerbehinderte in § 81 II SGB IX[428].

Sodann scheiterten zunächst weitere Umsetzungsversuche:

So existierte bzgl. der Richtlinie 2000/43/EG – allerdings nur für den allgemein zivilrechtlichen Bereich – zunächst ein vorläufiger Diskussionsentwurf eines Gesetzes „zur Verhinderung von Diskriminierungen im Zivilrecht“ vom 29.11.2001[429], der – über die europarechtlichen Vorgaben hinaus – auch die Kriterien der Richtlinie 2000/78/EG mit einbezog. Geplant war die Einfügung der §§ 319 a-319 e in das BGB.

Die arbeitsrechtlichen Bestimmungen sollten ausweislich der Entwurfsbegründung in einem speziellen arbeitsrechtlich ausgerichteten Antidiskriminierungsgesetz umgesetzt werden, in welchem auch die damals noch nicht verab-

[427] Vgl. die Begründung des Gesetzentwurfs BT-Drucks. 14/5074, 113.

[428] BGBl. I v. 22.06.2001, 1046.

[429] Dazu Wiedemann/Thüsing DB 2002, 463 ff.

schiedete Novellierung der Richtlinie 76/207/EWG mit einbezogen werden sollte.

Nachdem dieser Diskussionsentwurf wieder verworfen worden war[430], wurde sodann ein Gesetzentwurf vom 16.12.2004 vorgelegt, mit dem die Richtlinien umfassend umgesetzt werden sollten (Antidiskriminierungsgesetzentwurf, nachfolgend ADGE[431]). Nachdem das Gesetz durch den Bundestag in zweiter und dritter Lesung verabschiedet worden war, wurde mit Beschluss vom 08.07.2005[432] durch den Bundesrat der Vermittlungsauschuss angerufen. Dieser konnte keinen Beschluss mehr fassen, da der ADGE mit dem vorzeitigen Beginn der 16. Legislaturperiode dem Grundsatz der Diskontinuität zum Opfer fiel[433].

3. Die Mangold-Entscheidung des EuGH

Nach dem Scheitern des ADGE musste sodann aufgrund der sogenannten Mangold-Entscheidung des EuGH vom 22.11.2005[434] bereits davon ausgegangen werden, dass die in den Richtlinien 2000/43/EG und 2000/78/EG genannten Diskriminierungsverbote auch ohne einfachgesetzliche Umsetzung durch die Mitgliedstaaten unmittelbar im Verhältnis zwischen Privaten galten. In dieser Entscheidung hat der EuGH § 14 III TzBfG für europarechtswidrig erklärt und dabei den „Grundsatz der Gleichbehandlung in Beschäftigung und Beruf" als nicht in der Richtlinie 2000/78/EG selbst verankert bezeichnet.[435] Nach ihrem Art. 1 bezwecke diese Richtlinie nämlich lediglich „die Schaffung eines allgemeinen Rahmens zur Bekämpfung der Diskriminierung wegen der Religion oder der Weltanschauung, einer Behinderung, des Alters oder der sexuellen Ausrichtung", wobei das grundsätzliche Verbot dieser Formen der Diskriminierung, wie sich aus der ersten und der vierten Begründungserwägung der Richtlinie ergebe, seinen Ursprung in verschiedenen völkerrechtlichen Verträgen und den gemeinsamen Verfassungstraditionen der Mitgliedstaaten habe.[436] Das Verbot der Diskriminierung wegen des Alters sei deshalb als allgemeiner Grundsatz des Gemeinschaftsrechts anzusehen.[437] Die gleiche Argumentation ließ sich auch auf die in der Richtlinie 2000/43/EG genannten Merkmale übertragen, da die Erwägungsgründe zwei und drei der Richtlinie 2000/43/EG weitgehend den Erwägungsgründen eins und vier der Richtlinie 2000/78/EG entsprechen und eben-

---

430 Vgl. dazu v. Koppenfels WM 2002, 1489.

431 Entwurf eines Gesetzes zur Umsetzung europäischer Antidiskriminierungsrichtlinien, BT-Drucks. 15/4538.

432 BR-Drucks. 445/05.

433 Reichold/Hahn/Heinrich NZA 2005, 1270.

434 EuGH 22.11.2005 – Rs. C-144/04 = NZA 2005, 1345.

435 EuGH 22.11.2005 – Rs. C-144/04 = NZA 2005, 1345, 1348.

436 EuGH 22.11.2005 – Rs. C-144/04 = NZA 2005, 1345, 1348.

437 EuGH 22.11.2005 – Rs. C-144/04 = NZA 2005, 1345, 1348.

falls auf verschiedene völkerrechtliche Verträge und die gemeinsamen Verfassungstraditionen der Mitgliedstaaten Bezug nehmen.

4. Das AGG

Nachdem die Bundesrepublik Deutschland durch den EuGH bereits wegen nicht fristgerechter Umsetzung sowohl der Richtlinie 2000/43/EG[438] als auch der Richtlinie 2000/78/EG[439] verurteilt worden war, ist die Umsetzung der Richtlinien nunmehr mit dem Gesetz zur Umsetzung europäischer Richtlinien zur Verwirklichung des Grundsatzes der Gleichbehandlung[440] erfolgt.

Kernstück des Gesetzes (Art. 1) ist das AGG.

Nach § 1 AGG ist dessen Ziel, Benachteiligungen aus Gründen der Rasse oder wegen der ethnischen Herkunft, des Geschlechts, der Religion oder Weltanschauung, einer Behinderung, des Alters oder der sexuellen Identität zu verhindern oder zu beseitigen.

Nach § 2 I Nr. 1 AGG sind Benachteiligungen aus einem in § 1 AGG genannten Grund nach Maßgabe des AGG auch unzulässig in Bezug auf die Bedingungen – einschließlich Auswahlkriterien und Einstellungsbedingungen – für den Zugang zu unselbständiger und selbständiger Erwerbstätigkeit.

In § 3 I, II AGG werden die Begriffe der unmittelbaren und der mittelbaren Benachteiligung definiert.

In Umsetzung von Art. 2 II lit. a der Richtlinien 2000/43/EG und 2000/78/EG sowie Art. 2 II Spiegelstrich 1 der Richtlinie 76/207/EWG n.F. liegt gemäß § 3 I S. 1 AGG eine unmittelbare Benachteiligung vor, wenn eine Person wegen eines in § 1 AGG genannten Grundes eine weniger günstige Behandlung erfährt, als eine andere Person in einer vergleichbaren Situation erfährt, erfahren hat oder erfahren würde.

In Umsetzung von Art. 2 VII der Richtlinie 76/207/EWG n.F. liegt eine unmittelbare Benachteiligung wegen des Geschlechts gemäß § 3 I S. 2 AGG auch im Fall einer ungünstigeren Behandlung einer Frau wegen Schwangerschaft oder Mutterschaft vor.

Entsprechend Art. 2 II lit. b der Richtlinien 2000/43/EG und 2000/78/EG sowie Art. 2 II Spiegelstrich 2 der Richtlinie 76/207/EWG n.F. liegt nach § 3 II AGG eine mittelbare Benachteiligung vor, wenn dem Anschein nach neutrale Vorschriften, Kriterien oder Verfahren Personen wegen eines in § 1 AGG genannten Grundes gegenüber anderen Personen in besonderer Weise benachteiligen können, es sei denn, die betreffenden Vorschriften, Kriterien oder Verfahren sind durch ein rechtmäßiges Ziel sachlich gerechtfertigt und die Mittel sind zur Erreichung dieses Ziels angemessen und erforderlich.

---

438 EuGH 28.04.2005 – Rs. C-329/04 = EuZW 2005, 444.

439 EuGH 23.02.2006 – Rs. C-43/05 = EuZW 2006, 216.

440 BGBl. I v. 17.08.2006, 1897 ff.

Nach § 6 AGG schützt das Gesetz „Beschäftigte", wobei nach § 6 I S. 2 AGG auch Bewerberinnen und Bewerber für ein Beschäftigungsverhältnis als Beschäftigte gelten.

§ 7 I AGG normiert ein Benachteiligungsverbot für Beschäftige wegen eines in § 1 AGG genannten Grundes.

§ 8 I AGG setzt Artikel 4 I der Richtlinien 2000/43/EG und 2000/78/EG sowie Artikel 2 VI der Richtlinie 76/207/EWG n.F. um und regelt allgemein für alle Diskriminierungsmerkmale des § 1 AGG Ausnahmen vom Benachteiligungsverbot. Eine unterschiedliche Behandlung wegen eines in § 1 AGG genannten Grundes ist danach zulässig, wenn dieser Grund wegen der Art der auszuübenden Tätigkeit oder der Bedingungen ihrer Ausübung eine wesentliche und entscheidende berufliche Anforderung darstellt, sofern der Zweck rechtmäßig und die Anforderung angemessen ist.

§§ 9, 10 AGG enthalten weitere, speziell die Kriterien Religion oder Weltanschauung und Alter betreffende Ausnahmen vom Benachteiligungsverbot.

II. Geschlecht

Bereits bisher bewirkte der auf der Richtlinie 76/207/EWG basierende § 611 a I S. 1 BGB a.F. unstreitig[441] eine grundsätzliche Bindung des arbeitgeberseitigen Auswahlermessens dahingehend, dass der Arbeitgeber einen Arbeitnehmer u.a. bei der Begründung des Arbeitsverhältnisses vorbehaltlich des § 611 a I S. 2 BGB a.F. nicht wegen seines Geschlechts benachteiligen durfte.

Durch Art. 3 XIV des Gesetzes zur Umsetzung europäischer Richtlinien zur Verwirklichung des Grundsatzes der Gleichbehandlung[442] wurde § 611 a BGB aufgehoben, auch das geschlechtsspezifische Diskriminierungsverbot ergibt sich nunmehr aus § 7 I i.V.m. § 1 AGG.

Die Auswirkungen des geschlechtsspezifischen Diskriminierungsverbotes auf das Fragerecht des Arbeitgebers werden vor allem hinsichtlich des Fragerechts nach der Schwangerschaft einer Bewerberin (nachfolgend unter 1.) diskutiert. Ebenfalls vor dem Hintergrund des geschlechtsspezifischen Diskriminierungsverbots zu beurteilen ist aber auch das Fragerecht des Arbeitgebers nach noch anzutretendem Wehr- oder Ersatzdienst (nachfolgend unter 2.) sowie nach der Transsexualität eines Bewerbers (nachfolgend unter 3.).

1. Schwangerschaft

a) Fragerecht

[441] Vgl. nur Bertelsmann/Pfarr DB 1984, 1297, 1298; Henssler/Holletschek SAE 1994, 14; Buchner NZA 1991, 577, 579; MünchArbR – Buchner § 39 Rdnr. 72, § 40 Rdnr. 162.

[442] BGBl. I v. 17.08.2006, 1897, 1909.

aa) Entwicklung der Rspr. des BAG

Das BAG hat seine Rspr. zum Fragerecht nach der Schwangerschaft mehrfach modifiziert.

Ursprünglich hatte es ein Fragerecht nach der Schwangerschaft im Hinblick auf die erheblichen rechtlichen und wirtschaftlichen Belastungen für den Arbeitgeber noch generell bejaht.[443]

Sodann neigte es nach Einführung des § 611 a BGB a.F. schon in der Entscheidung vom 20.02.1986 dazu, in der Frage nach der Schwangerschaft eine unzulässige Benachteiligung wegen des Geschlechts zu sehen.[444]

Dies sollte jedoch nur unter der Voraussetzung gelten, dass sich sowohl männliche als auch weibliche Arbeitnehmer um denselben Arbeitsplatz bewarben; weiterhin zulässig sollte die Schwangerschaftsfrage also sein, wenn sich lediglich Frauen um den Arbeitsplatz bewarben[445] (sogenannte „gespaltene Lösung").

Nachdem jedoch der EuGH im Dekker-Urteil vom 08.11.1990[446] zur § 611 a BGB a.F. zugrunde liegenden Richtlinie 76/207/EWG entschieden hatte, dass der Arbeitgeber eine Bewerberin nicht wegen ihrer Schwangerschaft abweisen dürfe und es dabei nicht darauf ankomme, ob sich auf dieselbe Stelle auch ein Mann beworben habe oder nicht, gab das BAG auch die gespaltene Lösung auf und bewertet seitdem die Frage nach der Schwangerschaft unter Berufung auf § 611 a BGB a.F. und die Richtlinie 76/207/EWG als in der Regel unzulässig, gleichgültig, ob sich nur Frauen oder auch Männer um den Arbeitsplatz bewerben[447].

bb) Grundsätzliches Frageverbot

Wie bereits ausgeführt, beruhen die Änderungen der Rspr. des BAG auf dem geschlechtsspezifischen Diskriminierungsverbot des § 611 a BGB a.F. bzw. der zugrundeliegenden Richtlinie 76/207/EWG und der dazu ergangenen Rspr. des EuGH.

Ein ausdrückliches Diskriminierungsverbot wegen Schwangerschaft enthielt indes weder die ursprüngliche Fassung der Richtlinie 76/207/EWG noch § 611 a BGB a.F. Sowohl der EuGH, als auch das BAG haben die Nichteinstellung einer Bewerberin wegen ihrer Schwangerschaft jedoch ohne weiteres als unmittelbare

---

443 BAG 22.09.1961 – 1 AZR 241/60 = AP Nr. 15 zu § 123 BGB.

444 BAG 20.02.1986 – 2 AZR 244/85 = NZA 1986, 739.

445 BAG 20.02.1986 – 2 AZR 244/85 = NZA 1986, 739.

446 EuGH 08.11.1990 – Rs C-177/88 = AP Nr. 23 zu Art. 119 EWG-Vertrag.

447 BAG 15.10.1992 – 2 AZR 227/92 = NJW 1993, 1154.

geschlechtsspezifische Benachteiligung i.S.d. Richtlinie 76/207/EWG bzw. § 611 a BGB a.F. angesehen, weil sie nur Frauen gegenüber in Betracht kommt.[448]

Dies wurde in der Literatur bisher zu Recht deshalb kritisiert, weil die Bewerberin bei Nichteinstellung tatsächlich nicht unmittelbar deshalb benachteiligt wird, weil sie eine Frau, sondern weil sie schwanger ist.[449] Vor diesem Hintergrund war der Ansatzpunkt der „gespaltenen Lösung" des BAG durchaus nachvollziehbar.

Nunmehr hat sich dieser Streitpunkt jedoch dadurch erledigt, dass in Umsetzung von Art. 2 VII Richtlinie 76/207/EWG n.F. gemäß § 3 I S. 2 AGG i.V.m. § 2 I Nr. 1 AGG eine unmittelbare Benachteiligung wegen des Geschlechts beim Zugang zur Beschäftigung ausdrücklich auch im Fall einer ungünstigeren Behandlung einer Frau wegen Schwangerschaft oder Mutterschaft vorliegt.

Unabhängig davon, ob bereits die Frage des Arbeitgebers nach einer Schwangerschaft an sich – also gewissermaßen die „Vorbereitungshandlung" einer diskriminierenden Einstellungsentscheidung – gegen das geschlechtsspezifische Diskriminierungsverbot verstößt[450], folgt aufgrund des nunmehr in § 7 I i.V.m. §§ 1, 2 I Nr. 1, 3 I S. 2 AGG explizit bestehenden schwangerschaftsbedingten Benachteiligungsverbotes bei der Einstellung und der dadurch bewirkten Beschränkung des arbeitgeberseitigen Auswahlermessens jetzt zweifellos die grundsätzliche Unzulässigkeit der Frage nach der Schwangerschaft[451].

cc) Ausnahmen ?

Bereits Art. 2 II der Richtlinie 76/207/EWG a.F. bestimmte, dass die Richtlinie nicht der Befugnis der Mitgliedstaaten entgegensteht, solche beruflichen Tätigkeiten, für die das Geschlecht aufgrund ihrer Art oder der Bedingungen ihrer Ausübung eine unabdingbare Voraussetzung darstellt, von ihrem Anwendungsbereich auszuschließen. In Umsetzung dessen erlaubte § 611 a I S. 2 BGB a.F. eine unterschiedliche Behandlung wegen des Geschlechts für den Fall, dass ein bestimmtes Geschlecht wegen der Art der auszuübenden Tätigkeit oder der Bedingungen ihrer Ausübung eine unverzichtbare Voraussetzung für die Tätigkeit war. Nunmehr gilt nach § 8 I AGG – entsprechend der neuen Formulierung in Art. 2 VI der Richtlinie 76/207/EWG n.F. – dass eine unterschiedliche Behandlung wegen des Geschlechts zulässig ist, wenn dieses wegen der Art der auszuü-

---

448 EuGH 08.11.1990 – Rs. C-177/88 = AP Nr. 23 zu Art. 119 EWG-Vertrag; EuGH 03.02.2000 – Rs. C-207/98 = DB 2000, 380; BAG 15.10.1992 – 2 AZR 227/92 = NJW 1993, 1154, 1155.

449 Walker DB 1987, 273, 276; Thüsing Anm. zu EuGH DB 2001, 2451, 2452; Thüsing/Lambrich BB 2002, 1146, 1147; Gamillscheg Anm. zu EuGH EzA Nr. 15 zu § 611 a BGB; vgl. auch Wank Anm. zu BAG AP Nr. 36 zu § 123 BGB und Hanau/Preis ZfA 1988, 177, 200 (allenfalls mittelbare Diskriminierung).

450 Dafür MünchArbR – Buchner § 41 Rdnr. 200; dagegen Sowka NZA 1994, 967, 968; Winterfeld Anm. zu BAG EzA Nr. 37 zu § 123 BGB, 9, 10.

451 ErfKomm – Preis § 611 BGB Rdnr. 345.

benden Tätigkeit oder der Bedingungen ihrer Ausübung eine wesentliche und entscheidende berufliche Anforderung darstellt, sofern der Zweck rechtmäßig und die Anforderung angemessen ist. Eine sachliche Änderung dürfte mit dieser etwas anderen Formulierung des Ausnahmetatbestands nicht verbunden sein.[452]

Das Differenzierungsverbot wegen des Geschlechts bzw. der Schwangerschaft gilt also nicht ausnahmslos, so dass nachfolgend zu untersuchen ist, ob nach den Vorgaben des AGG und der zugrundeliegenden Richtlinie 76/207/EWG noch Ausnahmen vom Verbot der Frage nach der Schwangerschaft gemacht werden können. Dabei wird zum einen zwischen geplanten unbefristeten und befristeten Einstellungen unterschieden und zum anderen die Situation der Kleinbetriebe gesondert betrachtet.

(1) Vor Begründung unbefristeter Arbeitsverhältnisse

Bei einer geplanten unbefristeten Einstellung kommt eine Ausnahme vom Verbot der Benachteiligung wegen Schwangerschaft wegen Fehlens einer wesentlichen und entscheidenden beruflichen Anforderung zunächst für den Fall in Betracht, dass die schwangere Bewerberin wegen eingreifender Beschäftigungsverbote die angestrebte Tätigkeit gar nicht verrichten darf.

Weiterhin stellt sich die Frage, ob bei unbefristeten Arbeitsverhältnissen zumindest dann ein Fragerecht besteht, wenn die Bewerberin als Ersatzkraft für eine schwangerschaftsbedingt ausgefallene Arbeitnehmerin eingestellt werden soll. Hier mag die Arbeitnehmerin zunächst nicht daran gehindert sein, die Arbeit zum vereinbarten Zeitpunkt aufzunehmen, aber sie kann den *zusätzlichen Vertragszweck*, die gesamte Ausfallzeit einer anderen Arbeitnehmerin zu überbrücken, nicht erfüllen.

(a) Rspr. des EuGH

Ausnahmen vom Verbot der Diskriminierung wegen Schwangerschaft bei Begründung eines unbefristeten Arbeitsverhältnisses schien die Rspr. des EuGH zunächst nicht entgegenzustehen.

Denn der EuGH hatte unter Nr. 14 des Dekker-Urteils[453] festgestellt, eine geschlechtsbedingte Diskriminierung komme gegenüber einer „für geeignet befundenen" Arbeitnehmerin in Betracht.

Dieses Kriterium der „Geeignetheit" kann seinen normativen Ursprung – auch wenn der EuGH dies nicht explizit ausgesprochen hat – letztlich nur in Art. 2 II der Richtlinie 76/207/EWG a.F. haben[454], d.h. nicht „geeignet" ist eine Bewerberin, die eine unabdingbare bzw. unverzichtbare Voraussetzung der Tätigkeit – hier das Nichtvorliegen der Schwangerschaft – nicht erfüllt.

---

452 Vgl. Annuß BB 2006, 1629, 1632; Nicolai, Stellungnahme, 12.

453 EuGH 08.11.1990 – Rs C-177/88 = AP Nr. 23 zu Art. 119 EWG-Vertrag.

454 Vgl. auch BAG 15.10.1992 – 2 AZR 227/92 = NJW 1993, 1154, 1155 f.; Wank Anm. zu BAG AP Nr. 36 zu § 123 BGB.

Der EuGH hat nachfolgend jedoch in einer Reihe von Entscheidungen Nichteinstellungen oder Vertragsbeendigungen aufgrund der Schwangerschaft als Verstoß gegen die Bestimmungen der Richtlinie 76/207/EWG gewertet, eine „Ungeeignetheit" der Bewerberin/Arbeitnehmerin und damit eine ausnahmsweise Rechtfertigung von Ungleichbehandlungen wegen Schwangerschaft im Ergebnis also verneint:

(aa) Beschäftigungsverbote

So hat der EuGH bereits im Urteil vom 05.05.1994[455] entschieden, dass ein auf unbestimmte Zeit begründetes Arbeitsverhältnis nicht wegen § 134 BGB für nichtig erklärt oder angefochten werden kann, weil der Verrichtung der Arbeit das Nachtarbeitsverbot des § 8 MuSchG entgegensteht.

Ohne Ausführungen zu Art. 2 II der Richtlinie 76/207/EWG bzw. zu der Frage, ob die schwangere Arbeitnehmerin bei eingreifenden Beschäftigungsverboten „ungeeignet" i.S.d. Dekker-Urteils ist, zu machen, stellt der EuGH zur Begründung auf den Schutzzweck von Art. 2 III der Richtlinie 76/207/EWG a.F. ab, wonach die Richtlinie nicht den Vorschriften zum Schutze der Frau, insbesondere bei Schwangerschaft und Mutterschaft, entgegensteht.

Das in § 8 I MuSchG aufgestellte Verbot beruhe auf Art. 2 III der Richtlinie 76/207/EWG, dessen Zielsetzung der Schutz der körperlichen Verfassung der Frau und der besonderen Beziehung zwischen Mutter und Kind sei.[456] Diesem mit Art. 2 III der Richtlinie 76/207/EWG verfolgten Schutzzweck würde es – so der EuGH – zuwiderlaufen und dieser Bestimmung ihre praktische Wirkung nehmen, wenn man es zuließe, dass der Vertrag wegen der zeitweiligen Verhinderung der schwangeren Arbeitnehmerin für nichtig erklärt oder angefochten werden könnte.[457]

Diese Grundsätze hat der EuGH – wiederum ohne Erörterung der Frage der „Geeignetheit" i.S.d. Art. 2 II der Richtlinie 76/207/EWG a.F. – in der Entscheidung vom 03.02.2000[458] auf den Bereich der Einstellung übertragen. Nach dem dieser Entscheidung zugrunde liegenden Sachverhalt hatte eine bereits befristet eingestellte Krankenschwester eine innerbetrieblich ausgeschriebene unbefristete Stelle als OP-Schwester unter Hinweis auf die §§ 3 bis 5 MuSchG nicht bekommen, nachdem sie dem Arbeitgeber ihre Schwangerschaft vor der Einstellungsentscheidung mitgeteilt hatte.

Der EuGH entschied, der gesetzliche Mutterschutz dürfe für Frauen auch beim Zugang zur Beschäftigung keine Nachteile mit sich bringen und erlaube es dem Arbeitgeber nicht, die Einstellung einer schwangeren Bewerberin deshalb

---

455 EuGH 05.05.1994 – Rs. C-421/92 = NZA 1994, 609.

456 EuGH 05.05.1994 – Rs. C-421/92 = NZA 1994, 609, 610.

457 EuGH 05.05.1994 – Rs. C-421/92 = NZA 1994, 609 f.; zustimmend Preis ZIP 1995, 891, 904; vgl. auch Coester Anm. zu BAG AP Nr. 8 zu § 611 a BGB.

458 EuGH 03.02.2000 – Rs. C-207/98 = DB 2000, 380.

abzulehnen, weil er diese aufgrund eines aus der Schwangerschaft folgenden Beschäftigungsverbots auf dem für unbestimmte Zeit zu besetzenden Arbeitsplatz nicht von Anfang an und für die Dauer ihrer Schwangerschaft beschäftigen dürfe.[459] Dabei überwiegt nach der Rspr. des EuGH der vom Gemeinschaftsrecht gewährleistete Schutz der Frau während der Schwangerschaft und nach der Entbindung das Interesse des Arbeitgebers an der Verfügbarkeit der Arbeitnehmerin.[460]

(bb) Ersatzkraftproblematik

Im Hinblick auf die oben angesprochene „Ersatzkraftproblematik" hat der EuGH in der Webb-Entscheidung vom 14.07.1994[461] eine Diskriminierung aufgrund des Geschlechts auch für den Fall der Kündigung einer schwangeren Arbeitnehmerin angenommen, die als Ersatzkraft einer schwangerschaftsbedingt ausgefallenen Arbeitnehmerin eingestellt worden war.

Die Entlassung einer Schwangeren aus einem unbefristeten Arbeitsverhältnis dürfe nicht damit begründet werden, dass sie unfähig sei, eine der wesentlichen Voraussetzungen ihres Arbeitsvertrags zu erfüllen.[462] Die Verfügbarkeit des Arbeitnehmers sei für den Arbeitgeber zwangsläufig eine wesentliche Voraussetzung für die ordnungsgemäße Erfüllung des Arbeitsvertrags.[463] Der gewährleistete Schutz für die Frau während der Schwangerschaft könne jedoch nicht davon abhängen, ob die Anwesenheit der Betroffenen „für das ordnungsgemäße Funktionieren des Unternehmens unerlässlich sei".[464] Dass es um eine Frau gehe, die zunächst eine andere Arbeitnehmerin während der Mutterschaft vertreten sollte, sei auf die dem nationalen Gericht zu erteilende Antwort ohne Einfluss.[465] Auch diese Rspr. hat der EuGH in der Mahlburg-Entscheidung vom 03.02.2000[466] auf den Bereich der Einstellung übertragen.

(b) Rspr. des BAG

(aa) Beschäftigungshemmnisse

Das BAG hatte eine Ausnahme von der Unzulässigkeit der Schwangerschaftsfrage bei unbefristeten Einstellungen zunächst noch für die Fälle angenommen, dass die vorgesehene Tätigkeit wegen der Schwangerschaft überhaupt nicht aufgenommen werden kann oder darf, was bei sogleich eingreifenden Beschäfti-

---

459 EuGH 03.02.2000 – Rs. C-207/98 = DB 2000, 380, 381.

460 EuGH 03.02.2000 – Rs. C-207/98 = DB 2000, 380, 381.

461 EuGH 14.07.1994 – C-32/93 = DB 1994, 1522.

462 EuGH 14.07.1994 – C-32/93 = DB 1994, 1522, 1523.

463 EuGH 14.07.1994 – C-32/93 = DB 1994, 1522, 1523.

464 EuGH 14.07.1994 – C-32/93 = DB 1994, 1522, 1523.

465 EuGH 14.07.1994 – C-32/93 = DB 1994, 1522, 1523.

466 EuGH 03.02.2000 – Rs. C-207/98 = DB 2000, 380.

gungsverboten[467] aber in der Entscheidung vom 01.07.1993[468] auch unabhängig davon für den Fall angenommen wurde, dass die Bewerberin aufgrund besonderer Gesundheitsgefahren am zu besetzenden Arbeitsplatz die Tätigkeit aus gerechtfertigter ärztlicher Vorsicht nicht hätte verrichten *sollen* und die Frage damit objektiv dem gesundheitlichen Schutz von Mutter und ungeborenem Kind galt.

An einer Geschlechtsbenachteiligung fehle es, wenn die Arbeitnehmerin für die angestrebte Tätigkeit nicht geeignet sei (Art. 2 II der Richtlinie 76/207/EWG) bzw. eine bestimmte körperliche Eigenschaft unverzichtbare Voraussetzung für die auszuübende Tätigkeit sei; dies sei z.B. der Fall, wenn die angestrebte Tätigkeit einer Arzthelferin von einer schwangeren Arbeitnehmerin überhaupt nicht aufgenommen werden könne oder dürfe.[469] Im Übrigen komme es nicht entscheidend auf das Motiv des Arbeitgebers bei der Frage, sondern darauf an, ob diese durch objektive Gründe sachlich gerechtfertigt, d.h. zulässigerweise gestellt gewesen sei; habe die Frage nach der Schwangerschaft mithin gerade dem Schutz der Schwangeren gedient, sei sie richtliniengemäß (Art. 2 III der Richtlinie 76/207/EWG) und verstoße auch nicht gegen § 611 a BGB.[470]

Diese Rspr. hat BAG mittlerweile vor dem Hintergrund der oben dargestellten Rspr. des EuGH vom 03.02.2000 mit Urteil vom 06.02.2003[471] jedenfalls insoweit aufgegeben, als es die Frage nach der Schwangerschaft nunmehr vor einer geplanten unbefristeten Einstellung auch bei sogleich eingreifenden Beschäftigungsverboten als unzulässig ansieht.

Maßgeblich für die Unzulässigkeit der Frage sei, dass die Bewerberin bei einem unbefristeten Arbeitsverhältnis nach Ablauf des Mutterschutzes in der Lage sei, der vertraglich vorgesehenen Tätigkeit nachzugehen.[472] Das vorübergehende Beschäftigungshindernis trete bei wertender Einbeziehung des Schutzzwecks der Richtlinie zurück.[473] Ein bestimmtes Geschlecht sei nicht „unverzichtbare Voraussetzung" für die auszuübende Tätigkeit, denn nach Ablauf der Schutzfristen könne die Frau die vereinbarte Arbeit leisten.[474] Das Vertragsgleichgewicht sei durch den vorübergehenden Ausfall auch nicht entscheidend gestört.[475]

---

467 BAG 15.10.1992 – 2 AZR 227/92 = NJW 1993, 1154, 1155 f.; bestätigt durch BAG 01.07.1993 – 2 AZR 25/93 = AP Nr. 36 zu § 123 BGB.
468 BAG 01.07.1993 – 2 AZR 25/93 = AP Nr. 36 zu § 123 BGB.
469 BAG 15.10.1992 – 2 AZR 227/92 = NJW 1993, 1154, 1156; BAG 01.07.1993 – 2 AZR 25/93 = AP Nr. 36 zu § 123 BGB.
470 BAG 01.07.1993 – 2 AZR 25/93 = AP Nr. 36 zu § 123 BGB.
471 BAG 06.02.2003 – 2 AZR 621/01 = AP Nr. 21 zu § 611 a BGB.
472 BAG 06.02.2003 – 2 AZR 621/01 = AP Nr. 21 zu § 611 a BGB.
473 BAG 06.02.2003 – 2 AZR 621/01 = AP Nr. 21 zu § 611 a BGB.
474 BAG 06.02.2003 – 2 AZR 621/01 = AP Nr. 21 zu § 611 a BGB.
475 BAG 06.02.2003 – 2 AZR 621/01 = AP Nr. 21 zu § 611 a BGB.

(bb) Ersatzkraftproblematik
Auch das BAG hat – allerdings ohne explizit auf den Aspekt der zusätzlichen Zweckverfehlung einzugehen – für den Fall, dass die Bewerberin unbefristet gerade als Ersatzkraft für eine schwangerschaftsbedingt ausgefallene Arbeitnehmerin eingestellt werden soll, keine Ausnahme vom grundsätzlichen Verbot der Schwangerschaftsfrage bejaht.[476]

(c) Analyse der Rspr.
Zwar hat das BAG in der Entscheidung vom 06.02.2003[477] die Frage nach einer Schwangerschaft vor einer geplanten unbefristeten Einstellung nur als *regelmäßig* gegen § 611 a BGB a.F. verstoßend bezeichnet, mit Blick auf die Rspr. des EuGH wird man letztlich jedoch folgern müssen, dass die Frage nach der Schwangerschaft dann, wenn es um die Begründung unbefristeter Arbeitsverträge geht, in der Rspr. als ausnahmslos unzulässig angesehen wird.[478] Dies gilt zumindest außerhalb von Kleinbetrieben, auf deren Situation unten noch gesondert einzugehen sein wird. Die mit der Schwangerschaft der Arbeitnehmerin verbundenen finanziellen Belastungen für den Arbeitgeber oder dessen Interesse an der Verfügbarkeit der Arbeitnehmerin rechtfertigen eine Benachteiligung bei der Einstellung danach ebenso wenig, wie die zusätzliche Zweckverfehlung bei der Einstellung einer schwangeren Ersatzkraft für eine schwangerschaftsbedingt ausgefallene Arbeitnehmerin.

(d) Ansichten in der Literatur

(aa) Ausnahmen vom Frageverbot bejahende Ansichten
Nach einer Auffassung in der Literatur sind abweichend von der dargestellten Rspr. auch vor Begründung eines unbefristeten Arbeitsverhältnisses Ausnahmen von der Unzulässigkeit der Schwangerschaftsfrage zuzulassen.[479]

Die Rspr. übertreibe den Mutterschutz ohne sachlichen Grund.[480] Der den EuGH leitende Gedanke, die Anwendung der Vorschriften zum Schutz der werdenden Mutter dürfe dieser keine Nachteile beim Zugang zur Beschäftigung

---

476 BAG 15.10.1992 – 2 AZR 227/92 = NJW 1993, 1154, 1155.

477 BAG 06.02.2003 – 2 AZR 621/01 = AP Nr. 21 zu § 611 a BGB.

478 Vgl. H/W/K – Thüsing § 611 a BGB Rdnr 23; KR – Pfeiffer AGG Rdnr. 53; Schlachter Kurzkommentar zu EuGH EWiR Art. 2 RL 76/207/EWG 1/2000, 249, 250; Stürmer NZA 2001, 526, 530; Thüsing/Lambrich BB 2002, 1146, 1147; Kamanabrou Anm. zu BAG AP Nr. 21 zu § 611 a BGB; Wendeling-Schröder, Stellungnahme, 12.

479 Dafür H/W/K – Thüsing § 611 a BGB Rdnr. 23; Gröninger/Thomas § 5 Rdnr. 8 ff.; Stahlhacke FS Söllner, 1095, 1102 ff.; KR – Pfeiffer AGG Rdnr. 53; Wank Anm. zu BAG AP Nr. 36 zu § 123 BGB; Erich DB 2000, 421, 425.

480 Gröninger/Thomas § 5 Rdnr. 9, 10.

bringen, ergebe sich so einschränkungslos formuliert nicht aus der Systematik des Diskriminierungsschutzes und den umzusetzenden Richtlinien.[481]

Das Verbot der Frage führe in Einzelfällen auch zu unbefriedigenden Ergebnissen.[482] Wegen der Pflicht zur Zahlung des Mutterschaftslohns (§ 11 MuSchG) bzw. der Zuschusspflicht nach § 14 MuSchG könne die Rspr. des EuGH dazu führen, dass der Arbeitgeber für nicht unerhebliche Zeiträume entgeltpflichtig bleibe, ohne eine Gegenleistung zu erhalten.[483] Dies gelte umso mehr, als der Arbeitnehmerin u.a. die Sonderkündigung gemäß § 10 MuSchG oder § 19 BEEG offen stehe, so dass unsicher sei, ob der Arbeitgeber jemals eine Gegenleistung erhalte.[484] Zu diesem mit dem Verhältnismäßigkeitsprinzip kaum zu vereinbarenden Ergebnis könne der EuGH nur kommen, weil er die Beeinträchtigung des Arbeitgebers nicht einmal als Abwägungsbelang berücksichtige.[485]

Uneinheitlich beantwortet wird innerhalb dieser Ansicht allerdings die Frage, wie eine Korrektur von als unbillig empfundenen Ergebnissen dogmatisch begründet werden kann, wobei verschiedene dogmatische Lösungsansätze zum Teil auch kumulativ bzw. ohne klare Trennung vertreten werden:

So wird insoweit ausgeführt, sachliche Gründe im Sinne des – inzwischen aufgehobenen – § 611 a I S. 3 BGB könnten die Ablehnung der Einstellung wegen Schwangerschaft rechtfertigen.[486] Auch könne die Schwangerschaft zur „Ungeeignetheit" im Sinne der Rspr. des EuGH in der Rechtssache Dekker führen.[487] Weiterhin wird vertreten, eine Frage könne unter dem Gesichtspunkt gerechtfertigt werden, dass die fehlende Schwangerschaft für die Tätigkeit unverzichtbar sei.[488] Auch auf die Rechtsinstitute des Rechtsmissbrauchs oder des venire contra factum proprium wird zur Vermeidung unbilliger Härten verwiesen.[489] Zuletzt wird mit dem Kriterium der „ernsthaften Bewerbung" argumentiert, welches das BAG als Voraussetzung eines Schadensersatzanspruchs aufgestellt hat.[490]

---

481 H/W/K – Thüsing § 611 a BGB Rdnr 23.

482 H/W/K – Thüsing § 611 a BGB Rdnr 23; ähnlich KR – Pfeiffer AGG Rdnr. 53.

483 KR – Pfeiffer AGG Rdnr. 53.

484 KR – Pfeiffer AGG Rdnr. 53.

485 KR – Pfeiffer AGG Rdnr. 53.

486 Gröninger/Thomas § 5 Rdnr. 8; ähnlich Stahlhacke FS Söllner, 1095, 1106 („berechtigte Gründe").

487 Gröninger/Thomas § 5 Rdnr. 10; Stahlhacke FS Söllner, 1095, 1105; Erich DB 2000, 421, 425.

488 H/W/K – Thüsing § 611 a BGB Rdnr 23.

489 H/W/K – Thüsing § 611 a BGB Rdnr 23; auf den Gedanken des Rechtsmissbrauchs verweisend auch Gröninger/Thomas § 5 Rdnr. 10.

490 H/W/K – Thüsing § 611 a BGB Rdnr 23.

(aaa) Beschäftigungshemmnisse

Bejaht wird ein Fragerecht teilweise sodann bei sogleich eingreifenden Beschäftigungsverboten.[491] Insoweit liege – in Parallele zum Fragerecht nach Krankheiten, die der Aufnahme der Tätigkeit zum beabsichtigten Zeitpunkt entgegenstehen – ein sachlicher Grund auf der Hand.[492] Auch lasse sich in diesen Fällen aus der Schwangerschaft eine „Ungeeignetheit" im Sinne der Rspr. des EuGH in der Rechtssache Dekker ableiten.[493]

(bbb) Ersatzkraftproblematik

Im Ergebnis weiterhin bejaht wird von Teilen der Literatur ein Fragerecht für die Fälle, in denen die Bewerberin gerade als Ersatzkraft für eine schwangerschaftsbedingt ausgefallene Arbeitnehmerin eingestellt werden soll.[494]

Zur dogmatischen Begründung wird teilweise das Vorliegen eines „sachlichen Grundes" für die Nichteinstellung bejaht[495], während andere in diesen Fällen von einer „Unverzichtbarkeit" der fehlenden Schwangerschaft i.S.d. § 611 a BGB a.F. ausgehen[496]. Wenn eine Schwangerschaftsvertretung eingestellt werden solle, ergebe sich eine Unverzichtbarkeit aus dem Vertragszweck, der gerade in der Verfügbarkeit der eingestellten Arbeitnehmerin für den vorgesehenen Zeitraum liege; Eine Schwangerschaftsvertretung für eine Schwangerschaftsvertretung usw. einzustellen, könne dem Arbeitgeber nicht zugemutet werden.[497]

Vereinzelt wird auch damit argumentiert, für ein Fragerecht spreche in diesen Fällen, dass es dem Arbeitgeber wegen § 21 III BEEG nicht möglich sei, eine Vertretungskraft unter Vereinbarung einer Zweckbefristung für den Zeitraum des Mutterschutzes und der anschließenden Elternzeit einzustellen.[498]

(bb) Ausnahmen vom Frageverbot ablehnende Ansicht

Nach anderer Auffassung ist die Frage nach der Schwangerschaft vor Begründung eines unbefristeten Arbeitsverhältnisses ausnahmslos unzulässig.[499]

Zur Begründung wird zunächst auf die Rspr. des EuGH Bezug genommen.[500]

---

491 Gröninger/Thomas § 5 Rdnr. 9; Stahlhacke FS Söllner, 1095, 1105; MünchArbR – Buchner § 41 Rdnr. 83, 86; KR – Pfeiffer AGG Rdnr. 53.

492 Gröninger/Thomas § 5 Rdnr. 9.

493 Gröninger/Thomas § 5 Rdnr. 10.

494 Gröninger/Thomas § 5 Rdnr. 8; Wank Anm. zu BAG AP Nr. 36 zu § 123 BGB; H/W/K – Thüsing § 611 a BGB Rdnr 23; KR – Pfeiffer AGG Rdnr. 53; Erich DB 2000, 421, 425.

495 Gröninger/Thomas § 5 Rdnr. 8.

496 Wank Anm. zu BAG AP Nr. 36 zu § 123 BGB; wohl auch H/W/K – Thüsing § 611 a BGB Rdnr. 23.

497 Wank Anm. zu BAG AP Nr. 36 zu § 123 BGB; Erich DB 2000, 421, 425.

498 KR – Pfeiffer AGG Rdnr. 53.

499 Vgl. ErfKomm – Preis § 611 BGB Rdnr. 345; Tschöpe – Wisskirchen Teil 1 C Rdnr. 96; Nicolai SAE 2001, 79, 81; Kamanabrou Gemeinsame Anm. zu EuGH EzA Nr. 16 und 17 zu § 611 a BGB; Coester Anm. zu BAG AP Nr. 8 zu § 611 a BGB.

Weiterhin wird darauf abgestellt, das Fehlen des vorübergehenden Leistungshindernisses Schwangerschaft sei keine „unverzichtbare Voraussetzung“ für eine auf Dauer angelegte Tätigkeit.[501] Auch führe der Zwang zur Aufrechterhaltung eines Arbeitsverhältnisses mit einer Schwangeren nicht zu einer so unerträglichen Belastung des Arbeitgebers, dass demgegenüber die Interessen der Schwangeren zurücktreten müssten.[502]

Bei sogleich eingreifenden Beschäftigungsverboten sei die Austauschgerechtigkeit wegen des nur vorübergehenden Ausfalls der Arbeitnehmerin im Prinzip auch noch gewahrt.[503]

Der durch Beschäftigungsverbote bewirkte Schutz der Schwangeren dürfe nicht zu deren (zeitweiligem) Ausschluss vom Arbeitsmarkt führen, anderes sei paradox.[504]

Solle die Bewerberin als Ersatzkraft einer schwangerschaftsbedingt ausgefallenen Arbeitnehmerin eingestellt werden, zeige die Tatsache der fehlenden Befristung, dass die Ersatzfunktion nur Nebenzweck der Stelle sei, so dass im Ergebnis auch der Gesichtspunkt der zusätzlichen Zweckverfehlung nicht entscheidend ins Gewicht falle und deshalb auch kein Fragerecht begründen könne.[505]

Unbilligen Härten, etwa in Fällen, in denen gerade eine Schwangerschaftsvertretung gesucht werde – könne auch nicht mit dem Rechtsinstitut des Rechtsmissbrauchs entgegengewirkt werden, denn werde gesamtbetrachtend die Rechtsprechung des EuGH zu der Frage nach einer Schwangerschaft mit einer nahezu umfänglichen Schutzwirkung zugunsten der schwangeren Arbeitnehmerin zugrunde gelegt, müsse davon ausgegangen werden, dass der Arbeitgeber über das Institut des Rechtsmissbrauchs keine Einwendungen gegen die Wirksamkeit des Arbeitsvertrags erheben könne.[506]

(e) Eigene Stellungnahme

Zur Beantwortung der Frage, ob nach der Schwangerschaft vor Begründung unbefristeter Arbeitsverhältnisse ausnahmsweise noch gefragt werden darf, ist mit Blick auf das insoweit breite Meinungsspektrum zunächst der dogmatisch saubere Prüfungsmaßstab zu finden.

Nicht gefolgt werden kann insoweit der Auffassung, wonach Benachteiligungen wegen der Schwangerschaft bereits durch einen „sachlichen Grund“ i.S.d. §

---

500 Vgl. ErfKomm – Preis § 611 BGB Rdnr. 345; Tschöpe – Wisskirchen Teil 1 C Rdnr. 96; Kamanabrou Gemeinsame Anm. zu EuGH EzA Nr. 16 und 17 zu § 611 a BGB.

501 Vgl. MüKo – Müller-Glöge § 611 a Rdnr. 47.

502 Coester Anm. zu BAG AP Nr. 8 zu § 611 a BGB.

503 Coester Anm. zu BAG AP Nr. 8 zu § 611 a BGB.

504 Nicolai SAE 2001, 79, 80.

505 Coester Anm. zu BAG AP Nr. 8 zu § 611 a BGB.

506 Tschöpe – Wisskirchen Teil 1 C Rdnr. 97.

611 a I S. 3 BGB a.F. gerechtfertigt werden können. Dagegen sprach bereits bisher, dass ansonsten die bewusst eng gezogene Voraussetzung der „Unverzichtbarkeit“ des Geschlechts anderenfalls ihren Anwendungsbereich weitgehend eingebüßt hätte.[507] Auch systematische Gründe sprachen nicht dafür, dass der Gesetzgeber eine zusätzliche Ausnahme vom Gleichberechtigungsgebot in die Beweislastregelung eingefügt hatte.[508]

Insbesondere ist die Auffassung aber seit Inkrafttreten des AGG auch überholt. Das Antidiskriminierungsrecht selbst sieht danach als Rechtfertigungsgrund für eine Benachteiligung wegen Schwangerschaft nur noch das Fehlen einer „wesentlichen und entscheidenden beruflichen Anforderung“ gemäß § 8 AGG vor. Denn § 3 I S. 2 AGG stellt klar, dass die ungünstigere Behandlung einer Frau wegen Schwangerschaft eine unmittelbare Diskriminierung darstellt, „sachliche Gründe“ lässt das Gesetz aber – jedenfalls hinsichtlich der verpönten Merkmale, für die keine besonderen Rechtfertigungsgründe (§§ 9, 10 AGG) normiert wurden – nur zum Ausschluss einer mittelbaren Benachteiligung genügen (§ 3 II AGG). Zur Rechtfertigung einer unmittelbaren Diskriminierung nach § 8 AGG reichen „sachliche Gründe“ – ebenso wie bereits nach § 611 a BGB a.F.[509] – keinesfalls aus[510]. Zudem ist die missverständliche Aufführung „sachlicher Gründe“ in der Beweislastregelung des § 611 a BGB a.F. in der neuen Beweislastregelung des § 22 AGG nicht mehr enthalten.

Der Arbeitgeber darf demnach lediglich nachforschen, ob „nicht-schwanger“ für die auszuübende Tätigkeit eine „wesentliche und entscheidende berufliche Anforderung“ i.S.d. § 8 AGG ist.[511]

Wann dies der Fall ist, ist letztlich Wertungsfrage.

Schon § 611 a BGB a.F. verlangte mit dem Kriterium der „Unverzichtbarkeit“ eines Geschlechts nicht etwa, dass die Zugehörigkeit zum anderen Geschlecht zur „Unmöglichkeit“ der Arbeitsleistung führen würde.[512]

In der Sache geht es auch bei § 8 I AGG um nichts anderes als die wertende Entscheidung darüber, ob ein bestimmtes Arbeitgeberinteresse als ausreichend gewichtig anzusehen ist, um das mit dem Benachteiligungsverbot verfolgte gesetzgeberische Ziel zurückzudrängen.[513]

Damit ist also eine Interessenabwägung unter Berücksichtigung gesetzgeberischer Wertentscheidungen vorzunehmen.

---

507 ErfKomm – Schlachter § 611 a BGB Rdnr. 24.

508 ErfKomm – Schlachter § 611 a BGB Rdnr. 24.

509 Vgl. nur ErfKomm – Schlachter § 611 a BGB Rdnr. 24; H/W/K – Thüsing § 611 a BGB Rdnr. 25.

510 Richardi NZA 2006, 881, 883.

511 Vgl. zutreffend zu § 611 a BGB a.F. bereits Schatzschneider NJW 1993, 1115, 1116; A/P/S – Linck § 611 a BGB Rdnr. 50.

512 H/W/K – Thüsing § 611 a BGB Rdnr 25.

513 Annuß BB 2006, 1629, 1632; Däubler/Bertzbach – Brors § 8 Rdnr. 3.

Dabei spricht insbesondere der durch den EuGH hervorgehobene Schutzzweck von Beschäftigungsverboten gegen ein Fragerecht des Arbeitgebers nach der Schwangerschaft vor Begründung unbefristeter Arbeitsverhältnisse. Die Beschäftigungsverbote sind nicht dazu geschaffen worden, zu Lasten der Bewerberinnen als Argument für ein Fragerecht nach der Schwangerschaft vor der Einstellung zu dienen. Zudem enthalten die Beschäftigungsverbote die gesetzgeberische Wertentscheidung, dass der Arbeitgeber im bereits begründeten Arbeitsverhältnis den zeitweiligen Ausfall und die daraus folgenden finanziellen Lasten tragen muss, wobei die Belastungen jedenfalls bei unbefristeten Arbeitsverhältnissen im Verhältnis zur Beschäftigungsdauer auch als gering angesehen werden müssen.[514] Es erschiene willkürlich, diese Risikoverteilung davon abhängig zu machen, ob die Arbeitnehmerin einen Tag vor oder nach der Einstellung schwanger wird.[515]

Zudem kann ein wesentlicher Gesichtspunkt, nämlich die aus §§ 11, 14 MuSchG folgenden finanziellen Belastungen, nicht mehr für ein Fragerecht zugunsten der Arbeitgeber in die Waagschale gelegt werden, nachdem seit Inkrafttreten des Aufwendungsausgleichsgesetzes (AAG)[516] allen Arbeitgebern auf Antrag durch die Krankenkassen in vollem Umfang der Zuschuss zum Mutterschaftsgeld gemäß § 14 I MuSchG sowie das vom Arbeitgeber nach § 11 MuSchG gezahlte Arbeitsentgelt erstattet wird (§ 1 II AAG).

Ist ein zu befürchtender schwangerschaftsbedingter Ausfall einer Arbeitnehmerin deshalb nicht geeignet, ein Fragerecht nach der Schwangerschaft zu begründen, kann es letztlich auch keine Rolle spielen, ob die Bewerberin gerade als Ersatzkraft für eine schwangerschaftsbedingt ausgefallene Arbeitnehmerin eingestellt werden soll. Im Übrigen kann der Arbeitgeber in solchen Fällen gemäß § 21 I BEEG befristet einstellen, die oben dargestellte Gegenansicht ist insoweit nicht nachvollziehbar.[517]

Im Ergebnis lassen sich damit Ausnahmen vom Frageverbot vor Begründung unbefristeter Arbeitsverhältnisse nicht überzeugend begründen.

(2) Vor Begründung befristeter Arbeitsverhältnisse

(a) Entwicklung der Rspr. des EuGH

Bis zur Tele Danmark-Entscheidung des EuGH vom 04.10.2001[518] stand dessen Rspr. der Zulässigkeit der Schwangerschaftsfrage vor befristeten Einstellungen

---

514 Vgl. auch Wank Anm. zu BAG AP Nr. 36 zu § 123 BGB.

515 Darauf verweisend auch Wank Anm. zu BAG AP Nr. 36 zu § 123 BGB.

516 Gesetz über den Ausgleich der Arbeitgeberaufwendungen für Entgeltfortzahlung (Aufwendungsausgleichsgesetz – AAG) vom 22.12.2005, BGBl. I. S. 3686.

517 Vgl. auch A/P/S – Linck § 611 a BGB Rdnr. 55.

518 EuGH 04.10.2001 – Rs. C-109/00 = NZA 2001, 1241.

nicht entgegen[519]. Der EuGH hatte nur über Sachverhalte entschieden, in denen es um unbefristete Arbeitsverhältnisse ging, wobei seine Formulierungen sogar stark darauf hindeuteten, dass er dem Verhältnis von Ausfallzeit und Vertragsdauer eine durchaus wesentliche Bedeutung beigemessen hatte.[520] So hieß es noch in der Mahlburg-Entscheidung vom 03.02.2000[521], ein gesetzliches Nachtarbeitsverbot könne nicht als Kündigungsgrund eines auf unbestimmte Zeit abgeschlossenen Arbeitsvertrages dienen, da ein solches Verbot nur für eine gegenüber der Gesamtdauer des Vertrages beschränkte Zeit wirken könne.

Die Tele Danmark-Entscheidung deutet jedoch in die entgegengesetzte Richtung: Eine dänische Arbeitnehmerin wurde für 6 Monate eingestellt, teilte jedoch einen Monat nach Antritt der Arbeit mit, dass sie schwanger sei und voraussichtlich in 4 Monaten entbinden werde; kurz darauf wurde ihr Arbeitsverhältnis mit der Begründung gekündigt, sie habe ihre Arbeitgeberin bei der Einstellung nicht über die Schwangerschaft unterrichtet, obwohl nach dem anwendbaren Tarifvertrag ein Anspruch auf bezahlten Mutterschaftsurlaub von acht Wochen vor der voraussichtlichen Entbindung bestand.[522]

Der EuGH entschied, dass Art. 5 I der Richtlinie 76/207/EWG und Art. 10 der Richtlinie 89/391/EWG der Entlassung einer Arbeitnehmerin wegen Schwangerschaft auch dann entgegenstehen, wenn diese auf bestimmte Zeit eingestellt wurde, den Arbeitgeber trotz Kenntnis der Schwangerschaft bei Vertragsabschluss nicht von dieser unterrichtet hatte und wenn feststand, dass sie aufgrund ihrer Schwangerschaft während eines wesentlichen Teils der Vertragszeit nicht würde arbeiten können.[523] Für die Beurteilung der Frage, ob die Entlassung diskriminierenden Charakter habe, sei unerheblich, ob der Arbeitsvertrag auf bestimmte oder unbestimmte Zeit geschlossen worden sei; in beiden Fällen beruhe die Unfähigkeit der Arbeitnehmerin, den Arbeitsvertrag zu erfüllen, auf der Schwangerschaft.[524]

(b) Analyse

Auch vor dem Hintergrund der Tele Danmark-Entscheidung des EuGH können zwar noch einige Gesichtspunkte angeführt werden, die – isoliert betrachtet – den Schluss zuließen, ein Fragerecht könne nach der Rspr. des EuGH in bestimmten Fällen einer geplanten befristeten Einstellung noch gegeben sein.

Eine Gesamtschau der Rspr. des EuGH ergibt jedoch, dass dieser die Schwangerschaftsfrage vor Begründung befristeter Arbeitsverhältnisse als ausnahmslos unzulässig ansehen dürfte:

---

519 Stürmer NZA 2001, 526, 529 f.; vgl. auch Sowka NZA 1994, 967, 969.
520 Schlachter Kurzkommentar zu EuGH EWiR Art. 2 RL 76/207/EWG 1/2000, 249, 250.
521 EuGH 03.02.2000 – Rs. C-207/98 = DB 2000, 380.
522 Vgl. Thüsing/Lambrich BB 2002, 1146, 1147; Thüsing DB 2001, 2451 f.
523 EuGH 04.10.2001 – Rs. C-109/00 = NZA 2001, 1241.
524 EuGH 04.10.2001 – Rs. C-109/00 = NZA 2001, 1241, 1243.

So bestand im vom EuGH entschiedenen Fall zwar kein gesetzliches Beschäftigungsverbot, sondern nur ein tariflicher Anspruch der Arbeitnehmerin auf Freistellung von der Arbeitspflicht[525], die Entscheidungsgründe des Urteils vom 04.10.2001 stellen aber auf die Möglichkeit, dass die Arbeitnehmerin ja hätte arbeiten können, wenn sie denn gewollt hätte, nicht ab[526]. Zudem handelte es sich bei der Entscheidung vom 03.02.2000 um ein Beschäftigungsverbot, beide Entscheidungen zusammengenommen scheinen damit auch insoweit ein Fragerecht auszuschließen.[527]

Die Arbeitnehmerin wurde im vom EuGH entschiedenen Fall auch nicht befristet als Ersatzkraft für eine schwangerschaftsbedingt ausgefallene Arbeitnehmerin eingestellt. Dies wäre auch im Falle einer geplanten befristeten Einstellung jedoch unerheblich, nimmt man die Entscheidung, wonach einer Ersatzkraft im unbefristeten Arbeitsverhältnis nicht gekündigt werden darf[528] und die Entscheidung vom 04.10.2001 zu befristeten Arbeitsverhältnissen zusammen.[529]

Die Rspr. des EuGH in der Tele Danmark-Entscheidung betrifft unmittelbar nur die Kündigung eines Arbeitsverhältnisses wegen Schwangerschaft, nicht jedoch die Ablehnung der Einstellung, der EuGH hat in der Vergangenheit seine Rspr. zur Lösung von Arbeitsverhältnissen jedoch stets auch auf den Bereich der Einstellung übertragen.

Das Arbeitsverhältnis konnte im durch den EuGH zu entscheidenden Fall immerhin noch für einen Monat realisiert werden, so dass ein Fragerecht noch dann bestehen könnte, wenn das Arbeitsverhältnis *gar nicht* realisiert werden kann. Dafür könnte die Formulierung des EuGH sprechen, wonach unerheblich sein soll, dass die Arbeitnehmerin *während eines wesentlichen Teils der Vertragszeit* nicht arbeiten kann.[530] Dem stehen jedoch die weiteren Ausführungen des EuGH gegenüber, wonach dafür, ob die Entlassung diskriminierenden Charakter hat, unerheblich sein soll, ob der Arbeitsvertrag auf bestimmte oder unbestimmte Zeit geschlossen worden sei, in beiden Fällen beruhe die *Unfähigkeit der Arbeitnehmerin, den Arbeitsvertrag zu erfüllen*, auf der Schwangerschaft.[531]

Nach alledem scheint die Frage nach der Schwangerschaft vor Begründung befristeter Arbeitsverhältnisse mit der Rspr. des EuGH nunmehr generell nicht mehr vereinbar zu sein.[532]

---

525 Vgl. zu einer möglichen Zulässigkeit der Schwangerschaftsfrage aus diesem Grunde Thüsing DB 2001, 2451, 2453.

526 Thüsing DB 2001, 2451, 2453.

527 Thüsing DB 2001, 2451, 2453; Thüsing/Lambrich BB 2002, 1146, 1147; vgl. auch Wendeling-Schröder, Stellungnahme, 12.

528 EuGH 14.07.1994 – C-32/93 = DB 1994, 1522.

529 Vgl. auch A/P/S – Linck § 611 a BGB Rdnr. 55.

530 EuGH 04.10.2001 – Rs. C-109/00 = NZA 2001, 1241 (Hervorhebungen nur hier).

531 EuGH 04.10.2001 – Rs. C-109/00 = NZA 2001, 1241, 1243 (Hervorhebungen nur hier).

532 Thüsing DB 2001, 2451, 2453; Thüsing/Lambrich BB 2202, 1146, 1147; H/W/K – Thüsing § 611 a BGB Rdnr. 23; A/P/S – Linck § 611 a BGB Rdnr. 55.

(c) Rspr. des BAG

Das BAG hat in der Entscheidung vom 15.10.1992, auch unter Berücksichtigung des Dekker-Urteils des EuGH vom 08.11.1990, eine Ungeeignetheit der schwangeren Bewerberin vor Begründung eines befristeten Arbeitsverhältnisses mit der Folge eines entsprechenden Fragerechts des Arbeitgebers für den Fall angenommen, dass das Arbeitsverhältnis infolge der Schwangerschaft überhaupt nicht realisiert werden könne.[533]

Nach der Tele Danmark-Entscheidung des EuGH vom 04.10.2001 hat sich das BAG zum Fragerecht nach der Schwangerschaft vor Begründung befristeter Einstellungen noch nicht wieder äußern können, in der Entscheidung vom 06.02.2003[534] bestand dazu kein Anlass. Es ist jedoch damit zu rechnen, dass das BAG der Rspr. des EuGH vom 04.10.2001 folgend die Frage nach der Schwangerschaft zukünftig auch bei geplanten befristeten Einstellungen nicht mehr zulassen wird.[535]

(d) Ansichten in der Literatur

(aa) Grundsatz

Nach weit verbreiteter Ansicht in der Literatur kommt demgegenüber nach wie vor ein Fragerecht nach der Schwangerschaft vor Begründung eines befristeten Arbeitsverhältnisses in Betracht.[536]

Begründet wird dies vornehmlich mit dem in diesen Fällen in besonderer Weise betroffenen Interesse des Arbeitgebers an der Verfügbarkeit, also mit der bei Schwangerschaft im befristeten Arbeitsverhältnis besonders gestörten Austauschgerechtigkeit.[537] Das Arbeitsverhältnis sei ein Austauschverhältnis Arbeit gegen Entgelt, wenn eines davon wegfalle, verfehle es seinen Zweck.[538] Weiterhin wird vertreten, die fehlende Schwangerschaft sei unverzichtbar bzw. unabdingbar i.S.d. Art. 2 II der Richtlinie 76/207/EWG a.F., wenn eine Schwangerschaft dazu führe, dass die Tätigkeit in Gänze oder überwiegend nicht ausgeführt werde.[539] Teilweise wird auch mit dem Sinn und Zweck der Richtlinie 76/207/EWG selbst argumentiert, welcher darin liege, den Zugang zum Ar-

---

533 BAG 15.10.1992 – 2 AZR 227/92 = NJW 1993, 1154, 1155 f.

534 BAG 06.02.2003 – 2 AZR 621/01 = AP Nr. 21 zu § 611 a BGB.

535 Kamanabrou Anm. zu BAG AP Nr. 21 zu § 611 a BGB.

536 Vgl. etwa KR – Pfeiffer AGG Rdnr. 54; A/P/S – Linck § 611 a BGB Rdnr. 67 a; Kamanabrou Gemeinsame Anm. zu EuGH EzA Nr. 16 u. 17 zu § 611 a BGB; Stürmer NZA 2001, 526, 529 f.; Nicolai SAE 2001, 77, 81; Schlachter Kurzkommentar zu EuGH EWiR Art. 2 RL 76/207/EWG 1/2000, 249, 250; Boemke JuS 2000, 721; Sowka NZA 1994, 967, 969; Coester Anm. zu BAG AP Nr. 8 zu § 611 a BGB; MünchArbR – Buchner § 41 Rdnr. 82.

537 Vgl. etwa Sowka NZA 1994, 967, 969; KR – Pfeiffer AGG Rdnr. 54; A/P/S – Linck § 611 a BGB Rdnr. 67 a.

538 H/W/K – Thüsing § 611 a BGB Rdnr 23.

539 Thüsing DB 2001, 2451, 2453.

beitsmarkt zu ermöglichen; wenn die Arbeitsstelle überhaupt nicht ausgefüllt werden könne, dann gehe es aber nicht mehr um den Zugang zum Arbeitsmarkt, sondern nur noch um die Erlangung der (sozial, rechtlich und wirtschaftlich) vorteilhaften Position der Arbeitnehmerin.[540] Eine Arbeitnehmerin, die wisse, dass sie die Arbeit überhaupt nicht wird verrichten können, bewerbe sich nicht tatsächlich um den Arbeitsplatz.[541]

Auch auf allgemeine Rechtsgedanken wie § 242 BGB bzw. den Gedanken des Rechtsmissbrauchs wird abgestellt.[542] Wisse die Arbeitnehmerin von vornherein, dass sie im vorgesehenen Beschäftigungszeitraum keine oder nur eine geringfügige Arbeitsleistung erbringen werde, vereitele sie bewusst den Zweck des Arbeitsverhältnisses und verschaffe sich auf Kosten des Arbeitgebers ungerechtfertigte Vorteile.[543]

(bb) Konkrete Voraussetzungen eines Fragerechts

Die Frage, unter welchen konkreten Voraussetzungen ein Fragerecht anzunehmen ist, wird innerhalb der Literatur jedoch unterschiedlich beantwortet.

(aaa) Verhältnis von Ausfallzeit und Vertragsdauer

Teile der Literatur stellen für die Annahme eines Fragerechts ausschließlich auf das Verhältnis von schwangerschaftsbedingter Ausfallzeit zur vorgesehenen Vertragsdauer ab. Danach ist die Frage zulässig, wenn das Arbeitsverhältnis für einen im Verhältnis zur Gesamtdauer des Vertrags erheblichen Zeitraum[544] bzw. überhaupt nicht[545] realisiert werden kann.

(bbb) Berücksichtigung des Befristungszwecks

Andere stellen (zusätzlich) auf den Befristungszweck ab. Eine Pflicht zur wahrheitsgemäßen Beantwortung der Frage nach der Schwangerschaft bestehe nur dann, wenn das Arbeitsverhältnis wegen eines begrenzten Arbeitsbedarfs befris-

---

540 Nicolai SAE 2001, 77, 81; ähnlich Coester Anm. zu BAG AP Nr. 8 zu § 611 a BGB; Sowka NZA 1994, 967, 969.

541 H/W/K – Thüsing § 611 a BGB Rdnr. 23; Thüsing DB 2001, 2451, 2453 mit Verweis auf die Rspr. des BAG vom 12.11.1998 (8 AZR 365/97 = SAE 2000, 60) wonach keine Benachteiligung i.S.d. § 611 a BGB a.F. vorliegt, wenn es dem Bewerber ersichtlich nicht um die Erlangung der Stelle, sondern geradezu um die Ablehnung und einen daraus folgenden Entschädigungsanspruch geht.

542 Kamanabrou Gemeinsame Anm. zu EuGH EzA Nr. 16 u. 17 zu § 611 a BGB; MünchAnwHa – Melms § 7 Rdnr. 34.

543 Kamanabrou Gemeinsame Anm. zu EuGH EzA Nr. 16 u. 17 zu § 611 a BGB; MünchAnwHa – Melms § 7 Rdnr. 34.

544 Boemke JuS 2000, 721; MünchArbR – Buchner § 41 Rdnr. 82; Coester Anm. zu BAG AP Nr. 8 zu § 611 a BGB; Sowka NZA 1994, 967, 969.

545 Nicolai SAE 2001, 77, 81; Preis ZIP 1995, 891, 904.

tet werden soll.[546] Diene die Befristung z.B. der Erprobung der Arbeitnehmerin, so lasse sich dieser Zweck auch in einem anderen Zeitraum verwirklichen; auch wenn das Arbeitsverhältnis von vornherein auf einen längeren Zeitraum hätte befristet werden können, könne nicht davon ausgegangen werden, dass durch den Ausfall der Schwangeren der Zweck des Arbeitsvertrages vereitelt werde.[547] Mit Blick auf den Befristungszweck bejaht wird ein Fragerecht insbesondere in den Fällen, in denen die Bewerberin befristet gerade als Ersatzkraft für eine schwangerschaftsbedingt ausgefallene Arbeitnehmerin eingestellt werden soll.[548]

(e) Eigene Stellungnahme

Auch vor einer beabsichtigten befristeten Einstellung kommt es für ein Fragerecht nach der Schwangerschaft auf die wertende Entscheidung darüber an, ob die Nichtschwangerschaft eine wesentliche und entscheidende berufliche Anforderung gemäß § 8 AGG darstellt. Dies ist anhand einer Interessenabwägung zu beurteilen, welche die Besonderheiten der Interessenlage vor Begründung eines befristeten Arbeitsverhältnisses berücksichtigen muss, so dass eine pauschale Gleichsetzung von befristeten und unbefristeten Arbeitsverhältnissen, wie sie der EuGH in der Tele Danmark-Entscheidung vorgenommen hat, nicht in Betracht kommt.

Vielmehr ist zu prüfen, ob und ggf. unter welchen Voraussetzungen die betroffenen Interessen des Arbeitgebers vor Begründung eines befristeten Arbeitsverhältnisses so stark ins Gewicht fallen, dass ein Fragerecht – im Unterschied zur Begründung eines unbefristeten Arbeitsverhältnisses – ausnahmsweise bejaht werden muss.

Auf Arbeitgeberseite in besonderer Weise betroffen sein wird ausschließlich dessen Interesse an der Verfügbarkeit der Arbeitnehmerin.

Deshalb kann es für das Fragerecht m.E. nicht auf den Befristungszweck ankommen, sondern nur auf das Verhältnis von beabsichtigter Vertragsdauer und möglicher schwangerschaftsbedingter Ausfallzeit. Denn für das betroffene Arbeitgeberinteresse an der Verfügbarkeit der Arbeitnehmerin spielt es keine Rolle, ob die Befristung zur Erprobung der Arbeitnehmerin gemäß § 14 I Nr. 5 TzBfG oder wegen eines vorübergehenden Bedarfs i.S.d. § 14 I Nr. 1 TzBfG erfolgt. Kann schwangerschaftsbedingt ein nennenswerter Austausch gegenseitiger Leistungen nicht stattfinden, ist das Arbeitsverhältnis in beiden Fällen sinnentleert und ein Fragerecht gerechtfertigt.

---

[546] Kamanabrou Gemeinsame Anm. zu EuGH EzA Nr. 16 u. 17 zu § 611 a BGB.

[547] Kamanabrou Gemeinsame Anm. zu EuGH EzA Nr. 16 u. 17 zu § 611 a BGB.

[548] KR – Pfeiffer AGG Rdnr. 54; H/W/K – Thüsing § 611 a BGB Rdnr. 23; Coester Anm. zu BAG AP Nr. 8 zu § 611 a BGB.

Stellt man deshalb allein auf den „Zeitfaktor" ab, besteht die Schwierigkeit allerdings darin, zu bestimmen, wann ein im Verhältnis zur Gesamtlaufzeit des Arbeitsverhältnisses wesentlicher Arbeitsausfall angenommen werden kann.[549]

Dies hängt im Einzelfall letztlich von verschiedenen Faktoren ab (Fortschritt der Schwangerschaft zum Zeitpunkt des vorgesehenen Vertragsbeginns, beabsichtigte Befristungsdauer, Art der Tätigkeit). So muss eine gerade begonnene Schwangerschaft etwa einer auf 6 Monate befristeten Tätigkeit überhaupt nicht entgegenstehen, es sei denn, es griffen unmittelbar besondere Beschäftigungsverbote gemäß §§ 4, 8 MuSchG ein.

Schon aus Gründen der Rechtssicherheit erscheint es deshalb sachgerecht, ein Fragerecht nach der Schwangerschaft lediglich in den Fällen anzunehmen, in denen wegen des sofortigen Eingreifens besonderer Beschäftigungsverbote von vornherein feststeht, dass schwangerschaftsbedingt überhaupt kein Leistungsaustausch stattfinden wird.

(3) Kleinbetriebe

Zu prüfen bleibt schließlich, ob von der Unzulässigkeit der Schwangerschaftsfrage generell eine Ausnahme für Kleinbetriebe i.S.d. § 1 BetrVG zu machen ist.

(a) Rspr. des EuGH

Bereits in der Entscheidung vom 08.11.1983[550] hatte der EuGH die generelle Herausnahme von Betrieben mit nicht mehr als fünf Beschäftigten aus der Umsetzung der Richtlinie 76/207/EWG durch Großbritannien als nicht durch die Befugnisse der Mitgliedstaaten aus Art. 2 II der Richtlinie 76/207/EWG a.F. gerechtfertigt angesehen. Das Vereinigte Königreich habe nichts vorgetragen, was beweisen könne, dass für jedes Unternehmen dieser Größe das Geschlecht des Arbeitnehmers aufgrund der Art seiner Tätigkeiten oder der Bedingungen ihrer Ausübung eine unabdingbare Voraussetzung darstelle.[551] Diese Entscheidung hatte sich allerdings noch nicht mit den besonderen finanziellen und organisatorischen Belastungen zu befassen, die sich aus der Gleichsetzung der schwangerschaftsbedingten mit der geschlechtsbedingten Benachteiligung ergeben. In den Entscheidungen vom 03.02.2000 und 04.10.2001 hat der EuGH dann auch mit Bezug auf die spezifische „Schwangerschaftsproblematik" der „Größe" des Arbeitgeberunternehmens jegliche Relevanz abgesprochen.[552]

Aus dem Arbeitsausfall der schwangeren Arbeitnehmerin folgende finanzielle Nachteile rechtfertigten selbst dann keine Verweigerung der Einstellung, wenn die Anwesenheit der Betroffenen in dem ihrer Mutterschaft entsprechenden

---

549 Vgl. auch MünchArbR – Buchner § 41 Rdnr. 82.

550 EuGH 08.11.1983 – Rs. 165/82 = NJW 1985, 539.

551 EuGH 08.11.1983 – Rs. 165/82 = NJW 1985, 539, 540.

552 EuGH 03.02.2000 – Rs. C-207/98 = DB 2000, 380; EuGH 04.10.2001 – Rs. C-109/00 = NZA 2001, 1241.

Zeitraum für das ordnungsgemäße Funktionieren des Unternehmens unerlässlich sei.[553] Die Richtlinien 76/207/EWG und 92/85/EWG sähen hinsichtlich der Bedeutung der in ihnen aufgestellten Verbote und garantierten Rechte auch keine Unterscheidung nach der Größe des betreffenden Unternehmens vor.[554]

(b) Ansichten in der Literatur

In der Literatur wird zwar mit Blick auf die bei Kleinstbetrieben u.U. existenzgefährdende Wirkung der Einstellung Schwangerer eine Ausnahmeregelung vom geschlechtsspezifischen Diskriminierungsverbot für Kleinbetriebe gefordert [555] sowie die Tatsache kritisiert, dass der EuGH darauf verzichtet hat, ausführlich zu begründen, warum die finanziellen Nachteile in extremen Fällen nicht doch ein Rechtfertigungsgrund für eine Einstellungsverweigerung sein können[556]. Im Ergebnis wird jedoch der Größe des Arbeitgeberunternehmens trotz der finanziellen Belastungen entsprechend dem uneingeschränkten Wortlaut der zugrunde liegenden Richtlinie ein Einfluss auf die Zulässigkeit der Frage nach der Schwangerschaft abgespochen.[557]

(c) Eigene Stellungnahme

Die Tatsache, dass weder die Richtlinie 76/207/EWG, noch das AGG nach der Unternehmensgröße unterscheiden, besagt allein noch nichts darüber, ob nicht bei Kleinbetrieben eine generelle Ausnahme vom Verbot der Frage nach der Schwangerschaft anzuerkennen ist.

Für die Frage der Rechtfertigung einer Benachteiligung wegen Schwangerschaft und damit für ein entsprechendes Fragerecht kommt es vielmehr – wie bereits betont – darauf an, ob ein bestimmtes Arbeitgeberinteresse als ausreichend gewichtig anzusehen ist, um das mit dem Benachteiligungsverbot verfolgte gesetzgeberische Ziel zurückzudrängen.

Zu Recht hatte auch der EuGH in der Entscheidung vom 08.11.1983[558] dahingehend noch ausgeführt, dass bei Beschäftigungen in Privathaushalten im Rahmen des Art. 2 II der Richtlinie 76/207/EWG a.F. eine Ausnahme vom Gleichbehandlungsgrundsatz aufgrund einer Abwägung zwischen dem Gleichbehandlungsgebot und der Achtung des Privatlebens des Einstellenden gerechtfertigt sein könnte.

Bei der demnach anzustellenden Interessenabwägung hängt das Gewicht der betroffenen Arbeitgeberinteressen aber entscheidend von der Unternehmensgrö-

---

553 EuGH 03.02.2000 – Rs. C-207/98 = DB 2000, 380.

554 EuGH 04.10.2001 – Rs. C-109/00 = NZA 2001, 1241, 1243.

555 Kutsch BB 1991, 2149, 2152; vgl. auch Gamillscheg Anm. zu EuGH EzA Nr. 15 zu § 611 a BGB.

556 Thüsing DB 2001, 2451, 2452.

557 H/W/K – Thüsing § 611 a BGB Rdnr. 23.

558 EuGH 08.11.1983 – Rs. 165/82 = NJW 1985, 539, 540.

ße ab: Die Einstellung Schwangerer ist wegen der Störung im Betriebsablauf durch den Ausfall der eingeplanten Arbeitsleistung bei eingreifenden Beschäftigungsverboten mit erheblichen Belastungen für den Arbeitgeber verbunden. Hinzu kommt der Verwaltungsaufwand für ein erneutes Stellenbesetzungsverfahren, wenn man in lebensnaher Betrachtungsweise davon ausgeht, dass gerade der Kleinunternehmer, der sich entschlossen hat, einen Arbeitsplatz zu schaffen oder bei schwangerschaftsbedingtem Ausfall einer Arbeitnehmerin vertretungsweise neu zu besetzen, dies macht, weil er, z.B. aufgrund der Auftragslage, auf die entsprechende Arbeitsleistung dringend angewiesen ist.

Solche Belastungen wiegen gerade bei Kleinunternehmen regelmäßig aber ungemein schwerer, als bei größeren Unternehmen und können sogar existenzgefährdend sein. Bei geringem Geschäftsvolumen schlagen bereits bloße Leistungsminderungen spürbar auf das Ergebnis durch.[559] Ausfälle von Arbeitnehmern in Kleinbetrieben lassen sich bei niedrigem Personalbestand nur schwer ausgleichen.[560] Verwaltungsaufwand belastet den Kleinbetrieb stärker als ein größeres Unternehmen.[561]

Diese Belastungen müssen bei Kleinbetrieben im Vergleich zu größeren Arbeitgebern bei der Abwägung mit den Richtlinienzielen also auch wesentlich stärker berücksichtigt werden, weshalb auch das Abwägungsergebnis zugunsten des Arbeitgebers ausfallen und in Kleinbetrieben also eine Differenzierung nach der Schwangerschaft zulässig und damit ein Fragerecht gegeben sein muss.

Die dem entgegenstehende Rspr. des EuGH, die für den Benachteiligungsschutz der Schwangeren im Endeffekt sogar die Gefährdung der Existenz des Unternehmens hinnehmen will, lässt demgegenüber jede nähere Auseinandersetzung mit der auch auf europäischer Ebene gewährleisteten unternehmerischen Freiheit und dem Eigentumsschutz[562] vermissen und kann schon deshalb nicht überzeugen.

b) Mitteilungspflicht

aa) Rspr. des BAG

In einer älteren Entscheidung hat das BAG sogar eine Mitteilungspflicht der schwangeren Bewerberin angenommen, wenn sie wegen eines Beschäftigungsverbots gemäß § 8 MuSchG nicht eingesetzt werden konnte.[563]

---

559 BVerfG 27.01.1998 – 1 BvL 15/87 = BVerfGE 97, 169, 177 f.

560 BVerfG 27.01.1998 – 1 BvL 15/87 = BVerfGE 97, 169, 178.

561 BVerfG 27.01.1998 – 1 BvL 15/87 = BVerfGE 97, 169, 178.

562 Vgl. etwa EuGH 13.12.1979 – Rs. 44/79 = NJW 1980, 505; EuGH 05.10.1994 – C-280/93 = EuZW 1994, 688.

563 BAG 08.09.1988 – 2 AZR 102/88 = NZA 1989, 178.

bb) Ansichten in der Literatur

(1) Mitteilungspflicht bejahende Ansichten

Teile der Literatur halten die Bewerberin trotz der zwischenzeitlichen Rechtsentwicklung unter bestimmten Voraussetzungen weiterhin für verpflichtet, auf eine bestehende Schangerschaft von sich aus hinzuweisen.[564] Dies wird insbesondere angenommen, wenn die Bewerberin als Ersatzkraft im Kleinbetrieb[565] oder befristet[566] eingestellt werden soll.

(2) Mitteilungspflicht ablehnende Ansicht

Demgegenüber verneint der überwiegende Teil des Schrifttums eine Mitteilungspflicht der Bewerberin über die Schwangerschaft unter Verweis auf die restriktive Rspr. des EuGH zum Fragerecht nach der Schwangerschaft.[567]

cc) Eigene Stellungnahme

Wie oben dargelegt, kann eine Mitteilungspflicht des Bewerbers generell nur hinsichtlich des Umstandes bejaht werden, dass ihm zum vorgesehenen Zeitpunkt der Arbeitsaufnahme oder unmittelbar danach die Erbringung der arbeitsvertraglich geschuldeten Leistung rechtlich oder tatsächlich unmöglich sein wird, es sei denn, die Unmöglichkeit beruht auf einem Umstand, nach dem der Arbeitgeber nicht fragen darf. Dies gilt auch dann, wenn die Unfähigkeit zur Leistungserbringung auf einer Schwangerschaft beruht. Daraus folgt, dass die Bewerberin nur dann, wenn sie weiß, dass die Schwangerschaft der Durchführung eines befristeten Arbeitsverhältnisses wegen sogleich eingreifender Beschäftigungsverbote entgegenstehen wird, zu einer Mitteilung über die Nichtverfügbarkeit verpflichtet ist.

2. Demnächst abzuleistender Wehr-/Zivildienst

Danach, für welche Art Dienst (Wehr- oder Zivildienst) sich der Bewerber in der Vergangenheit entschieden hat, darf der Arbeitgeber unstreitig wegen der dahinterstehenden, grundrechtlich durch Art. 4 GG geschützen Gewissensentscheidung nicht fragen.[568] Hat der Bewerber zukünftig jedoch noch Wehr- oder Ersatzdienst abzuleisten, wird dies das einzugehende Arbeitsverhältnis gemäß § 1 I ArbPlSchG – ggf. i.V.m. § 78 I Nr. 1 ZDG – zum Ruhen bringen, ohne dass der Arbeitgeber dies zum Anlass für eine Kündigung nehmen dürfte (§ 2 ArbPlSchG). Die Frage nach noch abzuleistendem Wehr- oder Zivildienst be-

---

564 Gröninger/Thomas § 5 Rdnr. 4; KR – Pfeiffer AGG Rdnr. 54.

565 Gröninger/Thomas § 5 Rdnr. 4.

566 KR – Pfeiffer AGG Rdnr. 54.

567 H/W/K – Thüsing § 123 BGB Rdnr. 33; ErfKomm – Preis § 611 BGB Rdnr. 358.

568 ErfKomm – Preis § 611 BGB Rdnr. 348; MünchArbR – Buchner § 41 Rdnr. 14; Staudinger – Richardi § 611 Rdnr. 156; Hunold DB 2000, 573, 574.

trifft somit die zukünftige Verfügbarkeit des Bewerbers für einen längeren Zeitraum und damit erhebliche betriebliche Interessen des Arbeitgebers.[569] Ob dies ein Fragerecht rechtfertigt, ist in der Rspr., soweit ersichtlich, noch nicht entschieden worden. In der Literatur ist das Bestehen eines Fragerechts nach zukünftig abzuleistendem Wehr- oder Zivildienst umstritten.

a) Ansichten in der Literatur

aa) Grundsätzliches Frageverbot

(1) Herleitung

Nach der wohl herrschenden Auffassung in der Literatur ist die Frage zumindest grundsätzlich unzulässig.[570]

Teilweise wird dabei auch auf die Wertung des Art. 4 GG abgestellt.[571] Der Arbeitgeber habe wegen der dahinter stehenden Gewissensentscheidung jedenfalls kein berechtigtes Interesse zu erfahren, ob sich jemand für Wehrdienst oder für Ersatzdienst entschieden habe.[572]

Wenn der Arbeitgeber die Frage – was nach Praxiserfahrungen der Fall sei – mit diesen Alternativen stelle, habe der Bewerber aber nicht die ihm ansonsten von der Rspr. zugestandene Möglichkeit, dem unzulässigen Angriff auf sein Persönlichkeitsrecht ohne Verlust der Einstellungschance zu begegnen, indem er – statt die Antwort zu verweigern – die Frage unwahr beantworte.[573] Möglicherweise werde er zutreffend annehmen, dass die Ableistung des Wehrdienstes von dem Arbeitgeber positiver bewertet werde als der Zivildienst; gleichwohl müsse dies aber nicht zutreffen.[574]

Überwiegend wird die grundsätzliche Unzulässigkeit der Frage aber – in Parallele zur Frage nach der Schwangerschaft – mit dem Verbot der Geschlechtsdiskriminierung begründet, da die Wehr- oder Ersatzpflicht ausschließlich Männer trifft.[575] Im Hinblick darauf müsse die Datenerhebung in gleichem Umfang als unzulässig angesehen werden, wie die Schwangerschaftsfrage.[576]

---

569 ErfKomm – Preis § 611 BGB Rdnr. 348.

570 MünchArbR – Buchner § 41 Rdnr. 105 ff.; Gola RDV 2000, 202, 206; dahingehend auch ErfKomm – Preis § 611 BGB Rdnr. 348.

571 Gola RDV 2000, 202, 206.

572 Gola RDV 2000, 202, 206; MünchArbR – Buchner § 41 Rdnr. 14, 100.

573 So Gola RDV 2000, 202, 206.

574 Gola RDV 2000, 202, 206.

575 MünchArbR – Buchner § 41 Rdnr. 105 ff.; Gola RDV 2000, 202, 206. Für die Gleichbehandlung von Schwangerschaftsfrage und der Frage nach noch abzuleistendem Wehrdienst auch Sowka NZA 1994, 967, 969; Winterfeld Anm. zu BAG EzA Nr. 37 zu § 123 BGB; vgl. auch Walker DB 1987, 273, Fn. 1; dahingehend auch ErfKomm – Preis § 611 BGB Rdnr. 348.

576 Gola RDV 2000, 202, 206; MünchArbR – Buchner § 41 Rdnr. 100.

(2) Ausnahmen
Ausnahmen von der Unzulässigkeit der Frage werden innerhalb dieser Auffassung insbesondere noch hinsichtlich der Begründung befristeter Arbeitsverhältnisse vertreten bzw. erwogen[577], wenn die Ableistung des Dienstes der Realisierung des Arbeitsverhältnisses also insgesamt[578] bzw. für einen im Verhältnis zur Gesamtlaufzeit erheblichen Zeitraum[579] entgegensteht.

bb) Bestehendes Fragerecht gegenüber Bewerbern im wehrpflichtigen Alter
Nach anderer Ansicht ist die Frage gegenüber Bewerbern im wehrpflichtigen Alter zulässig.[580] Dies rechtfertige sich nicht nur unter dem Gesichtspunkt der Verfügbarkeit, sondern auch unter dem Aspekt, dass die Tätigkeit während des Wehr- oder Ersatzdienstes in bestimmten Bereichen die berufliche Qualifikation verbessern könne.[581] Die unter dem Gesichtspunkt der Geschlechtsdiskriminierung aufgekommenen Bedenken gegen die Zulässigkeit der Frage, ob sich der Bewerber für Wehrdienst oder für Zivildienst entschieden haben, seien nicht zu teilen, denn in aller Regel wirke sich die unterschiedliche Art der Dienstpflicht auf die Durchführung des Arbeitsverhältnisses verschieden aus.[582]

b) Eigene Stellungnahme
Zunächst steht die Wertung des Art. 4 GG der Zulässigkeit der Frage nach noch abzuleistendem Wehr- oder Zivildienst nicht entgegen.

Fragt der Arbeitgeber pauschal danach, ob schon Wehr- oder Ersatzdienst geleistet wurde oder umgekehrt, ob das Ableisten von Wehr- oder Ersatzdienst noch bevorsteht, kann der Bewerber die Frage – auch wahrheitswidrig – mit „ja“ oder „nein“ beantworten, ohne dass der Arbeitgeber Einblick in den Gewissensbereich des Bewerbers erhielte. Da die Frage somit neutral im Hinblick auf eine Gewissensentscheidung des Bewerbers gestellt werden kann, kann unter diesem Gesichtspunkt ein berechtigtes Informationsinteresse des Arbeitgebers auch nicht abgelehnt werden.[583]

Die Frage ist des Weiteren auch nicht wegen des geschlechtsspezifischen Benachteiligungsverbots unzulässig, da der Bewerber nicht deshalb benachteiligt werden soll, weil er ein Mann ist, sondern weil er dem Arbeitgeber für einen erheblichen Zeitraum nicht zur Verfügung stehen wird. Die Ablehnung wäre

---

577 Gola RDV 2000, 202, 206; ErfKomm – Preis § 611 BGB Rdnr. 348; MünchArbR – Buchner § 41 Rdnr. 100.

578 Gola RDV 2000, 202, 206; ErfKomm – Preis § 611 BGB Rdnr. 348.

579 MünchArbR – Buchner § 41 Rdnr. 100.

580 ArbRBGB – Schliemann § 611 Rdnr. 428; Staudinger – Richardi § 611 Rdnr. 156; Hunold DB 2000, 573, 574.

581 ArbRBGB – Schliemann § 611 Rdnr. 428.

582 ArbRBGB – Schliemann § 611 Rdnr. 428.

583 Vgl. auch MünchArbR – Buchner § 41 Rdnr. 100.

deshalb nur eine mittelbare Geschlechtsdiskriminierung. Eine Parallele zur Schwangerschaftsproblematik lässt sich dagegen deshalb nicht ziehen, weil insoweit die – abzulehnende – Rspr. des EuGH, wonach die Benachteiligung wegen Schwangerschaft eine unmittelbare Geschlechtsdiskriminierung darstellen soll, weil sie nur Frauen gegenüber in Betracht kommt[584], mittlerweile in Art. 2 VII der Richtlinie 76/207/EWG n.F. und § 3 I S. 2 AGG i.V.m. § 2 I Nr. 1 AGG festgeschrieben worden ist. Für die Fälle noch abzuleistenden Wehr- oder Ersatzdienstes fehlt eine solche gesetzliche Regelung jedoch.

Die somit lediglich vorliegende mittelbare Benachteiligung wegen des Geschlechts lässt sich gemäß § 3 II AGG bereits durch ein rechtmäßiges Ziel – also auch durch das betroffene Interesse des Arbeitgebers an der Verfügbarkeit des Bewerbers – sachlich rechtfertigen. Damit stehen aber einer Ablehnung des Bewerbers wegen noch abzuleistenden Dienstes letztlich keine Rechtsgründe entgegen, so dass dem Arbeitgeber auch ein entsprechendes Fragerecht zuzugestehen ist.

3. Transsexualität

Bislang kaum diskutiert wird ein Fragerecht des Arbeitgebers nach einer Transsexualität des Bewerbers.

a) Grundsätzliches Frageverbot

Bereits bisher war eine Benachteiligung wegen Transsexualität gemäß § 611 a BGB a.F. als Benachteiligung *wegen des Geschlechts* grundsätzlich verboten.

Demgegenüber will der Gesetzgeber die Transsexualität nunmehr als Teil der in § 1 AGG aufgeführten „sexuellen Identität" erfassen.[585] Laut Gesetzesbegründung[586] sollen darunter auch die Merkmale Homosexualität, Bisexualität und Zwischengeschlechtlichkeit fallen. Transsexualität und Zwischengeschlechtlichkeit lassen sich jedoch nicht sinnvoll mit den Merkmalen Homosexualität und Bisexualität zu einem einheitlichen Diskriminierungsmerkmal zusammenfassen. Denn während die Homo- oder Bisexualität das bevorzugte Geschlecht des Sexualpartnters einer Person, also seine sexuelle Orientierung, betreffen, geht es bei der Transsexualität oder Zwischengeschlechtlichkeit um etwas ganz anderes, nämlich die Zugehörigkeit der betroffenen Person selbst zu einem bestimmten Geschlecht.[587] Darüber hinaus hat der Gesetzgeber missachtet, dass Diskriminierungen auf Grund von Transsexualität bzw. vollzogenen Ge-

---

[584] EuGH 08.11.1990 – Rs. C-177/88 = AP Nr. 23 zu Art. 119 EWG-Vertrag; EuGH 03.02.2000 – Rs. C-207/98 = DB 2000, 380.

[585] Vgl. BT-Drucks. 16/1780, 31.

[586] BT-Drucks. 16/1780, 31.

[587] Thüsing NZA 2004, Sonderbeilage zu Heft 22, 3, 13.

schlechtsumwandlungen vom EuGH[588] als Diskriminierung auf Grund des Geschlechtes angesehen werden. Diese Einordnung wurde später auch in Erwägungsgrund 3 der Richtlinie 2006/54/EG[589] bestätigt. Deshalb ist die Benachteiligung wegen Transsexualität des Bewerbers weiterhin als Unterfall der Geschlechtsdiskriminierung zu behandeln[590], aus deren grundsätzlichem Verbot unproblematisch zunächst auch die grundsätzliche Unzulässigkeit der Frage nach einer Transsexualität des Bewerbers folgt.

b) Ausnahmen

Fraglich ist, ob der Arbeitgeber in Ausnahmekonstellationen nach einer Transsexualität bzw. der Zugehörigkeit des Bewerbers zu einem bestimmten Geschlecht fragen darf.

Dies richtet sich nach § 8 I AGG, wonach eine unterschiedliche Behandlung wegen des Geschlechts zulässig ist, wenn ein bestimmtes Geschlecht – wie etwa das weibliche Geschlecht für die Tätigkeit als Mannequin[591] – wesentliche und entscheidende berufliche Anforderung für die zu verrichtende Tätigkeit ist. Insoweit scheinen Fälle, in denen spezifisch wegen einer Transsexualität differenziert werden darf, auf den ersten Blick nicht denkbar zu sein.

Spielt das Geschlecht für die zu verrichtende Tätigkeit keine Rolle, darf allein die Tatsache der Transsexualität jedenfalls kein Ablehnungsgrund sein, insoweit sind Ausnahmekonstellationen nicht vorstellbar. Wenn ein Bewerber nicht mehr oder noch nicht dem Geschlecht angehört, welches wesentliche und entscheidende Anforderung der zu verrichtenden Tätigkeit ist, darf er deswegen – wie jeder andere Angehörige seines Geschlechts – abgelehnt werden, es wird dann nicht wegen der Transsexualität an sich differenziert.

Geschützt wird durch das Benachteiligungsverbot jedoch letztlich der Anspruch, im Rechtsverkehr als dem (gefühlten) Geschlecht zugehörig anerkannt und behandelt zu werden. Die Tatsache, dass ursprünglich eine Zugehörigkeit zum anderen Geschlecht bestand, darf nicht zu Benachteiligungen führen.

Die eigentliche Problematik bei der Differenzierung wegen der Transsexualität liegt deshalb darin, unter welchen Voraussetzungen ein Anspruch, im Rechtsverkehr einem anderen als dem ursprünglichen Geschlecht zugehörig anerkannt und behandelt zu werden, besteht, ab wann also der Diskriminierungsschutz bzgl. einer Transsexualität überhaupt eingreift. Es geht um die Frage, ob und ggf. unter welchen Voraussetzungen in bestimmten Fällen zwischen

588 EuGH 30.04.1996 – Rs. C-13/94 = NJW 1996, 2421; Thüsing NZA 2004, Sonderbeilage zu Heft 22, 3, 13.

589 Richtlinie 2006/54/EG des Europäischen Parlaments und des Rates vom 05.07.2006 zur Verwirklichung des Grundsatzes der Chancengleichheit und Gleichbehandlung von Männern und Frauen in Arbeits- und Beschäftigungsfragen, ABl. EG Nr. L 204, 23.

590 Ebenso Annuß BB 2006, 1629, 1630.

591 Vgl. BT-Drucks. 15/4538, 32.

denjenigen, die von Geburt an dem „wesentlichen und entscheidenden“ Geschlecht angehören und denjenigen, die nachträglich als diesem Geschlecht zugehörig anerkannt werden wollen, differenziert werden darf.

Unter welchen Voraussetzungen das Empfinden, einem anderen als dem „gebürtigen“ Geschlecht anzugehören, rechtliche Anerkennung erfährt, richtet sich in der Bundesrepublik Deutschland nach dem Transsexuellengesetz[592] (TSG).

Dieses gewährt einer mindestens 25 Jahre alten transsexuellen Person gemäß § 1 I zunächst die Möglichkeit, durch gerichtliche Entscheidung ihren Vornamen ändern zu lassen, wenn sich die Person dem anderem als ihrem gebürtigen Geschlecht zugehörig empfindet, seit mindestens drei Jahren unter dem Zwang steht, ihren Vorstellungen entsprechend zu leben und mit hoher Wahrscheinlichkeit anzunehmen ist, dass sich ihr Zugehörigkeitsempfinden zum anderen Geschlecht nicht mehr ändern wird (sog. kleine Lösung). Rechtsfolge der rechtskräftigen Änderung des Vornamens ist, dass die zur Zeit der Entscheidung geführten Vornamen ohne Zustimmung des Antragstellers nicht offenbart oder ausgeforscht werden dürfen, es sei denn, dass besondere Gründe des öffentlichen Interesses dies erfordern oder ein rechtliches Interesse glaubhaft gemacht wird (§ 5 I TSG).

Gemäß § 8 I TSG ist auf Antrag einer Person vom Gericht festzustellen, dass sie als dem anderen Geschlecht zugehörig anzusehen ist (sogenannte große Lösung). Vorliegen müssen dabei zunächt die Voraussetzungen des § 1 TSG und u.a. darüber hinaus, dass sich die Person einem ihre äußeren Geschlechtsmerkmale verändernden operativen Eingriff unterzogen hat, durch den eine deutliche Annäherung an das Erscheinungsbild des anderen Geschlechts erreicht worden ist. Rechtsfolge der rechtskräftigen Feststellung ist gemäß § 10 I TSG, dass sich die vom Geschlecht abhängigen Rechte und Pflichten der Person nach dem neuen Geschlecht richten, soweit durch Gesetz nichts anderes bestimmt ist.

aa) Rspr. des BAG

Im Urteil vom 21.02.1991[593] hat sich das BAG bezüglich der Reichweite des Benachteiligungsschutzes für Transsexuelle gemäß den dargestellten Regelungen des TSG orientiert.

Dabei hat es die Frage, ob und wann der Arbeitgeber ein Fragerecht nach einer Transsexualität hat, zwar offen gelassen, jedoch entschieden, dass eine transsexuelle Person, deren Geschlechtsumwandlung nach §§ 8, 10 TSG noch nicht erfolgt ist, bei Einstellungsverhandlungen ihr wahres Geschlecht jedenfalls ungefragt nicht angeben muss.

In dem der Entscheidung zugrunde liegenden Sachverhalt hatte ein Chirurg eine transsexuell veranlagte, jedenfalls ursprünglich männliche Person, deren

---

592 Gesetz über die Änderungen der Vornamen und die Feststellung der Geschlechtszugehörigkeit in besonderen Fällen, BGBl. I 1980, 1654.

593 BAG 21.02.1991 – 2 AZR 449/90 = NZA 1991, 719.

Vorname durch rechtskräftigen amtsgerichtlichen Beschluss gemäß den Bestimmungen des TSG bereits von einem männlichen in einen weiblichen geändert worden war, als Arzthelferin eingestellt. Eine operative Geschlechtsumwandlung und eine gerichtliche Feststellung, dass die Person als dem anderen Geschlecht zugehörig anzusehen ist, lag noch nicht vor, so dass die Person gemäß § 10 TSG biologisch noch als Mann galt. Das BAG begründet das Fehlen einer Mitteilungspflicht mit den Wertungen des TSG, insbesondere dessen § 5, sowie der Entstehungsgeschichte des Gesetzes, aus der hervorgeht, dass auch die sog. kleine Lösung gerade vor dem Hintergrund der Schwierigkeiten Transsexueller bei der Arbeitsplatzsuche normiert worden ist.[594]

Selbst wenn man davon ausgehe, eine vollständige weibliche Identität sei für den in Betracht kommenden Arbeitsplatz als Arzthelferin in der Praxis des Arbeitgebers von ausschlaggebender Bedeutung, habe die Arbeitnehmerin im Hinblick auf §§ 1, 5 TSG im Rechtsverkehr als Frau auftreten und den Mangel an weiblicher Identität ungefragt verschweigen dürfen.[595]

Das BAG hat im zu entscheidenden Fall allerdings in der vollen weiblichen Identität eine für den Vertrag als Arzthelferin verkehrswesentliche Eigenschaft i.S.d. § 119 II BGB angenommen.[596]

Gerade im Hinblick auf das Arzt-Patienten-Verhältnis sei es nach der Verkehrsauffassung generell von erheblicher Bedeutung, ob der Patient bzw. die Patientin seinen/ihren Intimbereich dem Arzt in Gegenwart eines weiblichen oder männlichen Arzthelfers offenbare.[597]

Nach Auffassung des BAG stand der Ausübung des Anfechtungsrechts auch § 611 a BGB a.F. nicht entgegen.[598] Insoweit liege ein sachlicher Differenzierungsgrund vor, denn aufgrund der Praxisnotwendigkeiten sei die Eigenschaft als Frau für den Arbeitgeber und auch seine Patienten/innen unverzichtbare Voraussetzung des Arbeitsverhältnisses.[599]

Damit ging das BAG also davon aus, dass das Recht einer transsexuellen Person, als zu einem i.S.v. § 611 a BGB a.F. unverzichtbaren Geschlecht, welchem die Person von Geburt an nicht angehörte, angehörig behandelt zu werden, erst mit Eintritt der Folgen der §§ 8, 10 TSG zu bejahen ist. Das Gericht hat den Betroffenen im zu entscheidenden Fall weiterhin als dem männlichen – und nicht dem unverzichtbaren weiblichen – Geschlecht zugehörig behandelt.

Überträgt man dies auf die Fragerechtsproblematik, kann der Arbeitgeber in Fällen, in denen ein bestimmtes Geschlecht wesentliche und entscheidende be-

---

594 BAG 21.02.1991 – 2 AZR 449/90 = NZA 1991, 719, 720 mit entsprechenden Nachweisen.

595 BAG 21.02.1991 – 2 AZR 449/90 = NZA 1991, 719, 720.

596 BAG 21.02.1991 – 2 AZR 449/90 = NZA 1991, 719, 722.

597 BAG 21.02.1991 – 2 AZR 449/90 = NZA 1991, 719, 722.

598 BAG 21.02.1991 – 2 AZR 449/90 = NZA 1991, 719, 723.

599 BAG 21.02.1991 – 2 AZR 449/90 = NZA 1991, 719, 723.

rufliche Anforderung der Tätigkeit ist, auch ein berechtigtes Informationsinteresse und damit ein Fragerecht dahingehend haben, ob der Bewerber diesem Geschlecht „vollwertig" angehört. Der Bewerber dürfte sich dann erst bei Vorliegen der Voraussetzungen der §§ 8, 10 TSG als dem „unverzichtbaren" Geschlecht zugehörig bezeichnen.

bb) Ansichten in der Literatur

In der Literatur wird demgegenüber darauf hingewiesen, dass der Diskriminierungsschutz für Transsexuelle nach der Rspr. des EuGH[600] unabhängig davon gilt, ob der Gesetzgeber den Geschlechtswechsel anerkennt oder nicht[601]. Er gelte wohl auch unabhängig davon, wie weit dieser Geschlechtswechsel gediehen sei.[602] Unerheblich sei damit, ob die Voraussetzungen des § 8 TSG erfüllt seien.[603] Da ein Geschlechtswandel im eigentlichen Sinne des Wortes nie möglich sei, könne die Schwelle des nationalen Gesetzgebers nicht zur Auslegung des europäischen Rechts herangezogen werden.[604] Auch derjenige, der noch keinen operativen Eingriff habe vornehmen lassen, könne aufgrund seines äußeren Erscheinungsbildes als im Geschlecht gewechselt wahrgenommen werden, dann müsse ihm auch Diskriminierungsschutz zukommen.[605]

Nach dieser Auffassung soll eine transsexuelle Person also offenbar schon einen Anspruch darauf haben, als dem seinem äußeren Erscheinungsbild entsprechenden Geschlecht zugehörig behandelt zu werden, ohne dass es weiterer Voraussetzungen bedarf. Übertragen auf die Fragerechtsproblematik würde dies bedeuten, dass der Arbeitgeber ein berechtigtes Informationsinteresse an einer etwaigen Transsexualität nicht haben kann. Der Arbeitgeber hätte vielmehr das von dem Bewerber angegebene bzw. durch sein Erscheinungsbild repräsentierte Geschlecht zu Grunde zu legen.

cc) Eigene Stellungnahme

Ein derart weitreichender Diskriminierungsschutz für Transsexuelle, wie er sich aus der letztgenannten Auffassung ergeben müsste, ist m.E. weder von der Sache her geboten, noch europarechtlich vorgegeben.

Bei der Transsexualität handelt es sich um ein subjektives Empfinden des Betroffenen, dessen rechtliche Behandlung handhabbarer Maßstäbe bedarf. Die Zugehörigkeit zu einem bestimmten Geschlecht kann im Rechtsverkehr nicht allein von dem subjektiven Empfinden des Betroffenen und seinem entsprechenden äußeren Erscheinungsbild abhängig gemacht werden.

---

600 EuGH 07.01.2004 – Rs. C-117/01 = NJW 2004, 1440.
601 Thüsing NZA 2004, Sonderbeilage zu Heft 22, 3, 10.
602 Thüsing NZA 2004, Sonderbeilage zu Heft 22, 3, 10.
603 Thüsing NZA 2004, Sonderbeilage zu Heft 22, 3, 10.
604 Thüsing NZA 2004, Sonderbeilage zu Heft 22, 3, 10.
605 Thüsing NZA 2004, Sonderbeilage zu Heft 22, 3, 10.

Ohne rechtlich klar gezogene Grenzen bestünde jedenfalls theoretisch die Missbrauchsgefahr, dass sich ein Bewerber um eine Stelle, bei der ein bestimmtes Geschlecht wesentliche und entscheidende berufliche Anforderung ist, schlicht selbst als diesem Geschlecht zugehörig definieren und bei Ablehnung wegen fehlender Zugehörigkeit zu diesem Geschlecht anschließend einen Entschädigungsanspruch aus § 15 AGG geltend machen würde.

Deshalb ist dem BAG zuzustimmen, wenn es bei der Behandlung der Problematik auf die Wertungen des TSG abstellt. Dem steht auch die Rspr. des EuGH nicht entgegen, denn dieser hat ausdrücklich entschieden, es sei Sache der Mitgliedstaaten, die Voraussetzungen der *rechtlichen Anerkennung* der Geschlechtsumwandlung einer Person festzulegen.[606]

Danach hat eine transsexuelle Person erst unter den Voraussetzungen der §§ 8, 10 TSG einen Anspruch darauf, im Rechtsverkehr als dem „neuen" Geschlecht zugehörig behandelt zu werden. Wenn ein bestimmtes Geschlecht wesentliche und entscheidende berufliche Anforderung der Tätigkeit ist, kann der Arbeitgeber demgemäß auch ein berechtigtes Informationsinteresse dahingehend haben, ob der Bewerber diesem Geschlecht auch tatsächlich angehört. Hat er daran etwa aufgrund des äußeren Erscheinungsbildes des Bewerbers Zweifel und stellt deshalb die Frage nach einer Transsexualität, ist dies zulässig. Der Bewerber, bei dem die Voraussetzungen der §§ 8,10 TSG noch nicht vorliegen, muss die Frage wahrheitsgemäß beantworten.

III. Sexuelle Orientierung

1. Grundsätzliches Frageverbot

Wie oben ausgeführt, enthält § 1 AGG als verbotenes Benachteiligungskriterium die „sexuelle Identität". Nicht übernommen hat der Gesetzgeber damit den Wortlaut des Art. 1 der Richtlinie 2000/78/EG, der als verbotenes Benachteiligungskriterium die „sexuelle Ausrichtung" nennt, ein Begriff, für dessen Auslegung die Richtlinie selbst nichts hergibt.[607]

Sowohl vom Begriff der „sexuellen Ausrichtung" als auch vom Begriff der „sexuellen Identität" umfasst ist aber unproblematisch die Homo- sowie die Bisexualität[608], also die sexuelle Orientierung, womit – auch wenn dies in der Gesetzesbegründung zu § 1 AGG nicht erwähnt wird – natürlich auch heterosexuelle Menschen Benachteiligungsschutz genießen, etwa in einem homosexuell geprägten Arbeitsumfeld[609].

---

606 EuGH 07.01.2004 – Rs. C-117/01 = NJW 2004, 1440, 1441 (Hervorhebung nur hier).

607 Vgl. Thüsing NZA 2004, Sonderbeilage zu Heft 22, 3, 13; Gay NZA 2004, Sonderbeilage zu Heft 22, 31, 45.

608 Vgl. die Gesetzesbegründung, BT-Drucks. 16/1780, 31.

609 Vgl. Thüsing NZA 2004, Sonderbeilage zu Heft 22, 3, 13; Wank NZA 2004, Sonderbeilage zu Heft 22, 16, 20. Der Benachteiligungsschutz für Heterosexuelle mag zwar selbstver-

Soweit das Diskriminierungsverbot reicht, darf der Arbeitgeber einen Bewerber grundsätzlich nicht wegen dessen sexueller Orientierung ablehnen. Die Ansicht, der Arbeitgeber könne einen Bewerber wegen dessen Homosexualität einstellen, aber auch ablehnen[610], ist überholt. Regelmäßig ist damit auch ein entsprechendes Fragerecht des Arbeitgebers ausgeschlossen.

2. Ausnahmen

Fraglich kann nur sein, ob es Fallkonstellationen gibt, in denen das Vorliegen oder Nichtvorliegen einer bestimmten sexuellen Orientierung eine wesentliche und entscheidende berufliche Anforderung i.S.d. § 8 AGG darstellt.

Entsprechende Beispiele werden in der Begründung des AGG nicht genannt. Zu denken wäre m.E. etwa an eine Art „Tendenzschutz", etwa für Organisationen, deren Tätigkeit sich darauf beschränkt, für die Belange Homosexueller einzutreten und die deshalb keine heterosexuellen Bewerber für „Tendenzträgerpositionen" einstellen möchten.

IV. Behinderung

1. Vorbemerkung

Nach den Vorgaben der Richtlinie 2000/78/EG hatte der Gesetzgeber auch ein einfachgesetzliches Benachteiligungsverbot für Behinderte zu normieren. Der Umsetzung dieser Vorgabe diente bereits das im Zuge der Reformierung des Schwerbehindertenrechts normierte Benachteiligungsverbot des § 81 II SGB IX.[611]

§ 81 II SGB IX beschränkt den Benachteiligungsschutz jedoch auf schwerbehinderte Menschen i.S.d. § 2 II SGB IX, d.h. auf solche Menschen, bei denen ein Grad der Behinderung i.S.d. § 2 I SGB IX von wenigstens 50 vorliegt.

Die Richtlinie 2000/78/EG enthält eine solche Beschränkung des Diskriminierungsverbots hingegen nicht.[612] Vielmehr verbietet sie eine Diskriminierung wegen Behinderung, unabhängig von deren Grad. Ein entsprechendes einfachge-

---

ständlich erscheinen, das Fehlen einer entsprechenden Klarstellung in der Gesetzesbegründung ist jedoch deshalb bedauerlich, weil der Gesetzgeber damit gleichzeitig nicht abschließend bestimmt hat, welche „sexuellen Identitäten" genau geschützt werden sollen. Dies wäre deshalb wünschenswert gewesen, weil es bekanntlich auch Formen der sexuellen Ausrichtung/Orientierung gibt, die, wie Pädophilie oder Nekrophilie, ersichtlich nicht schützenswert sind und die schon um der Einheit der Rechtsordnung willen (§§ 168, 176 ff., 184 III StGB) vom Diskriminierungsschutz hätten ausdrücklich ausgenommen werden sollen. Die Richtlinie 2000/78/EG enthält jedenfalls keine einer solchen Ausnahme explizit entgegenstehenden Vorgaben.

610 Boemke/Gründel ZfA 2001, 245, 254.

611 Vgl. BT-Drucks. 14/5074, 113.

612 Rolfs/Paschke BB 2002, 1260, 1261; Schiek NZA 2004, 873, 881; Wank NZA 2004, Sonderbeilage zu Heft 22, 16, 20.

setzliches Diskriminierungsverbot wegen einer Behinderung wurde demgemäß nunmehr in § 7 I i.V.m. § 1 AGG normiert.

§ 81 II SGB IX wurde durch das Gesetz zur Umsetzung europäischer Richtlinien zur Verwirklichung des Grundsatzes der Gleichbehandlung zwar nicht gänzlich aufgehoben. § 81 II SGB IX enthält in Satz 1 („Arbeitgeber dürfen schwerbehinderte Beschäftigte nicht wegen ihrer Behinderung benachteiligen“) allerdings nur noch das grundsätzliche Benachteiligungsverbot für Schwerbehinderte. Alle weiteren Einzelheiten, die bisher in § 81 II S. 2 Nrn. 1-5 SGB IX geregelt waren (Ausnahmen vom Benachteiligungsverbot, Rechtsfolgen des Verstoßes gegen das Benachteiligungsverbot, Beweislast etc.) richten sich nach der durch Art. 3 X des Gesetzes zur Umsetzung europäischer Richtlinien zur Verwirklichung des Grundsatzes der Gleichbehandlung geschaffenen Neufassung des § 81 II S. 2 SGB IX nunmehr nach den Regelungen des AGG.

2. Schwerbehinderteneigenschaft und Gleichstellung

a) Bisherige Rspr. des BAG

Das BAG unterscheidet bislang strikt zwischen dem Fragerecht nach einer Körper- oder Schwerbehinderung (tatsächlicher Zustand) und dem Fragerecht nach der Schwerbehinderteneigenschaft, also nach der Anerkennung als Schwerbehinderter oder Gleichgestellter (rechtlicher Status).[613]

Während ein berechtigtes Informationsinteresse des Arbeitgebers an Behinderungen – auch wenn sie einen Grad von wenigstens 50 erreichen[614] – nur anerkannt wird, wenn diese erfahrungsgemäß die Eignung für die vorgesehene Tätigkeit beeinträchtigen[615], gesteht das BAG dem Arbeitgeber seit der Grundsatzentscheidung vom 25.03.1976[616] ein uneingeschränktes Fragerecht nach der Schwerbehinderteneigenschaft oder Gleichstellung zu.

Die zwischenzeitlich im Urteil vom 11.11.1993[617] angedeutete Änderung dieser Rspr. hin zu einem lediglich tätigkeitsbezogenen Fragerecht ist nicht erfolgt[618].

Begründet wird diese Rspr. zunächst mit den gesetzlichen Verpflichtungen, die für den Arbeitgeber durch die Beschäftigung Schwerbehinderter entstehen, d.h. mit der rechtlichen und wirtschaftlichen Tragweite und den betrieblichen

---

613 BAG 07.06.1984 – 2 AZR 270/83 = AP Nr. 26 zu § 123 BGB; BAG 05.10.1995 – 2 AZR 923/94 = NZA 1996, 371, 372 f.

614 BAG 05.10.1995 – 2 AZR 923/94 = NZA 1996, 371, 372.

615 BAG 07.06.1984 – 2 AZR 270/83 = AP Nr. 26 zu § 123 BGB; BAG 05.10.1995 – 2 AZR 923/94 = NZA 1996, 371, 372.

616 BAG 25.03.1976 – 2 AZR 136/75 = AP Nr. 19 zu § 123 BGB.

617 BAG 11.11.1993 – 2 AZR 467/93 = EzA Nr. 40 zu § 123 BGB.

618 BAG 05.10.1995 – 2 AZR 923/94 = NZA 1996, 371; BAG 03.12.1998 – 2 AZR 754/97 = NZA 1999, 584, 585; BAG 18.12.2000 – 2 AZR 380/99 = NZA 2001, 315.

Auswirkungen, die sich für den Arbeitgeber aus der Einstellung und Beschäftigung eines Schwerbehinderten ergeben.[619] Darin sieht das BAG eine das uneingeschränkte Fragerecht rechtfertigende Erhöhung der Vertragsrisiken des Arbeitgebers.[620]

Im Einzelnen verweist das BAG dabei auf die Melde- und Mitwirkungspflicht des Arbeitgebers gegenüber der Agentur für Arbeit und dem Integrationsamt (nunmehr § 80 SGB IX), die Beschäftigungspflicht nach den §§ 71 ff. SGB IX (ehemals §§ 4 ff. SchwbG) bzw. das Risiko zur unnötigen Zahlung der Ausgleichsabgabe bei der unerkannten Beschäftigung eines Schwerbehinderten, die Möglichkeit des Schwerbehinderten, nach § 124 SGB IX (ehemals § 43 SchwbG) Freistellung von Mehrarbeit zu verlangen, die Pflicht zur beruflichen Förderung gemäß § 81 SGB IX (ehemals § 14 SchwbG), auf den besonderen Kündigungsschutz nach §§ 85-92 SGB IX (ehemals §§ 12-19 SchwbG) und den Anspruch auf Zusatzurlaub nach § 125 SGB IX (ehemals § 47 SchwbG).[621]

Weiterhin stellt das BAG darauf ab, dass ein Behinderter, dem es freisteht, ob er seine Anerkennung als Schwerbehinderter betreiben will und der sich dazu entschlossen hat, den Schutz des Schwerbehindertenrechts in Anspruch zu nehmen, den Weg in das Arbeitsverhältnis auch über dessen System zu gehen habe.[622] Ein „zweiter Weg“ zur unauffälligen Integration in den Arbeitsprozess passe nicht zu den besonderen Ansprüchen und dem besonderen Kündigungsschutz aus dem Schwerbehindertenrecht[623] sowie zur Verpflichtung des Arbeitgebers, Schwerbehinderte bei der Einstellung bevorzugt zu behandeln, was ihm nur möglich sei, wenn er die Schwerbehinderung kenne[624].

Auch würden das Beteiligungsrecht der Schwerbehindertenvertretung nach § 81 I S. 2 SGB IX (ehemals § 14 I SchwbG) sowie das Mitbestimmungsrecht des Betriebsrats aus § 99 BetrVG unterlaufen.[625]

Zudem führe ein Recht zur unwahren Beantwortung zu einer Bevorzugung der Bewerber, deren Behinderung nicht äußerlich erkennbar sei, was dem Zweck des Schwerbehindertenrechts, das z.B. gerade auf Teilzeitarbeitsplätzen die Beschäftigung der Schwerbehinderten fördere, die wegen Art und Schwere ihrer

---

619 BAG 07.06.1984 – 2 AZR 270/83 = AP Nr. 26 zu § 123 BGB; BAG 01.08.1985 – 2 AZR 101/83 = NZA 1986, 635; BAG 05.10.1995 – 2 AZR 923/94 = NZA 1996, 371, 372.

620 BAG 01.08.1985 – 2 AZR 101/83 = NZA 1986, 635 f.

621 BAG 01.08.1985 – 2 AZR 101/83 = NZA 1986, 635 f.; BAG 28.01.1982 – 6 AZR 636/79 = AP Nr. 3 zu § 44 SchwbG; BAG 05.10.1995 – 2 AZR 923/94 = NZA 1996, 371, 372 f.

622 BAG 05.10.1995 – 2 AZR 923/94 = NZA 1996, 371, 373; BAG 11.11.1993 – 2 AZR 467/93 = EzA Nr. 40 zu § 123 BGB.

623 BAG 01.08.1985 – 2 AZR 101/83 = NZA 1986, 635 f.; BAG 05.10.1995 – 2 AZR 923/94 = NZA 1996, 371, 373.

624 BAG 01.08.1985 – 2 AZR 101/83 = NZA 1986, 635, 636; ähnlich BAG 05.10.1995 – 2 AZR 923/94 = NZA 1996, 371, 372.

625 BAG 05.10.1995 – 2 AZR 923/94 = NZA 1996, 371, 372.

Behinderung auf solche Arbeitsplätze angewiesen seien (vgl. § 75 II S. 2 SGB IX, ehemals § 9 II S. 2 SchwbG), zuwiderlaufe.[626] Die Beschäftigungsquote der Schwerbehinderten sei auch nicht so schlecht, dass es gerechtfertigt oder gar erforderlich sei, über den Weg der „unauffälligen Integration in den Arbeitsprozeß" einen Verdrängungswettbewerb zwischen erkennbar und nicht erkennbar Schwerbehinderten zu fördern.[627]

Schließlich bestehe nach dem Schwerbehindertenrecht auch kein Einstellungsanspruch des Schwerbehinderten.[628]

Das BAG lehnt dabei explizit eine Parallele zum Fragerecht nach der Schwangerschaft ab: Im Unterschied zur Schwangerschaft entstünden die finanziellen Belastungen für den Arbeitgeber bei Einstellung einer schwangeren Bewerberin allein aufgrund der Tatsache der Schwangerschaft – ohne Antragstellung der Schwangeren und ohne behördliches Verfahren.[629]

Da der Gesetzgeber geschlechtsbezogene Benachteiligungen bei der Begründung des Arbeitsverhältnisses ausdrücklich verboten habe, habe die Rspr. diese vorübergehenden finanziellen Belastungen nicht als ausreichend angesehen, das Arbeitsverhältnis aufgrund der Täuschung endgültig zu lösen.[630] Der Schwerbehindertenschutz präge im Unterschied zur Schwangerschaft auf Dauer den Inhalt der Rechte und Pflichten aus dem Arbeitsverhältnis.[631]

Auch die Einführung des behindertenspezifischen Diskriminierungsverbots des Art. 3 III S. 2 GG stehe einem uneingeschränkten Fragerecht nicht entgegen.[632] Mit der Grundgesetzergänzung habe lediglich ein deutliches Signal in der Öffentlichkeit gesetzt und damit gleichzeitig ein Aufruf zu einem Bewusstseinswandel in der Bevölkerung gegeben werden sollen.[633]

Anders als für das verfassungsrechtliche geschlechtsspezifische Diskriminierungsverbot fehle zudem eine dem § 611 a BGB entsprechende Umsetzungsnorm zu Art. 3 III S. 2 GG.[634]

---

626 BAG 05.10.1995 – 2 AZR 923/94 = NZA 1996, 371, 373.

627 BAG 05.10.1995 – 2 AZR 923/94 = NZA 1996, 371, 373.

628 BAG 01.08.1985 – 2 AZR 101/83 = NZA 1986, 635, 636; darauf verweisend auch BAG 05.10.1995 – 2 AZR 923/94 = NZA 1996, 371, 372.

629 BAG 05.10.1995 – 2 AZR 923/94 = NZA 1996, 371, 373.

630 BAG 05.10.1995 – 2 AZR 923/94 = NZA 1996, 371, 373.

631 BAG 01.08.1985 – 2 AZR 101/83 = NZA 1986, 635, 636; BAG 05.10.1995 – 2 AZR 923/94 = NZA 1996, 371, 373.

632 BAG 05.10.1995 – 2 AZR 923/94 = NZA 1996, 371; BAG 03.12.1998 – 2 AZR 754/97 = NZA 1999, 584, 585; BAG 18.12.2000 – 2 AZR 380/99 = NZA 2001, 315.

633 BAG 05.10.1995 – 2 AZR 923/94 = NZA 1996, 371, 373 unter Bezugnahme auf BT-Drucks. 12/6323, 11 f.

634 BAG 05.10.1995 – 2 AZR 923/94 = NZA 1996, 371, 373; vgl. dazu auch BAG 11.11.1993 – 2 AZR 467/93 = EzA Nr. 40 zu § 123 BGB.

Nach Einführung des § 81 II SGB IX hat das BAG sich mit dem Fragerecht nach der Schwerbehinderteneigenschaft allerdings noch nicht wieder zu befassen gehabt.

b) Ansichten in der Literatur

aa) Weiterhin bestehendes Fragerecht

Teile der Literatur folgen dieser Rspr. auch noch nach Einführung des § 81 II SGB IX.[635]

Dabei wird weiterhin auf die aus einem Frageverbot resultierende unterschiedlichen Behandlung der Schwerbehinderten – je nach Offenkundigkeit der Schwerbehinderung – abgestellt sowie mit einer möglicherweise kontraproduktiven Wirkung eines Frageverbots in „Verdachtsfällen" argumentiert, in denen der Arbeitgeber verleitet würde, einen nach seinem Eindruck möglicherweise schwerbehinderten Bewerber mit anderer, lediglich vorgeschobener Begründung abzulehnen.[636] § 81 II SGB IX stehe dem Fragerecht nicht entgegen. Die bloße Frage nach der Schwerbehinderung stelle keine Benachteiligung dar, weil sie jedem Bewerber gestellt werde.[637] Auch lasse sich daraus, dass nach § 81 II S. 2 Nr. 1 S. 2 SGB IX[638] eine unterschiedliche Behandlung zulässig ist, wenn die volle körperliche, geistige und seelische Fähigkeit Voraussetzung für die Tätigkeit ist, nicht im Umkehrschluss herleiten, dass nur in diesen Fällen ein Fragerecht bestehe[639]. Vor allem postuliere Art. 5 der Richtlinie 2000/78/EG jedoch eine bereits auf den Einstellungsvorgang bezogenen Pflicht des Arbeitgebers zur Ergreifung von Förderungsmaßnahmen, welcher der Arbeitgeber nur bei bestehendem Fragerecht nachkommen könne.[640] Deshalb basiere die Frage auch nicht notwendig auf der Absicht einer Benachteiligung, Ziel des Arbeitgebers könne vielmehr auch sein, zu erkunden, welche Fördermaßnahmen er ergreifen könne.[641]

bb) Frageverbot

(1) Grundsatz

Nach anderer Auffassung darf der Arbeitgeber grundsätzlich nicht nach der Schwerbehinderteneigenschaft fragen.

---

635 Schaub NZA 2003, 299, 300; ArbRBGB – Schliemann § 611 Rdnr. 417 ff.
636 Schaub NZA 2003, 299, 300.
637 Schaub NZA 2003, 299, 301.
638 Nunmehr § 8 AGG.
639 Schaub NZA 2003, 299, 300.
640 Schaub NZA 2003, 299, 300 f.
641 Schaub NZA 2003, 299, 300.

Wurde die Rspr. des BAG bereits seit jeher mit Blick auf Sinn und Zweck des Schwerbehindertenrechts sowie – seit dessen Einführung – zusätzlich mit Blick auf Art. 3 III S. 2 GG kritisiert[642], so wird die ein grundsätzliches Frageverbot befürwortende, mittlerweile wohl schon herrschende Ansicht[643] nunmehr insbesondere auf § 81 II SGB IX gestützt.

Da nunmehr ein § 611 a BGB a.F. nachgebildetes, ausdrückliches schwerbehindertenspezifisches Diskriminierungsverbot bei der Begründung von Arbeitsverhältnissen bestehe, könne das Fehlen einer solchen Norm nicht mehr als Argument für die Zulässigkeit der Frage nach der Schwerbehinderteneigenschaft verwandt werden.[644] Ähnlich wie die Schwangerschaftsfrage werde die Frage nach der Schwerbehinderteneigenschaft in der Regel gestellt, um den mit der Einstellung eines Schwerbehinderten verbundenen besonderen Lasten zu entgehen.[645] Die wahrheitsgemäße Beantwortung würde zur Nichteinstellung führen, damit knüpfe die Frage direkt an die von § 81 II SGB IX geschützte Eigenschaft „Schwerbehinderung" an und stelle entgegen der von *Schaub* vertretenen Ansicht eine unmittelbare Diskriminierung dar.[646]

Ebenso wie bei der Schwangerschaft könne eine Benachteiligung wegen der Behinderung nicht mehr mit den besonderen gesetzlichen Pflichten gegenüber schwerbehinderten Arbeitnehmern gerechtfertigt werden.[647]

Zwar laufe der Arbeitgeber Gefahr, bei Nichtkenntnis von der Schwerbehinderteneigenschaft seine aus dem Schwerbehindertenrecht resultierenden Pflichten nicht zu erfüllen.[648] Insoweit verhalte es sich jedoch nicht anders, als bei der unerkannten Einstellung eines Gewerkschaftsmitglieds, welches dennoch seine Gewerkschaftszugehörigkeit vor der Einstellung nicht offenbaren müsse.[649]

---

642 Vgl. etwa Treber ZfA 1996, 659, 675; Pahlen RdA 2001, 143, 148; Käppler ZfA 1995, 271, 276; Däubler RDV 1999, 243, 245.; Rädler NJW 1998, 1621; ArbG Siegburg 22.03.1994 – 1 Ca 3454/93 = NZA 1995, 943.

643 ErfKomm – Preis § 611 BGB Rdnr. 347; LPK-SGB IX – Düwell § 85 Rdnr. 16 ff.; Messingschlager NZA 2003, 301, 305; Joussen NJW 2003, 2857, 2860; v. Koppenfels-Spies AuR 2004, 43, 46; Thüsing/Lambrich BB 2002, 1146, 1149; Däubler, Gläserne Belegschaften ?, Rdnr. 216; vgl. auch schon Rolfs/Paschke BB 2002, 1260, 1261; Düwell BB 2001, 1527, 1530; Gola RDV 2000, 202, 206; Bauer NJW 2001, 2672, 2674.

644 ErfKomm – Preis § 611 BGB Rdnr. 347; LPK-SGB IX – Düwell § 85 Rdnr. 17; Düwell BB 2001, 1527, 1530; Joussen NJW 2003, 2857, 2860; gegen das Argument einer fehlenden einfachgesetzlichen Umsetzung des Art. 3 III S. 2 GG bereits vor Einführung des § 81 II SGB IX Treber ZfA 1996, 659, 675; Pahlen RdA 2001, 143, 148.

645 Messingschlager NZA 2003, 301, 303 f.; Joussen NJW 2003, 2857, 2861.

646 Messingschlager NZA 2003, 301, 303; v. Koppenfels-Spies AuR 2004, 43, 46.

647 Thüsing/Lambrich BB 2002, 1146, 1149; Rolfs/Paschke BB 2002, 1260, 1261; Joussen NJW 2003, 2857, 2861; vgl. auch bereits ArbG Siegburg 22.03.1994 – 1 Ca 3454/93 = NZA 1995, 943, 944; Großmann NZA 1989, 702, 706; Pahlen RdA 2001, 143, 147.

648 Thüsing/Lambrich BB 2002, 1146, 1149.

649 Thüsing/Lambrich BB 2002, 1146, 1149.

Die von der Rspr. angeführten Melde- und Fürsorgepflichten könnten auch noch dann erfüllt werden, wenn der Arbeitgeber erst nach der Einstellung den „Status" abfrage.[650]

Dem Schwerbehindertenrecht lasse sich auch weder ein abschließender Charakter des dort vorgesehenen Wegs zur Eingliederung Schwerbehinderter in die Arbeitswelt entnehmen, noch sei der Hinweis auf den angeblichen Ausschließlichkeitscharakter des Systems des SGB IX angesichts dessen Unvollkommenheit überzeugend.[651] Es bestehe vielmehr ein „doppelter Schutz" schwerbehinderter Arbeitnehmer, der zum einen durch die Quotenförderung, zum anderen durch das neu geschaffene Diskriminierungsverbot bewirkt werde.[652]

Die mit dem Ausschluss des Fragerechts verbundene Besserstellung äußerlich nicht erkennbar schwerbehinderter Bewerber gegenüber erkennbar Schwerbehinderten könne schon deshalb nicht überzeugend für das Fragerecht sprechen, weil sich das gleiche Problem beim Fragerecht nach der Schwangerschaft stelle, dessen Ausschluss auch nur den nicht erkennbar Schwangeren zugute komme, ohne dass unter diesem Aspekt ein Fragerecht begründet werde.[653]

Auch angesichts des Art. 5 der Richtlinie 2000/78/EG lasse sich die Rspr. des BAG nicht mehr halten.[654] Die darin postulierte Pflicht des Arbeitgebers zur Ergreifung geeigneter Maßnahmen, um Menschen mit Behinderung den Zugang zur Beschäftigung zu ermöglichen, stehe vielmehr im Widerspruch zu einem tätigkeitsneutralen Fragerecht, da ein solches die Chancengleichheit behinderter Bewerber verhindere.[655]

(2) Ausnahmen ?

(a) Tätigkeitsrelevante (Schwer-)Behinderungen

Zwar darf der Arbeitgeber vor dem Hintergrund, dass nach § 81 II S. 2 SGB IX i.V.m. § 8 I AGG und Art. 4 I der zugrunde liegenden Richtlinie 2000/78/EG eine unterschiedliche Behandlung wegen der (Schwer-)Behinderung insoweit zulässig ist, als eine bestimmte körperliche Funktion, geistige Fähigkeit oder seelische Gesundheit wesentliche und entscheidende berufliche Anforderung für

---

650 LPK-SGB IX – Düwell § 85 Rdnr. 17.

651 Messingschlager NZA 2003, 301, 304; vgl. auch bereits Pahlen RdA 2001, 143, 147 f.; Treber ZfA 1996, 659, 675; Gola RDV 2000, 202, 206; ders. BB 1987, 538.

652 Thüsing/Lambrich BB 2002, 1146, 1148.

653 Messingschlager NZA 2003, 301, 304; vgl. auch bereits Pahlen RdA 2001, 143, 149; ArbG Siegburg 22.03.1994 – 1 Ca 3454/93 = NZA 1995, 943, 944.

654 ErfKomm – Preis § 611 BGB Rdnr. 347; LPK-SGB IX – Düwell § 85 Rdnr. 18; vgl. auch bereits Pahlen RdA 2001, 143, 147.

655 LPK-SGB IX – Düwell § 85 Rdnr. 18.

diese Tätigkeit ist, nach wohl allgemeiner Meinung weiterhin nach arbeitsplatzrelevanten (Schwer-)Behinderungen fragen.[656]

Dies ist tatsächlich allerdings keine Ausnahme vom Verbot der Frage nach der Schwerbehinderteneigenschaft, denn der Arbeitgeber darf in diesen Fällen nur nach tätigkeitsrelevanten Behinderungen, nicht aber gleichzeitig danach fragen, ob der Bewerber als Schwerbehinderter anerkannt oder gleichgestellt ist.[657] Die zulässige Frage nach einer tätigkeitsrelevanten Behinderung ist also von der Frage nach dem rechtlichen Status als Schwerbehinderter oder Gleichgestellter zu unterscheiden.

(b) Vor Erfüllung der Pflichtquote

Teilweise wird für den Fall, dass der Arbeitgeber die Pflichtquote des § 71 SGB IX noch nicht erfüllt hat oder diese sogar überschreiten möchte, ein Fragerecht nach der Schwerbehinderteneigenschaft bejaht, wenn der Arbeitgeber die Absicht hat, einen Schwerbehinderten bevorzugt einzustellen.[658]

Damit der Bewerber diese Absicht und damit auch die Berechtigung der Frage erkennen könne, müsse der Arbeitgeber sein Frageziel offen legen, indem er etwa schon in die Stellenausschreibung aufnehme, dass Bewerbungen von Behinderten erwünscht seien.[659] Keinesfalls lasse sich aber ein Anfechtungsrecht aus § 123 BGB bejahen, wenn der Schwerbehinderte die Schwerbehinderung wahrheitswidrig verschweigen sollte.[660] Denn da der Arbeitgeber dann, seiner Absicht entsprechend, einen Schwerbehinderten, wenn auch unerkannt, eingestellt haben würde, mangelte es für die Anfechtung an der Kausalität zwischen Täuschung und Einstellung, jedenfalls sei eine Anfechtung des Arbeitsvertrages dann rechtsmissbräuchlich.[661]

Die Gefahr, dass der Arbeitgeber mangels Kenntnis von der Schwerbehinderteneigenschaft trotz tatsächlicher Erfüllung der Pflichtquote des § 71 SGB IX noch die Ausgleichsabgabe gemäß § 77 SGB IX zahlt, soll hingegen kein Fragerecht begründen.[662] Für den Schwerbehinderten bestehe lediglich eine Offenbarungspflicht nach der Einstellung.[663] Komme er dieser Pflicht nicht nach, mache er sich in diesen Fällen gemäß § 280 I BGB schadensersatzpflichtig.[664]

---

656 ErfKomm – Preis § 611 BGB Rdnr. 347; Hanau ZIP 2006, 2189, 2193; Joussen NJW 2003, 2857, 2861; v. Koppenfels-Spies AuR 2004, 43, 46; Brors DB 2003, 1734, 1735; so auch schon Großmann NZA 1989, 702, 707 f.; Däubler RDV 1999, 243, 245.

657 Zutreffend differenzierend Thüsing/Lambrich BB 2002, 1146, 1149.

658 LPK-SGB IX – Düwell § 85 Rdnr. 19; wohl auch Messingschlager NZA 2003, 301, 304.

659 LPK-SGB IX – Düwell § 85 Rdnr. 19.

660 LPK-SGB IX – Düwell § 85 Rdnr. 19; Messingschlager NZA 2003, 301, 304.

661 LPK-SGB IX – Düwell § 85 Rdnr. 19; Messingschlager NZA 2003, 301, 304.

662 Thüsing/Lambrich BB 2002, 1146, 1149.

663 Thüsing/Lambrich BB 2002, 1146, 1149.

664 Thüsing/Lambrich BB 2002, 1146, 1149.

(c) Nach Erfüllung der Pflichtquote/Kleinbetriebe

Da die mit der Beschäftigung eines Schwerbehinderten verbundenen wirtschaftlichen Belastungen vom Gesetzgeber so gewollt seien, begründen sie nach der Literatur auch weder ein Fragerecht für die insoweit besonders betroffenen Kleinbetriebe, noch für solche Arbeitgeber, die die Pflichtquote bereits überschritten haben.[665]

c) Eigene Stellungnahme

aa) Grundsatz

Ob die Frage nach der Schwerbehinderteneigenschaft an sich, also die „Vorbereitungshandlung" einer diskriminierenden Ablehnung, bereits eine unmittelbare Diskriminierung darstellt[666] ist nach der hier vertretenen Auffassung für das Fragerecht letztlich unerheblich.

Jedenfalls bewirkt die aus § 81 II SGB IX folgende Einschränkung des arbeitgeberseitigen Auswahlermessens dahingehend, dass dieser den Bewerber nicht wegen dessen Anerkennung als Schwerbehinderter oder Gleichgestellter ablehnen darf, ein grundsätzliches Frageverbot nach der Schwerbehinderteneigenschaft. Der bisherigen Rspr. des BAG ist durch § 81 II SGB IX der Boden entzogen worden.

Dem steht auch Art. 5 der Richtlinie 2000/78/EG nicht entgegen. Dieser postuliert eine Pflicht des Arbeitgebers, im Rahmen des Zumutbaren den Arbeitsplatz behindertengerecht zu gestalten, wie sich aus den Erwägungsgründen 20 und 21 ergibt.[667] Entsprechende Ansprüche eines schwerbehinderten Arbeitnehmers sind in § 81 IV Nr. 4 und 5 SGB IX geregelt, allerdings, insoweit hinter Art. 5 der Richtlinie zurückbleibend, nur für das bereits bestehende Arbeitsverhältnis.[668] Wegen der defizitären Umsetzung von Art. 5 der Richtlinie 2000/78/EG mag eine Ergänzung der Pflichten des Arbeitgebers aus § 81 I SGB IX dahingehend erwogen werden, dass dieser nicht nur verpflichtet ist, zu prüfen, ob ein Arbeitsplatz mit einem Schwerbehinderten besetzt werden kann, sondern darüber hinaus, ob zumutbare, den Arbeitsplatz gestaltende Maßnahmen ergriffen werden können, um einem Schwerbehinderten die Beschäftigung zu ermöglichen.[669]

Daraus kann aber keine „Nachforschungspflicht" des Arbeitgebers gegenüber Bewerbern abgeleitet werden. Aus Art. 5 der Richtlinie 2000/78/EG folgt nur eine Pflicht des Arbeitgebers, bei Kenntnis von Behinderungen eines Bewerbers

---

665 Messingschlager NZA 2003, 301, 305.

666 Dafür Messingschlager NZA 2003, 301, 303; v. Koppenfels-Spies AuR 2004, 43, 46; dagegen Schaub NZA 2003, 299, 301.

667 Vgl. auch Brors DB 2003, 1734.

668 Vgl. dazu Thüsing/Lambrich BB 2002, 1146, 1148.

669 Dafür Thüsing/Lambrich BB 2002, 1146, 1148, Fn. 31.

im Rahmen des Zumutbaren die im konkreten Fall geeigneten und erforderlichen Maßnahmen zu ergreifen, um dem Menschen mit Behinderung den Zugang zur Beschäftigung zu ermöglichen. Wenn der Bewerber von sich aus seine Behinderung offenbart oder diese offensichtlich ist, darf der Arbeitgeber ihn also nicht ohne Weiteres mit der Begründung ablehnen, der zu besetzende Arbeitsplatz oder das Arbeitsumfeld seien für diesen Bewerber nicht behindertengerecht eingerichtet.[670] Damit begründet die Pflicht aus Art. 5 der Richtlinie 2000/78/EG aber kein berechtigtes Interesse des Arbeitgebers an der Kenntnis der Schwerbehinderung, sondern das Entstehen der Pflichten aus Art. 5 der Richtlinie 2000/78/EG setzt eine solche Kenntnis voraus.

bb) Ausnahmen ?

Fraglich kann nur sein, ob sich noch Ausnahmen vom Frageverbot begründen lassen.

Dafür ließe sich aus Sicht desjenigen Arbeitgebers, der die Pflichtquote nach § 71 SGB IX bereits erfüllt hat, argumentieren, mit der Beschränkung der Einstellungspflicht auf einen prozentuellen Anteil der Belegschaft enthalte das Gesetz die Regelung einer „zumutbaren Opfergrenze". Dagegen spricht jedoch, dass weder § 81 II SGB IX noch die Richtlinie 2000/78/EG eine dahingehende Beschränkung des Benachteiligungsverbots enthalten. Das Gesetz will also durch die Pflichtquote die Eingliederung Schwerbehinderter letztlich nur in begrenztem Umfang *fördern*, enthält damit aber keine Wertung dahingehend, dass derjenige Arbeitgeber, der die Pflichtquote erfüllt hat, Schwerbehinderte bei der Einstellung benachteiligen darf.

Weiterhin ließe sich aus Sicht des Arbeitgebers, der die Pflichtquote noch nicht erfüllt hat, vorbringen, die Motivation der Frage bestehe darin, möglichst einen Schwerbehinderten einzustellen, um der Pflicht zur Zahlung der Ausgleichsabgabe zu entgehen. Gegen ein Fragerecht in diesen Fällen spricht jedoch, dass ein Hinweis des Arbeitgebers an den Bewerber, dass er anerkannt Schwerbehinderte bevorzugen wird, ausreicht und der Bewerber dann selbst entscheiden kann, ob er sich von der Offenbarung seiner Schwerbehinderteneigenschaft bessere Chancen auf den Erhalt des Arbeitsplatzes verspricht. Gegen das Risiko einer unnötigen Zahlung der Ausgleichsabgabe ist der Arbeitgeber wiederum dadurch hinreichend geschützt, dass ihm ein Fragerecht nach der Schwerbehinderteneigenschaft nach der Einstellung zuzugestehen ist.

Zuletzt lässt sich trotz der insoweit besonders gravierenden Belastungen auch kein Fragerecht in Kleinbetrieben vertreten. Eine Kleinbetriebsklausel ist weder in § 81 II SGB IX noch in der Richtlinie 2000/78/EG enthalten. Auch die Tatsache, dass die quotenmäßige Beschäftigungspflicht nach § 71 I SGB IX für Kleinbetriebe nicht gilt, enthält, da sich § 71 SGB IX nur auf die *Förderung* der

670 LPK-SGB IX – Düwell § 81 Rdnr. 32.

Eingliederung Schwerbehinderter bezieht, keine Wertung dahingehend, dass das Benachteiligungsverbot in Kleinbetrieben nicht beachtlich sein soll. Insbesondere wurde die Möglichkeit einer Ausnahme für kleine Unternehmen auch bei der Beratung der Richtlinie 2000/78/EG besprochen, von Ausnahmen wurde jedoch abgesehen, da Diskriminierungen unabhängig von der Beschäftigtenzahl in allen Unternehmen aufträten.[671] Der Richtliniengeber hat vielmehr der Größe des Unternehmens nur dort eine Bedeutung beigemessen, wo es um *Fördermaßnahmen* des Arbeitgebers geht. So sollen nach Erwägungsgrund 21 bei der Prüfung der Frage, ob die in Erwägungsgrund 20 bzw. Art. 5 der Richtlinie 2000/78/EG genannten Maßnahmen zu übermäßigen Belastungen führen, insbesondere der mit ihnen verbundene finanzielle und sonstige Aufwand sowie *die Größe, die finanziellen Ressourcen* und der Gesamtumsatz des Unternehmens berücksichtigt werden.

Hat der Richtliniengeber aber für Förderungsmaßnahmen explizit der Betriebsgröße eine Bedeutung beigemessen, sie beim Benachteiligungsverbot aber, obwohl erwogen, unberücksichtigt gelassen, widerspräche eine Kleinbetriebsklausel hinsichtlich des Benachteiligungsverbots ersichtlich dem Willen des Richtliniengebers.

Damit ist die Frage nach der Schwerbehinderteneigenschaft im Ergebnis ausnahmslos unzulässig.

3. Aids/HIV-Infektion

Das Diskriminierungsverbot wegen einer Behinderung könnte sich auch auf das Fragerecht des Arbeitgebers nach einer Aids-Erkrankung/HIV-Infektion des Bewerbers auswirken.

Bei Aids handelt es sich um eine Immunschwächekrankheit, deren Ausbruch zunächst die Infizierung mit dem Retro-Virus HIV voraussetzt. Nach der HIV-Infektion vollzieht sich der weitere Krankheitsverlauf in verschiedenen, individuell unterschiedlich langen klinischen Phasen, womit letztlich ungewiss ist, ob überhaupt und wann die Krankheit Aids mit ihrem „Vollbild“ nach der Infizierung mit dem Virus ausbricht. Die einzelnen Phasen des Krankheitsverlaufs werden wie folgt beschrieben[672]: Nach einem grippalen Initialinfekt ist der Patient meist Monate bis Jahre beschwerdefrei.

Das zweite Stadium ist durch Abgeschlagenheit, Fieber, Leistungsschwäche, Müdigkeit, Durchfälle, Hautausschläge, Gewichtsverlust und Lymphdrüsenschwellungen gekennzeichnet. Dieses Stadium kann mehrere Jahre unverändert bleiben. Im letzten Stadium bricht die körpereigene Abwehr zusammen. Der Patient leidet unter sogenannten opportunistischen Infektionen wie speziellen Lun-

---

671 Vgl. Begründung des Richtlinienvorschkags KOM (1999) 565 endg., 31; Wiedemann/Thüsing NZA 2002, 1234, 1236.

672 Vgl. Löwisch DB 1987, 936.

genentzündungen, Darminfektionen, Neuropathien, Hirnhaut- und Gehirnentzündungen sowie verschiedenen Formen von Tumoren.

Aufgrund dieses von verschiedenen Phasen gekennzeichneten Krankheitsverlaufs und den – damit zusammenhängend – auch jeweils unterschiedlichen Auswirkungen auf ein einzugehendes Arbeitsverhältnis, wird in der Literatur durchweg zwischen dem Fragerecht des Arbeitgebers nach der Aids-Erkrankung und dem nach der bloßen HIV-Infektion unterschieden.

a) Fragerecht nach einer Aids-Erkrankung

Dabei entspricht es allgemeiner Ansicht, dass der Arbeitgeber unter Berücksichtigung der oben[673] dargestellten Rspr. zum Fragerecht nach Gesundheitsdaten nach einer „akuten“ Aids-Erkrankung des Bewerbers – womit in der Regel wohl das letzte Stadium des Krankheitsverlaufs gemeint ist – mit Blick auf die damit zusammenhängenden Leistungsbeeinträchtigungen fragen darf.[674] In dieser Krankheitsphase liegt entweder schon zum Zeitpunkt des Vorstellungsgespräches Arbeitsunfähigkeit vor oder es ist mit dem Eintritt zu Arbeitsunfähigkeit führender, weiterer opportunistischer Infektionen in absehbarer Zeit zu rechnen.[675]

Obwohl mindestens in diesem Endstadium der Krankheit, in der das Leistungsvermögen des Arbeitnehmers im Allgemeinen vollkommen aufgehoben ist, sogar die Voraussetzungen einer Schwerbehinderung i.S.d. Schwerbehindertenrechts vorliegen werden[676], wird in der Literatur nicht weiter problematisiert, ob dem Fragerecht nach der Aids-Erkrankung das Diskriminierungsverbot des § 81 II SGB IX entgegenstehen könnte. Es liegt jedoch auch auf der Hand, dass das Nichtvorliegen einer Vollbild-Aids-Erkrankung angesichts der Auswirkungen der Erkrankung auf die Arbeitsfähigkeit unabhängig vom zu besetzenden Arbeitsplatz eine wesentliche und entscheidende berufliche Anforderung darstellt, so dass die Frage auch unter Berücksichtigung bestehender Diskriminierungsverbote zu Recht allgemein als zulässig angesehen wird.

b) Fragerecht nach der symptomlosen HIV-Infektion

Problematischer ist die Beurteilung des Fragerechts nach einer bloßen HIV-Infektion.

---

673 Kapitel 3 D. II. 1.

674 Richardi NZA 1988, 73, 74; Lichtenberg/Schücking NZA 1990, 41, 44; ähnlich Löwisch DB 1987, 936, 940 („akute“ Aids-Erkrankung); Haesen RdA 1988, 158, 161 (akute Aids-Erkrankung einschließlich der Vorstadien LAS und ARC); ErfKomm – Preis § 611 BGB Rdnr. 344; Hanau/Adomeit[12] Rdnr. 629, Fn. 8.

675 Vgl. Lichtenberg/Schücking NZA 1990, 41, 44.

676 Lepke RdA 2000, 87, 89.

aa) Einem Fragerecht entgegenstehendes Diskriminierungsverbot ?

Auch das Fragerecht nach einer bloßen HIV-Infektion wird bislang nicht unter dem Aspekt diskutiert, ob der Zulässigkeit der Frage das behindertenspezifische Diskriminierungsverbot entgegensteht.

Legt man das Verständnis des Begriffs der Behinderung im deutschen Recht zugrunde, ist dies auch nicht erforderlich: Nach § 2 I SGB IX sind Menschen behindert, wenn ihre körperliche Funktion, geistige Fähigkeit oder seelische Gesundheit mit hoher Wahrscheinlichkeit länger als sechs Monate von dem für das Lebensalter typischen Zustand abweicht und daher ihre Teilhabe am Leben in der Gesellschaft beeinträchtigt ist. Auch der Behindertenbegriff des Art. 3 III S. 2 GG umfasst nach herrschender Meinung nur solche regelwidrigen körperlichen, geistigen oder seelischen Zustände, die zu einer nicht nur vorübergehenden Funktionsbeeinträchtigung führen.[677] Wie oben ausgeführt, sind Menschen nach der Infizierung mit HIV zunächst jedoch regelmäßig über Monate oder gar Jahre hinweg gänzlich beschwerdefrei. Folgerichtig werden symptomlose HIV-Infektionen im deutschen Schrifttum auch nicht als Behinderungen aufgefasst.[678] Auch der Gesetzgeber des AGG hat offenbar zwischen einer Behinderung und einer bloßen HIV-Infektion unterscheiden wollen. So heißt es in der Begründung zu § 1 AGG[679], der dort verwandte Begriff der Behinderung entspreche den gesetzlichen Definitionen in § 2 I SGB IX und § 3 BGG. Auf die Frage, ob darunter auch bloße HIV-Infizierungen zu subsumieren sind, wird in der Gesetzesbegründung zwar nicht explizit eingegangen. Im Allgemeinen Teil der Gesetzesbegründung wird jedoch dargestellt, dass sich die internationale Gemeinschaft in den letzten Jahrzehnten u.a. mit der Benachteiligung „von Menschen mit Behinderungen sowie von HIV-Infizierten" befasse.[680] Diese Differenzierung deutet darauf hin, dass der Gesetzgeber davon ausgeht, lediglich mit HIV Infizierte seien nicht als Behinderte anzusehen.

Diese in Deutschland herrschende Bewertung ist im Schrifttum mit Blick darauf angezweifelt worden, dass im französischen Schrifttum auch die symptomlose HIV-Infektion als Behinderung angesehen wird und der nicht ausdrücklich definierte Behindertenbegriff der Richtlinie 2000/78/EG deshalb durchaus weiter zu verstehen sein könnte als der deutsche Behindertenbegriff.[681]

Diese Frage ist jedoch noch offen und kann verbindlich letztlich nur durch den EuGH entschieden werden. Dieser hat inzwischen allerdings bereits ausdrücklich klargestellt, dass die Richtlinie 2000/78/EG nur vor Benachteiligungen wegen Behinderungen schützt, von denen bloße Krankheiten zu unterschei-

---

677 Jarass/Pieroth Art. 3 Rdnr. 127; zweifelnd Thüsing ZfA 2001, 397, 401.

678 Lepke RdA 2000, 87, 93.

679 BT-Drucks. 16/1780, 31.

680 BT-Drucks. 16/1780, 20.

681 Thüsing ZfA 2001, 397, 402, Fn. 20; Wiedemann/Thüsing BB 2002, 463, 466, Fn. 22; Thüsing/Lambrich BB 2002, 1146, 1148.

den sind.[682] Dabei ist der Begriff der „Behinderung" im Sinne der Richtlinie 2000/78/EG nach der Rspr. des EuGH so zu verstehen, dass er eine Einschränkung von langer Dauer erfasst, die insbesondere auf physische, geistige oder psychische Beeinträchtigungen zurückzuführen ist und die ein Hindernis für die Teilhabe des Betreffenden am Berufsleben bildet.[683] Da eine Behinderung – anders als die bloße HIV-Infektion – danach die Teilhabe am Berufsleben beeinträchtigen muss, spricht viel dafür, dass auch der EuGH eine bloße HIV-Infektion nicht als Behinderung einstufen wird.

Nachfolgend wird deshalb davon ausgegangen, dass einem Fragerecht auch weiterhin das behindertenspezifische Diskriminierungsverbot nicht entgegensteht.

bb) Ansichten zum Fragerecht in der Literatur

(1) Uneingeschränktes Fragerecht

Teilweise wird ein generelles Fragerecht des Arbeitgebers auch nach einer bloßen HIV-Infektion bejaht.[684]

Dabei wird ein überwiegendes Informationsinteresse des Arbeitgebers vor allem aus dem Recht der übrigen Belegschaft auf körperliche Unversehrtheit, Gesundheit und Leben sowie aus dem Interesse des Arbeitgebers an einer möglichst umfassenden Wahrung der Gesundheit und des Lebens der Arbeitnehmer abgeleitet.[685] Der Arbeitgeber müsse im Rahmen der ihm obliegenden Fürsorgepflicht das ihm Mögliche tun, um seine Belegschaft vor den Gefahren dieser Krankheit zu schützen.[686] Naturwissenschaftlich lasse sich eine Infektion der übrigen Arbeitnehmer bei einem sozialen Kontakt, der üblicherweise beim Vollzug des Arbeitsverhältnisses erfolge, objektiv nicht ausschließen (z.B. bei Arbeitsunfällen).[687] Da die HIV-Infektion in der Regel tödlich verlaufe und es einen Schutz durch Impfung nicht gebe, sei das Interesse der Mitarbeiter an ihrer körperlichen Unversehrtheit trotz einer extrem unwahrscheinlichen Infektionsübertragung höher zu bewerten als das Interesse des Bewerbers an dem Schutz seines Persönlichkeitsrechts.[688] Denn entscheidend für die Interessenabwägung sei der Grad der Gefährdung des Lebens, welcher aber weniger durch das Aus-

---

682 EuGH 11.07.2006 – C-13/05 = NZA 2006, 839, 840.

683 EuGH 11.07.2006 – C-13/05 = NZA 2006, 839, 840.

684 Eich NZA 1987, Beilage Nr. 2, 10, 11 f.; Klak BB 1987, 1382, 1384; Zeller BB 1987, 1522, 1523; ders. BB 1987, 2439, 2441.

685 Eich NZA 1987, Beilage Nr. 2, 10, 11 f.; Zeller BB 1987, 1522, 1523; Klak BB 1987, 1382, 1384.

686 Zeller BB 1987, 2439, 2441; Klak BB 1987, 1382, 1384.

687 Eich NZA 1987, Beilage Nr. 2, 10, 11 f.; Zeller BB 1987, 1522, 1523; Klak BB 1987, 1382, 1384.

688 Eich NZA 1987, Beilage Nr. 2, 10, 11 f.; Zeller BB 1987, 1522, 1523; Klak BB 1987, 1382, 1384.

maß der Wahrscheinlichkeit einer Infektion, als durch die Letalität des Infektionsereignisses bestimmt werde.[689]

(2) Uneingeschränktes Frageverbot

Nach der Gegenauffassung ist die Frage nach einer bloßen HIV-Infektion unter Zugrundelegung der Rspr. des BAG zum Fragerecht nach Gesundheitsdaten ausnahmslos unzulässig.[690] Das Frageverbot soll danach also insbesondere auch für Arbeitsleistungen gelten, bei denen die gesteigerte Gefahr besteht, dass Blut und andere Körperflüssigkeiten in Kontakt mit anderen Mitarbeitern des Betriebs oder Dritten kommen.[691] Darin sei keine Beeinträchtigung der Eignung des Arbeitnehmers zu sehen; bei Einhaltung der üblichen und vorgeschriebenen Sicherheits- und Hygieneregeln bestehe kein Anlass für die Annahme, dass der Arbeitnehmer eine Infektion übertragen könne.[692]

(3) Differenzierende Ansicht

Die wohl herrschende Ansicht differenziert nach der Art der auszuübenden Tätigkeit.[693]

In der Regel werde das Ansteckungsrisiko anderer Arbeitnehmer nicht über das jedermann treffende Risiko, durch einen sozialadäquaten Kontakt infiziert zu werden, hinausgehen.[694] Dieses Risiko sei von jedermann zu tragen und es sei nicht einzusehen, dass innerhalb eines Arbeitsverhältnisses etwas anderes gelte.[695] Deshalb sei ausschließlich darauf abzustellen, ob der Arbeitgeber ein besonderes Risiko eingehe.[696]

Nach einer HIV-Infizierung dürfe deshalb grundsätzlich nur gefragt werden, wenn bei Erbringung der Arbeitsleistung wegen der besonderen Art der Tätigkeit eine erhöhte Ansteckungsgefahr für Arbeitskollegen oder Dritte bestehe.[697]

Dies seien Tätigkeiten, bei denen die Gefahr besteht, dass Blut oder andere Körperflüssigkeiten des Arbeitnehmers in Kontakt mit dem Blut anderer Arbeitnehmer oder auch Dritter, insbesondere Patienten, kommen.[698]

---

689 Eich NZA 1987, Beilage Nr. 2, 10, 11 f.; Klak BB 1987, 1382, 1384.

690 Lichtenberg/Schücking NZA 1990, 41, 44.

691 Lichtenberg/Schücking NZA 1990, 41, 44.

692 Lichtenberg/Schücking NZA 1990, 41, 44.

693 Richardi NZA 1988, 73, 74; Löwisch DB 1987, 936, 939 f.; ErfKomm – Preis § 611 BGB Rdnr. 344; Haesen RdA 1988, 158, 161.

694 Richardi NZA 1988, 73, 74.

695 Richardi NZA 1988, 73, 74.

696 Richardi NZA 1988, 73, 74.

697 Staudinger – Richardi § 611Rdnr. 146; Hanau/Adomeit[12] Rdnr. 629, Fn. 8; Richardi NZA 1988, 73, 75; Löwisch DB 1987, 936, 940.

698 Löwisch DB 1987, 936, 940.

Als Beispiele dafür werden die ärztliche Tätigkeit oder sonstige Beschäftigungen in der Heilpflege[699], im Frisiersalon, bei Küchenpersonal, bei Anpassern von Kontaktlinsen oder im Lebensmittelbereich[700] genannt.

Darüber hinaus sei zu beachten, dass wegen der Affinität des Virus zum Zentralnervensystem bei einer HIV-Infektion bereits Fehlhandlungen oder Beurteilungsfehler auftreten könnten, bevor andere Symptome das Krankheitsbild prägten.[701] Deshalb sei es sachlich gerechtfertigt, dass ein Arbeitgeber nach einer HIV-Infektion frage, wenn es um Tätigkeiten gehe, bei denen Fehlhandlungen und Beurteilungsfehler zu einem Schaden an Rechtsgütern des Arbeitgebers oder anderer Personen führen, wie z.B. bei dem Piloten eines Jumbojets oder bei derart gefahrgeneigten Tätigkeiten wie der eines Kraftfahrers.[702]

Ein darüber hinaus gehendes Fragerecht lasse sich auch nicht aus der Gefahr ableiten, dass der Arbeitnehmer bei Ausbruch der Krankheit weniger leistungsfähig und der Arbeitgeber möglicherweise zur vorübergehenden Entgeltfortzahlung verpflichtet sein werde, denn wegen der bei einer HIV-Infektion bestehenden langen Latenzzeit ohne Krankheitssymptome könne nicht gesagt werden, ob und wann die akute AIDS-Erkrankung während des Arbeitsverhältnisses ausbreche.[703] Nach der Rspr. des BAG dürfe nur nach „in absehbarer Zeit zu erwartenden“ krankheitsbedingten Arbeitsausfällen gefragt werden, denn die gegebenenfalls auftretende Entgeltfortzahlungspflicht nach Ausbruch der Krankheit berechtige den Arbeitgeber wegen der Wertungen aus dem EFZG nicht zur Fragestellung vor der Einstellung.[704] Wie bei jeder im Verborgenen schlummernden Krankheit habe der Arbeitgeber dieses Risiko zu tragen.[705]

cc) Eigene Stellungnahme

Für ein Überwiegen des Geheimhaltungsinteresses des Bewerbers gegenüber dem Interesse der übrigen Belegschaft nach Schutz vor einer irgendwie gearteten, bloß naturwissenschaftlich nicht auszuschließenden Ansteckungsgefahr spricht insbesondere, dass für einen lediglich HIV-Infizierten bei ausnahmslos gegebenem Fragerecht die Gefahr bestünde, trotz unter Umständen noch über viele Jahre bestehender Arbeitsfähigkeit auf dem Arbeitsmarkt endgültig und vollumfänglich chancenlos zu werden.

Besteht hingegen am zu besetzenden Arbeitsplatz eine besondere Ansteckungsgefahr, erlangt das Interesse der übrigen Belegschaft am Schutz vor Ansteckung demgegenüber stärkeres Gewicht, zudem kann der Bewerber bei Be-

---

699 Richardi NZA 1988, 73, 75; Hanau/Adomeit[12] Rdnr. 629, Fn. 8.

700 Richardi NZA 1988, 73, 75.

701 Richardi NZA 1988, 73, 75.

702 Richardi NZA 1988, 73, 75.

703 Richardi NZA 1988, 73, 75; Löwisch DB 1987, 936, 940.

704 Richardi NZA 1988, 73, 75.

705 Richardi NZA 1988, 73, 75.

schränkung des Fragerechts auf derartige Tätigkeiten immerhin noch auf nicht „gefahrgeneigte" Tätigkeiten ausweichen.

Damit führt die nach dem Grad des Ansteckungsrisikos für die übrige Belegschaft des einstellenden Arbeitgebers differenzierende Ansicht zu einer interessengerechten Lösung.

V. Religion oder Weltanschauung

1. Vorbemerkung

Art. 3 III GG gewährleistete bereits bisher in mittelbarer Drittwirkung einen Schutz des Bewerbers vor Benachteiligung wegen des Glaubens und religiöser Anschauungen. Dieser Schutz wird durch § 7 I i.V.m. § 1 AGG nunmehr auch einfachgesetzlich gewährleistet. Dies führt zu einer Beschränkung des Auswahlermessens des Arbeitgebers dahingehend, dass er die Einstellung eines Bewerbers grundsätzlich nicht wegen dessen Glaubens, religiöser Anschauung oder Weltanschauung ablehnen darf. Die bislang vertretene Auffassung, der Arbeitgeber könne einen Bewerber z.B. wegen seiner Konfession einstellen, aber auch ablehnen[706], ist – wie oben[707] bereits ausgeführt – mit Inkrafttreten des AGG überholt.

Diese Beschränkung des arbeitgeberseitigen Einstellungsermessens führt zur grundsätzlichen Unzulässigkeit der Frage nach der Religionszugehörigkeit, mit Ausnahmen für Tendenzbetriebe.[708]

2. Scientology

a) Vorbemerkung

Die im Jahre 1954 in den USA von L. Ron Hubbard gegründete Scientology-Organisation (SO), die über verschiedenste Teilorganisationen verfügt, u.a. in Deutschland über zehn „Kirchen" und elf „Missionen", betrachtet die von Hubbard entwickelte „Lehre" selbst als eine „Erlösungsreligion", die „dem Menschen den Zustand vollständiger spiritueller Freiheit von dem endlosen Kreislauf von Geburt, Tod und Wiedergeburt vermitteln und ihn von seinen Banden im materiellen Universum" befreien will.[709]

---

[706] Boemke/Gründel ZfA 2001, 245, 255; Boemke NJW 1993, 2083, 2084; Hesse, Verfassungsrecht, Rdnr. 356.

[707] Kapitel 2 A. II. 3.

[708] So schon bisher die ganz herrschende Meinung, vgl. etwa Löwisch Rdnr. 1232; MünchArbR – Buchner § 41 Rdnr. 113, 123 ff.; Moritz NZA 1987, 329, 332; Ehrich DB 2000, 421, 426.

[709] Vgl. Verfassungsschutzbericht 2004, abrufbar unter http://www.verfassungsschutz.de/de/publikationen/verfassungsschutzbericht/vsbericht_2004/, 272 f.

In vielen Bundesländern ist es gängige Praxis, Bewerber für den öffentlichen Dienst nach ihrer Mitgliedschaft in Scientology zu fragen.[710]

Die Berechtigung privater Arbeitgeber, sich durch Ausübung des Fragerechts vor der Beschäftigung von Scientologen zu schützen, ist bislang in der Literatur nur vereinzelt ausführlich untersucht worden.[711]

Eine umfassende Auseinandersetzung mit den Zielen und Methoden der Scientology-Organisation (SO) würde an dieser Stelle den Rahmen sprengen. Nachfolgend soll deshalb zunächst lediglich ein kurzer Überblick über die Organisation insoweit gegeben werden, als dies für die Behandlung der Problematik des Fragerechts des privaten Arbeitgebers nach einer Scientology-Mitgliedschaft eines Bewerbers erforderlich erscheint.

Dabei stützt sich die nachfolgende Darstellung im Wesentlichen auf die im Verfassungschutzbericht 2004[712] über die SO enthaltenen – auf der Auswertung von Büchern und sonstigen, durch die SO selbst veröffentlichten Schriften und Materialien beruhenden – Erkenntnisse.

Nach der Satzung der „Scientology Kirche Deutschland e.V." ist es deren Aufgabe, die sog. „Erlösungsreligion" vorzustellen, bekannt zu machen, zu verbreiten, auszuüben sowie ihre Reinheit und Unversehrtheit zu erhalten und zu bewahren, mit dem Ziel, dass jede Person den von L. Ron Hubbard aufgezeigten Weg der Erlösung gehen kann.[713]

Angestrebt wird ein Mensch, der „als Ergebnis der dianetischen Therapie weder aktiv noch potenziell vorhandene psychosomatische Krankheiten oder Aberrationen hat".[714] Um dies zu erreichen, wird u.a. das sog. Auditing eingesetzt. Bei diesem Verfahren soll der Auditor dem Probanden durch eine festgelegte Abfolge von Fragen oder Anweisungen helfen, Bereiche von Kummer oder Schmerz aufzuspüren, wobei als Hilfsmittel das so genannte E-Meter eingesetzt wird.[715] Dieses Gerät soll „den Körperwiderstand und dessen Schwankungen aufgrund seelischer Interaktion" gegen einen elektrischen Strom messen, wenn der Teilnehmer am Auditing die beiden Elektroden des Geräts in der Hand hält und vom sog. Auditor befragt wird; die durch den Stromfluss verursachten Aus-

---

710 Wiedemann/Thüsing BB 2002, 463, 466; Thüsing ZfA 2001, 397, 405; Thüsing/Lambrich BB 2002, 1146, 1152.

711 So von Bauer/Baeck/Merten DB 1997, 2534 ff.

712 Abrufbar unter http://www.verfassungsschutz.de/de/ publikationen/verfassungsschutzbericht/vsbericht_2004/, 272 ff.

713 Verfassungsschutzbericht 2004, abrufbar unter http://www.verfassungsschutz.de/de/publikationen/verfassungsschutzbericht/vsbericht_2004/, 275 m.w.N.

714 Verfassungsschutzbericht 2004, abrufbar unter http://www.verfassungsschutz.de/de/publikationen/verfassungsschutzbericht/vsbericht_2004/, 275 m.w.N.

715 Verfassungsschutzbericht 2004, abrufbar unter http://www.verfassungsschutz.de/de/publikationen/verfassungsschutzbericht/vsbericht_2004/, 275 m.w.N.

schläge der Nadel des E-Meters sollen dem Auditor anzeigen, ob der richtige Bereich von Kummer und Schmerz von ihm angesprochen wurde.[716]

Über das „Auditing“ hinaus bietet die Organisation in Deutschland noch eine Reihe weiterer Kurse an; diese beinhalten überwiegend Anweisungen für eine aus scientologischer Sicht erfolgreiche Lebensführung.[717] Die Veranstaltungen und entsprechende Publikationen werden nach Art eines gewinnorientierten Unternehmens gegen Entgelt angeboten, die Gewinnerzielung ist Hauptaufgabe und -tätigkeit der „Kirchen“ oder „Missionen“ in Deutschland.[718]

Neben der beschriebenen Beeinflussung des einzelnen Menschens verfolgt die SO offenbar weitergehende politische und wirtschaftliche Ziele.

So enthalten Schriften Hubbards Passagen, nach denen Prinzipien der freiheitlichen demokratischen Grundordnung zum Aufbau einer „neuen Zivilisation“ abgeschafft werden sollen.[719] Darüber hinaus schult die SO ihre Funktionsträger und Mitglieder in deutschen Einrichtungen durch Kurse, in denen auch anhand der Schriften ihres Gründers antidemokratisches Denken und Handeln vermittelt wird.[720]

Vor diesem Hintergrund wird die Organisation seit 1997 bundesweit von den Verfassungsschutzbehörden beobachtet.[721] Eine gegen die Beobachtung durch das Bundesamt für Verfassungsschutz gerichtete Klage der „Scientology Kirche Deutschland e.V.“ und der „Scientology Kirche Berlin e.V.“ wurde mit Urteil des VG Köln am 11.11.2004 abgewiesen.[722]

Erklärtes Ziel der Organisation ist weiterhin die Übernahme der Wirtschaft in der gesamten Welt, indem die scientologische „Verwaltungstechnologie“ in jedem Unternehmen der Welt eingesetzt wird.[723]

Hubbard hat dazu folgende Handlungsmaxime für Scientologen ausgegeben: „Erobern Sie, egal wie, die Schlüsselpositionen, die Position als Vorsitzende des Frauen-Verbandes, als Personalchef einer Firma, als Leiter eines guten Orchesters, als Sekretärin des Direktors, als Berater der Gewerkschaft – irgendeine

---

716 Verfassungsschutzbericht 2004, abrufbar unter http://www.verfassungsschutz.de/de/publikationen/verfassungsschutzbericht/vsbericht_2004/, 275 m.w.N.

717 Verfassungsschutzbericht 2004, abrufbar unter http://www.verfassungsschutz.de/de/publikationen/verfassungsschutzbericht/vsbericht_2004/, 275 m.w.N.

718 Verfassungsschutzbericht 2004, abrufbar unter http://www.verfassungsschutz.de/de/publikationen/verfassungsschutzbericht/vsbericht_2004/, 275 m.w.N.

719 Verfassungsschutzbericht 2004, abrufbar unter http://www.verfassungsschutz.de/de/publikationen/verfassungsschutzbericht/vsbericht_2004/, 275 m.w.N.

720 Verfassungsschutzbericht 2004, abrufbar unter http://www.verfassungsschutz.de/de/publikationen/verfassungsschutzbericht/vsbericht_2004/, 275 m.w.N.

721 Bauer/Baeck/Merten DB 1997, 2534.

722 VG Köln 11.11.2004 – 20 K 1882/03 = n.v. (zitiert nach Juris).

723 Bauer/Baeck/Merten DB 1997, 2534.

Schlüsselposition".[724] Für die Umsetzung dieser Strategie ist das sog. World Institute of Scientology Enterprises (WISE) zuständig.[725]

Das Insititut der Deutschen Wirtschaft fasst die Gefahren scientologischer Betätigung in der Wirtschaft wie folgt zusammen: „Psychische Deformation, bis zum Ruin verschuldete, erpressbare Mitarbeiter, Wirtschaftsspionage und Veruntreuung, Illoyalität, Begünstigung im Amt, Unlauterer Wettbewerb und Verstöße gegen die Verschwiegenheitspflicht.[726]

Was das Verhältnis der SO zu ihren Mitgliedern angeht, ist die SO streng hierarchisch gegliedert.[727] Inhalte und Techniken der „Heilslehre" sind jeder Kritik enthoben und durch die Mitglieder bedingungslos buchstabengetreu zu befolgen und umzusetzen.[728] Antragsteller müssen z.B. im Mitgliedsantrag der „International Association of Scientologists" geloben, sich an „die Regeln, Kodizes und Richtlinien von Scientology zu halten".[729]

Die exakte Umsetzung der Vorgaben Hubbards wird als so entscheidend angesehen, dass in Zeitschriften der SO dazu aufgerufen wird, dem SO-eigenen „Religious Technology Center" Wissensberichte zu schreiben, sobald jemand die scientologischen „Technologien", wie sie in Büchern, Bulletins, Richtlinien und Schreiben von L. Ron Hubbard dargelegt sind, zu verändern versucht.[730]

Hubbard hat das von ihm angestrebte scientologische System u.a. als Rechtsordnung beschrieben, in der die Existenz des Einzelnen vom willkürlichen Ermessen der SO abhängt.[731]

In einem seitens der SO in Deutschland 2004 intensiv beworbenen Kurs werden auf L. Ron Hubbard zurückgehende Textpassagen vermittelt, denen zufolge insbesondere vermeintliche Gegner der SO keinerlei Rechte haben dürfen.[732] Das öffentliche Lossagen von Scientology gilt als „unterdrückerische Handlung" und wird als „Schwerverbrechen" angesehen.[733] Die Organisation verfügt über einen eigenen Nachrichtendienst, der Sachverhalte mit möglichem Fehlverhalten

---

724 Zitiert nach Bauer/Baeck/Merten DB 1997, 2534 m.w.N.

725 Bauer/Baeck/Merten DB 1997, 2534 m.w.N.

726 Zitiert nach Bauer/Baeck/Merten DB 1997, 2534.

727 Bauer/Baeck/Merten DB 1997, 2534 m.w.N.

728 Bauer/Baeck/Merten DB 1997, 2534 m.w.N.; Verfassungsschutzbericht 2004, abrufbar unter http://www.verfassungsschutz.de/de/publikationen/verfassungsschutzbericht/vsbericht_2004/, 275 m.w.N.

729 Verfassungsschutzbericht 2004, abrufbar unter http://www.verfassungsschutz.de/de/publikationen/verfassungsschutzbericht/vsbericht_2004/, 275 Fn. 18 m.w.N.

730 Verfassungsschutzbericht 2004, abrufbar unter http://www.verfassungsschutz.de/de/publikationen/verfassungsschutzbericht/vsbericht_2004/, 275 m.w.N.

731 Verfassungsschutzbericht 2004, abrufbar unter http://www.verfassungsschutz.de/de/publikationen/verfassungsschutzbericht/vsbericht_2004/, 276 m.w.N.

732 Verfassungsschutzbericht 2004, abrufbar unter http://www.verfassungsschutz.de/de/publikationen/verfassungsschutzbericht/vsbericht_2004/, 277 m.w.N.

733 Verfassungsschutzbericht 2004, abrufbar unter http://www.verfassungsschutz.de/de/publikationen/verfassungsschutzbericht/vsbericht_2004/, 277 f. m.w.N.

erforschen sowie aus Sicht der Organisation erforderliche präventive und repressive Maßnahmen treffen soll.[734]

Dazu heisst es in Hubbards „Handbuch des Rechts“: „Wir kennen unsere Feinde, ehe sie zuschlagen. Wir halten sie von wichtigen Positionen fern. Wenn wir einen zufälligerweise in eine Schlüsselposition bringen und er anfängt, Fehler zu machen, dann schießen wir schnell und sprechen später Recht ...“.[735]

b) Rspr. zu Scientology

Soweit ersichtlich, liegt für den Bereich des Fragerechts des privaten Arbeitgebers nach einer Scientology-Anhängerschaft oder entsprechender Mitteilungspflichten des Bewerbers vor Begründung eines Arbeitsverhältnisses bislang keine Rspr. vor.

Allerdings hat das BAG[736] die SO nach einer ausführlichen, auch auf einer Heranziehung umfangreicher Primärliteratur basierenden Analyse ihres Selbstverständnisses, ihrer Lehre und Praktiken nicht als Religions- oder Weltanschauungsgemeinschaft i.S.d. Art. 4, 140 GG, 137 WRV angesehen. Die religiösen und weltanschaulichen Lehren dienten der SO vielmehr nur als Vorwand für die Verfolgung wirtschaftlicher Ziele.[737]

Weiterhin hatten sich verschiedene Gerichte bereits mit den Auswirkungen einer Scientology-Mitgliedschaft in mit dem Fragerecht des Arbeitgebers verwandten Problemlagen zu befassen:

So bejahte das OLG Stuttgart[738] sogar die Mitteilungspflicht einer Personalberaterin, die Mitglied im WISE gewesen war, über ihre Scientology-Mitgliedschaft vor Abschluss eines Personalberatungsvertrags, mit dem ihr die Aufgabe übertragen wurde, für ein Unternehmen eine Führungskraft zu suchen. Dies wurde mit dem engen Zusammenhang zwischen dem Vertragsgegenstand, eine Führungsposition zu besetzen, und dem dem WISE angelasteten Ziel der Unterwanderung begründet.[739] Hinzu komme, dass schon die Einschaltung der mit der Scientology-Organisation eng verbundenen Personalberaterin geeignet sei, die Reputation des Unternehmens in der Öffentlichkeit erheblich zu beeinträchtigen, denn die Organisation werde von Teilen der Bevölkerung als Bedrohung und eine unlautere Ziele verfolgende Sekte angesehen.[740]

---

734 Verfassungsschutzbericht 2004, abrufbar unter http://www.verfassungsschutz.de/de/publikationen/verfassungsschutzbericht/vsbericht_2004/, 278 m.w.N.

735 Verfassungsschutzbericht 2004, abrufbar unter http://www.verfassungsschutz.de/de/publikationen/verfassungsschutzbericht/vsbericht_2004/, 278 m.w.N.

736 BAG 22.03.1995 – 5 AZB 21/94 = AP Nr. 21 zu § 5 ArbGG 1979; ohne nähere Prüfung anders BGH 25.09.1980 – III ZR 74/78 = BGHZ 78, 274, 278; offengelassen von OLG Stuttgart 22.06.1999 – 12 U 3/99 = NJW 1999, 3640, 2641.

737 BAG 22.03.1995 – 5 AZB 21/94 = AP Nr. 21 zu § 5 ArbGG 1979.

738 OLG Stuttgart 22.06.1999 – 12 U 3/99 = NJW 1999, 3640.

739 OLG Stuttgart 22.06.1999 – 12 U 3/99 = NJW 1999, 3640, 3641.

740 OLG Stuttgart 22.06.1999 – 12 U 3/99 = NJW 1999, 3640, 3641.

Nach einer Enscheidung des LG Darmstadt stellt die Scientology-Zugehörigkeit eines Mitarbeiters eine verkehrswesentliche Eigenschaft i.S.d. § 119 II BGB dar, wenn der Mitarbeiter mit vertrauensvollen Tätigkeiten, die mit weitgehenden Einblicken in Firmeninterna verbunden sind, beauftragt wird.[741]

Das ArbG Ludwigshafen[742] sah in dem wiederholten aktiven Werben für Scientology während der Arbeitszeit unter Einsatz von Betriebsmitteln durch ein freigestelltes Betriebsratsmitglied einen wichtigen Grund für eine fristlose Kündigung. Die Werbung habe andere Arbeitnehmer dazu veranlasst, für oder gegen Scientology Stellung zu beziehen, was zu Auseinandersetzungen und damit zu Störungen des Betriebsfriedens geführt habe.[743]

Das LAG Berlin[744] hat die Zugehörigkeit zur SO bei einer Vertrauensstellung, im konkreten Fall einer Betreuerin von ausländischen Jugendlichen in einer gemeinnützigen Einrichtung, wegen der Gefahr der einseitigen Beeinflussung der von ihr betreuten Jugendlichen mit den Ideen der Scientology als einen die außerordentliche Kündigung rechtfertigenden wichtigen Grund angesehen. Vor dem Hintergrund der Ziele und Methoden der SO könne die Arbeitgeberin der Arbeinehmerin schon wegen deren Zugegörigkeit zur SO das erforderliche Vertrauen nicht entgegenbringen.[745] Dass die Arbeitnehmerin unter Ausnutzung ihrer Tätigkeit auch aktiv für die SO tätig geworden war, hat das LAG Berlin lediglich als erschwerend hinzukommenden Grund gewertet.[746]

In eine andere Richtung weist ein Urteil des ArbG München.[747] Danach soll selbst ein Angestellter des öffentlichen Dienstes nicht ohne weiteres verpflichtet sein, die Frage nach einer Scientology-Mitgliedschaft zu beantworten. In einem bestehenden Arbeitsverhältnis dürfe der Arbeitgeber seinen Arbeitnehmer ohne konkrete Anhaltspunkte für verfassungsfeindliche Handlungen nicht "ins Blaue hinein" zu geschäftlichen oder sonstigen Beziehungen zu einer Organisation fragen, die er für verfassungsfeindlich halte.[748] Der Umstand, dass der Arbeitnehmer früher bei der Scientology Kirche Bayern e.V. in der Registratur, später als Leiter der Poststelle und zuletzt als Leiter der Hausverwaltung beschäftigt gewesen sei, sei kein Anhaltspunkt für verfassungsfeindliche Tätigkeiten.[749] Aus diesen Tätigkeiten lasse sich nicht ableiten, dass der Kläger verfassungsfeindliche Ziele verfolgt habe oder in Zukunft verfolgen werde, selbst wenn es sich bei der Scientology Kirche Bayern e.V. um eine verfassungsfeindliche Organisation

741 LG Darmstadt 18.12.1996 – 2 O 114/96 = NJW 1999, 365 f.

742 ArbG Ludwigshafen 12.05.1993 – 3 Ca 3165/92 = AiB 1994, 754, im Kern bestätigt durch LAG Rheinland-Pfalz 12.07.1995 – 9 Sa 890/93 = KirchE 33 (1998), 250 ff.

743 ArbG Ludwigshafen 12.05.1993 – 3 Ca 3165/92 = AiB 1994, 754, 755.

744 LAG Berlin 11.06.1997 – 13 Sa 19/97 = DB 1997, 2542.

745 LAG Berlin 11.06.1997 – 13 Sa 19/97 = DB 1997, 2542 f.

746 LAG Berlin 11.06.1997 – 13 Sa 19/97 = DB 1997, 2542, 2543.

747 ArbG München 24.10.2000 – 21 Ca 13754/99 = NZA-RR 2001, 296.

748 ArbG München 24.10.2000 – 21 Ca 13754/99 = NZA-RR 2001, 296.

749 ArbG München 24.10.2000 – 21 Ca 13754/99 = NZA-RR 2001, 296.

handeln sollte.[750] Die Tätigkeit in der Registratur, Poststelle und Hausverwaltung sei auch nicht tendenzbezogen, sie stelle insbesondere keine Führungsposition dar.[751] Die bloße Mitgliedschaft in einer verfassungsfeindlichen Organisation sei als solche noch kein Anhaltspunkt für verfassungsfeindliche Tätigkeiten.[752]

c) Fragerecht

aa) Ansichten in der Literatur

In der Literatur wird unter Zugrundelegung der Rspr. des BAG bislang zunächst einhellig vertreten, die grundsätzliche Unzulässigkeit von Fragen nach der Religionszugehörigkeit stehe der Zulässigkeit der Frage nach einer Scientology-Mitgliedschaft nicht entgegen.[753] (Lediglich) angezweifelt wird dies von Teilen der Literatur nunmehr mit Blick auf das religionsspezifische Benachteiligungsverbot der Richtlinie 2000/78/EG, weil die Frage, ob Scientology als Religion anzusehen ist, in der Rspr. der Mitgliedstaaten unterschiedlich beantwortet und z.B. von französischen Gerichten bejaht wird.[754]

Hinsichtlich der Reichweite des damit in der Literatur grundsätzlich anerkannten Fragerechts nach einer Scientology-Mitgliedschaft wird nach der Art der zu besetzenden Position differenziert.[755]

Gegen ein unbegrenztes Fragerecht wird darauf hingewiesen, dass die Frage nach inneren Überzeugungen in der Regel nur im öffentlichen Dienst und in Tendenzbetrieben zulässig sei.[756] Auch die Gefahr negativer Auswirkungen auf das Betriebsklima dadurch, dass aktive Scientology-Anhänger oftmals auch am Arbeitsplatz versuchen werden, Werbung für ihre Organisation zu betreiben oder einschlägige Informationen zu verbreiten, wird für die Begündung eines ausnahmslosen Fragerechts nicht für ausreichend gehalten, denn Scientology-Anhänger unterschieden sich dadurch nicht grundlegend von anderen Sektenmitgliedern.[757] Sofern nicht aufgrund der zu besetzenden Stelle ein gesteigertes Interesse an einer völlig reibungslosen Zusammenarbeit bestehe, das über das normale Interesse des Arbeitgebers an einem guten Betriebsklima hinausgehe,

---

750 ArbG München 24.10.2000 – 21 Ca 13754/99 = NZA-RR 2001, 296.

751 ArbG München 24.10.2000 – 21 Ca 13754/99 = NZA-RR 2001, 296.

752 ArbG München 24.10.2000 – 21 Ca 13754/99 = NZA-RR 2001, 296.

753 Bauer/Baeck/Merten DB 1997, 2534, 2535; Ehrich DB 2000, 421, 426; ErfKomm – Preis § 611 BGB Rdnr. 351.

754 Thüsing/Lambrich BB 2002, 1146, 1152; Wiedemann/Thüsing BB 2002, 463, 466; Thüsing ZfA 2001, 397, 405 m. Fn. 30.

755 Bauer/Baeck/Merten DB 1997, 2534, 2535; ErfKomm – Preis § 611 BGB Rdnr. 351; MünchArbR – Buchner § 41 Rdnr. 116; Ehrich DB 2000, 421, 426.

756 ErfKomm – Preis § 611 BGB Rdnr. 351.

757 MünchArbR – Buchner § 41 Rdnr. 117.

sei unter diesem Aspekt kein besonderes Informationsinteresse des Arbeitgebers abzuleiten.[758]

Zulässig sei die Frage jedoch unter der Voraussetzung, dass die konkreten arbeitsplatzbezogenen Anforderungen mit der Scientology-Zugehörigkeit unvereinbar seien.[759] Dies sei jedenfalls anzunehmen für Vertrauensstellungen[760], insbesondere Führungspositionen[761]. Mitarbeiter in solchen Positionen repräsentierten das Unternehmen zum einen nach außen, zum anderen bestehe das Risiko erheblicher Schädidungen des Unternehmens bei nicht vertragsgemäßer Erfüllung.[762] Aufgrund der Zielsetzung und Methoden der Scientology-Organisation erscheine der Schluss gerechtfertigt, dass Scientologen i.d.R. nicht die notwendige Loyalität für Führungsaufgaben aufwiesen, denn ein Scientologe werde sich primär für die Ziele der Scientology-Organisation einsetzen und damit die Unternehmensinteressen verletzen.[763]

Das Fragerecht rechtfertigende Vertrauensstellungen hätten jedoch nicht nur die eigentlichen Führungskräfte, sondern auch Mitarbeiter auf untergeordneten Positionen inne, welche den Zugriff auf sensible Unternehmensdaten ermöglichten.[764] Dies gelte z.B. für die Chefsekretärin, die Sekretärin des Betriebsrats, Mitarbeiter der Poststelle, Schalterbeamte einer Bank, Pförtner bzw. Mitarbeiter eines Bewachungsunternehmens.[765] Auch wenn dem Bewerber Zugang zu sicherheitsrelevanten Bereichen ermöglicht werde oder Aufgaben im Erziehungs- und Bildungsbereich übertragen würden, bestehe ein Fragerecht.[766]

Positionen, vor deren Besetzung ein Fragerecht bestehe, ließen sich aber nicht abschließend aufzählen.[767] Denn insoweit sei auch zu berücksichtigen, dass es Ziel der Scientologen sei, möglichst viele Positionen in einem Unternehmen zu besetzen, um die mit dem jeweiligen Arbeitsplatz verbundenen Informationen mosaikartig zu einem Gesamtbild zusammensetzen zu können.[768] Angesichts der hierarchischen Strukur der SO und den jedem Mitglied angedrohten schweren Sanktionen im Fall des Abweichens von den Zielen der Organisation sei auch die Annahme gerechtfertigt, dass grundsätzlich jeder einzelne Scientologe versuchen werde, zur Umsetzung der Ziele der Organisation aktiv beizutragen,

---

758 MünchArbR – Buchner § 41 Rdnr. 117.

759 Bauer/Baeck/Merten DB 1997, 2534, 2535; Ehrich DB 2000, 421, 426.

760 Bauer/Baeck/Merten DB 1997, 2534, 2535; ErfKomm – Preis § 611 BGB Rdnr. 351; MünchArbR – Buchner § 41 Rdnr. 116; Ehrich DB 2000, 421, 426.

761 Bauer/Baeck/Merten DB 1997, 2534, 2535 f.; MünchArbR – Buchner § 41 Rdnr. 116.

762 Bauer/Baeck/Merten DB 1997, 2534, 2535 f.

763 Bauer/Baeck/Merten DB 1997, 2534, 2536.

764 Bauer/Baeck/Merten DB 1997, 2534, 2536; MünchArbR – Buchner § 41 Rdnr. 116.

765 Bauer/Baeck/Merten DB 1997, 2534, 2536.

766 MünchArbR – Buchner § 41 Rdnr. 116.

767 Bauer/Baeck/Merten DB 1997, 2534, 2536.

768 Bauer/Baeck/Merten DB 1997, 2534, 2536.

womit die Dinge anders lägen als möglicherweise bei anderen verfassungsfeindlichen Organisationen.[769]

bb) Eigene Stellungnahme

Für das Fragerecht des Arbeitgebers nach einer Scientology-Angehörigkeit mag zukünftig das religionsspezifische Diskriminierungsverbot eine wesentliche Rolle spielen. Der Begriff „Religion" wird in der Richtlinie 2000/78/EG allerdings ebenso wenig definiert, wie im AGG und dessen Begründung. Deshalb sind die Folgen des europarechtlichen religionsspezifischen Diskriminierungsverbots für das Fragerecht des Arbeitgebers nach der Scientology-Angehörigkeit momentan noch nicht absehbar. Letztlich wird die Frage – mit Blick auf die unterschiedlichen Entscheidungen der Gerichte verschiedener EU-Mitgliedstaaten – dem EuGH zur Klärung vorgelegt werden müssen.[770] Bis dahin gibt es keine zwingenden Anhaltspunkte dafür, dass europarechtliche Vorgaben der umfangreich und überzeugend begründeten Auffassung des BAG, wonach die „Lehren" Hubbards keine Religion darstellen, widersprechen.

Dieser Auffassung folgend wird deshalb auch hier weiterhin davon ausgegangen, dass das Verbot der Diskriminierung wegen Religion oder Weltanschauung dem Fragerecht nach einer Scientology-Angehörigkeit des Bewerbers nicht entgegensteht.

Dennoch ist ein unbeschränktes Fragerecht abzulehnen: Dafür könnte allenfalls die Gefahr negativer Auswirkungen auf das Betriebsklima durch Werbeaktivitäten des Scientology-Anhängers vorgebracht werden. Insoweit ist jedoch zu berücksichtigen, dass die Pflicht des Arbeitnehmers zur Wahrung des Betriebsfriedens erst dann verletzt wird, wenn etwa politische oder religiöse Agitationen über einen maßvollen Gebrauch hinausgehen.[771] Nur konkrete Beeinträchtigungen des Betriebsfriedens von einiger Intensität – etwa bei wiederholter politischer Meinungsäußerungen trotz Abmahnung – können etwa eine außerordentliche Kündigung rechtfertigen[772], grundsätzlich sind Meinungsäußerungen im Betrieb aber zu tolerieren[773]. Voraussetzung für einen Pflichtverstoß im begründeten Arbeitsverhältnis wären also Störungen des Betriebsfriedens von einer gewissen Erheblichkeit. Zu unterstellen, dass mögliche Beeinträchtigungen des Betriebsfriedens durch Werbeaktivitäten eines Scientologen diese Erheblichkeitsgrenze überschreiten würden, wäre spekulativ. Entsprechende Aktivitäten mögen, so sie tatsächlich entfaltet werden, eine Kündigung des begründeten Ar-

---

769 Bauer/Baeck/Merten DB 1997, 2534, 2536.

770 Vgl. auch Roesner, 106.

771 Löwisch Rdnr. 126, 887.

772 Vgl. BAG 03.12.1954 – 1 AZR 150/54 = BAGE 1, 185; BAG 09.12.1982 – 2 AZR 620/80 = AP Nr. 73 zu § 626 BGB.

773 Vgl. Löwisch Rdnr. 126; Preis, 138.

beitsverhältnisses rechtfertigen, die reine Gefahr solcher Aktivitäten begründet aber noch kein (vorbeugendes) Fragerecht.

Anders als bei der Fallgruppe Vorstrafen wird man bezüglich der Reichweite des arbeitgeberseitigen Fragerechts vielmehr auf die „Arbeitsplatzrelevanz" abstellen müssen, da sich auch die mit der Beschäftigung von Scientologen verbundenen besonderen Gefahren für den Arbeitgeber nur auf bestimmten Positionen verwirklichen können:

Schon weil die SO von den Verfassungsschutzbehörden beobachtet wird, lässt sich nicht leugnen, dass eine dieser Gefahren in einem möglichen Imageverlust, den das Unternehmen in der Öffentlichkeit und bei Kunden aufgrund der Beschäftigung von Scientologen erleiden könnte, liegen kann. Eine erhebliche Gefahr für das Unternehmensimage kann aber nur dann bestehen, wenn Positionen mit Scientologen besetzt werden, die auch mit der Außendarstellung des Unternehmens verbunden sind, weshalb unter dem Gesichtspunkt eines drohenden Imageverlustes auch nur bei der Besetzung solcher Positionen ein Fragerecht bejaht werden kann.

Auch die weiteren spezifischen Gefahren einer Einstellung von Scientologen, wie etwa die der Betriebsspionage, entstehen nur dort, wo der Arbeitnehmer aufgrund seiner Position im Unternehmen einen entsprechenden Einblick erhalten wird. Dies wird zutreffend angenommen für Vertrauensstellungen, insbesondere Führungspositionen, aber auch für untergeordnete Positionen, wenn mit diesen Einsichtsmöglichkeiten bezüglich sensibler Unternehmensdaten oder der Zugang zu sicherheitsrelevanten Bereichen verbunden sind.

Da sich Scientologen nicht für die Ziele anerkannter Religionsgemeinschaften einsetzen werden, ist weiterhin ein Fragerecht in religiösen Tendenzunternehmen anzuerkennen.

Das Abstellen auf die Arbeitsplatzrelevanz ist hier also interessengerecht. Die damit verbundene Rechtsunsicherheit lässt sich, anders als etwa bei der Fallgruppe Vorstrafen, auch nicht durch die Berücksichtigung spezifischer gesetzgeberischer Wertentscheidungen vermeiden.

d) Mitteilungspflicht

Wie bereits ausgeführt, kann nach dem OLG Stuttgart[774] sogar eine Mitteilungspflicht über die Scientology-Mitgliedschaft vor Abschluss eines Personalberatungsvertrags bestehen. Soweit ersichtlich, wird eine Mitteilungspflicht des Bewerbers hinsichtlich einer Scientology-Zugehörigkeit im arbeitsrechtlichen Schrifttum demgegenüber zu Recht nicht vertreten, denn die bloße Scientology-Zugehörigkeit hat keinerlei Auswirkungen auf die Fähigkeit des Bewerbers, zukünftig die vertraglich geschuldete Arbeitsleistung zu erbringen.

774 OLG Stuttgart 22.06.1999 – 12 U 3/99 = NJW 1999, 3640; eine Mitteilungspflicht selbst bei Vertrauensstellungen demgegenüber ablehnend LG Darmstadt 18.12.1996 – 2 O 114/96 = NJW 1999, 365, 366.

VI. Alter

Gänzlich neue Fragen wirft das entsprechend den Vorgaben der Richtlinie 2000/78/EG in § 7 I i.V.m. § 1 AGG normierte altersspezifische Benachteiligungsverbot auf. Während Arbeitgeber bei der Einstellungsentscheidung in der Vergangenheit ganz selbstverständlich das Lebensalter der Bewerber berücksichtigt haben[775], ist nunmehr fraglich, ob und inwieweit der Arbeitgeber bei der Einstellungsentscheidung noch unmittelbar nach dem Lebensalter differenzieren und dementsprechend danach fragen darf.

Darüber hinaus werden Arbeitgeber bei der Einstellungsentscheidung häufig auch auf Kriterien abstellen wollen, die zunächst altersneutral erscheinen, aber eher bei „jüngeren" (z.B. Belastbarkeit) oder „älteren" (z.B. Berufserfahrung) Arbeitnehmern vorliegen werden, so dass eine Ablehnung wegen Fehlens der entsprechenden Anforderung als mittelbare Altersdiskriminierung zu werten sein dürfte.[776] Damit ist auch das Fragerecht des Arbeitgebers nach der Berufserfahrung des Bewerbers fraglich geworden.

1. Ansichten zum Fragerecht in der Literatur

In der Literatur werden die Auswirkungen des altersspezifischen Benachteiligungsverbots auf das Fragerecht des Arbeitgebers unterschiedlich beurteilt.[777]

a) Weitgehendes Frageverbot

Teile der Literatur gehen nunmehr von einem weitgehenden Fragerechtsausschluss aus.[778] Die Frage nach dem Alter werde nach den Vorgaben der Richtlinie 2000/78/EG regelmäßig bzw. grundsätzlich unzulässig werden.[779] Gerechtfertigt dürfe der Arbeitgeber nur dann nach dem Alter fragen, wenn ein Mindestalter aus berufsbezogenen Gründen (§ 8 AGG) gerechtfertigt sei oder wenn altersabhängig eine bestimmte Mindestbeschäftigungszeit bei ihm vorausgesetzt werden könne, dies seien wenige Ausnahmen.[780] Müsse der Arbeitgeber das Alter aus anderen Gründen (z.B. gerechtfertigte Altersanknüpfung für Leistungen)

---

[775] Vgl. Waltermann NZA 2005, 1265, 1268; Kuras RdA 2003, Sonderbeilage zu Heft 5, 11, 19.

[776] Vgl. Schmidt/Senne RdA 2002, 80, 83, 88; Waltermann NZA 2005, 1265, 1266; Däubler/Bertzbach – Brors § 10 Rdnr. 39; Hanau ZIP 2006, 2189, 2198.

[777] Manche halten die Problematik für wenig bedeutsam, weil Zeugnisse und Lebenslauf und spätestens die persönliche Vorstellung das Alter hinreichend genau offen legten (so Waltermann NZA 2005, 1265, 1268).

[778] Laut Handelsblatt vom 08.03.2001, 6 wurde von *Däubler* schon vor dem Hintergrund der Richtlinie 2000/78/EG die Auffassung geäußert, der Bewerber könne sich im Einstellungsgespräch auch „jünger machen"; der Arbeitgeber dürfe ihm daraus „keinen Strick drehen" (zitiert nach Bauer NJW 2001, 2672, 2673).

[779] Thüsing/Lambrich BB 2002, 1146, 1152; Linsenmaier RdA 2003, Sonderbeilage zu Heft 5, 22, 28; Weber RdA 2002, 401, 404.

[780] Däubler/Bertzbach – Brors § 10 Rdnr. 74.

wissen, könne er das Alter nach der Einstellung erfragen.[781] Auch der Wunsch nach einer ausgewogenen Altersstruktur i.S.d. § 1 III S. 2 KSchG werde in der Regel keine Frage nach dem Alter rechtfertigen.[782]

b) Weiterhin bestehendes Fragerecht

Nach anderer Ansicht ist die Frage nach dem Alter weiterhin zulässig.[783] Mit Blick auf die weit gefassten Ausnahmetatbestände für das Benachteiligungsverbot wegen des Alters dürfe der Arbeitgeber auch in Zukunft nach dem Alter fragen.[784] Er dürfe weiterhin etwa die besondere Qualifikation junger Hochschulabsolventen, die besondere Berufserfahrung älterer Arbeitnehmer oder eine nicht ausreichende Beschäftigungszeit vor dem Eintritt in den Ruhestand berücksichtigen.[785] Auch die Sicherung einer ausgewogenen Altersstruktur stelle ein berechtigtes Interesse des Arbeitgebers dar.[786]

2. Eigene Stellungnahme

a) Grundsätzliches Frageverbot

Im Grundsatz gilt für das Verbot der Altersdiskriminierung nichts anderes, als für andere Benachteiligungsverbote. Soweit der Arbeitgeber das Alter oder damit zusammenhängende Merkmale nach den Vorgaben des AGG im Zuge des Einstellungsvorgangs nicht verwerten darf, besteht auch kein Fragerecht. Da das AGG im Grundsatz das Verbot unmittelbarer oder mittelbarer Altersdiskriminierung im Zuge der Einstellung enthält, besteht mithin auch ein entsprechendes grundsätzliches Frageverbot.

b) Ausnahmen

Fraglich ist, ob und inwieweit der Arbeitgeber nach den Vorgaben des AGG und der zugrunde liegenden Richtlinie 2000/78/EG im Zuge der Einstellung noch das Alter der Bewerber bzw. damit zusammenhängende Kriterien berücksichtigen und deshalb auch danach fragen darf.

aa) § 8 AGG

Insoweit ist eine unterschiedliche Behandlung wegen des Alters gemäß § 8 I AGG nach wie vor zulässig, wenn dieses wegen der Art der auszuübenden Tätigkeit oder der Bedingungen ihrer Ausübung eine wesentliche und entscheidende berufliche Anforderung darstellt.

---

781 Däubler/Bertzbach – Brors § 10 Rdnr. 74.

782 Däubler/Bertzbach – Brors § 10 Rdnr. 75.

783 Hanau ZIP 2006, 2189, 2193; Kaehler ZfA 2006, 519, 538.

784 Kaehler ZfA 2006, 519, 538.

785 Kaehler ZfA 2006, 519, 538 f.

786 Kaehler ZfA 2006, 519, 539.

Demnach darf der Arbeitgeber die Einstellungsentscheidung also dann vom Alter des Bewerbers abhängig machen und hat dementsprechend ein Fragerecht, wenn die ordnungsgemäße Ausübung der Tätigkeit das Über- oder Unterschreiten eines bestimmten Lebensalters erfordert.

Dies wird nur in Ausnahmefällen angenommen werden können.[787] Eingreifen dürfte dieser Erlaubnistatbestand etwa für den Fall, dass bestimmte Rollen am Theater, wie etwa die eines jugendlichen Liebhabers, zu besetzen sind.[788]

Anerkannt ist weiterhin, dass eine für bestimmte Berufe zwingend erforderliche Leistungsfähigkeit erfahrungsgemäß altersbedingt nachlässt und das Alter damit als legitime Vertypung der berufsspezifischen Belastbarkeitsgrenze erscheint.[789] Deshalb darf etwa die Einstellung von Piloten, Feuerwehrmännern, Polizisten, Fluglotsen, Busfahrern und Angehörigen ähnlicher Berufe, bei denen die körperliche Belastbarkeit wesentlicher Teil ihres Berufes ist, weiterhin vom Unterschreiten bestimmter Altersgrenzen abhängig gemacht werden.[790]

bb) Legitime Ziele (§ 10 AGG)

In Umsetzung von Art. 6 der Richtlinie 2000/78/EG[791] regelt § 10 AGG weitere Ausnahmen vom Verbot der Altersdiskriminierung, die sowohl für Fälle der unmittelbaren als auch der mittelbaren Altersdiskriminierung anwendbar sein dürften[792].

---

787 Vgl. Weber AuR 2002, 401, 403.

788 Vgl. Schmidt/Senne RdA 2002, 80, 83; Waltermann NZA 2005, 1265, 1267; Däubler/Bertzbach – Brors § 8 Rdnr. 24.

789 Wiedemann/Thüsing NZA 2002, 1234, 1237; Waltermann NZA 2005, 1265, 1267; vgl. auch Thüsing ZfA 2001, 397, 408.

790 Wiedemann/Thüsing NZA 2002, 1234, 1237; vgl. auch Thüsing ZfA 2001, 397, 408; Waltermann NZA 2005, 1265, 1267; Linsenmaier RdA 2003, Sonderbeilage zu Heft 5, 22, 26; Weber AuR 2002, 401, 403.

791 Art. 6 I S. 1 der Richtlinie 2000/78/EG gestattet den Mitgliedstaaten vorzusehen, dass Ungleichbehandlungen wegen des Alters keine Diskriminierung darstellen, sofern sie objektiv und angemessen sind und im Rahmen des nationalen Rechts durch ein legitimes Ziel, worunter insbesondere rechtmäßige Ziele aus den Bereichen Beschäftigungspolitik, Arbeitsmarkt und berufliche Bildung zu verstehen sind, gerechtfertigt und die Mittel zur Erreichung dieses Ziels angemessen und erforderlich sind.

792 Dafür spricht die Begründung der Generalklausel des § 10 S. 1 AGG, in der heißt, in einem Berufszweig könne die höhere Belastbarkeit jüngerer Beschäftigter im Vordergrund stehen, in anderen Berufszweigen die höhere Lebens- und Berufserfahrung (BT-Drucks. 16/1780, 36). Die Legitimität der Differenzierung nach solch – unmittelbar altersneutralen – Kriterien soll sich also offenbar nach § 10 AGG richten. § 10 AGG und Art. 6 der Richtlinie 2000/78/EG wählen mit dem Rechtfertigungsmaßstab des „legitimen Ziels“ indes eine sehr ähnliche Formulierung, wie sie bereits für den tatbestandlichen Ausschluss einer mittelbaren Diskriminierung in § 3 II AGG bzw. Art. 2 II lit. b der Richtlinie 2000/78/EG („rechtmäßiges Ziel“) verwendet wird (vgl. auch Linsenmaier RdA 2003, Sonderbeilage zu Heft 5, 22, 26). Damit bleibt für die Fälle der mittelbaren Altersdiskriminierung das Verhältnis des „tatbe-

Nach der Generalklausel des § 10 S. 1 AGG ist ungeachtet des § 8 eine unterschiedliche Behandlung wegen des Alters auch zulässig, wenn sie objektiv und angemessen und durch ein legitimes Ziel gerechtfertigt ist, wobei die Mittel zur Erreichung dieses Ziels gemäß § 10 S. 2 AGG angemessen und erforderlich – d.h. verhältnismäßig[793] – sein müssen.

„Legitime Ziele" i.S.d. § 10 AGG können nach dem Willen des Gesetzgebers nicht nur solche der Allgemeinheit, sondern auch solche des einzelnen Arbeitgebers sein. Denn die Legitimität eines Zieles ist nach der Begründung des § 10 S. 1 AGG unter Berücksichtigung der fachlich-beruflichen Zusammenhänge *aus Sicht des Arbeitgebers* oder der Tarifvertragsparteien zu beurteilen, wobei es sich lediglich *auch* um Ziele handeln kann, die über die Situation eines einzelnen Unternehmens oder einer Branche hinausgehen und von allgemeinem Interesse sind, wie etwa Beschäftigungspolitik, Arbeitsmarkt oder berufliche Bildung.[794] Weiterhin soll der sogleich noch näher zu erörternde, Art. 6 I S. 2 lit. c der Richtlinie 2000/78/EG umsetzende § 10 S. 3 Nr. 3 AGG nach der Gesetzesbegründung[795] gerade betriebswirtschaftliche Interessen des einzelnen Arbeitgebers schützen[796].

---

standsausschließenden Rechtfertigungsgrundes" in § 3 II AGG zu dem Rechtfertigungstatbestand des § 10 AGG unklar: Wenn bereits das Vorliegen eines „rechtmäßiges Ziels" eine mittelbare Diskriminierung auf Tatbestandsebene ausschließen würde, bedürfte es weiterer Rechtfertigungsgründe für die mittelbare Diskriminierung – insbesondere der des § 10 AGG – gar nicht (vgl. zum zugrunde liegenden undurchsichtigen „Rechtfertigungskonzept" der Richtlinie 2000/78/EG bezüglich der mittelbaren Altersdiskriminierung bereits Wank NZA 2004, Sonderbeilage zu Heft 22, 16, 22). Diese Problematik muss hier jedoch nicht vertieft werden, denn wenn ein „legitimes Ziel" i.S.d. § 10 AGG vorliegt, ist eine mittelbare Altersdiskriminierung im Ergebnis zumindest gerechtfertigt.

793 Vgl. Schmidt/Senne RdA 2002, 80, 83.

794 BT-Drucks. 16/1780, 36 (Hervorhebungen nur hier).

795 BT-Drucks. 16/1780, 36.

796 Demgegenüber wurde in der Umsetzungsdiskussion zu den Ausnahmetatbeständen des Art. 6 der Richtlinie 2000/78/EG von Teilen der Literatur vertreten, als „legitimes Ziel" könnten durch die Mitgliedstaaten wohl nur Allgemeininteressen, so wie sie in Art. 6 selbst genannt sind, anerkannt werden (Wiedemann/Thüsing NZA 2002, 1234, 1237 f.; Thüsing ZfA 2001, 397, 409). Insbesondere sei auch die Bestimmung des Art. 6 I S. 2 lit. c der Richtlinie 2000/78/EG nicht dazu gedacht, Einzelinteressen des Arbeitgebers zu schützen (Wiedemann/Thüsing NZA 2002, 1234, 1237). Zwar könne das in Art. 6 I lit. c der Richtlinie 2000/78/EG genannte Beispiel der Festsetzung eines Höchstalters für die Einstellung auch von einem einzelnen Arbeitgeber eingebracht werden, aber es bleibe dabei, dass das Einzelinteresse des Arbeitgebers bei den legitimen Zielen nicht genannt sei (Wiedemann/Thüsing NZA 2002, 1234, 1237 f.) Ausgeklammert sei das Interesse des Arbeitgebers, einen Arbeitnehmer zu beschäftigen, von dem er aufgrund seiner Jugend in typisierender Betrachtungsweise davon ausgehen wolle, dass er leistungsfähiger sei, als ein älterer Kollege (Thüsing ZfA 2001, 397, 409). Dieser Auffassung ist der Gesetzgeber – wie schon die herrschende Meinung in der Umsetzungsdiskussion (vgl. etwa Weber AuR 2002, 401, 403; Kuras RdA 2003, Sonderbeilage zu Heft 5, 11, 15; Linsenmaier RdA 2003, Sonderbeilage zu Heft 5, 22, 26; im

§ 10 S. 3 Nrn. 1-6 AGG enthalten sodann Beispielsfälle zulässiger Ausnahmen vom Benachteiligungsverbot, wobei für die vorliegende Problematik die in weitgehend wörtlicher Übernahme von Art. 6 I S. 2 lit. b, c der Richtlinie 2000/78/EG normierten § 10 S. 3 Nrn. 2, 3 AGG relevant sind.

(1) § 10 S. 3 Nr. 3 AGG

§ 10 S. 3 Nr. 3 AGG erlaubt die bestimmte Bewerber benachteilige Festlegung eines Höchstalters für die Einstellung „auf Grund der spezifischen Ausbildungsanforderungen eines bestimmten Arbeitsplatzes" oder „auf Grund der Notwendigkeit einer angemessenen Beschäftigungszeit vor dem Eintritt in den Ruhestand".

Mit dem Merkmal „auf Grund der spezifischen Ausbildungsanforderungen eines bestimmten Arbeitsplatzes" sind die Anforderungen an die Ausbildung bzw. Einarbeitung *durch den Arbeitgeber am zu besetzenden Arbeitsplatz* gemeint.[797]

§ 10 S. 3 Nr. 3 AGG regelt damit – ebenso wie der zugrunde liegende Art. 6 I S. 2 lit. c der Richtlinie 2000/78/EG – nur benachteiligende *Maßnahmen*, enthält aber keine Beispiele legitimer Benachteiligungs*ziele*.[798] Jedoch heißt es in Gesetzesbegründung, der Norm liege die Überlegung zugrunde, dass bei älteren Beschäftigten, deren Rentenalter bereits absehbar ist, einer aufwendigen Einarbeitung am Arbeitsplatz auch eine betriebswirtschaftlich sinnvolle Mindestdauer einer produktiven Arbeitsleistung gegenüberstehen muss.[799] Durch § 10 S. 3 Nr. 3 AGG soll letztlich also das betriebswirtschaftliche Interesse des Arbeitgebers geschützt werden, dass sich eine aufwendige Einarbeitung auch durch eine entsprechend langfristige produktive Beschäftigung des Arbeitnehmers amortisiert.

Damit wird in einem gewissen Rahmen also die *Verfolgung betriebswirtschaftlicher Interessen* des Arbeitgebers selbst als legitimes Benachteiligungsziel definiert, wobei Benachteiligungen nach der restriktiven Formulierung in der Gesetzesbegründung erst gerechtfertigt sein dürften, wenn bei Berücksichtigung des Benachteiligungsverbotes die Schwelle zum betriebswirtschaftlich *Sinnlosen* überschritten würde. Damit wird das betriebswirtschaftliche Interesse

---

Ergebnis auch Waltermann NZA 2005, 1265, 1267) – zu Recht nicht gefolgt. Denn nach der Vorgabe des Art. 6 I S. 1 der Richtlinie 2000/78/EG sind unter rechtmäßigen Zielen lediglich *insbesondere* solche aus den Bereichen Beschäftigungspolitik, Arbeitsmarkt und berufliche Bildung zu verstehen, so dass sich aus dieser Aufzählung gerade nicht schließen lässt, dass Einzelinteressen der Arbeitgeber als legitimer Differenzierungsgrund nicht anerkannt werden können. Weiterhin ist auch nicht ersichtlich, inwieweit Art. 6 I S. 2 lit. c der Richtlinie 2000/78/EG überhaupt Allgemeininteressen dienen soll. Die Vorschrift kann m.E. ausschließlich Interessen einzelner Arbeitgeber dienen.

[797] Vgl. Weber AuR 2002, 401, 403 f.

[798] Anders Schmidt/Senne RdA 2002, 80, 89; Linsenmaier RdA 2003, Sonderbeilage zu Heft 5, 22, 26 f.

[799] BT-Drucks. 16/1780, 36.

des Arbeitgebers, generell jüngere Arbeitnehmer einzustellen, weil diese in typisierender Betrachtungsweise als belastbarer angesehen werden, für die Festlegung einer Altershöchstgrenze und Ablehnung von Bewerbern, deren Alter diese Grenze übersteigt, nicht ausreichen.

(2) § 10 S. 3 Nr. 2 AGG

Gemäß § 10 S. 3 Nr. 2 AGG können Mindestanforderungen an das Alter, die Berufserfahrung oder das Dienstalter für den Zugang zur Beschäftigung oder für bestimmte mit der Beschäftigung verbundene Vorteile festgelegt werden.

Auch diesbezüglich nennt das Gesetz selbst keinerlei Beispiele für ein diese Maßnahmen legitimierendes Ziel.[800]

Insoweit kommt zunächst als ein legitimes Benachteiligungsziel der Schutz und die Sicherheit Dritter, die mit der Arbeitsleistung in Berührung kommen, in Betracht.[801]

In der Regel dürfte der Arbeitgeber mit dem Abstellen auf eine bestimmte Lebens- oder Berufserfahrung beim Zugang zur Beschäftigung jedoch das Ziel verfolgen, Einarbeitungsaufwand zu sparen und einen von vornherein produktiveren Arbeitnehmer zu beschäftigen.

Fraglich ist, ob auch solche – letztlich wiederum rein betriebswirtschaftlichen – Interessen die Festlegung von Mindestanforderungen an das Alter oder die Berufserfahrung rechtfertigen können.

Die Gesetzesbegründung zu § 10 S. 3 Nr. 2 AGG[802] gibt für die Beantwortung dieser Frage nichts her.

Wie oben ausgeführt, erwähnt der Gesetzgeber die Berücksichtigung betriebswirtschaftlicher Gesichtspunkte als legitimes Benachteiligungsziel des Arbeitgebers allerdings in der Begründung zu § 10 S. 3 Nr. 3 AGG.

Bedenkt man, dass danach die Ablehnung von Bewerbern, die eine bestimmte Altersgrenze überschreiten, erst dann gerechtfertigt sein wird, wenn ihre aufwendige Einarbeitung wegen der kurzen Beschäftigungsdauer die Schwelle zum betriebswirtschaftlich Sinnlosen überschreiten würde, kann m.E. allein die Tatsache, dass berufserfahrene Arbeitnehmer von Beginn an produktiver arbeiten werden, noch nicht für die Festlegung von Mindestanforderungen an Alter und Berufserfahrung ausreichen. Vielmehr müsste die Beachtung des altersspezifischen Benachteiligungsverbots für den Arbeitgeber schon zu betriebswirtschaftlich sinnlosen Ergebnissen führen, was bei nicht gegebener Berufserfahrung des Bewerbers regelmäßig nicht der Fall sein wird.

Eine Ausnahme wird man allenfalls für den Fall einer beabsichtigten befristeten Einstellung anerkennen können, wenn das Fehlen einer bestimmten Berufs-

[800] Vgl. Schmidt/Senne RdA 2002, 80, 88; Linsenmaier RdA 2003, Sonderbeilage zu Heft 5, 22, 26.

[801] Vgl. Schmidt/Senne RdA 2002, 80, 88.

[802] BT-Drucks. 16/1780, 36.

erfahrung eine aufwendige Einarbeitung erforderlich machen und dies die Beschäftigung eines berufsunerfahrenen Arbeitnehmers gemessen an der begrenzten Beschäftigungsdauer betriebswirtschaftlich sinnlos machen würde.

Damit scheint ein Fragerecht nach der Berufserfahrung auf den ersten Blick weitgehend ausgeschlossen zu sein.

Dagegen spricht jedoch wiederum, dass § 10 S. 3 Nr. 2 AGG nicht nur unter bestimmten Umständen die Festlegung von Mindestanforderungen an das Alter und die Berufserfahrung *für den Zugang* zur Beschäftigung, sondern auch für bestimmte mit der Beschäftigung *verbundene Vorteile* erlaubt. Ausweislich der Gesetzesbegründung[803] sind von den bestimmten mit der Beschäftigung verbundenen Vorteilen insbesondere Entgeltregelungen betroffen. Hinsichtlich des Entgelts dürfe – so die Begründung – etwa eine Anknüpfung an die Berufserfahrung eher zu rechtfertigen sein als an das bloße Lebensalter. Demnach wird der Arbeitgeber also weiterhin die Berufserfahrung berücksichtigende Entgeltregelungen praktizieren, weniger berufserfahrene Arbeitnehmer insoweit also benachteiligen dürfen.

Da Entgeltfragen einen zentralen Punkt schon bei den Vertragsverhandlungen zwischen Arbeitgeber und Bewerber darstellen, wird man dem Arbeitgeber, welcher bei der Höhe des seinen Beschäftigten gezahlten Entgelts zulässigerweise nach der Berufserfahrung differenziert, nicht die Befugnis absprechen können, nach deren Vorliegen zu fragen, selbst wenn fehlende Berufserfahrung kein zulässiger Ablehnungsgrund sein sollte. Wenn der Arbeitgeber Berufserfahrung bei der Entgeltbemessung berücksichtigen darf, muss er bei den vorhergehenden Vertragsverhandlungen auch nach dem Vorliegen von Berufserfahrung fragen dürfen.

(3) Ausgewogene Altersstruktur im Betrieb

Neben den bereits genannten legitimen Zielen wird man für die Festlegung sowohl von Höchst- als auch von Mindestanforderungen an Alter oder Berufserfahrung als legitimes Benachteiligungsziel bei der Einstellung weiterhin das Interesse des Arbeitgebers an einer ausgewogenen bzw. vernünftigen Altersstruktur der Belegschaft anerkennen können.[804]

Eine ausgewogene Altersstruktur der Belegschaft ist Voraussetzung dafür, dass betriebliche Erfahrungen in einem kontinuierlichen Prozess an jüngere Arbeitnehmer weitergegeben und gleichzeitig die mit einem aktuelleren Ausbildungsstand verbundenen neuen Ideen im Betrieb genutzt werden.[805] Durch das Zusammenwirken von Arbeitnehmern verschiedener Generationen, durch eine „gute Mischung" von Erfahrung und Belastbarkeit, gewinnt die Belegschaft

---

803 BT-Drucks. 16/1780, 36.

804 So bereits Bauer NJW 2001, 2672, 2674; dahingehend auch Waltermann NZA 2005, 1265, 1267; ohne nähere Begründung a.A. Weber AuR 2002, 401, 403.

805 Vgl. A/P/S – Kiel § 1 KSchG Rdnr. 750.

Stärke.[806] Demgegenüber würde etwa eine Überalterung der Belegschaft dazu führen, dass in kurzer Zeit eine Reihe von Arbeitnehmern ausscheiden und bei der Neubesetzung einer Reihe von Stellen betriebliches Erfahrungswissen nicht kontinuierlich an die nachfolgende Generation weitergegeben wird.[807] Vor diesem Hintergrund ist die Erhaltung einer ausgewogenen Altersstruktur der Belegschaft – weiterhin[808] – als berechtigtes betriebliches Erfordernis i.S.d. § 1 III S. 2 KSchG anerkannt[809]. Dies spricht dafür, sie auch als legitimes Benachteiligungsziel i.S.d. § 10 AGG beim Zugang zur Beschäftigung anzuerkennen.

Würde deshalb im konkreten Fall etwa die Einstellung eines älteren Arbeitnehmers zu den beschriebenen Gefahren einer überalterten Belegschaft führen, darf der Arbeitgeber m.E. durchaus ein bestimmtes Höchstalter bei der Einstellung im Interesse einer ausgewogenen Alterstruktur der Belegschaft festlegen. Fehlt andererseits noch ein berufserfahrener Mitarbeiter, etwa weil ein solcher gerade ausgeschieden ist, kann der Arbeitgeber bei der Neubesetzung, um eine bis dahin ausgewogene Altersstruktur wieder herzustellen, auch wieder eine entsprechende Berufserfahrung zum Einstellungskriterium machen.

(4) Kundenerwartungen

Fraglich ist schließlich, ob auch dann, wenn ein Unternehmenskonzept auf eine bestimmte Altersgruppe als Zielgruppe ausgerichtet ist, das Alter ein legitimes Unterscheidungskriterium bei der Einstellung sein kann.[810] Dafür spricht, dass etwa die Glaubwürdigkeit eines Verkäufers in einer altersmäßig definierten Zielgruppe durchaus auch von dessen Alter abhängen dürfte. Dagegen, dies als „legitimes Ziel“ anzuerkennen spricht jedoch, dass damit einer inneren Einstellung der Kunden nachgegeben würde, die mit den Diskriminierungsverboten gerade bekämpft werden soll.[811]

c) Fazit

Zusammenfassend ist ein Fragerecht des Arbeitgebers nach dem Alter des Bewerbers und nach damit zusammenhängenden Kriterien, insbesondere der Berufserfahrung, im Grundsatz zwar nicht mehr gegeben.

Das Unter- oder Überschreiten eines bestimmten Alters kann in Ausnahmefällen jedoch bereits wesentliche und entscheidende berufliche Anforderung sein. Darüber hinaus darf der Arbeitgeber Höchst- oder Mindestanforderungen an Al-

---

806 Vgl. A/P/S – Kiel § 1 KSchG Rdnr. 750.

807 A/P/S – Kiel § 1 KSchG Rdnr. 750.

808 § 1 III S. 2 KSchG wurde durch das Gesetz zur Umsetzung europäischer Richtlinien zur Verwirklichung des Grundsatzes der Gleichbehandlung nicht geändert.

809 A/P/S – Kiel § 1 KSchG Rdnr. 749.

810 Dafür Waltermann NZA 2005, 1265, 1267; dahingehend auch Linsenmaier RdA 2003, Sonderbeilage zu Heft 5, 22, 26; Weber AuR 2002, 401, 403.

811 Vgl. auch Däubler/Bertzbach – Brors § 8 Rdnr. 16.

ter oder Berufserfahrung nicht nur zum Schutz und zur Sicherheit Dritter, die mit der Arbeitsleistung in Berührung kommen, sondern auch dann festlegen, wenn die Beachtung des Benachteiligungsverbots wegen des Alters bei der Einstellung zu betriebswirtschaftlich sinnlosen Ergebnissen führen würde. Sowohl Höchst- als auch Mindestanforderungen an das Alter wird der Arbeitgeber zudem weiterhin festlegen dürfen, um eine ausgewogene Altersstruktur innerhalb der Belegschaft zu erhalten. Aus der Befugnis, das Alter bzw. damit zusammenhängende Kriterien als Einstellungsanforderungen zu berücksichtigen, folgt dann auch ein entsprechendes Fragerecht.

Des Weiteren darf der Arbeitgeber mit dem Alter zusammenhängende Merkmale, insbesondere die Berufserfahrung, auch zum Anknüpfungspunkt für die unterschiedliche Behandlung der Mitarbeiter bei Entgeltfragen machen, womit sich das Merkmal „Alter" von anderen verpönten Diskriminierungsmerkmalen wesentlich unterscheidet. Da Entgeltfragen einen zentralen Punkt bei den Vertragsverhandlungen zwischen Arbeitgeber und Bewerber darstellen, wird man dem Arbeitgeber, welcher bei der Höhe des seinen Beschäftigten gezahlten Entgelts – zulässigerweise – nach der Berufserfahrung differenziert, kaum die Befugnis absprechen können, nach deren Vorliegen zu fragen.

Damit verbleiben unter Berücksichtigung der im AGG enthaltenen Ausnahmen vom Verbot unmittelbarer oder mittelbarer Altersdiskriminierung also diverse Fallgestaltungen, in denen der Arbeitgeber weiterhin das Alter oder die Berufserfahrung des Bewerbers erfragen darf.

F. Die pauschale Frage nach der Verfügbarkeit

In einigen der vorstehend behandelten Fallgruppen des Fragerechts stand hinter dem Informationsinteresse des Arbeitgebers nach bestimmten Daten letztlich das Interesse an der Verfügbarkeit des Bewerbers. Dieses Interesse vermochte aber nicht immer ein Fragerecht nach dem potentiellen Ausfallgrund (z.B. Schwangerschaft) zu begründen. In solchen Fällen stellt sich die Frage, ob der Arbeitgeber statt nach dem Ausfallgrund pauschal nach der Verfügbarkeit fragen darf.

I. Ansichten in der Literatur

1. Fragerecht bejahende Ansicht

Von Teilen der Literatur wird die Zulässigkeit der (hinsichtlich des Ausfallgrundes neutralen) Frage nach der Verfügbarkeit bejaht.[812] Dabei wird dem Arbeitgeber sogar regelrecht empfohlen, anstatt einer unzulässigen Frage nach der Schwangerschaft die geschlechtsneutrale Frage nach der Verfügbarkeit zu stellen.[813] Die Frage könne wie folgt formuliert werden: „Können wir damit rech-

[812] ArbRBGB – Schliemann § 611 Rdnr. 423; Hunold AuA 2001, 260, 264; Schulte Westenberg NJW 1994, 1573, 1575.

[813] Schulte Westenberg NJW 1994, 1573, 1575; Hunold DB 2000, 573, 574.

nen, dass Sie uns nach Eintritt auch zur Arbeitsleistung zur Verfügung stehen, oder müssen Sie demnächst mit längerem Arbeitsausfall (länger als 2 Wochen) rechnen ?"[814]

2. Fragerecht ablehnende Ansicht

Andere lehnen vor dem Hintergrund, dass die Nichtverfügbarkeit auf Umständen beruhen kann, nach denen der Arbeitgeber nicht fragen darf, die Zuässigkeit der pauschalen Frage nach der Verfügbarkeit ab, da der Bewerber in diesem Fall von der zulässigen Falschbeantwortung zurückschrecken werde.[815]

II. Eigene Stellungnahme

Da das Arbeitsverhältnis in erster Linie ein Austauschverhältnis ist, kann ein berechtigtes Informationsinteresse des Arbeitgebers hinsichtlich der Verfügbarkeit des Bewerbers zum beabsichtigten Beginn des Arbeitsverhältnisses oder in absehbarer Zeit danach grundsätzlich nicht geleugnet werden.

Jedoch kann auch der Gesichtspunkt der Verfügbarkeit bei entgegenstehenden Wertungen, insbesondere den Diskriminierungsverboten, ein Fragerecht nach bestimmten Ausfallgründen (z.B. Schwangerschaft) nicht begründen.

Wenn das Interesse des Arbeitgebers an der Verfügbarkeit einer Arbeitnehmerin aber etwa hinter das geschlechtsspezifische Diskriminierungsverbot zurücktreten muss, kann sich bezüglich der Berechtigung seines Informationsinteresses bei der Frage nach der Verfügbarkeit keine andere Wertung ergeben: Der Arbeitgeber hat vor Begründung eines unbefristeten Arbeitsverhältnisses auch kein berechtigtes Interesse daran, zu erfahren, dass eine schwangere Bewerberin nicht verfügbar sein wird.

Da der unbeschränkten Frage nach der Verfügbarkeit damit kein unbeschränkt berechtigtes Informationsinteresse des Arbeitgebers zugrunde liegt, ist sie unzulässig.

Der Arbeitgeber muss die Frage, damit ein durch das Verbot der Frage nach dem Ausfallgrund gewährleisteter Schutz nicht umgangen wird, deshalb – ebenso wie andere, im Grundsatz zulässige, in der Reichweite aber beschränkte Fragen – einschränken und sie so formulieren, dass ausdrücklich nur nach einer feststehenden Nichtverfügbarkeit zum Zeitpunkt des vorgesehenen Vertragsbeginns oder in absehbarer Zeit danach, welche nicht auf einer Schwangerschaft oder anderen nicht offenbarungspflichtigen Umständen beruht, gefragt wird.

Damit hat das Fragerecht nach der Verfügbarkeit letztlich allerdings wenig praktische Relevanz, da es auf Fälle beschränkt ist, in denen ohnehin eine Mitteilungspflicht des Bewerbers über seine Nichtverfügbarkeit besteht.

---

814 Hunold AuA 2001, 260, 264.
815 Gola RDV 2000, 202, 204.

G. „Geltungserhaltende Reduktion" zu weit gehender Fragen ?

Die bisherige Untersuchung hat gezeigt, dass der Arbeitgeber in einigen Fallgruppen, wie etwa hinsichtlich Vorstrafen oder Krankheiten des Bewerbers, zwar grundsätzlich ein Fragerecht hat, dieses jedoch in seiner Reichweite begrenzt ist. Insoweit ergibt sich das Problem der Rechtsfolge für den Fall, dass der Arbeitgeber mit einer Frage „über das Ziel hinaus schießt". Fraglich ist, ob der Bewerber dann zumindest die Daten offenbaren muss, an deren Kenntnis der Arbeitgeber ein berechtigtes Interesse hat, oder die Frage demgegenüber gänzlich falsch beantworten darf. Ersteres könnte – mit Ausnahme der Fälle, in denen ohnehin bereits eine Mitteilungspflicht des Bewerbers besteht – nur dann angenommen werden, wenn man die überschießende Frage des Arbeitgebers als im Umfang seines berechtigten Informationsinteresses zulässig ansähe, die Frage also „geltungserhaltendend reduzieren" würde.

I. Rspr. des BAG

Die Rspr. des BAG ist insoweit uneinheitlich: So hat es den Bewerber – ohne die Frage einer geltungserhaltenden Reduktion allerdings zu problematisieren – in der Entscheidung vom 20.05.1999 für verpflichtet gehalten, auf eine nicht weiter begrenzte Frage nach anhängigen Strafverfahren ein „einschlägiges" anzugeben.[816] Nach der Entscheidung vom 06.07.2000 dürfen Bewerber um eine Einstellung in den öffentlichen Dienst auf eine zeitlich unbeschränkte Frage nach MfS-Tätigkeiten in der Regel (nur) die vor dem Jahre 1970 abgeschlossenen Tätigkeiten verschweigen.[817]

Demgegenüber hat das BAG in der Entscheidung vom 13.06.2002[818] jedoch eine überschießende Ausübung eines an sich gegebenen Fragerechts (im konkreten Fall des Fragerechts im bereits bestehenden Arbeitsverhältnis nach früheren MfS-Kontakten) als rechtswidrig bezeichnet. Die Frage müsse so formuliert sein, dass der Arbeitnehmer erkennen könne, wonach gefragt werde.[819] Der Arbeitnehmer müsse die Zulässigkeit der Frage beurteilen können.[820]

II. Ansichten in der Literatur

In der Literatur wird die Problematik einer geltungserhaltenden Reduktion überschießender Fragen selten näher behandelt.

Nach einigen Autoren soll der Bewerber aber etwa bei einer ohne Beschränkung gestellten Frage nach Vorstrafen die im Rahmen des Fragerechts liegenden Verurteilungen angeben müssen[821], wobei vertreten wird, die allgemein gestellte

---

816 BAG 20.05.1999 – 2 AZR 320/98 = EzA Nr. 52 zu § 123 BGB.
817 Vgl. BAG 06.07.2000 – 2 AZR 543/99 = NZA 2001, 317, 319.
818 BAG 13.06.2002 – 2 AZR 234/01 = NZA 2003, 265 ff.
819 BAG 13.06.2002 – 2 AZR 234/01 = NZA 2003, 265 ff.
820 BAG 13.06.2002 – 2 AZR 234/01 = NZA 2003, 265 ff.
821 Höfle, AR – Blattei D, Vorstrafen I, 1977, C I. 3.; Linnenkohl AuR 1983, 129.

Frage stehe unter der – weil selbstverständlich – stillschweigenden Einschränkung, die sich aus dem BZRG und dem Kriterium der „Arbeitsplatzrelevanz“ ergäbe[822].

Hanau[823] tritt dafür ein, die Reduktion einer Frage nur dann zuzulassen, wenn die Rechtslage vorher unklar war.

III. Eigene Stellungnahme

1. Das Verbot der geltungserhaltenden Reduktion im Arbeitsrecht und in der übrigen Zivilrechtsordnung

Eine geltungserhaltende Reduktion überschießender Fragen ist keine Selbstverständlichkeit, wie die Diskussion um das Verbot der geltungserhaltenden Reduktion von eine Partei übervorteilenden und deshalb rechtswidrigen Vertragsklauseln im Arbeitsrecht und in der übrigen Zivilrechtsordnung zeigt.

Die insoweit bestehenden Streitfragen können im Rahmen der vorliegenden Arbeit zwar nicht in allen Facetten beleuchtet werden[824], die nachfolgend dargestellten für und wider das Verbot der geltungserhaltenden Reduktion und seine Ausnahmen im allgemeinen Zivilrecht und im Arbeitsrecht vorgebrachten Argumente können jedoch für die Fragerechtsproblematik fruchtbar gemacht werden.

a) Grundsatz

aa) Allgemeines Zivilrecht

Das Verbot der geltungserhaltenden Reduktion bedeutet, dass eine zu weit gehende Vertragsklausel nicht auf den gerade noch zulässigen Inhalt zurückgeführt und damit aufrechterhalten werden darf.[825]

Der BGH hat verschiedentlich eine Rückführung überschießender Klauseln auch bei individuell ausgehandelten Vereinbarungen abgelehnt.[826] Die Problematik einer geltungserhaltenden Reduktion rechtswidriger Klauseln wird aber vor allem im Recht der Allgemeinen Geschäftsbedingungen diskutiert.

Dort lehnt der BGH seit der grundlegenden Entscheidung vom 17.05.1982[827] eine geltungserhaltende Reduktion übermäßiger Klauseln vor dem Hintergrund

---

822 Höfle, AR – Blattei D, Vorstrafen I, 1977, C I. 3.

823 Hanau/Adomeit Rdnr. 625, Fn. 15.

824 Ausführlich zur Problematik der geltungserhaltenden Reduktion für den Bereich des allgemeinen Zivilrechts Roth JZ 1989, 411 ff., für den Bereich des Arbeitsrechts Willemsen/Grau RdA 2003, 321 ff.

825 BGH 14.05.1996 – XI ZR 257/94 = NJW 1996, 2092, 2093; BGH (GS) 27.11.1997 – GSZ 1/97, GSZ 2/97 = NJW 1998, 671 ff.

826 BGH 21.03.1977 – II ZR 96/75 = NJW 1977, 1233; BGH 30.05.1958 – V ZR 280/56 = NJW 1958, 1772.

827 BGH 17.05.1982 – VII ZR 316/81 = BGHZ 84, 109, 116.

der Zielsetzung des damaligen AGBG, auf einen angemessenen Inhalt der in der Praxis verwendeten oder empfohlenen Allgemeinen Geschäftsbedingungen hinzuwirken, ab[828]. Wo die Rspr. eine Rückführung überschießender Klauseln auf das zulässige Maß, ob bei individuell ausgehandelten Vereinbarungen[829] oder Formularklauseln[830], abgelehnt hat, steckt dahinter also ein Präventionsgedanke[831]: Demjenigen, der seinen Vertragspartner „übervorteilt", soll das Risiko dieser Vorgehensweise nicht dadurch genommen werden, dass ihm schlimmstenfalls durch gerichtliche Festsetzung das zugesprochen wird, was gerade noch zulässig zu vereinbaren gewesen wäre[832]. Im Recht der Allgemeinen Geschäftsbedingungen schützt das Verbot der geltungserhaltenden Reduktion zusätzlich das Transparenzgebot aus § 307 I S. 2 BGB, welches u.a. Täuschungen des Vertragspartners des Verwenders über den tatsächlichen Umfang der aus dem Vertrag fließenden Rechte und Pflichten verhindern will.[833]

bb) Arbeitsrecht

Im Arbeitsrecht hatte das BAG demgegenüber in der Vergangenheit in einer Reihe von Entscheidungen übermäßige Vertragsklauseln auf ein „angemessenes Maß" zurückgeführt, also geltungserhaltend reduziert, ohne allerdings genau dazu Stellung zu nehmen, warum es überschießende Klauseln auf ein akzeptables Niveau herabsetzen will.[834] So hat es beispielsweise in der Entscheidung vom 11.04.1984 die Bindungsdauer einer Weiterbildungskostenrückzahlungsklausel von 5 Jahren auf 3 Jahre zurückgeführt[835] und bei Kürzungsvereinbarungen über einmalige Jahressonderzuwendungen für den Fall der Nichtleistung der Arbeit[836] die Möglichkeit einer richterlichen Korrektur der Kürzungsrate nach den von ihm aufgestellten Grundsätzen bejaht.

---

828 Keine geltungserhaltende Reduktion im oben genannten Sinne bewirkt § 306 II BGB, wonach an die Stelle der unwirksamen Klausel das dispositive Gesetzesrecht tritt, denn die Klausel fällt dann nicht auf das gerade noch zulässige Maß, in dem von einer dispositiven Regelung hätte abgewichen werden dürfen, sondern eben auf die unmodifizierte gesetzliche Regelung zurück. Teilweise wird jedoch auch diese Rechtsfolge als geltungserhaltende Reduktion bezeichnet (vgl. Roth JZ 1989, 411, 414).

829 BGH 21.03.1977 – II ZR 96/75 = NJW 1977, 1233; BGH 30.05.1958 – V ZR 280/56 = NJW 1958, 1772.

830 BGH 17.05.1982 – VII ZR 316/81 = BGHZ 84, 109.

831 Vgl. BGH 11.07.1996 – IX ZR 74/95 = NJW 1996, 2786, 2788; BGH 21.03.1977 – II ZR 96/75 = NJW 1977, 1233; Roth JZ 1989, 411, 417 f.; Bayreuther NZA 2004, 953, 954.

832 Vgl. BGH 21.03.1977 – II ZR 96/75 = NJW 1977, 1233 f.; BGH 02.12.1982 – III ZR 90/81 = NJW 1983, 1420; BGH 18.04.1962 – VIII ZR 245/61 = NJW 1962, 1148 f.

833 Vgl. BGH 17.05.1982 – VII ZR 316/81 = BGHZ 84, 109, 116; Hromadka NJW 2002, 2523, 2529.

834 Bayreuther NZA 2004, 953, 955.

835 BAG 11.04.1984 – 5 AZR 430/82 = NZA 1984, 288.

836 BAG 15.02.1990 – 6 AZR 381/88 = EzA Nr. 9 zu § 611 BGB Anwesenheitsprämie.

Auch nachdem das Recht der Allgemeinen Geschäftsbedingungen mit Integrierung in das BGB unter Wegfall der Bereichsausnahme des früheren § 23 AGBG nunmehr auch auf Arbeitsverträge Anwendung findet, wird von Teilen der Literatur dafür plädiert, mit Blick auf die im Arbeitsrecht geltenden Besonderheiten, die bei Anwendung der AGB-Vorschriften angemessen zu berücksichtigen sind (§ 310 IV S. 2 BGB), das Reduktionsverbot weiterhin jedenfalls nicht ausnahmslos anzuwenden.[837] Man müsse dem Arbeitgeber, da das Arbeitsverhältnis ein Dauerschuldverhältnis mit unvorhersehbaren tatsächlichen und rechtlichen Änderungen sei und an eine Änderungskündigung hohe Anforderungen gestellt würden, die Verwendung unbestimmter Rechtsbegriffe in stärkerem Ausmaß erlauben, als bei einem kurzfristig abgewickelten Vertrag.[838] Der Arbeitgeber könne bei Vertragsschluss oft nicht absehen, wie sich eine bestimmte Vertragsklausel später entwickeln werde.[839]

Zudem bewege er sich bei der Abfassung von Klauseln häufig auf rechtlich ungesichertem Terrain.[840] Im Arbeitsrecht gebe es kaum dispositives Recht, an dem sich der Arbeitgeber bei der Abfassung einer Klausel orientieren könne.[841] Die Unwirksamkeit vieler Formularklauseln gehe immer seltener darauf zurück, dass der Verwender seinen Vertragspartner bewusst übervorteilen wolle, sondern mehr und mehr auf die sich ständig wandelnde und perfektionierende AGB-Rspr. selbst; vor allem, wenn die rechtliche Beurteilung einer Klausel auf § 307 II BGB basiere, könne der Verwender die immer feiner werdenden Abstufungen zwischen gerade noch zulässigen und bereits unzulässigen Klauseln kaum sicher vorhersehen.[842]

Gegen eine uneingeschränkte Geltung des Reduktionsverbot spreche auch, dass im Arbeitsrecht, anders als im Zivilrecht, regelmäßig eine Ersatzordnung fehle, die den Verwender nicht ins Bodenlose fallen lasse; werde etwa im Kaufrecht die Gewährleistungsfrist unzulässig verkürzt, führe dies nicht zu einer Endloshaftung des Verwenders, sondern nur zur gesetzlichen Gewährleistungsfrist, während der Arbeitgeber, der etwa eine mit zu langer Bindungsdauer versehene Ausbildungskostenrückzahlungsklausel verwendet habe, gänzlich leer ausgehen würde.[843]

Verschiedene Senate des BAG haben demgegenüber inzwischen entschieden, eine geltungserhaltende Reduktion zu weitgehender arbeitsvertraglicher Formu-

837 Hromadka NJW 2002, 2523, 2529 f.; Bayreuther NZA 2004, 953 ff.
838 Hromadka NJW 2002, 2523, 2529; ähnlich Bayreuther NZA 2004, 953, 954.
839 Bayreuther NZA 2004, 953, 954.
840 Bayreuther NZA 2004, 953, 954.
841 Hromadka NJW 2002, 2523, 2529.
842 Bayreuther NZA 2004, 953, 954.
843 Bayreuther NZA 2004, 953, 955.

larklauseln komme grundsätzlich nicht in Betracht.[844] Zur Begründung führt auch das BAG den Präventionsgedanken sowie das Transparenzgebot an.[845]

Hatte der 8. Senat[846] dabei noch offen gelassen, ob es Ausnahmefälle gibt, in denen das „Alles-oder-Nichts-Prinzip" dem Charakter des Arbeitsverhältnisses als einem auf Dauer angelegten Schuldverhältnis mit für den Verwender der AGB eingeschränkter Kündigungsmöglichkeit nicht gerecht werde, verneint der 5. Senat insoweit eine Besonderheit des Arbeitsrechts mit der Begründung, langfristig angelegte Formularverträge ohne die Möglichkeit der einseitigen Änderung von Allgemeinen Geschäftsbedingungen kämen im gesamten Vertragsrecht regelmäßig vor[847].

b) (Faktische) Ausnahmen vom Verbot der geltungserhaltenden Reduktion

Trotz des im Recht der Allgemeinen Geschäftsbedingungen somit in der Rspr. – auch im Arbeitsrecht – grundsätzlich angenommenen Verbots der geltungserhaltenden Reduktion kann von einem strikt durchgehaltenen Prinzip indes nicht gesprochen werden.

So kommt das Verbot der geltungserhaltenden Reduktion einer beanstandeten Formularklausel nach der Rspr. von BGH und BAG letztlich dann nicht zur Anwendung, wenn die Regelung mehrere voneinander trennbare Teile enthält.[848] Verbleibt nach Streichung des unwirksamen Teils einer Klausel eine sprachlich und inhaltlich selbständige und sinnvolle Regelung[849], kann der abtrennbare, für sich genommen wirksame Teil einer Klausel aufrechterhalten werden. Dabei muss die Klausel noch nicht einmal materiell selbständige, nur sprachlich zusammengefasste Bestimmungen enthalten, von denen jede einer gesonderten Inhaltskontrolle zugänglich wäre, vielmehr streicht die Rspr. auch einzelne, die Unwirksamkeit der Gesamtklausel bewirkende Begriffe aus einer Klausel, so-

---

844 BAG 04.03.2004 – 8 AZR 196/03 = NZA 2004, 727 ff.; BAG 28.09.2005 – 5 AZR 52/05 = NZA 2006, 149, 153; BAG 11.04.2006 – 9 AZR 610/05 = NZA 2006, 1042, 1045.

845 BAG 04.03.2004 – 8 AZR 196/03 = NZA 2004, 727 ff.; BAG 11.04.2006 – 9 AZR 610/05 = NZA 2006, 1042 ff.

846 BAG 04.03.2004 – 8 AZR 196/03 = NZA 2004, 727 ff.

847 BAG 12.01.2005 – 5 AZR 364/04 = NZA 2005, 465; BAG 28.09.2005 – 5 AZR 52/05 = NZA 2006, 149, 153; in diese Richtung auch schon Morgenroth/Leder NJW 2004, 2797, 2798 f. und Preis NZA 2004, 1014, 1016.

848 BGH 10.09.1997 – VIII ARZ 1/97 = NJW 1997, 3437; BAG 11.04.2006 – 9 AZR 610/05 = NZA 2006, 1042, 1045; BAG 01.03.2006 – 5 AZR 363/05 = NZA 2006, 746, 748; kritisch *Bayreuther* (NZA 2004, 953, 955 f.), der darin eine Umgehung des Reduktionsverbots sieht und darauf hinweist, dass der Verwender durch gekonnte Formulierung die an sich einheitliche Klausel nur sprachlich in einen zulässigen und einen unzulässigen Teil aufzuspalten braucht, um selbst für eine geltungserhaltende Reduktion zu sorgen.

849 BGH 10.09.1997 – VIII ARZ 1/97 = NJW 1997, 3437; BAG 11.04.2006 – 9 AZR 610/05 = NZA 2006, 1042, 1045.

lange nur der Klauselrest nach dem „blue-pencil-test" einen verständlichen und wirksamen Inhalt behält.[850]

Des Weiteren kann die durch den Wegfall einer unwirksamen Regelung entstandene Lücke nach der Rspr. von BGH und BAG unter bestimmten Voraussetzungen auch im Wege ergänzender Vertragsauslegung geschlossen werden, wenn eine dispositive Regelung zur Lückenfüllung fehlt.[851] Es wird dann diejenige Gestaltungsmöglichkeit angenommen, die die Parteien bei sachgerechter Abwägung der beiderseitigen Interessen nach Treu und Glauben redlicherweise vereinbart hätten, wenn ihnen die Unwirksamkeit der Klausel bekannt gewesen wäre.[852] Dabei kann eine ergänzende Vertragsauslegung nach der Rspr. sogar zu Gunsten des Verwenders vorgenommen werden.[853]

Eine ergänzende Vertragsauslegung soll zum einen dann vorgenommen werden können, wenn eine ersatzlose Streichung der unwirksamen Klausel keine angemessene, den typischen Interessen des AGB-Verwenders und seines Vertragspartners Rechnung tragende Lösung bietet.[854]

In der Entscheidung vom 12.01.2005 hat der 5. Senat des BAG die Möglichkeit einer ergänzenden Vertragsauslegung hinsichtlich einer vor dem 01.01.2002 vereinbarten Widerrufsklausel über eine übertarifliche Zulage darüber hinaus auch unter Vertrauensschutzgesichtspunkten bejaht.[855] Das Gesetz laufe hinsichtlich der Anforderungen an die Vertragsformulierung auf eine echte Rückwirkung hinaus, weshalb es einer verfassungskonformen, den Grundsatz der Verhältnismäßigkeit wahrenden Auslegung und Anwendung bedürfe.[856] Das führe dazu, dass die unwirksame Klausel nicht gemäß § 306 II BGB ersatzlos wegfalle.[857] Eine Bindung des Arbeitgebers an die vereinbarte Leistung ohne Wider-

---

[850] Vgl. BAG 21.04.2005 – 8 AZR 425/04 = NZA 2005, 1053, 1056.

[851] BGH 22.01.1992 – IV ZR 59/91 = NJW 1992, 1164, 1165; BGH 03.11.1999 – VIII ZR 269/98 = NJW 2000, 1110, 1114; BGH 10.01.1974 – VII ZR 28/72 = NJW 1974, 551; BAG 12.05.2005 – 5 AZR 364/04 = NZA 2005, 465, 468; BAG 07.12.2005 – 5 AZR 535/04 = NZA 2006, 423, 428; BAG 11.04.2006 – 9 AZR 610/05 = NZA 2006, 1042, 1045 f.; Hromadka NJW 2002, 2523, 2529; für die Möglichkeit einer ergänzenden Vertragsauslegung im Arbeitsrecht wohl auch Preis NZA 2004, 1014, 1016; Hromadka NJW 2002, 2523, 2529; kritisch hingegen Bayreuther NZA 2004, 953, 956; Morgenroth/Leder NJW 2004, 2797, 2799.

[852] Vgl. BGH 22.01.1992 – IV ZR 59/91 = NJW 1992, 1164, 1165; BAG 11.04.2006 – 9 AZR 610/05 = NZA 2006, 1042, 1045.

[853] Vgl. BGH 22.01.1992 – IV ZR 59/91 = NJW 1992, 1164, 1165; BAG 11.04.2006 – 9 AZR 610/05 = NZA 2006, 1042, 1045.

[854] BGH 22.01.1992 – IV ZR 59/91 = NJW 1992, 1164, 1165; BGH 03.11.1999 – VIII ZR 269/98 = NJW 2000, 1110, 1114; BAG 11.04.2006 – 9 AZR 610/05 = NZA 2006, 1042, 1045; LAG Hamm 11.05.2004 – 19 Sa 2132/03 = NZA-RR 2004, 515; Preis NZA 2004, 1014, 1016.

[855] BAG 12.01.2005 – 5 AZR 364/04 = NZA 2005, 465; anders noch die Vorinstanz LAG Hamm 11.05.2004 – 19 Sa 2132/03 = NZA-RR 2004, 515.

[856] BAG 12.05.2005 – 5 AZR 364/04 = NZA 2005, 465.

[857] BAG 12.05.2005 – 5 AZR 364/04 = NZA 2005, 465.

rufsmöglichkeit würde unverhältnismäßig in die Privatautonomie des Arbeitgebers eingreifen.[858] Mit einer solchen Rechtsfolge habe niemand rechnen können, müssen und dürfen.[859] Da der Verwender bei Abschluss des Vertrages die §§ 307 f. BGB nicht habe berücksichtigen können und die Klausel deshalb unwirksam sei, weil sie in formeller Hinsicht den neuen Anforderungen nicht genüge, bedürfe es zur Schließung der entstandenen Lücke der ergänzenden Vertragsauslegung.[860]

Auch wenn in der Rspr. zur ergänzenden Vertragsauslegung betont wird, das Gericht dürfe nicht so verfahren, dass es unwirksame Klauseln nur soweit abmildere und „entschärfe", dass sie gerade noch tragbar erschienen[861], entspricht das Ergebnis der ergänzenden Vertragsauslegung doch häufig einer geltungserhaltenden Reduktion[862].

2. Folgerungen für die Fragerechtsproblematik

Überträgt man die Wertungen, die hinter dem Verbot der geltungserhaltenden Reduktion übermäßiger Vertragsklauseln, aber auch hinter seinen faktischen Ausnahmen stehen, auf die Fragerechtsproblematik, spricht insbesondere der Präventionsgedanke gegen eine Reduktion überschießender Fragen: Der Arbeitgeber ginge mit einer überschießenden Frage keinerlei Risiko ein und bliebe für den Fall, dass der Bewerber auch den an sich zulässigen Teil der Frage wahrheitswidrig beantwortet, zur Anfechtung des Arbeitsvertrages gemäß § 123 BGB berechtigt. Des Weiteren lässt sich das im Recht der Allgemeinen Geschäftsbedingungen verwurzelte Täuschungsverbot als Ausprägung des Transparenzgebots[863] grundsätzlich auch gegen eine geltungserhaltende Reduktion zu weit gehender Arbeitgeberfragen anführen.

Ein Bewerber im Vorstellungsgespräch erscheint insoweit sogar noch schutzbedürftiger als jemand, der eine ihn übervorteilende Vertragsklausel immerhin mitvereinbart hat, denn der Bewerber hat in einem Vorstellungsgespräch keinerlei Einfluß darauf, welche Fragen ihm der Arbeitgeber stellt.

In den Fällen, in denen die Rspr. – wie etwa hinsichtlich des Fragerechts nach Gesundheitsdaten des Bewerbers – klare Grenzen des Fragerechts aufgezeigt hat, schließen diese Erwägungen zusammengenommen m.E. eine geltungserhaltende Reduktion überschießender Fragen aus.

---

858 BAG 12.05.2005 – 5 AZR 364/04 = NZA 2005, 465.

859 BAG 12.05.2005 – 5 AZR 364/04 = NZA 2005, 465.

860 BAG 12.05.2005 – 5 AZR 364/04 = NZA 2005, 465.

861 BGH 10.01.1974 – VII ZR 28/72 = NJW 1974, 551; vgl. auch BGH 12.10.1978 – VII ZR 220/77 = NJW 1979, 158; BGH 03.11.1999 – VIII ZR 269/98 = NJW 2000, 1110; BAG 11.04.2006 – 9 AZR 610/05 = NZA 2006, 1042, 1045.

862 Vgl. etwa BGH 22.01.1992 – IV ZR 59/91 = NJW 1992, 1164, 1165; zum Verhältnis der ergänzenden Vertragsauslegung zum Verbot der geltungserhaltenden Reduktion auch Morgenroth/Leder NJW 2004, 2797, 2799.

863 Vgl. LAG Hamm 11.05.2004 – 19 Sa 2132/03 = NZA-RR 2004, 515.

Andererseits lässt sich jedoch auch der gegen das uneingeschränkte Verbot der geltungserhaltenden Reduktion eingewandte Gesichtspunkt fehlender Voraussehbarkeit der Zulässigkeit bestimmter Regelungen auf einige Fallgruppen des Fragerechts übertragen. Dies gilt zunächst für die Fälle, in denen es an (höchstrichterlicher) Rspr. zur Zulässigkeit einer bestimmten Frage fehlt. Darüber hinaus ist die Reichweite des Fragerechts für den Arbeitgeber im Einzelfall aber selbst in einigen durch die Rspr. bereits behandelten Fallgruppen nur schwer zu beurteilen. Besonders deutlich wird dies bei der – nicht zuletzt deshalb abzulehnenden – Rspr. zum Fragerecht nach Vorstrafen, nach der der Arbeitgeber die „Arbeitsplatzrelevanz" von Vorstrafen beurteilen soll. Gleiches gilt für das Fragerecht nach einer früheren MfS-Tätigkeit, welches nach der Rspr. des BAG zum Fragerecht im öffentlichen Dienst lediglich „in der Regel" vor dem Jahre 1970 ausgeführte Stasi-Tätigkeiten nicht umfasst, ausnahmsweise soll ein berechtigtes Informationsinteresse jedoch bestehen, wenn Tätigkeiten „besonders schwer wiegen" oder wenn spätere Verstrickungen für sich allein genommen noch keine eindeutige Entscheidung zulassen.[864] Überdies wird auch dort zusätzlich auf das schwer handhabbare Kriterium der „Arbeitsplatzrelevanz" abgestellt.[865]

In solchen Fällen kann auch der Transparenzgedanke nicht gegen die geltungserhaltende Reduktion einer überschießenden Frage angeführt werden. Wo die Rspr. selbst derart unbestimmte Kriterien wie „Arbeitsplatzrelevanz" oder „Einschlägigkeit" aufstellt, können an den Arbeitgeber keine überzogenen Präzisierungsanforderungen hinsichtlich seiner Frage gestellt werden, mit dem jedes möglicherweise nicht mehr berechtigte Informationsbegehren ausgeklammert wird. Gleichzeitig wird man dem Arbeitgeber hier häufig eine bewusste Täuschung des Bewerbers über den Umfang des Fragerechts und der damit zusammenhängenden Wahrheitspflicht nicht vorwerfen können.

Aus diesem Grund ist eine geltungserhaltende Reduktion überschießender Fragen also für solche Fälle zu bejahen, in denen die Reichweite des Fragerechts für den Arbeitgeber selbst nicht sicher erkennbar ist, weil (Rechtssicherheit schaffende) Rspr. fehlt.

Kapitel 4 – Die Zulässigkeit von Datenerhebungsmethoden des Arbeitgebers außerhalb der Direktbefragung

Neben der Direktbefragung im Rahmen eines Vorstellungsgespräches nutzen Arbeitgeber diverse weitere Möglichkeiten, um Informationen über Bewerber zu erlangen. Zu den in der Praxis wichtigsten „indirekten" Erhebungsmethoden des Arbeitgebers zählen Auskunftsersuchen an andere Arbeitgeber, ärztliche und

---

864 BAG 28.05.1998 – 2 AZR 549/97 = NZA 1998, 1052, 1054; BAG 06.07.2000 – 2 AZR 543/99 = NZA 2001, 317, 319.

865 BAG 28.05.1998 – 2 AZR 549/97 = NZA 1998, 1052, 1054.

graphologische Untersuchungen sowie – zunehmend – das Assessment-Center-Verfahren. Auch insoweit stellen sich zahlreiche Zulässigkeitsfragen.

A. Auskunftsersuchen an andere Arbeitgeber

Der Arbeitgeber wird häufig versuchen, Daten des Bewerbers bei Dritten zu erheben. Von großer praktischer Bedeutung sind dabei – ggf. auch fernmündliche – Auskunftsersuchen an den ehemaligen oder gegenwärtigen Arbeitgeber des Bewerbers.[866] Fraglich ist dabei zunächst die Befugnis des potentiellen Arbeitgebers zu solchen Auskunftsersuchen.

I. Befugnis des potentiellen Arbeitgebers zur Anfrage nach Auskünften

1. Im Anwendungsbereich des BDSG 2001

Beabsichtigt der Arbeitgeber, die von ihm erstrebten Bewerberdaten anschließend zu speichern, könnten seiner Anfrage bei anderen Arbeitgebern bereits die Vorschriften des BDSG 2001 entgegenstehen.

a) Grundsatz der Direkterhebung

Denn insoweit hat die Novellierung des BDSG aufgrund der EG-DSR zu einer grundlegenden Änderung geführt: Da das BDSG 1990 im privaten Bereich – anders als im öffentlichen Bereich (§ 13 BDSG 1990) – keinen Grundsatz der Direkterhebung enthielt, mussten aus Sicht des sich informierenden Arbeitgebers für die Zulässigkeit solcher Datenerhebungen keine besonderen datenschutzrechtlichen Erlaubnistatbestände vorliegen.

Nach der Novellierung enthält § 4 II S.1 BDSG 2001 nunmehr jedoch den Grundsatz der Direkterhebung auch für den nicht-öffentlichen Bereich. Anfragen eines potentiellen neuen Arbeitgebers beim alten oder gegenwärtigen Arbeitgeber des Bewerbers sind demnach im Anwendungsbereich des BDSG 2001 grundsätzlich verboten.

b) Erlaubnistatbestände

Das BDSG 2001 enthält jedoch Erlaubnistatbestände, nach denen die Anfrage des Arbeitgebers gerechtfertigt sein könnte. Erhebt der Arbeitgeber Daten bei Dritten ohne Zustimmung des Bewerbers, richtet sich die datenschutzrechtliche Zulässigkeit nach § 4 II S. 2 Nr. 2 a, b BDSG 2001. Ist eine Datenerhebung danach nicht zu rechtfertigen, kommt als Erlaubnistatbestand die Einwilligung des Bewerbers nach §§ 4 I, 4 a BDSG 2001 in Betracht.

---

866 Schaub – Linck § 147 Rdnr. 1; MünchArbR – Buchner § 41 Rdnr. 253; Däubler CR 1994, 101, 105.

aa) § 4 II S. 2 Nr. 2 a, b BDSG 2001

Gemäß § 4 II S. 2 Nr. 2 a, b BDSG 2001 dürfen Daten bei Dritten ohne die Mitwirkung des Betroffenen unter der Voraussetzung erhoben werden, dass der Geschäftszweck eine Erhebung bei anderen Personen oder Stellen erforderlich macht oder die Erhebung beim Betroffenen einen unverhältnismäßigen Aufwand erfordern würde und keine Anhaltspunkte dafür bestehen, dass überwiegende schutzwürdige Interessen des Betroffenen beeinträchtigt werden.

(1) Überwiegende schutzwürdige Interessen des Bewerbers

(a) Beachtung der Fragerechtsgrenzen

Daraus ergibt sich zunächst, dass der Arbeitgeber ohne Mitwirkung des Bewerbers keine außerhalb des Fragerechts liegenden Daten bei Dritten erheben darf, denn in diesem Fall würden, da die Grenzen des Fragerechts auf einer Interessenabwägung beruhen, denknotwendig überwiegende schutzwürdige Interessen des Bewerbers beeinträchtigt.[867]

(b) Geheimhaltung der Bewerbung

Unabhängig von den Fragerechtsgrenzen kann ein schutzwürdiges Interesse des Bewerbers daran, dass Anfragen nach Daten durch den potentiellen Arbeitgeber bei anderen Arbeitgebern unterbleiben, darüber hinaus auch noch unter einem anderen Gesichtspunkt bestehen: Bewirbt sich der Bewerber aus einem ungekündigten Arbeitsverhältnis heraus, drohen ihm aufgrund der in der Anfrage beim gegenwärtigen Arbeitgeber liegenden Bekanntgabe der Tatsache der Bewerbung erhebliche Nachteile wie Kündigung[868], Einschränkung des derzeitigen Wirkungskreises[869] oder Schikanen[870]. Vor diesem Hintergrund kann der Bewerber dem potentiellen Arbeitgeber verbieten, Auskünfte beim gegenwärtigen Arbeitgeber einzuholen[871] sowie mit dem potentiellen Arbeitgeber die Vertraulichkeit der Bewerbung vereinbaren, mit der Folge, dass der Arbeitgeber die Bewerbung geheim halten muss und diese nicht mittelbar im Zusammenhang mit Erkundigungen über den Bewerber bekannt machen darf[872]. Da die Datenerhebung nach § 4 II S. 2 Nr. 2 a, b BDSG 2001 auch bereits dann rechtswidrig ist, wenn lediglich „Anhaltspunkte" für das Vorliegen überwiegender schutzwürdiger Interessen des Bewerbers bestehen, wird man von einer Unzulässigkeit der unkonsertierten Datenanfrage des potentiellen Arbeitgebers aber auch dann

---

867 Vgl. auch Sutschet RDV 2000, 107, 110.

868 Vgl. ArbG Passau 06.05.1991 – 2 Ca 734/90 D = BB 1991, 1125 (LS); Schmid DB 1983, 769, 770.

869 Vgl. Schmid DB 1983, 769, 770; Bährle AuA 2001, 308.

870 Vgl. Schmid DB 1983, 769, 770.

871 Schmid DB 1983, 769 ff.; Bährle AuA 2001, 308; Schaub – Schaub § 24 Rdnr. 7.

872 MünchArbR – Buchner § 41 Rdnr. 256.

ausgehen müssen, wenn sich aus der Bewerbung lediglich ergibt, dass sich der Bewerber aus einem ungekündigten Arbeitsverhältnis heraus bewirbt, selbst wenn der Bewerber nicht explizit um die vertrauliche Behandlung der Bewerbung gebeteten hat. Dass die oben genannten Gefahren der Preisgabe der Bewerbung die Informationsinteressen des Arbeitgebers überwiegen, liegt auf der Hand: Dem Bewerber droht aufgrund seiner Wechselabsichten der Verlust des bisherigen Arbeitsplatzes und damit seiner Existenzgrundlage, ohne bereits einen neuen erlangt zu haben.

Die Interessen des Arbeitgebers bleiben dadurch hinreichend geschützt, dass ihm immer noch die Möglichkeit bleibt, sich für die Datenanfrage bei Dritten eine Einwilligung des Bewerbers einzuholen und er bei Verweigerung ggf. eine Absage erteilen kann.

(2) Erforderlichkeit der Anfrage

Auch wenn keine Anhaltspunkte für überwiegende Bewerberinteressen an dem Ausschluss der Datennachfrage bestehen, muss der Arbeitgeber prüfen, ob die Datenerhebung bei dem Dritten durch den Geschäftszweck erforderlich gemacht wird. Dies kann für den Fall angenommen werden, dass Anhaltspunkte für unrichtige Angaben des Bewerbers bestehen[873] oder wenn Aussagen über die bisherige berufliche Tätigkeit (z.B. in Zeugnissen) so unspezifisch sind, dass der Arbeitgeber sich kein sicheres Bild von der Qualifikation des Bewerbers machen kann[874].

bb) Erweitertes Datenerhebungsrecht durch Einwilligung ?

Nach §§ 4 I, 4 a BDSG 2001 kann die Anfrage des potentiellen Arbeitgebers auch durch die Einwilligung des Bewerbers gerechtfertigt werden.

Der Arbeitgeber könnte versucht sein, vom Bewerber die Einwilligung auch in solche Datenerhebungen bei anderen Arbeitgebern zu verlangen, die zur Ermittlung außerhalb des Fragerechts liegender Daten (etwa nach zurückliegenden Krankheiten des Bewerbers) führen sollen.

Nach allgemeinen Grundsätzen ist ein solches Verlangen unzulässig, denn von der Interessenlage im Anbahnungsverhältnis und den dabei betroffenen Rechtspositionen her gesehen macht es keinen Unterschied, auf welche Art und Weise der Arbeitgeber Daten erhebt. Das durch Art. 12 GG geschützte Recht des Bewerbers auf eine sachgerechte Einstellungsentscheidung und die diesbezüglich gegebene Rücksichtnahmepflicht des Arbeitgebers aus § 242 BGB bestehen unabhängig von der Form der Datenerhebung.

Fraglich ist deshalb, ob eine gleichwohl erteilte Einwilligung auch über die Grenzen des Fragerechts hinausgehende Datenerhebungen des Arbeitgebers le-

---

873 Däubler NZA 2001, 874, 876; ähnlich Gola RDV 2003, 177, 179.

874 Däubler NZA 2001, 874, 876.

gitimieren, das nach arbeitsrechtlichen Regeln begrenzte Datenerhebungsrecht des Arbeitgebers also erweitern kann.

(1) Ansichten in der Literatur

Diese Frage wird in der Literatur nicht nur bezüglich etwaiger Datenerhebungen des potentiellen Arbeitgebers bei anderen Arbeitgebern, sondern auch bezüglich anderer Formen indirekter Datenerhebungen – bei denen die Grenzen des Fragerechts ebenfalls gelten[875] – und unabhängig vom Eingreifen datenschutzrechtlicher Normen diskutiert. Es geht dabei um die Freiwilligkeit etwaiger Einwilligungen des Bewerbers und die darüber hinausgehende Frage, ob die Grenzen des Fragerechts überhaupt dispositiv sind. Diese Problematik besteht somit unabhängig von der jeweils in Rede stehenden indirekten Datenerhebungsmethode, so dass die insoweit vertretenen Argumente nachfolgend zusammengefasst dargestellt werden.

(a) Generelle Unbeachtlichkeit der Einwilligungen

Nach weit verbreiteter Ansicht lassen sich die durch die Rspr. zum Fragerecht des Arbeitgebers gezogenen Grenzen auch durch weitergehende Einwilligungen des Bewerbers nicht überwinden.[876]

Dies wird zumeist damit begründet, aufgrund der Zwangslage des Bewerbers, die Einwilligung erteilen zu müssen, um die Chance auf den Erhalt des Arbeitsplatzes nicht zu verlieren, fehle es an der erforderlichen Freiwilligkeit.[877] Erzwungene Einwilligungen gäben nicht den wahren Willen des Betroffenen wieder, in derartigen Fällen werde ein Hinweis auf die Einwilligung auch auf Grund des Einwands des Rechtsmissbrauchs (§ 242 BGB) entfallen.[878]

Eine formal ordnungsgemäß erteilte Einwilligung beseitige damit zwar den zunächst in bestimmten Erhebungsmethoden von vornherein liegenden Eingriff in das Persönlichkeits- bzw. informationelle Selbstbestimmungsrecht[879], ihre Reichweite sei jedoch von vornherein beschränkt und nur geeignet, diejenigen Erhebungen zu rechtfertigen, die für den angestrebten Zweck erforderlich seien[880].

---

875 Vgl. dazu noch unten B I. 2. (ärztliche Untersuchungen), B. II. 1. (graphologische Tests), B. III. 1. b) (Assessment Center).

876 Däubler, Gläserne Belegschaften ?, Rdnr. 161; Simitis – Simitis § 4 a Rdnr. 22; Gola/Schomerus § 4 a Rdnr. 7; Gola RDV 2002, 109, 111; Wohlgemuth, Datenschutz für Arbeitnehmer, Rdnr. 121 f., 142; ders. AuR 1992, 46, 47; ders. AuR 1985, 239, 242; ders. BB 1980, 1530, 1534; Thüsing/Lambrich BB 2002, 1146, 1150; Kuhla, 118, 119, 128; Schaub – Schaub § 24 Rdnr. 9 ff.; Tinnefeld/Böhm DuD 1992, 62, 64.

877 Wohlgemuth, Datenschutz für Arbeitnehmer, Rdnr. 121 f., 142; Kuhla, 118, 119, 128; Tinnefeld/Böhm DuD 1992, 62, 64.

878 Gola/Schomerus § 4 a Rdnr. 7; Gola RDV 2000, 202, 207.

879 Wohlgemuth, Datenschutz für Arbeitnehmer, Rdnr. 121.

880 Wohlgemuth, Datenschutz für Arbeitnehmer, Rdnr. 121.

Von einigen Autoren wird der Ausschluss der legitimierenden Wirkung von Einwilligungen des Bewerbers daneben auf die – allerdings zumeist nicht näher begründete – Annahme gestützt, die Grundsätze über das arbeitgeberseitige Fragerecht seien zwingende Schutzprinzipien, also nicht dispositiv.[881] Der Arbeitgeber dürfe außerhalb des Fragerechts liegende Daten selbst dann nicht verwenden, wenn der Bewerber sie freiwillig, ggf. sogar ungefragt, mitteile, weil dies zu einer Bevorzugung gegenüber anderen Bewerbern führen könne.[882]

(b) Grundsätzliche Beachtlichkeit der Einwilligungen

Nach der Gegenansicht sind Einwilligungen des Bewerbers in über die Grenzen des Fragerechts hinausgehende Datenerhebungen nicht per se unwirksam und unbeachtlich.[883] Voraussetzung sei lediglich, dass die Einwilligung freiwillig erteilt werde.[884] In einem Ausschluss der Einwilligungsmöglichkeit läge eine Entmündigung des Bewerbers, die sich mit der Zuerkennung des informationellen Selbstbestimmungsrechts nicht vertrage.[885]

(2) Eigene Stellungnahme

(a) Freiwilligkeit der Einwilligung

Fraglich ist zunächst, ob Einwilligungen des Bewerbers in über die Grenzen des Fragerechts hinausgehende Datenerhebungen vor dem Hintergrund der Zwangslage, geforderte Einwilligungserklärungen zum Erhalt der Einstellungschance abgeben zu müssen, tatsächlich generell als unfreiwillig erteilt angesehen werden müssen.

Der Gesetzgeber hat das Erfordernis der Freiwilligkeit in § 4 a I S. 1 BDSG 2001, wonach die Einwilligung nur wirksam ist, wenn sie auf der freien Entscheidung des Betroffenen beruht, in Umsetzung von Art. 2 lit. h EG-DSR[886], wonach die Einwilligung „ohne Zwang" erteilt sein muss, nunmehr explizit hervorgehoben.

Auch außerhalb des Anwendungsbereichs des BDSG 2001 bedürfen Einwilligungen zu ihrer Wirksamkeit der Freiwilligkeit. Diese ist jedoch nicht bereits

---

[881] So ausdrücklich Däubler CR 1994, 101, 104; ders. Gläserne Belegschaften ?, Rdnr. 161; Müller FS Söllner, 809, 826; ähnlich Gola RDV 2000, 202, 207; ders. RDV 2001, 125, 126; ders. RDV 2002, 109, 111; Gola/Schomerus § 4 a Rdnr. 7; Thüsing/Lambrich BB 2002, 1146, 1150; Wohlgemuth BB 1980, 1530, 1534.

[882] Gola RDV 2002, 109, 111; ähnlich Thüsing/Lambrich BB 2002, 1146, 1151.

[883] MünchArbR – Buchner § 41 Rdnrn. 234, 240; vgl. auch Wiese RdA 1986, 120, 123 f.; ders. ZfA 1971, 273, 282; Deutsch NZA 1989, 657, 660; Budde DB 1985, 1529, 1532.

[884] MünchArbR – Buchner § 41 Rdnr. 234; ähnlich Brossette, 246.

[885] Brossette, 246.

[886] Vgl. BT-Drucks. 14/4329, 34.

bei jeder „Zwangslage" zu verneinen.[887] Voraussetzung einer „Unfreiwilligkeit" im Rechtssinne ist vielmehr, dass die Einwilligung durch rechtswidrige Drohung herbeigeführt wird.[888]

Die explizit ausgesprochene oder auch unausgesprochene Drohung des Arbeitgebers, den Bewerber bei Nichterteilung der gewünschten Einwilligung aus dem weiteren Bewerbungsverfahren auszuschließen, ist deshalb unbeachtlich, wenn der Arbeitgeber aufgrund der geforderten Einwilligungserklärung legitime Informationsinteressen befriedigen möchte. Solange er keine „unzulässigen Daten" ermitteln will, ist eine diesbezügliche Erklärung des Bewerbers also im rechtlichen Sinne „frei" und damit eine wirksame Einwilligung möglich.[889]

Da mit der drohenden Nichteinstellung jedoch gerade dann ein rechtlich missbilligter Druck erzeugt wird, wenn durch die Einwilligungserklärung eine nach den Regeln des Fragerechts unzulässige Datenerhebung legitimiert werden soll, kann die Drohung in diesen Fällen die Freiwilligkeit der Einwilligung ausschließen.

Der Ausschluss der Freiwilligkeit der Einwilligungserklärungen des Bewerbers ergibt sich aber noch nicht ohne weiteres aus dem Vorliegen einer rechtlich missbilligten Zwangslage. Hinzukommen muss vielmehr – wie bei der Anfechtbarkeit von Willenserklärungen wegen widerrechtlicher Drohung gemäß § 123 BGB[890] – die Kausalität zwischen rechtlich missbilligter Zwangslage und Abgabe der Einwilligungserklärung. So wie kein Ursachenzusammenhang zwischen rechtswidriger Drohung und Abgabe einer Willenserklärung besteht, wenn der Bedrohte diese aufgrund eigener, selbständiger Überlegungen unabhängig von der Drohung abgegeben hat[891], muss auch ein rechtlich missbilligter Zwang für die Wirksamkeit von Einwilligungen dann unerheblich sein, wenn der Bewerber nicht durch die bestehende Zwangslage, sondern durch andere Erwägungen zur Erteilung der Einwilligung motiviert wird. Dies liegt nahe, wenn er sich durch die angestrebte, nach allgemeinen Regeln unzulässige Datenerhebung des Arbeitgebers sogar einen Vorteil im Bewerbungsverfahren verspricht. So wird ein Bewerber, bei dem es in einem vorhergehenden Arbeitsverhältnis zu keinerlei krankheitsbedingten Fehlzeiten gekommen ist, keine Bedenken dagegen haben, dass sich der potentielle Arbeitgeber bei dem früheren Arbeitgeber – nach den Regeln des Fragerechts unzulässigerweise – nach lange zurückliegenden Krank-

---

887 Vgl. OLG Hamm 30.06.1983 – 4 Ss 271/86 = NJW 1987, 1034, 1035; Dörr/Schmidt § 28 Rdnr. 38.

888 BGH 02.12.1963 – III ZR 222/62 = NJW 1964, 1177, 1178; OLG Hamm 30.06.1983 – 4 Ss 271/86 = NJW 1987, 1034, 1035; Palandt – Sprau § 823 Rdnr. 39; v. Hoyningen-Huene DB 1991, Beilage 10, 5; Dörr/Schmidt § 28 Rdnr. 38.

889 Kuhla, 119; vgl. auch Wiese ZfA 1971, 273, 296; Dörr/Schmidt § 28 Rdnr. 38.

890 Vgl. Palandt – Heinrichs § 123 Rdnr. 24.

891 BGH 06.06.1974 – II ZR 114/72 = WM 1974, 1023; Palandt – Heinrichs § 123 Rdnr. 24.

heiten erkundigt. Die Bewerberin, die weiß, dass sie nicht schwanger ist, braucht keinerlei Nachteile durch die Durchführung eines Schwangerschaftstests bei der Einstellungsuntersuchung zu befürchten. Eher werden solche Bewerber entsprechende Datenerhebungen sogar befürworten, könnten sie doch bei Konkurrenten zum Ausschluss aus dem Bewerberkreis führen. Beruht die Einwilligung auf solchen Erwägungen, fehlt es für die Verneinung der Freiwilligkeit an der Kausalität zwischen der rechtlich missbilligten Zwangslage und der Einwilligungserklärung.

Muss der Bewerber davon ausgehen, dass sich die Datenerhebung für ihn negativ auswirken wird oder sind das Ergebnis der Datenerhebung und die sich daraus ergebenden Auswirkungen auf seine Einstellungschancen – wie bei bestimmten Testverfahren – nicht vorhersehbar, wird die Einwilligung hingegen durch die Zwangslage motiviert und damit schon mangels Freiwilligkeit unwirksam sein.

Die Frage, ob Einwilligungserklärungen des Bewerbers in über die Grenzen des Fragerechts hinausgehende Datenerhebungen schon mangels Freiwilligkeit unwirksam sind, lässt sich demnach nicht pauschal, sondern nur im Einzelfall beantworten.

(b) Dispositivität der Fragerechtsgrenzen

Damit stellt sich die Frage, ob freiwillig erteilte Einwilligungen dennoch mangels Dispositivität der Fragerechtsgrenzen unwirksam sind.

(aa) Zwingendes Richterrecht ?

Die Einordnung der Grenzen des arbeitgeberseitigen Fragerechts als „zwingendes Recht" wird in der Literatur in der Regel lediglich ohne nähere Herleitung behauptet und teilweise schlicht als „unbestritten" bezeichnet.[892] Da eine (zweiseitig zwingende) gesetzliche Regelung des Fragerechts des Arbeitgebers de lege lata nicht existiert, fragt sich jedoch, woraus diese zwingende normative Geltung der Fragerechtsgrenzen abzuleiten sein soll.

Eine (zweiseitig zwingende) normative Wirkung kraft Gewohnheitsrechts[893] wird allenfalls für die Grundsätze des Fragerechts, nicht jedoch für die regelmäßig hoch umstrittenen Einzelfälle in Betracht kommen.

Die insoweit lediglich existierenden richterrechtlich entwickelten Grenzziehungen zwischen dem Informationsinteresse des Arbeitgebers und dem Geheimhaltungsinteresse des Bewerbers haben – auch wenn sich das BAG bisweilen die Kompetenz zur Normsetzung selbst zugesprochen und von ihm entwi-

---

892 So von Däubler, Gläserne Belegschaften ?, Rdnr. 161.

893 Vgl. allgemein zu den Voraussetzungen der Entstehung von Gewohnheitsrecht BAG 26.04.1988 – 1 AZR 399/86 = AP Nr. 101 zu Art. 9 GG Arbeitskampf.

ckelte Grundsätze sogar als (lediglich) tarifdispositiv[894] oder einseitig zwingend[895] bezeichnet hat, keine Normqualität. Gerichte setzen keine Normen, sondern wenden Recht an.[896] Im Übrigen lassen sich der Rspr. des BAG aber auch keine Aussagen dahingehend entnehmen, dass es seine Rspr. zum Fragerecht selbst als „zwingendes Recht“ ansieht.[897]

(bb) Unwirksamer Grundrechtsverzicht ?

Eine Einwilligung könnte über die Fragerechtsgrenzen hinausgehende Datenerhebungen jedoch dann nicht legitimieren, wenn sie einen unwirksamen Grundrechtsverzicht[898] darstellen würde. Unter diesem Aspekt wird im Schrifttum[899] – insbesondere in Bezug auf Genomanalysen – die Frage erörtert, ob die Grenzen einzelner Fallgruppen des arbeitgeberseitigen Datenerhebungsrechts zwingend sind.

Willigt der Bewerber freiwillig in über die Grenzen des Fragerechts hinausgehende Datenerhebungen des Arbeitgebers ein, liegt darin jedoch grundsätzlich kein Verzicht auf den durch die Fragerechtsbegrenzung gewährleisteten Grundrechtsschutz:

Nach der hier vertretenen Auffassung folgt die Begrenzung des Fragerechts aus dem durch besondere Diskriminierungsverbote sowie Art. 12 GG geschütz-

---

894 BAG 06.09.1995 – 5 AZR 174/94 = DB 1996, 531; BAG 12.11.1971 – 3 AZR 116/71 = AP Nr. 28 zu § 74 HGB.

895 BAG 05.02.2004 – 8 AZR 91/03 = NZA 2004, 649.

896 BVerfG 28.09.1992 – 1 BvR 496/87 = NZA 1993, 213, 214; so auch BAG 26.04.1988 – 1 AZR 399/86 = AP Nr. 101 zu Art. 9 GG Arbeitskampf; Isensee/Kirchhof – Bettermann § 73 Rdnr. 27 ff.; Scholz DB 1972, 1771, 1790; Preis, 156; Brox/Rüthers/Henssler Rdnr. 128. Richterrecht demgegenüber als eigene Rechtsquelle ansehend Gamillscheg, Kollektives Arbeitsrecht, 32 ff.; Herschel DB 1971, 2114, 2115; Bernd Preis ZfA 1972, 271, 303; Redeker NJW 1972, 409, 411. Nach *Herschel* (DB 1971, 2114, 2115) und *Bernd Preis* (ZfA 1972, 271, 303) soll das Gericht auch bestimmen können, ob seine Normen zwingend oder dispositiv sind.

897 Anders *Lichtenberg/Schücking* (NZA 1990, 41, 44) und *Löwisch* (DB 1987, 936, 940), die im Zusammenhang mit der Frage, ob die Zustimmung des Betriebsrats nach § 94 I S. 1 BetrVG einer unzulässigen Frage nach einer HIV-Infektion zur Zulässigkeit verhelfen könne, ohne nähere Angabe der entsprechenden Nachweise behaupten, das BAG sähe seine Grundsätze zum Fragerecht, konkret die von ihm entwickelten Grundsätze über die Zulässigkeit von Fragen nach dem Gesundheitszustand, als „zwingendes Recht“ an. Dass der Betriebsrat einer unzulässigen Frage nicht durch Zustimmung zur Zulässigkeit verhelfen kann, liegt aber nicht an der – durch das BAG nirgends behaupteten – „zwingenden Geltung“ der Fragerechtsrechtsprechung, sondern daran, dass der Betriebsrat nicht Inhaber der durch die Fragerechtsrechtsprechung geschützten Rechtsposition der Bewerber ist und folglich auch nicht darüber disponieren kann.

898 Vgl. dazu allgemein ErfKomm – Dieterich Einl. GG Rdnr. 62; Pieroth/Schlink Rdnr. 131 ff. und ausführlich Stern, Staatsrecht, Band III/2, § 86.

899 Fisahn ZRP 2001, 49 ff.; Adam AuR 2005, 129 ff.

ten Recht des Bewerbers, nicht aus unsachlichen, insbesondere diskriminierenden Erwägungen abgelehnt zu werden. Dies hat Vorwirkungen auf die Phase der Datenerhebung, der Arbeitgeber hat gemäß § 242 BGB Fragen zu unterlassen, bei deren wahrheitsgemäßer Beantwortung der Bewerber Gefahr laufen würde, wegen unsachlicher oder diskriminierender Gesichtspunkte abgelehnt zu werden. In diese Grundrechtspositionen wird in der Phase der Datenerhebung zum einen noch gar nicht eingegriffen, die Frage eines wirksamen Grundrechtsverzichts würde sich insoweit erst für etwaige Einwilligungen in die Verwertung der erhobenen Daten bei der Einstellungsentscheidung stellen. Zum anderen wird eine freiwillige Einwilligung, wie oben ausgeführt, überhaupt nur vorliegen, wenn der Bewerber sich durch die Datenerhebung einen Vorteil verspricht, er verzichtet also gerade nicht auf den grundrechtlich gewährleisteten Schutz vor unsachlicher oder diskriminierender Ablehnung.

Auch wenn man, wie Rspr. und h.M., als Schutzgut der Fragerechtsbegrenzung das allgemeine Persönlichkeitsrecht des Bewerbers ansieht, stellt sich die Einwilligung des Bewerbers in über die Grenzen des Fragerechts hinausgehende Datenerhebungen nicht als Grundrechtsverzicht dar, sondern im Gegenteil als *Ausübung* des aus dem allgemeinen Persönlichkeitsrecht folgenden Rechts auf informationelle Selbstbestimmung. In der Annahme, die Grundsätze über das Fragerecht seien nicht dispositiv, läge in der Tat eine Entmündigung des Bewerbers, die sich mit der Zuerkennung des informationellen Selbstbestimmungsrechts nicht verträgt.

In der Regel wird mit freiwillig erteilten Einwilligungen des Bewerbers in über die Grenzen des Fragerechts hinausgehende Datenerhebungen somit kein Grundrechtsverzicht verbunden sein.

Eine Ausnahme kommt allenfalls dann in Betracht, wenn die erstrebten Daten einem besonderen Grundrechtsschutz, also nicht nur dem Schutz aus Art. 12 GG oder der informationellen Selbstbestimmung, unterliegen.

Dahingehend leitet *Fisahn*[900] aus Art. 1 I, 2 GG, dem Gleichheitssatz sowie dem Sozialstaatsprinzip ein eigenständiges und unverzichtbares „Recht am genetischen Code“ ab. Ein Bewerber dürfe – auch freiwillig – dem Arbeitgeber nicht seinen genetischen Code offenbaren.[901] Die Zulässigkeit der freiwilligen Offenbarung des genetischen Codes – auch durch einen Arbeitnehmer gegenüber dem Arbeitgeber – wird dabei u.a. unter dem Gesichtspunkt verneint, die Verfügung über dieses Recht in Form der Einwilligung betreffe regelmäßig nicht nur das Individuum, sondern auch die Gesellschaft, denn die Offenbarung des genetischen Codes könne zu Diskriminierungen der Verweigerer entsprechender Einwilligungen, z.B. durch die Krankenversicherer, und damit zur Aushöhlung des Solidarprinzips führen.[902]

---

900 Fisahn ZRP 2001, 49, 52 f.

901 Fisahn ZRP 2001, 49, 52 f.; im Ergebnis auch Adam AuR 2005, 129, 133.

902 Fisahn ZRP 2001, 49, 53 f.

Der Herleitung eines solchen speziellen und unverzichtbaren Grundrechts mag man aufgrund der besonderen Gefahren der Verwendung genetischer Daten und unter dem weiteren Aspekt zustimmen, dass genetische Daten einer Person immer auch Auskunft über dessen Blutsverwandte geben, so dass die Offenbarung derartiger Daten gegenüber Dritten gar nicht zur alleinigen Disposition des einzelnen stehen kann.

Wo ein solcher besonderer Grundrechtsschutz aber nicht besteht, lässt sich die zwingende Wirkung der Fragerechtsgrenzen auch unter dem Gesichtspunkt des Grundrechtsverzichts nicht begründen.

(c) Fazit

De lege lata kann das Datenerhebungsrecht des Arbeitgebers damit durch freiwillig erteilte Einwilligung des Bewerbers über die Fragerechtsgrenzen hinaus erweitert werden. Die Fragerechtsgrenzen sind weder zwingendes Recht, noch liegt in der Regel in einem Verzicht des Bewerbers auf die Einhaltung der Fragerechtsgrenzen ein unwirksamer Grundrechtsverzicht. Eine freiwillig erteilte Einwilligung nach §§ 4 I, 4 a BDSG 2001 kann die Anfrage des potentiellen Arbeitgebers nach außerhalb des Fragerechts liegenden Daten (etwa nach zurückliegenden Krankheiten des Bewerbers) bei Dritten deshalb durchaus legitimieren.

2. Nach allgemeinen Regeln

Die dargestellten Grenzen der Befugnis des potentiellen Arbeitgebers, bei anderen Arbeitgebern Daten über den Bewerber nachzufragen, gelten zwar nach § 1 II Nr. 3 BDSG 2001 unmittelbar nur, wenn der Arbeitgeber bei der Datenerhebung eine weitere Datenverarbeitung i.S.d. BDSG 2001 beabsichtigt.

Der Arbeitgeber könnte die ihm durch das BDSG 2001 gesetzten Grenzen jedoch allzu leicht umgehen, wenn er dazu nur auf die nachfolgende automatisierte oder dateimäßige Weiterverarbeitung der Daten verzichten müsste. Von der Interessenlage im Anbahnungsverhältnis her gesehen macht es auch keinen Unterschied, wie der Arbeitgeber mit den erhobenen Daten anschließend verarbeitungstechnisch zu verfahren gedenkt. Dies spricht dafür, die aufgezeigten Grenzen der Befugnis des potentiellen Arbeitgebers zur Anfrage nach Bewerberdaten bei anderen Arbeitgebern generell nach den dargestellten Kriterien zu beurteilen. Demnach wird man den potentiellen Arbeitgeber – vorbehaltlich weiter gehender Einwilligungen – nur für berechtigt halten dürfen, Bewerberdaten bei Dritten lediglich in den Grenzen seines Rechts zur Direktbefragung[903] und darüber hi-

[903] Dies entspricht auch der heute ganz h.M., vgl. MünchArbR – Buchner § 41 Rdnr. 210 ff.; Däubler CR 1994, 101, 105; Wohlgemuth DB 1985, Beilage 21, 4; ders. BB 1980, 1530, 1532; Kuhla, 111; Wiedemann FS Herschel, 463, 473; zurückhaltender aber Buchner NZA 1991, 577, 582. Die im älteren Schrifttum geäußerte Gegenansicht (Zöllner, Daten- und Informationsschutz im Arbeitsverhältnis, 44 f.; wohl auch Hofmann ZfA 1975, 1, 26; Krause

naus nur dann anzufordern, wenn die Befriedigung seines berechtigten Informationsinteresses durch Direktbefragung nicht erreicht werden kann[904].

Ergibt sich aus der Bewerbung jedoch, dass der Bewerber sich noch in einem ungekündigten Arbeitsverhältnis befindet, hat der Arbeitgeber in jedem Fall Anfragen beim gegenwärtigen Arbeitgeber des Bewerbers ohne dessen Zustimmung zu unterlassen.[905] Dem einstellenden Arbeitgeber bleibt unbenommen, den Bewerber nach seiner Zustimmung zur Auskunftseinholung beim gegenwärtigen Arbeitgeber zu fragen. Verweigert der Bewerber seine Einwilligung, mag der Arbeitgeber daraus seine Schlüsse ziehen.[906]

II. Befugnis des ehemaligen oder gegenwärtigen Arbeitgebers zur Auskunftserteilung

Von der Zulässigkeit der Datennachfrage durch den potentiellen Arbeitgeber ist die Befugnis des befragten Arbeitgebers zur Auskunftserteilung zu unterscheiden.

Unproblematisch ist insoweit nur, dass eine solche nicht besteht, wenn der Bewerber von der Möglichkeit Gebrauch gemacht hat, mit dem (ehemaligen) Arbeitgeber bindend zu vereinbaren, dass keine Auskünfte erteilt werden dürfen.[907]

1. Im Anwendungsbereich des BDSG 2001

Gibt der um Auskunft ersuchte Arbeitgeber Daten über den Bewerber an den anfragenden Arbeitgeber weiter, welche bei ihm gespeichert sind, handelt es sich um Datenübermittlung i.S.d. § 3 IV S. 2 Nr. 3 BDSG 2001, so dass die Zulässigkeit der Auskunftserteilung an den datenschutzrechtlichen Übermittlungsvorschriften zu messen ist.[908]

DB 1983, Beilage Nr. 23, 7) kann demgegenüber nicht überzeugen. Sie stützt sich auf die – mit Blick auf die in der Anfrage liegende Preisgabe der Bewerbung unzutreffende – Annahme, in der Anfrage bei Dritten liege, anders als dies bei der Direktbefragung der Fall sein soll, kein Eingriff in das allgemeine Persönlichkeitsrecht des Bewerbers. Abgesehen davon rechtfertigt sich die Begrenzung des Fragerechts des Arbeitgebers nach der hier vertretenen Auffassung aus einer Pflicht des Arbeitgebers zur Rücksichtnahme auf das durch Art. 12 GG rechtlich geschützte Interesse des Bewerbers, nicht aus unsachlichen Gründen abgelehnt zu werden. Diese Rücksichtnahmepflicht besteht jedoch unabhängig davon, auf welche Art und Weise der Arbeitgeber Daten des Bewerbers für die Auswahlentscheidung erhebt.

[904] Für einen solchen generellen Vorrang der Direkterhebung schon vor Novellierung des BDSG Däubler CR 1994, 101, 106. Wohl gerade wegen des fehlenden Grundsatzes der Direkterhebung für den nicht-öffentlichen Bereich im BDSG 1990 anders noch MünchArbR – Buchner § 41 Rdnr. 256 ff.

[905] So schon Schmid DB 1983, 769 ff.; Bährle AuA 2001, 308.

[906] Schmid DB 1983, 769, 771.

[907] Vgl. MüKo – Henssler § 630 Rdnr. 81; Schaub – Linck § 147 Rdnr. 4; RGRK – Eisemann § 630 Rdnr. 68.

[908] Bährle AuA 2001, 308, 309.

a) Verbot mit Erlaubnisvorbehalt

Auch Datenübermittlung unterliegt gemäß §§ 4 I, 3 IV BDSG 2001 einem Verbot mit Erlaubnisvorbehalt.

b) Erlaubnistatbestände

Erlaubnistatbestände für die Datenübermittlung durch nicht-öffentliche Stellen sind, neben der Einwilligung des Betroffenen, in § 28 BDSG 2001 normiert.

aa) § 28 I BDSG 2001

§ 28 I BDSG 2001 regelt ausschließlich die Zulässigkeit der Datenübermittlung für die Erfüllung eigener Geschäftszwecke der verantwortlichen Stelle. Da der um Informationen angegangene (ehemalige) Arbeitgeber des Bewerbers mit der Datenübermittlung an den potentiellen Arbeitgeber keine eigenen Geschäftszwecke verfolgen wird, scheidet eine Rechtfertigung der Übermittlung über § 28 I BDSG 2001 aus.

bb) § 28 III S. 1 Nr. 1 BDSG 2001

Nach § 28 III S. 1 Nr. 1 BDSG 2001 ist die Übermittlung jedoch auch zulässig, soweit sie zur Wahrung berechtigter Interessen eines Dritten erforderlich ist und kein Grund zu der Annahme besteht, dass der Betroffene ein schutzwürdiges Interesse am Ausschluss der Übermittlung hat. Entgegen der insoweit irreführenden amtlichen Überschrift des § 28 BDSG 2001 lassen sich über diese Norm also nicht nur Datenverarbeitungen für „eigene Zwecke“, sondern unter bestimmten Umständen auch für die Zwecke Dritter rechtfertigen.[909] Weiterhin bewirkt § 28 III S. 1 Nr. 1 BDSG 2001 eine Durchbrechung des in § 28 I S. 2, II BDSG 2001 zum Ausdruck kommenden Prinzips der Zweckbindung, denn berechtigte Interessen Dritter können auch eine vom ursprünglich beim Übermittelnden gegebenen Erhebungszweck abweichende Datenverarbeitung rechtfertigen.[910] Ob und ggf. inwieweit auch Übermittlungen von Arbeitnehmerdaten zwischen Arbeitgebern durch § 28 III S. 1 Nr. 1 BDSG 2001 gerechtfertigt werden können, ist streitig.

(1) Grundsatz

(a) Ansichten in der Literatur

(aa) Keine Rechtfertigung der Datenübermittlung ohne Einwilligung

Simitis verneint generell eine Rechtfertigung der Übermittlung von Arbeitnehmerdaten ohne Einwilligung des Betroffenen durch § 28 III S. 1 Nr. 1 BDSG

[909] Vgl. Gola/Schomerus § 28 Rdnr. 50.
[910] Vgl. Gola/Schomerus § 28 Rdnr. 49.

2001.[911] Ohne Rücksicht darauf, ob es um Angaben über die jeweiligen Kenntnisse und Leistungen, Gehaltsdaten oder um sonstige, auch und gerade aus der Perspektive der Beschäftigten weniger empfindliche Daten gehe, komme eine Übermittlung ohne Einwilligung der Betroffenen grundsätzlich nur in Betracht, wenn eine entsprechende spezielle gesetzliche Vorschrift bestehe.[912] Hinweise auf die Verpflichtung, Zeugnisse zu erteilen, änderten daran ebenso wenig, wie der Verweis auf die Fürsorgepflicht des Arbeitgebers.[913] Zeugnisse zählten sicherlich zu den klassischen Übermittlungsfällen, sie seien jedoch auch symptomatisch für eine von den Beschäftigten gewollte und durch einen in ihrem Interesse eigens darauf gerichteten Anspruch (§ 630 BGB[914]) untermauerte Übermittlung[915]. Weder das Zeugnis noch eine wie auch immer verstandene Fürsorgepflicht ließen sich deshalb anführen, um eine Weitergabe zu legitimieren, die sich an den Beschäftigten vorbei vollziehe.[916] Beide sprächen im Gegenteil eindeutig dafür, eine von Dritten gewünschte Übermittlung nur bei einer ausdrücklich erteilten Einwilligung des Betroffenen zuzulassen.[917]

(bb) Rechtfertigung der Datenübermittlung durch Drittinteressen

Demgegenüber wird von anderen eine aus § 28 III S. 1 Nr. 1 BDSG 2001 folgende Befugnis des um Auskünfte angegangenen Arbeitgebers zur Datenübermittlung ohne Einwilligung des Bewerbers bejaht.[918] *Däubler*[919] verweist in diesem Zusammenhang darauf, dass zahlreiche Landesdatenschutzgesetze[920] die Weitergabe von Daten an den zukünftigen Arbeitgeber von der Einwilligung des Arbeitnehmers abhängig machen, der Bundesgesetzgeber dies jedoch nicht übernommen hat.

(b) Eigene Stellungnahme

Die Auffassung von *Simitis* läuft auf eine teleologische Reduktion des § 28 III S. 1 Nr. 1 BDSG 2001 für die Übermittlung von Arbeitnehmerdaten hinaus. Eine solche würde voraussetzen, dass der Gesetzgeber es planwidrig unterlassen hat, bzgl. des ausdrücklich neben der Einwilligung bestehenden Erlaubnistatbestan-

---

911 Simitis – Simitis § 28 Rdnr. 220.
912 Simitis – Simitis § 28 Rdnr. 220.
913 Simitis – Simitis § 28 Rdnr. 220.
914 Für Arbeitnehmer seit dem 01.01.2003: § 109 GewO.
915 Simitis – Simitis § 28 Rdnr. 220.
916 Simitis – Simitis § 28 Rdnr. 220.
917 Simitis – Simitis § 28 Rdnr. 220.
918 Däubler NZA 2001, 874, 879; Bährle AuA 2001, 308, 309, noch zum insoweit gleichlautenden § 28 II Nr. 1 lit. a BDSG 1990.
919 Däubler NZA 2001, 874, 879.
920 Z.B. § 29 I S. 3 Brandenburgisches DSG, § 28 IV S. 3 Hamburgisches DSG, § 34 II S. 2 Hessisches DSG.

des des § 28 III S. 1 Nr. 1 BDSG 2001 eine Bereichsausnahme für Arbeitnehmerdaten zu normieren.

Dass mehrere Landesdatenschutzgesetze die Rechtfertigung der Übermittlung von Arbeitnehmerdaten an einen künftigen Arbeitgeber bereits vor Novellierung des BDSG im Jahr 2001 ausdrücklich von der Einwilligung des Arbeitnehmers abhängig gemacht haben, wird dem Gesetzgeber jedoch kaum verborgen geblieben sein. Muss deshalb davon ausgegangen werden, dass § 28 III S. 1 Nr. 1 BDSG 2001 bewusst keine Bereichsausnahme für Arbeitnehmerdaten enthält, ist eine teleologische Reduktion der Vorschrift dogmatisch nicht vertretbar. Vielmehr lässt § 28 III S. 1 Nr. 1 BDSG 2001 unabhängig von einer Einwilligung des Betroffenen auch die Übermittlung von Informationen durch einen (ehemaligen) Arbeitgeber an einen potentiellen Arbeitgeber zu.

(2) Reichweite des Rechts zur Datenübermittlung

§ 28 III S. 1 Nr. 1 BDSG 2001 setzt dem Datenübermittlungsrecht des um Informationen angegangenen Arbeitgebers allerdings inhaltliche Grenzen, indem er zum einen ein berechtigtes Interesse des Dritten an den zu übermittelnden Informationen und zum anderen verlangt, dass kein Grund zu der Annahme besteht, dass der Betroffene ein schutzwürdiges Interesse am Ausschluss der Übermittlung hat.

Da ein berechtigtes Interesse des anfragenden Arbeitgebers bereits die Reichweite seines Fragerechts bestimmt, kann über § 28 III S. 1 Nr. 1 BDSG 2001 also lediglich die Übermittlung im Rahmen des Fragerechts liegender Daten gerechtfertigt sein.[921] Eine solche Begrenzung des Rechts eines (ehemaligen) Arbeitgebers zur Erteilung von Auskünften über einen Bewerber an den potentiellen Arbeitgeber entspricht auch unabhängig vom Eingreifen datenschutzrechtlicher Normen weit verbreiteter Auffassung in der Literatur.[922]

Weiterhin wird man für die Bestimmung der Reichweite der Rechtsmäßigkeit der Auskunftserteilungen nach § 28 III S. 1 Nr. 1 BDSG 2001 auf die allgemeinen arbeitsrechtlichen Grundsätze über das Zeugnis zurückgreifen müssen[923], was ebenso für die Rechtmäßigkeit von Auskunftserteilungen auch außerhalb des Anwendungsbereichs des BDSG 2001 vertreten wird[924]. Denn die Tatsache, dass ein Zeugnis im Rahmen der Wahrheit von einem verständigen Wohlwollen getragen sein muss und dem Arbeitnehmer das weitere Fortkommen nicht unge-

---

921 Vgl. auch Bährle AuA 2001, 308, 309 noch zum insoweit gleichlautenden § 28 II Nr. 1 lit. a BDSG 1990.

922 Preis, 873; MünchArbR – Buchner § 41 Rdnr. 261; vgl. jedoch auch MünchArbR – Buchner § 41 Rdnr. 219, wonach die Fragerechtsgrenzen den außerhalb der Beziehung einstellender Arbeitgeber/Bewerber stehenden Dritten gerade nicht binden sollen.

923 Däubler NZA 2001, 874, 879.

924 Preis, 874; K/D/Z – Däubler § 109 GewO Rdnr. 101.

rechtfertigt erschweren darf[925], dient ersichtlich schutzwürdigen Interessen des Arbeitnehmers. Dem Arbeitgeber obliegt als nachwirkende vertragliche Nebenpflicht, nach Maßgabe des billigerweise von ihm zu Verlangenden alles zu vermeiden, was dem Arbeitnehmer bei der Suche nach einem neuen Arbeitsplatz zum Nachteil gereichen kann.[926]

Die für Zeugnisse geltenden Grundsätze dürfen deshalb nicht durch weitergehende informelle Auskünfte ausgehöhlt werden.[927] Auskünfte unterliegen denselben Erfordernissen im Hinblick auf Vollständigkeit, Einheitlichkeit und Wahrheit wie das Zeugnis selbst.[928]

Existiert ein Zeugnis, dürfen weitere Auskünfte auch nicht dem Zeugnisinhalt widersprechen.[929] Angaben, die ein Zeugnis ohne oder gegen den Willen des Arbeitnehmers nicht enthalten darf, wie etwa dessen Mitgliedschaft im Betriebsrat, kürzere Unterbrechungen des Arbeitsverhältnisses wegen Krankheit, Urlaub oder Streik und insbesondere der Grund und die Art des Ausscheidens[930] dürfen demnach auch im Rahmen informeller Auskünfte nicht gemacht werden.

Im Rahmen eines qualifizierten Zeugnisses (§ 109 I S. 3 GewO) hat der Arbeitgeber allerdings nur eine zusammenfassende Darstellung der für die zurückliegende Beschäftigung wesentlichen Charaktereigenschaften und Persönlichkeitszüge des Arbeitnehmers abzugeben sowie die Art und Weise, in der der Arbeitnehmer ihm übertragene Aufgaben erledigt hat, darzustellen.[931] Insoweit können ergänzend Ereignisse oder Persönlichkeitsmerkmale mitgeteilt werden, die für das Gesamtbild des Arbeitnehmers nicht charakteristisch waren und daher nicht in das Zeugnis aufgenommen werden durften, oder die nicht von allgemeinem Interesse sind und deshalb keinen Niederschlag im Zeugnis gefunden haben, an denen aber gerade der potentielle Arbeitgeber ein spezifisches Interesse geltend machen kann.[932]

---

925 Vgl. BAG 09.09.1992 – 5 AZR 509/91 = AP Nr. 19 zu § 630 BGB; Preis, 872.

926 Preis, 872.

927 K/D/Z – Däubler § 109 GewO Rdnr. 101.

928 Preis, 874.

929 LAG Berlin 08.05.1989 – 9 Sa 21/89 = NZA 1989, 965; Preis, 873 f.

930 Preis, 871.

931 Preis, 871.

932 Preis, 874. Auch die Rspr. (BAG 05.08.1976 – 3 AZR 491/75 = AP Nr. 10 zu § 630 BGB; BAG 25.10.1957 – 1 AZR 434/55 = AP Nr. 1 zu § 630 BGB) hat anerkannt, dass ein potentieller neuer Arbeitgeber nicht nur ein berechtigtes Interesse an einem wahrheitsgemäßen Zeugnis, sondern auch an weiteren Auskünften durch den ehemaligen Arbeitgeber haben kann. Enger jedoch K/D/Z – Däubler § 109 GewO Rdnr. 101, wonach im Rahmen informeller Auskünfte zwar das im Zeugnis Gesagte weiter konkretisiert und umschrieben werden darf, der Rückgriff auf weitere Tatsachen dem um Auskunft angegangenen Arbeitgeber jedoch verwehrt sein soll.

cc) Besondere Arten personenbezogener Daten: § 28 VI-VIII BDSG 2001

§ 28 III S. 1 Nr. 1 BDSG 2001 rechtfertigt jedoch keine Übermittlung besonderer Arten personenbezogener Daten i.S.d. § 3 IX BDSG 2001. Insoweit sind in § 28 VI-VIII BDSG 2001 gesonderte Erlaubnistatbestände normiert.

(1) § 28 VI Nrn. 1, 2, 4 BDSG 2001

Dabei können nach § 28 VI Nr. 1 BDSG 2001 auch Drittinteressen eine Übermittlung rechtfertigen, allerdings nur, wenn es sich dabei um „lebenswichtige" Interessen handelt, die beim nach Daten anfragenden Arbeitgeber ersichtlich nicht betroffen sind. Da der Bewerber die den potentiellen Arbeitgeber interessierenden Daten nicht öffentlich gemacht haben wird und die Daten auch nicht zu wissenschaftlichen Zwecken verwendet werden sollen, scheidet ebenso eine Befugnis der Datenübermittlung nach § 28 VI Nrn. 2, 4 BDSG 2001 aus.

(2) § 28 VI Nr. 3 BDSG 2001

In Betracht kommt jedoch eine Befugnis zur Datenübermittlung nach § 28 VI Nr. 3 BDSG 2001, der eine Datenübermittlung erlaubt, wenn dies zur Geltendmachung, Ausübung oder Verteidigung „rechtlicher" Ansprüche erforderlich ist und kein Grund zu der Annahme besteht, dass das schutzwürdige Interesse des Betroffenen an dem Ausschluss der Verarbeitung überwiegt. Wie oben[933] dargelegt, können über diese Vorschrift im Bereich des Arbeitsrechts nicht nur Datenerhebungen oder -verarbeitungen im Zusammenhang mit Ansprüchen i.S.d. § 194 I BGB, sondern auch zur Erfüllung eines legitimen Informationsinteresses des Arbeitgebers im Anbahnungsstadium gerechtfertigt werden, etwa hinsichtlich im Rahmen des Fragerechts liegender Gesundheitsdaten oder bei Tendenzbetrieben auch hinsichtlich Angaben über politische Meinungen, religiöse oder philosophische Überzeugungen des Bewerbers. Vorliegend müssen die Voraussetzungen des § 28 VI Nr. 3 BDSG 2001 jedoch nicht für den einstellenden, sondern für den datenübermittelnden Arbeitgeber gegeben sein. Eigene Ansprüche oder Interessen hinsichtlich der Datenübermittlung liegen bei diesem jedoch nicht vor.

Fraglich ist somit, ob für die Rechtfertigung der Datenübermittlung nach § 28 VI Nr. 3 BDSG 2001 auch Ansprüche bzw. berechtigte Informationsinteressen eines Dritten ausreichen können. Dagegen spricht, dass der Gesetzgeber Drittinteressen in § 28 VI Nr. 1 BDSG 2001 – im Gegensatz zu § 28 VI Nr. 3 BDSG 2001 – ausdrücklich genannt hat.

Deshalb scheidet eine Rechtfertigung der Übermittlung besonderer Arten personenbezogener Daten durch den (ehemaligen) Arbeitgeber an den potentiellen Arbeitgeber aus § 28 VI Nr. 3 BDSG 2001 aus.

---

933 Kapitel 2 B. II. 2. d) bb) (2).

(3) § 28 VIII BDSG 2001

In Betracht kommt schließlich eine Rechtfertigung der Übermittlung durch § 28 VIII S. 1 BDSG 2001. Danach dürfen besondere Arten personenbezogener Daten für einen anderen Zweck jedoch nur unter den Voraussetzungen des § 28 VI Nr. 1 bis 4 BDSG 2001 oder § 28 VII S. 1 BDSG 2001 übermittelt oder genutzt werden.

§ 28 VIII BDSG 2001 bringt damit das Prinzip der Zweckbindung zum Ausdruck und gestattet nur unter bestimmten Voraussetzungen eine vom ursprünglichen Erhebungszweck abweichende Verarbeitung.[934]

Durch den Verweis auf § 28 VI Nr. 1 bis 4 BDSG 2001 und § 28 VII S. 1 BDSG 2001 werden die vom ursprünglichen Erhebungszweck abweichenden, eine Verarbeitung rechtfertigenden Zwecke – abgesehen von den in § 28 VIII S. 2 BDSG 2001 weiter genannten, für die Übermittlung von Daten zwischen Arbeitgebern ersichtlich nicht einschlägigen Zwecke[935] – jedoch abschließend definiert. Danach dürfte ein Arbeitgeber also etwa Gesundheitsdaten, die er zum Zwecke der Geltendmachung, Ausübung oder Verteidigung eigener Ansprüche gemäß § 28 VI Nr. 3 BDSG 2001 erhoben hat, auch wiederum nur zum Schutze lebenswichtiger Interessen eines Dritten nach § 28 VI Nr. 1 BDSG 2001 übermitteln.

Auch über § 28 VIII S. 1 BDSG 2001 lässt sich somit die Übermittlung besonderer Arten personenbezogener Daten durch den (ehemaligen) Arbeitgeber an den anfragenden potentiellen Arbeitgeber nicht rechtfertigen.

(4) Fazit

§ 28 BDSG 2001 enthält keinen Erlaubnistatbestand, der die Übermittlung besonderer Arten personenbezogener Daten des Bewerbers durch einen (ehemaligen) Arbeitgeber an den potentiellen Arbeitgeber rechtfertigen könnte.

dd) Einwilligung

Lässt sich die Übermittlung außerhalb des Fragerechts liegender Daten sowie besonderer Arten personenbezogener Daten nicht nach § 28 BDSG 2001 rechtfertigen, darf der um Auskunft angegangene Arbeitgeber Daten über den Bewerber nur bei Vorliegen einer wirksamen Einwilligung gemäß §§ 4 I, 4 a BDSG 2001 übermitteln. Die Wirksamkeit der Einwilligung ist nach den oben dargestellten Grundsätzen zu beurteilen, d.h. sie wird, wenn sie auch eine über die Grenzen des Fragerechts hinausgehende Übermittlung betrifft, nur freiwillig und damit wirksam erteilt sein, wenn ihre Berücksichtigung für den Bewerber ersichtlich nur positiv ausfallen kann.

---

934 Vgl. Gola/Schomerus § 28 Rdnr. 75.

935 Abwehr von erheblichen Gefahren für die staatliche und öffentliche Sicherheit sowie zur Verfolgung von Straftaten von erheblicher Bedeutung.

c) Ergebnis zu 1.
Besondere Arten personenbezogener Daten dürfen ohne wirksame Einwilligung des Bewerbers durch einen ehemaligen oder den gegenwärtigen Arbeitgeber des Bewerbers nicht an den potentiellen neuen Arbeitgeber übermittelt werden. Ansonsten ist die Übermittlung im Rahmen des Fragerechts liegender und den Grundsätzen über das Zeugnis entsprechender Daten durch § 28 III S. 1 Nr. 1 BDSG 2001 legitimiert. Darüber hinausgehende Datenübermittlungen setzen eine Einwilligung des Bewerbers voraus, von deren Wirksamkeit der um Informationen angegangene Arbeitgeber indes nur dann wird ausgehen dürfen, wenn sich die Berücksichtigung der entsprechenden Information bei dem potentiellen neuen Arbeitgeber für den Bewerber ersichtlich nur positiv auswirken kann, da die Einwilligung ansonsten nicht freiwillig erteilt worden sein wird.

2. Nach allgemeinen Regeln
Gibt der um Auskunft angegangene Arbeitgeber keine personenbezogenen Daten des Bewerbers weiter, die bei ihm gespeichert oder durch Datenverarbeitung gewonnen worden sind, sind datenschutzrechtliche Vorschriften nicht anwendbar, so dass sich die Zulässigkeit derartiger Auskunftserteilungen nach allgemeinen arbeitsrechtlichen Regeln beurteilt.

a) Ohne Einwilligung

aa) Rspr. des BAG und Teile der Literatur
Das BAG hat aus dem Gesichtspunkt der Sozialpartnerschaft, welcher Arbeitgeber berechtige, andere Arbeitgeber bei der Wahrung ihrer Belange zu unterstützen, abgeleitet, dass Auskünfte an einen Arbeitgeber, mit dem der Bewerber in Verhandlungen über den Abschluss eines Arbeitsvertrags steht, nicht nur ohne Zustimmung, sondern auch gegen den ausdrücklich erklärten Willen des Bewerbers zulässig sind.[936] Die Auskünfte müssten lediglich wahr sein und dürften nur an Dritte erteilt werden, die ein berechtigtes Interesse daran haben.[937]

Teile der Literatur folgen dem grundsätzlich, jedoch mit der Einschränkung, dass lediglich im Rahmen des Fragerechts des potentiellen Arbeitgebers liegende[938] und die Grundsätze über den legitimen Inhalt eines Zeugnisses beachtende[939] Auskünfte erteilt werden dürfen.

---

936 BAG 25.10.1957 – 1 AZR 434/55 = AP Nr. 1 zu § 630 BGB; BAG 05.08.1976 – 3 AZR 491/75 = AP Nr. 10 zu § 630 BGB; BAG 18.12.1984 – 3 AZR 389/83 = AP Nr. 8 zu § 611 BGB.

937 BAG 05.08.1976 – 3 AZR 491/75 = AP Nr. 10 zu § 630 BGB.

938 Preis, 873 f.; MünchArbR – Buchner § 41 Rdnr. 261.

939 Preis, 873 f.; K/D/Z – Däubler § 109 GewO Rdnr. 101.

bb) Gegenansicht

Nach der Gegenansicht ist der (bisherige) Arbeitgeber des Bewerbers ohne dessen Einwilligung unabhängig vom Eingreifen datenschutzrechtlicher Vorschriften nicht zu Auskunftserteilungen berechtigt[940], auch wenn Dritte ein berechtigtes Interesse an der Auskunft haben[941]. Begründet wird dies mit dem Recht auf informationelle Selbstbestimmung des Bewerbers[942] und der Gefahr „überschießender“ Auskunftserteilungen[943], teilweise wird zudem vertreten, die Pflicht, Zeugnisse zu erteilen, regele nicht nur dem legitimen Umfang, sondern auch den Weg der Informationserteilung über (ehemalige) Arbeitnehmer abschließend[944].

cc) Eigene Stellungnahme

In der Erteilung von Auskünften durch den (ehemaligen) Arbeitgeber an den einstellenden Arbeitgeber ohne Einwilligung des Bewerbers liegt ein Eingriff in dessen Recht auf informationelle Selbstbestimmung. Im Rahmen der Prüfung der Rechtswidrigkeit dieses Eingriffs ist ein rechtfertigendes Eigeninteresse des (ehemaligen) Arbeitgebers an der Erteilung von Auskünften nicht ersichtlich, insbesondere ist er gegenüber dem einstellenden Arbeitgeber nicht seinerseits zu Auskunftserteilungen verpflichtet.[945]

Wenn jedoch schon im Anwendungsbereich des BDSG 2001 berechtigte Drittinteressen gemäß § 28 III S. 1 Nr. 1 BDSG 2001 einen Eingriff in das Recht auf informationelle Selbstbestimmung des Bewerbers rechtfertigen können, muss dies erst recht gelten, wenn das BDSG 2001 etwa mangels Speicherung der übermittelten Daten nicht anwendbar ist. Allerdings müssen dann auch die dargestellten, im Rahmen des BDSG 2001 bestehenden Grenzen der Datenübermittlung beachtet werden, da es für die Auflösung der Interessenkollision zwischen Bewerber und potentiellem Arbeitgeber keinen Unterschied macht, wie der (ehemalige) Arbeitgeber des Bewerbers personenbezogene Daten verwaltet.

b) Mit Einwilligung

Auch außerhalb der datenschutzrechtlichen Vorschriften bleibt eine über die dargestellten Grenzen hinausgehende Datenübermittlung bei Vorliegen einer entsprechenden wirksamen Einwilligung des Bewerbers möglich.

---

940 Schaub – Linck § 147 Rdnr. 3; MüKo – Henssler § 630 Rdnr. 80; RGRK – Eisemann § 630 Rdnr. 70.

941 MüKo – Henssler § 630 Rdnr. 80.

942 RGRK – Eisemann § 630 Rdnr. 70; MüKo – Henssler § 630 Rdnr. 80.

943 MüKo – Henssler § 630 Rdnr. 80.

944 RGRK – Eisemann § 630 Rdnr. 70; ähnlich MüKo – Henssler § 630 Rdnr. 80.

945 Schaub – Linck § 147 Rdnr. 2.

B. Untersuchungen

I. Ärztliche Untersuchungen

Arbeitgeber werden häufig Gesundheitsdaten des Bewerbers nicht (nur) im Einstellungsgespräch erfragen, sondern vom Bewerber die Durchführung einer ärztlichen Einstellungsuntersuchung verlangen. Einigkeit besteht darüber, dass der Arbeitgeber vom Bewerber die Durchführung einer ärztlichen Einstellungsuntersuchung verlangen, also die Begründung des Arbeitsverhältnisses von einer solchen abhängig machen kann.[946]

1. Einwilligungserfordernisse

Unabhängig von arbeits- oder datenschutzrechtlichen Vorgaben sind dabei unter mehreren Gesichtspunkten Einwilligungen des Bewerbers erforderlich: Zunächst bedarf der mit der Entnahme von Blut verbundene Eingriff in die durch § 823 I BGB und § 223 StGB geschützte körperliche Integrität der Einwilligung. Da bei jeder einzelnen ärztlichen Untersuchungsmaßnahme durch die Untersuchungsperson ein dem informationellen Selbstbestimmungsrecht des Bewerbers unterliegendes Datum erhoben wird, muss darüber hinaus auch für für jede einzelne (Blut-)Untersuchung die Einwilligung des Bewerbers vorliegen.[947] Schließlich unterliegen nicht nur die einzelnen Befunddaten, sondern auch das Ergebnis der ärztlichen Untersuchung, also die Aussage, ob der Bewerber für den zu besetzenden Arbeitsplatz geeignet, ungeeignet oder mit Einschränkungen geeignet ist, der ärztlichen Schweigepflicht aus § 203 StGB und ggf. § 8 I S. 2 ASiG[948], so dass auch die Weitergabe der Gesundheitsdaten durch den (Betriebs-)Arzt an den Arbeitgeber nur mit Einwilligung des Bewerbers erfolgen darf[949].

2. Zulässigkeit einzelner Untersuchungen

Bezüglich des Umfangs des durch eine Einstellungsuntersuchung zu befriedigenden legitimen Informationsinteresses des Arbeitgebers gelten nach allgemeiner Meinung die Grenzen des Fragerechts[950], so dass sich die Zulässigkeit einzelner Untersuchungen im Rahmen der Einstellungsuntersuchung – vorbehalt-

---

946 Diller/Powietzka NZA 2001, 1227, 1228; Schulte Westenberg NJW 1994, 1573, 1574; Zeller BB 1991, 1124, 1125; Buchner NZA 1991, 577, 583; Richardi NZA 1988, 73, 75; Löwisch DB 1987, 936, 940; Wiese RdA 1986, 120.

947 Vgl. AG Mölln 06.10.1988 – C 405/88 = NJW 1989, 775, 776; Laufs/Laufs NJW 1987, 2257, 2263; Sternberg-Lieben GA 90, 289, 292; Sowka NZA 1994, 967, 968; Coester Anm. zu BAG AP Nr. 8 zu § 611 a BGB.

948 Zur Schweigepflicht des Betriebsarztes gegenüber dem Arbeitgeber vgl. Preis, 208; Schäker BB 1964, 968; Krause DB 1965, 1743; Hinrichs BB 1976, 1273; Budde DB 1985, 1529; Däubler BB 1989, 282.

949 Vgl. nur Preis, 208.

950 Richardi NZA 1988, 73, 76, Löwisch DB 1987, 936, 940, Fn. 45; Haesen RdA 1988, 158, 161; Diller/Powietzka NZA 2001, 1227, 1228.

lich wirksamer weiter gehender Einwilligungen – in der Regel bereits aus den in Kapitel 3 dargestellten Ergebnissen zum Fragerecht ergibt.

Generell als unzulässig anzusehen ist demnach die Durchführung von Genomanalysen und weitgehend auch von Schwangerschaftstests. Bezüglich der Zulässigkeit von HIV-Tests ist zu differenzieren: Bestehen am konkret zu besetzenden Arbeitsplatz besondere Ansteckungsrisiken für Dritte, ist ein HIV-Test stets zulässig.[951] Sind solche Risiken nicht vorhanden, besteht kein Fragerecht nach einer symptomlosen HIV-Infektion, so dass auch ein entsprechender Test nicht zulässig ist.[952] Stets zulässig ist die Frage nach einer bestehenden Vollbild-Aids-Erkrankung. Dies hat für die Zulässigkeit eines HIV-Antikörpertests zur Folge, dass der Arbeitgeber, wenn bei der Einstellungsuntersuchung Symptome festgestellt werden, die auf einer Vollbild-Aids-Erkrankung beruhen können, die Durchführung eines HIV-Antikörpertests verlangen kann.[953] Der Bewerber ist dann zwar nicht verpflichtet, sich ihm zu unterwerfen, aber der Arzt kann in diesem Fall kein für den Bewerber positives Zeugnis über dessen Gesundheit ausstellen.[954]

II. Graphologische Untersuchungen

Bei graphologischen Untersuchungen – zumeist vorgenommen anhand eines von dem Bewerber auf Anforderung eingereichten handgeschriebenen Lebenslaufs – sollen aus Merkmalen wie Neigung, Höhe und Weite sowie aus qualitativen Kennzeichen wie Regelmäßigkeit und Harmonie der Handschrift stabile Eigenschaften des Schreibers, insbesondere dessen Persönlichkeit, erschlossen werden, welche wiederum zu einer konstruktorientierten Erfolgsprognose herangezogen werden.[955]

1. Rspr. des BAG und h.M. in der Literatur

Nach der Rspr. des BAG und der h.M. in der Literatur sind graphologische Untersuchungen vor der Einstellungsentscheidung zulässig.[956] Gefordert wird lediglich eine Einwilligung des Bewerbers[957], wobei umstritten ist, ob diese bereits als konkludent durch Übersendung eines handgeschriebenen Lebenslaufs auf ein entsprechendes Verlangen hin abgegeben angesehen werden kann.[958] Die

---

951 Löwisch DB 1987, 936, 940.

952 Haesen RdA 1988, 158, 161.

953 Haesen RdA 1988, 151, 161; vgl. auch Richardi NZA 1988, 73, 76.

954 Richardi NZA 1988, 73, 76.

955 Vgl. Schuler – Schuler/Marcus, 182.

956 BAG 16.09.1982 – 2 AZR 228/80 = EzA Nr. 22 zu § 123 BGB; Preis, 210; Schaub – Schaub § 24 Rdnr. 9; Gola RDV 2002, 109, 112.

957 BAG 16.09.1982 – 2 AZR 228/80 = EzA Nr. 22 zu § 123 BGB; Schaub – Schaub § 24 Rdnr. 9; Preis, 210; Moritz NZA 1987, 329, 333 f.

958 Verneinend BAG 16.09.1982 – 2 AZR 228/80 = EzA Nr. 22 zu § 123 BGB; Schaub – Schaub § 24 Rdnr. 9; bejahend Moritz NZA 1987, 329, 333 f.

Anforderung eines handgeschriebenen Lebenslaufs zur Vervollständigung des Persönlichkeitsbildes sei in der betrieblichen Praxis vielfach üblich und könne unter Ordnungsgesichtspunkten grundsätzlich nicht missbilligt werden.[959] Dass die Graphologie keine anerkannte Wissenschaft sei, spiele keine Rolle.[960] Der Arbeitgeber könne seine Einstellungsentscheidung auch auf abwegige Überlegungen stützen, so z.B. wenn er das Sternzeichen und eine astrologische Begutachtung hierbei berücksichtige.[961] Wie bei allen Informationserhebungsrechten dürfe sich das graphologische Gutachten aber nur auf Bereiche beziehen, die mit der auszufüllenden Position in Zusammenhang stünden.[962]

2. Gegenansicht

Lediglich vereinzelt wird in der Literatur demgegenüber die Zulässigkeit graphologischer Untersuchungen aufgrund ihrer geringen Validität, d.h. des Grades der Genauigkeit, mit dem ein Test dasjenige Persönlichkeitsmerkmal oder diejenige Verhaltensweise, das/die er messen soll oder zu messen vorgibt, tatsächlich misst[963], angezweifelt[964]. Die Offenlegung bestimmter Bereiche der Persönlichkeit geschehe nur vermeintlich, so dass ein falsches Bild von den wirklichen persönlichen Eigenschaften des Arbeitnehmers vermittelt werde.[965]

3. Eigene Stellungnahme

Auch wenn sich die graphologische Untersuchung lediglich auf Persönlichkeitsmerkmale beschränkt, auf die es am zu besetzenden Arbeitsplatz ankommen mag, könnten ihre Ergebnisse nur dann Grundlage einer sachlichen und willkürfreien Einstellungsentscheidung sein, wenn die Untersuchung tatsächlich auch zu einer einigermaßen zuverlässigen Ermittlung der entsprechenden Merkmale führen würde.

Validitätsstudien über graphologische Gutachten kommen indes zu niederschmetternden Ergebnissen.[966] Bei inhaltsfreien Schriftproben versagen sie vollkommen.[967] Nützliche Erkenntnisse aus Lebensläufen lassen sich demnach le-

---

959 BAG 16.09.1982 – 2 AZR 228/80 = EzA Nr. 22 zu § 123 BGB.

960 Gola RDV 2002, 109, 112.

961 Gola RDV 2002, 109, 112.

962 Preis, 210.

963 Vgl. Breisig/Schulze, 117.

964 Vgl. Wiese RdA 1988, 217, 220; Wohlgemuth Anm. zu BAG EzA Nr. 22 zu § 123 BGB; den Wert graphologischer Gutachten anzweifelnd auch LAG Baden-Württemberg 26.01.1972 – 8 Sa 109/71 = NJW 1976, 310, 311 in einem Fall, in dem das graphologische „Gutachten" lediglich aus einer Anhäufung grober Beleidigungen ohne jeglichen wissenschaftlichen Charakter bestand.

965 Vgl. Wiese RdA 1988, 217, 220; Wohlgemuth Anm. zu BAG EzA Nr. 22 zu § 123 BGB.

966 Schuler – Schuler/Marcus, 182.

967 Schuler – Schuler/Marcus, 182.

diglich auf Grundlage ihrer Inhalte, die ebenso maschinenschriftlich übermittelt werden können, gewinnen, nicht jedoch durch eine graphologische Untersuchung.[968]

Wenn die Graphologie somit offenbar nicht in der Lage ist, die Eigenschaften zu messen, die sie zu messen beabsichtigt[969], unterscheiden sich die durch eine graphologische Begutachtung gewonnenen „Erkenntnisse", auch bei Beschränkung der Untersuchung auf arbeitsverhältnisrelevante Kriterien, nicht von solchen Daten, die von vornherein jeglichen Bezug zum einzugehenden Arbeitsverhältnis vermissen lassen: Sie haben schlicht keinerlei Aussagekraft über den Bewerber und dessen Eignung für den konkret zu besetzenden Arbeitsplatz.

Die Berücksichtigung nur vermeintlich beim Bewerber vorliegender Persönlichkeitsmerkmale hat mit einer sachlichen Auswahlentscheidung nichts mehr zu tun. Sie ist arbeitsrechtlich ebenso einzustufen wie bloße Spekulationen über den Ausgang anhängiger Strafverfahren oder den Ausbruch einer Krankheit aufgrund einer bestimmten genetischen Konstitution.

Graphologische Untersuchungen sind deshalb unzulässig. Daran ändert auch die Einwilligung des Bewerbers nichts. Denn bei graphologischen Untersuchungen handelt es sich um eine für den Laien vollkommen undurchsichtige Form der Analyse[970], von deren Durchführung sich mangels Voraussehbarkeit des Ergebnisses kein Bewerber Vorteile im Bewerbungsverfahren versprechen wird. Die Einwilligung zu einer solchen Untersuchung dürfte deshalb i.d.R. lediglich vor dem Hintergrund des ansonsten drohenden Ausschlusses aus dem Bewerbungsverfahren und damit nicht freiwillig abgeben werden.

III. Assessment-Center (einschließlich psychologischer Tests)

Das klassische Einstellungsgespräch wird – auch unterhalb der Führungskräfteebene – zunehmend durch die Durchführung von Assessment-Centern (AC) ergänzt bzw. ersetzt.[971]

Bei einem AC werden aufgrund der Stellenbeschreibung die Anforderungen des zu besetzenden Arbeitsplatzes und davon ausgehend die von dem Stelleninhaber zu fordernden Eigenschaften festgelegt; anschließend werden Gruppen- und Einzelübungen (z.B. Arbeitsproben, Rollenspiele, Gruppendiskussionen, soziometrische Tests, psychologische Eignungstests, Postkorbübungen, etc.) entworfen und in zum Teil mehrtägigen Veranstaltungen durchgeführt, mittels derer das Vorhandensein der erforderlichen Eigenschaften bei den Bewerbern ermittelt werden soll.[972]

---

968 Schuler – Schuler/Marcus, 182.

969 So Schuler – Schuler/Marcus, 182 f.

970 Schuler – Schuler/Marcus, 182.

971 Schönfeld/Gennen NZA 1989, 543; vgl. auch Hunold DB 1993, 224, 229; Gennen ZfA 1990, 495, 496.

972 Ausführlich dazu Gennen ZfA 1990, 495, 499 ff.

Ziel eines AC ist dabei vor allem die Ermittlung von Eigenschaften und Fähigkeiten der Bewerber, die sich nicht durch Vorlage schriftlicher Unterlagen nachweisen lassen, wie etwa rationelle Arbeitsgestaltung, konfliktarme Zusammenarbeit, Fähigkeit zur Mitarbeitermotivation, überzeugender Ausdruck, Flexibilität u.a.[973]

1. Allgemeine Zulässigkeitsvoraussetzungen

a) Einwilligung

Zunächst dürfen die Übungen eines AC nach allgemeiner Auffassung nur mit Einwilligung des Bewerbers durchgeführt werden.[974]

b) Beschränkung auf arbeitsverhältnisrelevante Merkmale

Weiterhin dürfen die im Rahmen eines AC eingesetzten Verfahren unstreitig auch nur auf die Ermittlung von Merkmalen und Eigenschaften abzielen, die für das einzugehende Arbeitsverhältnis von Bedeutung sind.[975]

c) Validität der gewonnenen Erkenntnisse

Nach dem oben zur Zulässigkeit graphologischer Untersuchungen Gesagten müssen die einzelnen im Rahmen des AC durchgeführten Übungen darüber hinaus zu einigermaßen validen Erkenntnissen über die Bewerber führen, um als Mittel einer sachgerechten Auswahl anerkannt werden zu können.

Vor diesem Hintergrund ist die Zulässigkeit des AC-Verfahrens insgesamt fraglich, denn wissenschaftliche Untersuchungen attestieren ihm eine mangelhafte Konstruktvalidität.[976] Konstruktvalidität bedeutet, dass mit dem angewandten Verfahren auch tatsächlich die Fähigkeiten erfasst werden, die zu messen beabsichtigt waren.[977] Studien belegen, dass im AC zwar innerhalb einzelner Übungen ähnliche Urteile bzgl. der zu erhebenden Persönlichkeitsmerkmale erzielt werden (z.B. bei Teamfähigkeit, Kommunikationsfähigkeit, Konfliktfähigkeit), sich aber sehr unterschiedliche Bewertungen zu identischen Anforderungsmerkmalen in unterschiedlichen Übungen zeigen, z.B. bzgl. des Merkmals Kommunikationsfähigkeit in der Gruppenübung und im Rollenspiel.[978]

Dagegen, das AC-Verfahren deshalb insgesamt als unzulässig anzusehen, spricht jedoch, dass die Grundidee des Konzepts der Konstruktvalidität als wis-

---

973 Gennen ZfA 1990, 495, 498.

974 Schmid BB 1982, 1249, 1251; ErfKomm – Preis § 611 BGB Rdnr. 381.

975 Breisig/Schulze, 148; Schmid BB 1982, 1249, 1252; ErfKomm – Preis § 611 BGB Rdnr. 374. Vgl. speziell zu psychologischen Tests auch Preis, 209; Hunold DB 1993, 224, 227.

976 Schuler – Höft/Funke, 168; Breisig/Schulze, 123.

977 Breisig/Schulze, 118 f.

978 Breisig/Schulze, 123.

senschaftliches Gütekriterium darin besteht, Persönlichkeitsmerkmale zu ermitteln, von denen angenommen wird, sie seien über Zeit und Situation stabil, so dass die Bewertung derselben Anforderungsdimension, etwa des Durchsetzungsvermögens, in unterschiedlichen Übungen auch weitgehend gleich ausfallen müsste.[979]

Das Verhalten einer Person wird jedoch gerade auch von der Übungssituation und den entsprechenden Wechselwirkungen beeinflusst sein.[980]

Während im fixen Testverfahren die Dimensionen also gerade im Hinblick auf ihre Stabilität ausgewählt werden, soll im AC mit der Verhaltensorientierung gerade die Besonderheit des Zusammenspiels von Persönlichkeit und Situation erfasst werden, unter Berücksichtigung der unterschiedlichen Kontextbedingungen, die die jeweilige Zielposition charakterisieren.[981] Durch diese Vorgehensweise wird à priori eine niedrige Konstruktvalidität vorgezeichnet.[982]

Es ist also nicht zwingend ein Widerspruch i.S. fehlender „Konstruktvalidität", wenn in unterschiedlichen Übungen, welche unterschiedliche Lebenssachverhalte simulieren, ein gleiches Persönlichkeitsmerkmal unterschiedlich bewertet wird.

Zudem hat der Arbeitgeber, sofern für den zu besetzenden Arbeitsplatz von Bedeutung, ein berechtigtes Informationsinteresse an der Erhebung auch solcher nicht exakt „messbarer" Daten wie Kommunikations- oder Teamfähigkeit.

Zuverlässigere Erkenntnisquellen als das AC-Verfahren stehen zur Ermittlung solcher Eigenschaften aber nicht zur Verfügung.[983] Immerhin führt das AC-Verfahren durch die Durchführung verschiedener Übungen und die Beurteilung durch verschiedene Beobachter zu der weitest möglichen Objektivierung der Einschätzung solcher persönlicher Merkmale.[984] Würde man dem Arbeitgeber die Durchführung von AC zur Ermittlung derartiger Persönlichkeitsmerkmale verbieten, müsste dieser versuchen, sich insoweit etwa im Rahmen eines Einstellungsgespräches ein Bild zu machen, womit im Hinblick auf eine möglichst objektive und sachlich orientierte Einschätzung des Bewerbers nichts gewonnen wäre.

Die in der Personalpsychologie dem AC attestierte mangelhafte Konstruktvalidität kann deshalb m.E. nicht zur individualrechtlichen Unzulässigkeit des AC-Verfahrens insgesamt führen.

---

979 Breisig/Schulze, 120.
980 Breisig/Schulze, 123.
981 Breisig/Schulze, 124.
982 Breisig/Schulze, 124.
983 Breisig/Schulze, 135.
984 Vgl. Breisig/Schulze, 136.

2. Zulässigkeit einzelner Testverfahren

Fraglich bleibt aber die Zulässigkeit der einzelnen, typischerweise im Rahmen eines AC durchgeführten Testverfahren. Untersuchungsbedürftig erscheint insoweit insbesondere, ob und unter welchen Voraussetzungen sie den Anforderungen an die Arbeitsverhältnisbezogenheit der mit ihnen zu erhebenden Daten gerecht werden.

a) Manuelle Arbeitsproben

Manuelle Arbeitsproben werden als „1:1-Abbildung des tatsächlichen beruflichen Verhaltens" „unter Verzicht auf abstrakte Persönlichkeitsmerkmale" definiert.[985] Aufgrund ihrer damit in geradezu idealtypischer Weise gegebenen Arbeitsplatzbezogenheit ist ihre Zulässigkeit zu bejahen.

b) Postkorbübungen

Postkorbübungen sollen administrative Tätigkeiten ohne direkte Interaktion („Schreibtischarbeit") simulieren; der Proband soll innerhalb einer vorgegebenen Zeit Dokumente (Briefe, Notizen, etc.) bearbeiten.[986] Solche Übungen sind im Hinblick auf die zu fordernde Arbeitsverhältnisrelevanz der erstrebten Erkenntnisse jedenfalls nicht zu beanstanden, solange der Postkorb auch tatsächlich die Anforderungen des zu besetzenden Arbeitsplatzes simuliert. Auch wenn teilweise gegen die Repräsentativität der Postkorbübung darauf hingewiesen wird, in der Unternehmenswirklichkeit würden nur selten in sehr kurzer Zeit und mit wenig Hintergrundinformationen so viele Briefe bearbeitet und so viele Entscheidungen getroffen, die in einer Postkorbübung notwendigerweise erforderlich seien[987], so simuliert die Postkorbübung doch jedenfalls in der betrieblichen Praxis immer mögliche Ausnahmesituationen.

c) Rollenspiele

Eignungsdiagnostische Rollenspiele simulieren üblicherweise Interaktionssituationen von zwei Personen im betrieblichen Kontext oder einer Kundensituation.[988] Beurteilungskriterien sind zumeist kommunikative Fähigkeiten und Aspekte der Stressbelastbarkeit.[989] In der Personalauswahl soll das Rollenspiel Aufschluss geben über den individuellen Bewährungsgrad des Probanden in einer beruflichen Problemsituation.[990] Weil und solange der Inhalt der Interaktion in der Regel direkt aus der durchgeführten Arbeits- und Anforderungsanalyse

---

985 Schuler – Höft/Funke, 138.
986 Schuler – Höft/Funke, 143.
987 Breisig/Schulze, 123.
988 Schuler – Höft/Funke, 146.
989 Schuler – Höft/Funke, 146.
990 Schuler – Höft/Funke, 146.

abgeleitet wird[991], erscheinen auch solche Rollenspiele unter dem Gesichtspunkt der Arbeitsplatzbezogenheit der zu erhebenden Daten nicht bedenklich.

d) Gruppendiskussionen

Gruppendiskussionen hingegen erweisen sich unter dem Aspekt der erforderlichen Arbeitsplatzrelevanz der erstrebten Erkenntnisse als problematisch:

Bei der Gruppendiskussion sollen i.d.R. 6 Teilnehmer ein vorgegebenes Problem diskutieren und zu einem von allen Beteiligten getragenen Beschluss kommen.[992] Dabei weisen die Themen der Diskussionen in der Regel jedoch gerade keinen Bezug zu dem zu besetzenden Arbeitsplatz auf. Thematisch typisch sind vielmehr die Diskussion „Neuer Dienstwagen", in der die Teilnehmer mit vorgegebenen Rollen darüber diskutieren, welchem Mitarbeiter ein neuer Dienstwagen zur Verfügung gestellt werden sollte, wobei die Zielvorgabe für jeder Teilnehmer darin besteht, den Dienstwagen möglichst für sich zu erstreiten, oder die sog. „NASA-Übung", bei der sich die Teilnehmer nach einer fiktiven Bruchlandung auf dem Mond darüber einigen sollen, welche Ausrüstungsgegenstände für eine Rettungsaktion mitgenommen werden sollen.[993] Damit ist der Status der Gruppendiskussion als Simulation wegen der fehlenden Realitätsnähe typischer Diskussionsinhalte durchaus diskutabel.[994]

Andererseits dient die Gruppendiskussion aber auch nicht der Ermittlung rein fachlicher Qualifikationen, sondern persönlicher Eigenschaften wie Kommunikationsfähigkeit oder Fähigkeit zur Teamarbeit, insoweit gibt das gezeigte Verhalten unmittelbare Hinweise zu den als relevant angesehenen Anforderungen.[995] Kommt es deshalb für den konkret zu besetzenden Arbeitsplatz auf diese Eigenschaften an, ist auch gegen die Zulässigkeit von Gruppendiskussionen vor dem Hintergrund der einzuhaltenden Datenerhebungsrechtsgrenzen regelmäßig nichts einzuwenden.

Diese Bewertung ändert sich jedoch dann, wenn die Übungen entweder geeignet sind oder sogar geradezu darauf abzielen, persönliche Emotionen, innere Einstellungen und Werte der Teilnehmer zu Tage zu fördern, die nach den Regeln des Fragerechts nicht erhoben werden dürfen.

Deshalb sind solche Übungen, die Rückschlüsse auf allgemein-, gesellschafts-, oder betriebspolitische Meinungen und Werte der Probanden ermöglichen (z.B. führerlose Gruppendiskussion über die Emanzipation der Frau, Wehrdienstverweigerung, gesellschaftliche Rolle der Gewerkschaften), m.E. nicht nur bedenk-

---

991 Schuler – Höft/Funke, 146.

992 Schuler – Höft/Funke, 148.

993 Schuler – Höft/Funke, 149.

994 Schuler – Höft/Funke, 143.

995 Schuler – Höft/Funke, 143.

lich[996], sondern als mögliche (gezielte) Umgehung der Fragerechtsgrenzen unzulässig.

Dies dürfte auch dann gelten, wenn die Teilnehmer in die Durchführung solcher Diskussionen eingewilligt haben. Wenn *Schmid*[997] demgegenüber trotz der Erkenntnis, dass die im AC zur Anwendung gelangenden eignungsdiagnostischen Verfahren häufig von einem Bewerber weit mehr forderten und enthüllten, als dieser in einer normalen Vorstellungssituation zu offenbaren verpflichtet sei, für die Zulässigkeit ausreichen lässt, dass der Bewerber auch den einzelnen Ausleseverfahren zugestimmt hat, kann dem nicht gefolgt werden. Denn soll etwa das Thema „Wehrdienstverweigerung" diskutiert werden, wird dem Bewerber kaum bewusst sein, welche Position er in der Diskussion hierzu zu seinem Vorteil einnehmen sollte. Möglicherweise wird ihm auch gar nicht bewusst sein, dass er mit der Einnahme einer bestimmten Position zu diesem Thema innerhalb der Gruppendiskussion ungewollt ein außerhalb des Fragerechts liegendes Datum, nämlich die eigene Entscheidung für oder gegen Wehrdienst, preisgibt und ggf. sogar preisgeben soll. Nach dem oben Gesagten kann von einer freiwilligen Einwilligung aber nur dann ausgegangen werden, wenn der Bewerber bewusst zum eigenen Vorteil auf den durch die Fragerechtsbegrenzung gewährleisteten Schutz verzichtet.

e) Psychologische Tests

Von den verschiedenen psychologischen Testverfahren, die (auch) im Rahmen eines AC eingesetzt werden, fehlt reinen IQ-Tests der notwendige Bezug zum konkreten Arbeitsplatz, so dass sie als unzulässig anzusehen sind.[998] Daneben sind auch sog. projektive Tests, bei denen dem Bewerber graphische oder verbale Darstellungen präsentiert werden, die er deuten oder gestalten soll (z.B. Rohrschach- oder Lüscher-Farb-Test, Thematic Apperception-Test)[999], unzulässig, weil bei diesen „Deutungen" vom Bewerber ggf. – oft ungewollt – innere Zustände offenbart werden, die mit dem Arbeitsplatz nichts zu tun haben[1000].

Auch insoweit wird es für eine freiwillig erteilte Einwilligung an der Voraussehbarkeit des Ergebnisses für den Bewerber mangeln.

3. Fazit

Das AC-Verfahren ist grundsätzlich zulässig, weil es aufgrund seines Simulationscharakters regelmäßig gerade auf die Erlangung rein arbeitsverhältnisrelevanter Daten gerichtet ist. Anders als graphologische Untersuchungen wird man auch davon ausgehen können, dass die mittels eines AC gewonnenen Erkenn-

---

996 So Breisig/Schulze, 141.

997 Schmid BB 1982, 1249, 1251.

998 Preis, 209.

999 Vgl. dazu v. Hoyningen-Huene DB 1991, Beilage 10, 2.

1000 Vgl. Hunold DB 1993, 224, 227.

tnisse in der Regel hinreichend valide sind, um als Grundlage einer sachgerechten, willkürfreien Einstellungsentscheidung zu dienen. Unzulässig sind jedoch einzelne, typischerweise in einem AC durchgeführte Übungen dann, wenn mit ihnen die Fragerechtsgrenzen umgangen werden können, was bei einigen Formen der Gruppendiskussionen und psychologischer Eignungstests der Fall ist.

Kapitel 5 – Probleme der Rechtsdurchsetzung

Welchen praktischen Nutzen die Fragerechtsbeschränkung und die Begrenzung der Zulässigkeit indirekter Datenerhebungsmethoden für den Bewerber hat, hängt letztlich von den Rechtsfolgen ab, die sich aus Verstößen des Arbeitgebers gegen die ihm gesetzten Grenzen ergeben. Deshalb sollen nachfolgend mit Blick auf eine mögliche Normierung der Gesamtproblematik kurz einige Defizite des de lege lata bestehenden Rechtsschutzes aufgezeigt werden.

A. Schwächen des „Rechts zur Lüge“

Nach der Rspr. des BAG und heute allgemeiner Ansicht in der Literatur darf der Bewerber unzulässige Fragen wahrheitswidrig beantworten.[1001] Als Folge dieses „Rechts zur Lüge“ kann der Arbeitgeber seine auf den Vertragsschluss gerichtete Willenserklärung nicht erfolgreich nach § 123 BGB anfechten. Schon die Möglichkeit einer unzulässigen Frage des Arbeitgebers nach der politischen oder religiösen Einstellung eines Bewerbers zeigt die Schwäche dieses „Rechts zur Lüge“. So kann der Bewerber kaum einschätzen, welche politische oder religiöse Einstellung der Arbeitgeber positiv bewerten wird. Auch hilft dem Bewerber ein „Recht zur Lüge“ nicht weiter, wenn der Arbeitgeber mit einem unzulässigen Untersuchungsverlangen an ihn herantritt.[1002] Fragt der Arbeitgeber beispielsweise nicht nach dem Vorliegen einer Schwangerschaft, sondern nach der Bereitschaft zur Durchführung eines Schwangerschaftstests, ist ein „Recht zur Lüge“ nutzlos. Gleiches gilt, wenn der Arbeitgeber alternativ die Vorlage eines in seiner Reichweite nicht beanspruchten Attests verlangt.[1003]

B. Rechtsfolgen unzulässiger Datenerhebungen

Damit fragt sich, ob unzulässige Datenerhebungen neben dem „Recht zur Lüge“ weitere Rechtsfolgen auslösen, die einen präventiven Schutz des Bewerbers bewirken können.

I. Bußgeld

Ein solcher Schutz wird im Anwendungsbereich des BDSG 2001 durch § 43 II Nr. 1 BDSG 2001 bewirkt, wonach ordnungswidrig handelt, wer unbefugt per-

---

1001 BAG 21.02.1991 – 2 AZR 449/90 = NZA 1991, 719, 720; BAG 11.11.1993 – 2 AZR 467/93 = EzA Nr. 40 zu § 123 BGB; Moritz NZA 1987, 329, 336; Hofmann ZfA 1975, 1, 60.

1002 Diller/Powietzka NZA 2001, 1227, 1228; Wohlgemuth BB 1980, 1530, 1534.

1003 MünchArbR – Buchner § 41 Rdnr. 230.

sonenbezogene Daten, die nicht allgemein zugänglich sind, erhebt oder verarbeitet, wobei ein Verstoß nach § 43 III BDSG 2001 mit einer Geldbuße bis zu 250.000,- Euro geahndet werden kann. Da die Frage bereits Datenerhebung darstellt und der Bewerber sich allein dadurch, dass er sich einem Einstellungsgespräch unterzieht, nicht gleichzeitig damit einverstanden erklärt, dass darin unzulässige Fragen gestellt werden, ist das Stellen einer unzulässigen Frage im Anwendungsbereich des BDSG 2001 also zumindest als Ordnungswidrigkeit sanktioniert.[1004]

Auch dieser Schutz ist allerdings lückenhaft. Denn – abgesehen vom beschränkten Anwendungsbereich des BDSG 2001 – § 43 II Nr. 1 BDSG 2001 erfasst nicht die bloße Bitte um Abgabe von Einwilligungen in nach den Regeln des Fragerechts unzulässige indirekte Datenerhebungen, da diese der erst bußgeldbewehrten Datenerhebung vorgelagert ist.

II. Schadensersatz- und Entschädigungsansprüche

1. Wegen unzulässiger Fragen

Außerhalb des Anwendungsbereichs datenschutzrechtlicher Vorschriften könnte ein präventiv wirkender Rechtsschutz nur durch Schadensersatz- und Entschädigungsansprüche des Bewerbers bewirkt werden.

Dahingehend werden von Teilen der Literatur für den Fall, dass das Persönlichkeitsrecht „durch Überschreiten der Grenzen des Fragerechts verletzt" werde, Schadensersatzansprüche des Bewerbers nach den Grundsätzen der culpa in contrahendo[1005] und aus unerlaubter Handlung[1006] bejaht.

Eine unzulässige Frage allein kann jedoch schon deshalb nicht zu einem Anspruch aus c.i.c. führen, weil sie keinen insoweit wegen § 253 I BGB allein ersatzfähigen materiellen Schaden des Bewerbers auslöst.[1007] Aus dem gleichen Grund scheidet auch ein Anspruch aus § 7 BDSG 2001 wegen einer Verletzung der Erhebungsregeln aus.[1008]

Eine unzulässige Frage stellt auch noch keinen Eingriff, sondern lediglich einen *Angriff* auf das allgemeine Persönlichkeitsrecht in der Ausprägung des Rechts auf informationelle Selbstbestimmung dar[1009], der keinen Anspruch aus §

[1004] Vgl. Sutschet RDV 2000, 107, 110 (noch zum Referentenentwurf des BMI zur Novellierung des BDSG vom 06.07.1999, abrufbar unter http://www.datenschutz-berlin.de /recht/de/ggebung/bdsg_neu/bdsg0607.htm).

[1005] Schaub – Schaub § 26 Rdnr. 12; Ehrich DB 2000, 421, 427.

[1006] Schaub – Schaub § 26 Rdnr. 12; Ehrich DB 2000, 421, 427; Linnenkohl AuR 1983, 129, 132; Wedde CR 1992, 679, 681.

[1007] Vgl. auch Kaehler ZfA 2006, 519, 542.

[1008] Eine Ersatzregelung für immaterielle Schäden ist im BDSG nur für die automatisierte Datenverarbeitung im öffentlichen Bereich enthalten (§ 8 II BDSG 2001).

[1009] Staudinger – Richardi § 611 Rdnr. 140; MünchArbR – Buchner § 41 Rdnr. 195; Kaehler ZfA 2006, 519, 522; Leipold AuR 1971, 161, 163; Wiese ZfA 1971, 273, 300 f.; auch *Fal-*

823 I BGB auslöst. Eine andere Sichtweise müsste zur Bejahung von Schadensersatzansprüchen selbst in den Fällen führen, in denen der Arbeitgeber auf seine Frage keine oder eine falsche Antwort erhalten, der Bewerber sein Recht auf informationelle Selbstbestimmung also gerade durchgesetzt hat.

Nur im Bereich der einfachgesetzlich geregelten Diskriminierungsverbote ließe sich vertreten, dass bereits unzulässige Fragen als benachteiligende Verfahrenshandlungen einen Entschädigungsanspruch auslösen.[1010] Auch insoweit sind jedoch Zweifel angebracht[1011], denn eine solche Sichtweise müsste eine Entschädigungspflicht des Arbeitgebers sinnwidriger Weise selbst für den „diskriminierend" befragten, aber dennoch eingestellten Bewerber auslösen[1012]. Zudem kommt eine benachteiligende und deshalb zu einem Entschädigungsanspruch führende Wirkung einer Frage überhaupt nur dort in Betracht, wo sie lediglich einer bestimmten Bewerbergruppe gestellt wird.[1013] Dies dürfte allenfalls bei der Frage nach der Schwangerschaft, welche nur Frauen gegenüber in Betracht kommt, vorkommen, während der Arbeitgeber nach den anderen verpönten Differenzierungsmerkmalen generell fragen und damit im Einstellungsgespräch keine Bewerbergruppe gegenüber anderen benachteiligen wird.

Außerhalb des Anwendungsbereichs des BDSG 2001 hat der Arbeitgeber allein aus dem Stellen unzulässiger Fragen damit regelmäßig also keine Nachteile zu befürchten, die ihn von einer Überschreitung seines Fragerechts abhalten könnten. Fragen kostet nichts.

2. Wegen unzulässiger indirekter Datenerhebungen

Bei Durchführung unzulässiger indirekter Datenerhebungen sind demgegenüber i.d.R. Eingriffe in das allgemeine Persönlichkeitsrecht des Bewerbers zu bejahen: Die in einer Datennachfrage zwischen Arbeitgebern liegende Verletzung der Vertraulichkeit der Bewerbung kann aus § 823 I BGB damit grundsätzlich ebenso einen Schadensersatzanspruch gegen den potentiellen Arbeitgeber auslösen[1014], wie die daraufhin erfolgte ungerechtfertigte Preisgabe von Daten durch

---

kenberg (BB 1970, 1013, 1014) spricht lediglich von einem Versuch, in die Intimsphäre des Arbeitnehmers einzudringen.

1010 Dafür MünchArbR – Buchner § 41 Rdnr. 200, noch zu § 611 a BGB a.F.

1011 Vgl. auch Thüsing, Anm. zu BAG RdA 2002, 49, 51, der Schadensersatzansprüche nicht bereits wegen diskriminierender Fragen, sondern nur bei diskriminierenden Einstellungen bejaht.

1012 Vgl. auch schon Winterfeld Anm. zu BAG EzA Nr. 37 zu § 123 BGB; Sowka NZA 1994, 967, 968 f.

1013 Insoweit für die Frage nach der Schwerbehinderteneigenschaft zutreffend Schaub NZA 2003, 299, 301; anders Messingschlager NZA 2003, 301, 303; v. Koppenfels-Spies AuR 2004, 43, 46.

1014 Vgl. ArbG Passau 06.05.1991 – 2 Ca 734/90 D = BB 1991, 1125 (LS); Schmid DB 1983, 769, 771.

den ehemaligen oder gegenwärtigen Arbeitgeber[1015]. Auch unkonsertierte graphologische und medizinische Untersuchungen (z.B. heimliche Schwangerschafts- oder HIV-Tests, Genomanalysen) können Ansprüche aus § 823 I BGB begründen.

Ein materieller Schaden wird allein aufgrund der Persönlichkeitsrechtsverletzung bei der Datenerhebung jedoch nicht entstehen, so dass nur der Ersatz eines immateriellen Schadens in Betracht kommt.

Insoweit bestehen jedoch recht hohe Hürden: Ein Anspruch auf billige Entschädigung in Geld wegen Persönlichkeitsrechtsverletzung besteht nach der Rspr. nur, wenn ein schwerer und schuldhafter Eingriff in das Persönlichkeitsrecht vorliegt, die Schwere des Eingriffs nach Grad des Verschuldens, Art und Schwere der Beeinträchtigung sowie Anlass und Beweggrund des Handelns eine Genugtuung erfordert und die Persönlichkeitsverletzung nicht in anderer Weise befriedigend ausgeglichen werden kann.[1016] Die demnach erforderliche „Schwere" der Persönlichkeitsrechtsverletzung durch einen gegenwärtigen Arbeitgeber, der dem potentiellen neuen Arbeitgeber einer Bewerberin in der Bewerbungsphase Teile ihrer Personalakte zugänglich gemacht hatte, hat das BAG mit der Begründung verneint, nachteilige Folgen der Persönlichkeitsrechtsverletzung seien durch die Bewerberin nicht dargetan worden, denn diese habe nicht behauptet, wegen der Gewährung der Einsicht in die Unterlagen die erstrebte Stelle nicht erhalten zu haben.[1017] Somit verlangte das BAG also selbst zur Bejahung eines immateriellen Schadens den Nachweis, dass ein Bewerber ohne eine Persönlichkeitsrechtsverletzung im Zuge des Bewerbungsverfahrens die erstrebte Stelle erhalten hätte.[1018] Ebenso wurde in der Rspr. eine schwerwiegende Persönlichkeitsverletzung bei heimlichen HIV-Tests ohne weitere negative Folgen für den Patienten verneint.[1019] Dies dürfte die Präventionswirkung theoretisch möglicher Entschädigungspflichten erheblich relativieren.

[1015] BAG 18.12.1984 – 3 AZR 389/83 = AP Nr. 8 zu § 611 BGB Persönlichkeitsrecht; MünchArbR – Buchner § 41 Rdnr. 262.

[1016] BAG 18.12.1984 – 3 AZR 389/83 = AP Nr. 8 zu § 611 BGB Persönlichkeitsrecht; BAG 14.03.1989 – 8 AZR 447/87 = AP Nr. 5 zu § 611 a BGB; BAG 14.03.1989 – 8 AZR 351/86 = AP Nr. 6 zu § 611 a BGB; AG Mölln 06.10.1988 – C 405/88 = NJW 1989, 775, 776; AG Göttingen 02.12.1988 – 26 C 687/87 = NJW 1989, 776.

[1017] BAG 18.12.1984 – 3 AZR 389/83 = AP Nr. 8 zu § 611 BGB Persönlichkeitsrecht.

[1018] Dass das BAG demgegenüber für den Fall der Geschlechtsdiskriminierung eines Stellenbewerbers auch ohne diesen Nachweis von einer erheblichen Persönlichkeitsrechtsverletzung ausgegangen ist, liegt daran, dass das BAG sich gehalten sah, zur Durchsetzung der Ziele der Richtlinie 76/207/EWG geschlechtsbedingte Persönlichkeitsrechtsverletzungen als regelmäßig anspruchsbegründend anzusehen (vgl. BAG 14.03.1989 – 8 AZR 447/87 = AP Nr. 5 zu § 611 a BGB).

[1019] Vgl. AG Mölln 06.10.1988 – C 405/88 = NJW 1989, 775, 776; AG Göttingen 02.12.1988 – 26 C 687/87 = NJW 1989, 776, 777.

C. Rechtsfolgen der ablehnenden Einstellungsentscheidung

Fraglich ist, ob die der Erhebung nachfolgende Nutzung unzulässig erhobener Daten bei der Einstellungsentscheidung in präventiv wirkender Weise sanktioniert ist.

I. Kein Bußgeld

Im Anwendungsbereich des BDSG ist die Verwertung eines Datums bei der Einstellungsentscheidung Datennutzung i.S.d. § 3 V BDSG 2001. Diese unterliegt ebenso wie die Erhebung gemäß § 4 I BDSG 2001 einem grundsätzlichen Verbot mit Erlaubnisvorbehalt. Die Datennutzung folgt den gleichen Zulässigkeitsmaßstäben gemäß § 28 I S. 1 Nr. 1 BDSG 2001 wie die Erhebung. Deshalb besteht für unzulässig ermittelte Daten gleichzeitig ein datenschutzrechtliches Verwertungsverbot bei der Einstellungsentscheidung. Unter die Bußgeldvorschriften des § 43 BDSG 2001 fällt eine unbefugte Datennutzung jedoch nur, wenn die Daten *zweckentfremdet* genutzt werden (§ 43 I Nr. 4 i.V.m. § 28 V S. 2, § 43 II Nr. 5 BDSG 2001). Dies ist aber nicht der Fall, wenn der Arbeitgeber die unzulässig für die Einstellungsentscheidung erhobenen Daten auch für diesen Zweck nutzt. Die Nutzung unzulässig erhobener Daten erfüllt damit keinen Bußgeldtatbestand des BDSG 2001.

II. Schadensersatz- und Entschädigungsansprüche

Wird der Bewerber unter Verwertung eines unzulässig erhobenen Datums abgelehnt, kommen grundsätzlich Schadensersatzansprüche aus culpa in contrahendo, § 823 I BGB[1020], § 823 II BGB i.V.m. Art. 9 III GG[1021], § 7 BDSG 2001 und in den einfachgesetzlich geregelten Diskriminierungsfällen aus § 15 I, II AGG in Betracht. Insoweit liegt die entscheidende Schwäche des Rechtsschutzes jedoch auf der Ebene der Beweislast, da der Bewerber für seinen Anspruch nach allgemeinen Regeln beweisen müsste, dass er ohne Verwertung des unzulässig ermittelten Datums eingestellt worden wäre, was ihm kaum jemals gelingen wird.[1022] Beweiserleichterungen bestehen insoweit nur in den einfachgesetzlich geregelten Diskriminierungsfällen nach § 22 AGG.

D. Rechtsschutz durch Mitbestimmung

Schließlich vermag auch die „Gegenmacht" Betriebsrat, auf die zum Teil verwiesen wird[1023], keinen nennenswerten Schutz gegen übermäßige Datenerhebung zu gewährleisten. Zwar bewirkt § 94 BetrVG eine gewisse Vorverlagerung des Bewerberschutzes[1024], die Norm erfasst nach ihrem eindeutigen Wortlaut

---

1020 Linnenkohl AuR 1983, 129, 130; Moritz NZA 1987, 329, 336 ; Kuhla, 110.

1021 Boemke/Gründel ZfA 2001, 245, 256.

1022 Vgl. Kaehler ZfA 2006, 519, 542; Preis, 220.

1023 Schwerdtner, Rdnr. 11.

1024 MünchArbR – Buchner § 41 Rdnr. 205.

aber keine mündlichen Einstellungsgespräche ohne schriftlich vorgegebenen Fragenkatalog[1025]. Auch die Informationsbeschaffung über den Bewerber bei Dritten, z.B. einem früheren oder gegenwärtigen Arbeitgeber, fällt nicht unter den Anwendungsbereich des § 94 I BetrVG.[1026] Zudem bleibt es dem Arbeitgeber überlassen, ob er überhaupt Personalfragebögen in seinem Unternehmen einführt.[1027] Ein Initiativrecht steht dem Betriebsrat nicht zu.[1028] Der Betriebsrat hat auch kein Mitbestimmungsrecht dahingehend, an einem Vorstellungsgespräch teilzunehmen.[1029] Schließlich ist jeglicher Schutz von vornherein auf Betriebe begrenzt ist, in denen überhaupt ein Betriebsrat existiert.[1030]

Kapitel 6 – Zusammenfassung und Ausblick

Die vorstehenden Untersuchungen haben gezeigt, dass die Problematik der arbeitgeberseitigen Datengewinnung im Anbahnungsstadium – obwohl ein „klassisches" Thema – bis heute durch die Rspr. weder in den dogmatischen Grundfragen noch in verschiedenen Einzelfragen überzeugend gelöst worden ist.

Schon im dogmatischen Ansatz kann der Rspr. zur Fragerechtsbeschränkung und der herrschenden Meinung in der Literatur nicht gefolgt werden:

Die Beschränkung des Fragerechts lässt sich nicht mit dem durch das allgemeine Persönlichkeitsrecht gewährleisteten Schutz des Bewerbers vor einem zu weit gehenden „Einblick in seine Persönlichkeit", sondern nur aufgrund der Anerkennung eines durch Art. 12 GG sowie spezielle verfassungsrechtliche und einfachgesetzliche Diskriminierungsverbote geschützen Rechts des Bewerbers darauf, nicht aus unsachlichen, willkürlichen und diskriminierenden Erwägungen abgelehnt zu werden, rechtfertigen.

Dies hat auch Auswirkungen auf die Bewertung des Datenerhebungsrechts im Einzelfall, weshalb sich die in Rspr. und h.M. im Schrifttum zu einzelnen Fallgruppen des Datenerhebungsrechts vertretenen Auffassungen als korrekturbedürftig erwiesen haben:

Denn sollen unsachliche und willkürliche Ablehnungen von Bewerbern verhindert werden, muss die Erhebung jeglicher Daten unzulässig sein, die nur eine vermeintliche Aussagekraft über den Bewerber haben. Damit können z.B. Fragen nach genetischen Daten sowie bestimmte Formen psychologischer Tests ebenso wenig als zulässig angesehen werden, wie – insoweit entgegen Rspr. und h.M. in der Literatur – Fragen nach laufenden Strafverfahren und die Durchführung graphologischer Untersuchungen.

[1025] Degener, 32.

[1026] Schmid DB 1983, 769, 773.

[1027] Zeller BB 1987, 1522, 1525.

[1028] Zeller BB 1987, 1522, 1525; v. Hoyningen-Huene DB 1991, Beilage 10, 7.

[1029] Vgl. BAG 18.07.1978 – 1 ABR 8/75 = AP Nr. 7 zu § 99 BetrVG 1972; Kaehler ZfA 2006, 519, 543 f.

[1030] Darauf verweisend auch Linnenkohl AuR 1983, 129, 130.

Weiterhin bedingt die erforderliche Sachbezogenheit der zu erhebenden Daten bei der Bewertung einzelner Arbeitgeberfragen eine striktere Orientierung an den in der Rechtsordnung auffindbaren objektiven Wertentscheidungen, als dies bisweilen in der Rspr. des BAG, etwa zum Fragerecht nach Vorstrafen, zum Ausdruck kommt.

Die Untersuchung des Fragerechts im Bereich des neu geregelten Diskriminierungsrechts hat ergeben, dass „klassische“ Probleme des Fragerechts in einem neuen Licht gesehen werden müssen. So kann heute wegen § 3 I S. 2 AGG an der grundsätzlichen Unzulässigkeit der Frage nach der Schwangerschaft nicht mehr gezweifelt werden. Die ständige Rspr. zum Fragerecht nach der Schwerbehinderteneigenschaft ist durch § 81 II SGB IX überholt. Darüber hinaus wirft das neue Antidiskriminierungsrecht gänzlich neue Probleme auf, wie das des Fragerechts nach dem Lebensalter oder der Bedeutung des Verbots der Benachteiligung Behinderter und wegen Religion für das Fragerecht nach einer bloßen HIV-Infektion bzw. Scientology-Anhängerschaft. Insoweit scheinen sich die Auswirkungen auf das Fragerecht nach näherer Untersuchung jedoch in Grenzen zu halten, auch wenn die weitere Entwicklung durch die Rspr. des EuGH abzuwarten bleibt.

Die Untersuchung hat weiterhin ergeben, dass in der Rspr. bislang eine saubere Abgrenzung des arbeitgeberseitigen Fragerechts zu den Offenbarungspflichten des Bewerbers ohne vorausgehende Frage des Arbeitgebers fehlt. Diese lässt sich m.E. überzeugend nur erreichen, wenn man die Mitteilungspflichten des Bewerbers entgegen Rspr. und weiten Teilen der Literatur streng auf die Tatsache einer zum Zeitpunkt des Vorstellungsgesprächs feststehenden Nichtverfügbarkeit des Bewerbers zum beabsichtigten Vertragsbeginn oder in absehbarer Zeit danach beschränkt.

Schließlich hat sich gezeigt, dass es de lege lata an einem effektiven Rechtsschutzsystem gegen unzulässige Datenehebungen mangelt.

Vor dem Hintergrund der aufgezeigten, trotz teilweise jahrzehntelanger Diskussion weiterhin bestehenden Probleme ist zu begrüßen, dass der jüngst veröffentlichte Diskussionsentwurf eines Arbeitsvertragsgesetzes[1031] (AVGE) in den §§ 12-14 auch Regelungen zum Fragerecht des Arbeitgebers, zu Mitteilungspflichten des Bewerbers und zu Eignungsuntersuchungen vorsieht.

Nach den hier gefundenen Ergebnissen sind jedoch einige Änderungen und Ergänzungen der vorgeschlagenen Regelungen erforderlich bzw. empfehlenswert:

So kann die in § 12 AVGE vorgesehene Regelung des Fragerechts zwar insoweit überzeugen, als in Abs. 1 S. 1 zunächst das Grundprinzip und in Abs. 1 S. 3 sodann die Unzulässigkeit einzelner Fragen explizit festgeschrieben werden soll.

1031 Abgedruckt in NZA 2006, Beilage zu Heft 23.

Allerdings ist der auf die vorgesehene *Arbeitsaufgabe* abstellende Wortlaut des § 12 I S. 1 AVGE zu eng. Hier sollte vielmehr zum Ausdruck gebracht werden, dass ein berechtigtes Informationsinteresse im Hinblick auf das einzugehende *Arbeitsverhältnis* ausreicht. Im Übrigen sollte in § 12 I S. 3 AVGE die abzulehnende Rspr. des BAG zum Fragerecht nach Vorstrafen nicht – wie vorgesehen – festgeschrieben, sondern korrigiert werden. Weiterhin müsste der Katalog unzulässiger Fragen insbesondere um die Frage nach anhängigen Strafverfahren erweitert werden, bezüglich des Fragerechts nach der Schwangerschaft sollten Ausnahmen vom Frageverbot für Kleinbetriebe und für den Fall beabsichtigter befristeter Einstellungen vorgesehen werden.

§ 14 AVGE verdient insoweit Zustimmung, als in Abs. 3 die Geltung der Fragerechtsgrenzen auch für Eignungsuntersuchungen und in Abs. 1 S. 2 die Unzulässigkeit genetischer Untersuchungen – ohne Ausnahmen – festgeschrieben werden soll. Ergänzend sollte m.E. die Durchführung graphologischer Untersuchungen verboten werden.[1032]

Im Übrigen ist zu erwägen, zur Vermeidung von „Wettbewerbsverzerrungen" die Möglichkeit von – de lege lata entgegen weit verbreiteter Ansicht nicht zwingend unwirksamen – Einwilligungen zur Legitimierung über die Grenzen des Fragerechts hinausgehender Datenerhebungen explizit auszuschließen. Jedenfalls sollte dies für genetische Untersuchungen erfolgen. Damit würde zugleich gewährleistet, dass dem Bewerber aus der Verweigerung einer Einwilligung in unzulässige Untersuchungen keine Nachteile entstehen können. Um zu verhindern, dass der Bewerber durch den Arbeitgeber dahingehend unter Druck gesetzt werden kann, von sich aus ein Attest über genetische oder sonstige Gesundheitsdaten, an denen kein berechtigtes Informationsinteresse des Arbeitgebers besteht, vorzulegen, sollte auch geregelt werden, dass vom Arbeitgeber entsprechende Atteste weder gefordert noch freiwillig vorgelegte Atteste entgegengenommen werden dürfen.[1033]

Eine gesetzliche Regelung sollte schließlich die aufgezeigte Rechtsdurchsetzungsproblematik angehen. § 12 II AVGE sieht hierzu vor, dass einem Bewerber durch die unrichtige Antwort auf eine unzulässige Frage keine Nachteile entstehen dürfen. Damit belässt es der Entwurf auf der Sanktionsebene aber letztlich bei dem Ausschluss der Anfechtung des Arbeitsvertrages wegen arglistiger Täuschung, womit aber nach wie vor nur derjenige geschützt würde, der trotz einer Überschreitung der Fragerechtsgrenzen durch den Arbeitgeber die Einstellung erreicht hat. Insoweit sollte deshalb zumindest erwogen werden, für unzulässige Datenerhebungen ein Bußgeld anzudrohen.[1034]

1032 Dafür schon Wiese RdA 1988, 217, 220.

1033 So für genetische Daten schon die Empfehlung der Enquete-Kommission „Chancen und Risiken der Gentechnologie" vom 06.01.1987, BT-Drucks. 10/6775, XV; Wellbrock CR 1989, 204, 208.

1034 Vgl. auch schon Wiese RdA 1988, 217 ff.

Bei allen Detailfragen bleibt abschließend jedenfalls zu hoffen, dass der Gesetzgeber die jüngste Kodifizierungsinitiative zum Anlass für eine Rechtssicherheit schaffende Normierung des Gesamtkomplexes arbeitgeberseitiger Datenerhebung im Anbahnungsverhältnis nehmen wird. Da die Problematik mit den Möglichkeiten der Genomanalyse an Brisanz zugenommen hat und sich eine diesbezügliche Regelung stimmig in ein Gesamtkonzept einfügen sollte, ist eine Normierung überfällig.

Literaturverzeichnis

Adam, Roman
Der Grundrechtsverzicht des Arbeitnehmers
In: AuR 2005, 129 ff.

Adomeit, Klaus
Diskriminierung – Inflation eines Begriffs
In: NJW 2002, 1622 ff.

Annuß, Georg
Grundfragen der Entschädigung bei unzulässiger Geschlechtsdiskriminierung
In: NZA 1999, 738 ff.

Das Allgemeine Gleichbehandlungsgesetz im Arbeitsrecht
In: BB 2006, 1629 ff.

Ascheid, Reiner; Preis, Ulrich; Schmidt, Ingrid
Kündigungsrecht
München 2004
(zit.: A/P/S – Bearbeiter)

Bährle, Ralph Jürgen
Auskunft des Arbeitgebers gegenüber Dritten
In: AuA 2001, 308 ff.

Bauer, Jobst-Hubertus
Europäische Antidiskriminierungsrichtlinien und ihr Einfluss auf das deutsche Arbeitsrecht
In: NJW 2001, 2672 ff.

Bauer, Jobst-Hubertus; Baeck, Ulrich; Merten, Frank
Scientology – Fragerecht des Arbeitgebers und Kündigungsmöglichkeiten
In: DB 1997, 2534 ff.

Bayreuther, Frank
Das Verbot der geltungserhaltenden Reduktion im Arbeitsrecht
In: NZA 2004, 953 ff.

Bertelsmann, Klaus; Pfarr, Heide M.
Diskriminierung von Frauen bei der Einstellung und Beförderung
In: DB 1984, 1297 ff.

Boemke, Burkhard
Kontrahierungszwang im Arbeitsrecht wegen Grundrechtsverletzung ?
In: NJW 1993, 2083 ff.

Entscheidungsbesprechung zu EuGH v. 03.02.2000 (Rs. C-207/98)
In: JuS 2000, 721 f.

Boemke, Burkhard; Gründel, Mirko
Grundrechte im Arbeitsverhältnis
In: ZfA 2001, 245 ff.

Breisig, Thomas; Schulze, Herbert
Das mitbestimmte Assessment Center
Baden-Baden 1998
(zit.: Breisig/Schulze)

Breitfeld, Anja
Berufsfreiheit und Eigentumsgarantie als Schranke des Rechts auf informationelle Selbstbestimmung
Berlin 1992
(zit.: Breitfeld)

Brors, Christiane
Berechtigtes Informationsinteresse und Diskriminierungsverbot – Welche Fragen darf der Arbeitgeber bei der Einstellung eines behinderten Bewerbers stellen ?
In: DB 2003, 1734 ff.

Brossette, Josef
Der Wert der Wahrheit im Schatten des Rechts auf informationelle Selbstbestimmung
Berlin 1991
(zit.: Brossette)

Brox, Hans; Rüthers, Bernd; Henssler, Martin
Arbeitsrecht
16. Auflage
Stuttgart 2004
(zit.: Brox/Rüthers/Henssler)

Buchner, Herbert
Freiheit und Bindung des Arbeitgebers bei Einstellungsentscheidungen
In: NZA 1991, 577 ff.

Budde, Jürgen
Weitergabe arbeitsmedizinischer Daten durch den Betriebsarzt
In: DB 1985, 1529 ff.

Christians, Daniel
Die Novellierung des Bundesdatenschutzgesetzes – Statusbericht
In: RDV Heft 4/2000, Sonderdruck zur BDSG-Novellierung

Coester, Michael
Anmerkung zu BAG v. 15.10.1992 (2 AZR 227/92)
In: AP Nr. 8 zu § 611 a BGB, Bl. 4 ff.

Däubler, Wolfgang
Die Schweigepflicht des Betriebsarztes – ein Stück wirksamer Datenschutz ?
In: BB 1989, 282 ff.

Erhebung von Arbeitnehmerdaten
In: CR 1994, 101 ff.

Das Arbeitsrecht 2
11. Auflage
Reinbek 1998
(zit.: Däubler, Arbeitsrecht)

Ein Gesetz über den Arbeitnehmerdatenschutz
In: RDV 1999, 243 ff.

Das neue Bundesdatenschutzgesetz und seine Auswirkungen im Arbeitsrecht
In: NZA 2001, 874 ff.

Gläserne Belegschaften ?
4. Auflage
Frankfurt a.M. 2002
(zit.: Däubler, Gläserne Belegschaften ?)

Gläserne Belegschaften ? Die Verwendung von Gendaten im Arbeitsverhältnis
In: RDV 2003, 7 ff.

AGG: Neue Aufgaben für Betriebsräte
In: AiB 2006, 614 ff.

Däubler, Wolfgang; Bertzbach, Martin
Allgemeines Gleichbehandlungsgesetz
Handkommentar
1. Auflage
Baden-Baden 2007
(zit.: Däubler/Bertzbach – Bearbeiter)

Dammann, Ulrich; Simitis, Spiros
EG-Datenschutzrichtlinie
Kommentar
Baden-Baden 1997
(zit.: Dammann/Simitis)

Dau, Dirk; Düwell, Franz Josef; Haines, Hartmut
Rehabilitation und Teilhabe behinderter Menschen
Lehr- und Praxiskommentar (LPK-SGB IX)
1. Auflage
Baden-Baden 2002
(zit.: LPK-SGB IX – Bearbeiter)

Degener , Udo
Das Fragerecht des Arbeitgebers gegenüber Bewerbern
Berlin 1975
(zit.: Degener)

Deutsch, Erwin
Die Genomanalyse im Arbeits- und Sozialrecht – Ein Beitrag zum genetischen Datenschutz
In: NZA 1989, 657 ff.

Diller, Martin; Powietzka, Arnim
Drogenscreenings und Arbeitsrecht
In: NZA 2001, 1227 ff.

Dörr, Erwin; Schmidt, Dietmar
Neues Bundesdatenschutzgesetz
2. Auflage
Köln 1992
(zit.: Dörr/Schmidt)

Düwell, Franz Josef
Neu geregelt: Die Stellung der Schwerbehinderten im Arbeitsrecht
In: BB 2001, 1527 ff.

Ehmann, Eugen; Helfrich, Marcus
EG-Datenschutzrichtlinie
Köln 1999
(zit.: E. Ehmann/Helfrich)

Ehmann, Horst
Datenverarbeitung und Persönlichkeitsschutz im Arbeitsverhältnis
In: NZA 1985, Beilage Nr. 1/85 zu Heft 13

Informationsschutz und Informationsverkehr im Zivilrecht
In: AcP 188 (1988), 230 ff.

Prinzipien des deutschen Datenschutzrechts – unter Berücksichtigung der Datenschutz-Richtlinie der EG vom 24.10.1995 – (2. Teil)
In: RDV 1999, 12 ff.

Ehmann, Horst; Sutschet, Holger
EU-Datenschutzrichtlinie; Umsetzungsbedarf und Auswirkungen aus der Sicht des Arbeitsrechts
In: RDV 1997, 3 ff.

Ehrich, Christian
Fragerecht des Arbeitgebers bei Einstellungen und Folgen der Falschbeantwortung
In: DB 2000, 421 ff.

Eich, Rolf-Achim
Aids und Arbeitsrecht
In: NZA 1987, Beilage 2, 10 ff.

Eisemann, Hans
Der Ersatz von immateriellen „Diskriminierungsschäden“
In: AuR 1988, 225 ff.

Erfurter Kommentar zum Arbeitsrecht
Hrsg.: Dieterich, Thomas; Müller-Glöge, Rudi; Preis, Ulrich; Schaub, Günter
7. Auflage
München 2007
(zit.: ErfKomm – Bearbeiter)

Erman, Walter
Bürgerliches Gesetzbuch
Band 1
10. Auflage
Köln 2000
(zit.: Erman[10] – Bearbeiter)
11. Auflage
Köln 2004
(zit.: Erman – Bearbeiter)

Etzel, Gerhard; Bader, Peter; u.a.
Gemeinschaftskommentar zum Kündigungsschutzgesetz und zu sonstigen kündigungsschutzrechtlichen Vorschriften
8. Auflage
Neuwied 2007
(zit.: KR – Bearbeiter)

Faber, Michael
Verrechtlichung - ja, aber immer noch kein „Grundrecht" ! – Zwanzig Jahre informationelles Selbstbestimmungsrecht
In: RDV 2003, 278 ff.

Falkenberg, Rolf-Dieter
Fragen des Arbeitgebers an den einzustellenden Arbeitnehmer
In: BB 1970, 1013 ff.

Festschrift für Dieterich, Thomas
Richterliches Arbeitsrecht
Hrsg.: Hanau, Peter; Heither, Friedrich; Kühling, Jürgen
München 1999
(zit.: Bearbeiter FS Dieterich)

Festschrift für Gitter, Wolfgang
Zum 65. Geburtstag
Hrsg.: Heinze, Meinhard; Schmitt, Jochem
Wiesbaden 1995
(zit.: Bearbeiter FS Gitter)

Festschrift für Herschel, Wilhelm
Zum 85. Geburtstag
Hrsg.: Hanau, Peter; Müller, Gerhard; Wiedemann, Herbert; Wlotzke, Otfried
München 1982
(zit.: Bearbeiter FS Herschel)

Festschrift für Söllner, Alfred
Europas universale rechtsordnungspolitische Aufgabe im Recht des dritten Jahrtausends
Hrsg.: Köbler, Gerhard; Heinze, Meinhard; Hromadka, Wolfgang
München 2000
(zit.: Bearbeiter FS Söllner)

Fisahn, Andreas
Ein unveräußerliches Grundrecht am eigenen genetischen Code
In: ZRP 2001, 49 ff.

Franzen, Martin
Die Zulässigkeit der Erhebung und Speicherung von Gesundheitsdaten der Arbeitnehmer nach dem novellierten BDSG
In: RDV 2003, 1 ff.

Gallwas, Hans-Ullrich
Der allgemeine Konflikt zwischen dem Recht auf informationelle Selbstbestimmung und der Informationsfreiheit
In: NJW 1992, 2785 ff.

Gamillscheg, Franz
Die Grundrechte im Arbeitsrecht
Berlin 1989
(zit.: Gamillscheg, Grundrechte)

Kollektives Arbeitsrecht
Band I: Grundlagen/Koalitionsfreiheit/Tarifvertrag/Arbeitskampf und Schlichtung
München 1997
(zit.: Gamillscheg, Kollektives Arbeitsrecht)

Anmerkung zu EuGH v. 03.02.2000 (Rs. C-207/98)
In: EzA Nr. 15 zu § 611 a BGB, S. 5 ff.

Gay, Vivienne
The Transposition of the new European Anti-Discrimination Directives into English employment law
In: NZA 2004, Sonderbeilage zu Heft 22, 31 ff.

Geis, Ivo
Individualrechte in der sich verändernden europäischen Datenschutzlandschaft
In: CR 1995, 171 ff.

Gennen, Klaus
Das Assessment-Center-Verfahren
In: ZfA 1990, 495 ff.

Gola, Peter
Krankheit im Arbeitsverhältnis
In: BB 1987, 538 ff.

Die Frage nach dem Verhinderungsfall – ein Versuch der Umgehung unzulässiger Datenerhebungen ?
In: RDV 2000, 202 ff.

Die Erhebung und Verarbeitung „besonderer Arten personenbezogener Daten“ im Arbeitsverhältnis
In: RDV 2001, 125 ff.

Die Einwilligung als Legitimation für die Verarbeitung von Arbeitnehmerdaten
In: RDV 2002, 109 ff.

Das Gebot der Direkterhebung im Arbeitsverhältnis und Informationspflichten gegenüber Bewerbern
In: RDV 2003, 177 ff.

Gola, Peter; Schomerus, Rudolf
Bundesdatenschutzgesetz
Kommentar
8. Auflage
München 2005
(zit.: Gola/Schomerus)

Gröninger, Karl; Thomas, Werner
Mutterschutzgesetz
Kommentar
40. Ergänzung
Neuwied 2006
(zit.: Gröninger/Thomas)

Großmann, R.
Schwerbehinderte im Konflikt zwischen Statusrecht und Offenbarungspflicht
In: NZA 1989, 702 ff.

Gumpert, Jobst
Anmerkung zu BAG v. 15.01.1970 (2 AZR 64/69)
In: BB 1970, 804

Haesen, Wilfried
Zur Aids-Problematik im Arbeitsrecht und öffentlichen Dienstrecht
In: RdA 1988, 158 ff.

Hanau, Peter
Verfassungsrechtlicher Kündigungsschutz
In: Festschrift für Dieterich, 1999, 201 ff.
(zit.: Hanau FS Dieterich)

Das Allgemeine Gleichbehandlungsgesetz (arbeitsrechtlicher Teil) zwischen Bagatellisierung und Dramatisierung
In: ZIP 2006, 2189 ff.

Geleitwort zum Diskussionsentwurf eines Arbeitsvertragsgesetzes
In: NZA 2006, Beilage zu Heft 23

Hanau, Peter; Adomeit, Klaus
Arbeitsrecht
12. Auflage
Neuwied, Kriftel 2000
(zit.: Hanau/Adomeit[12])
14. Auflage
Neuwied 2007
(zit.: Hanau/Adomeit)

Hanau, Peter; Preis, Ulrich
Zur mittelbaren Diskriminierung wegen des Geschlechts
In: ZfA 1988, 177 ff.

Henssler, Martin; Willemsen, Heinz Josef; Kalb, Heinz-Jürgen (Hrsg.)
Arbeitsrecht Kommentar
2. Auflage
Köln 2006
(zit.: H/W/K – Bearbeiter)

Henssler, Martin; Holletschek, Kirsten
Anmerkung zu BAG v. 27.10.1992 (1 ABR 4/92)
In: SAE 1994, 14 ff.

Herschel, Wilhelm
Tarifdispositives Richterrecht
In: DB 1971, 2114 ff.

Herrmann, Elke
Die Abschlußfreiheit – ein gefährdetes Prinzip
In: ZfA 1996, 19 ff.

Hesse, Konrad
Grundzüge des Verfassungsrechts der Bundesrepublik Deutschland
20. Auflage
Heidelberg 1995
(zit.: Hesse, Verfassungsrecht)

Heußner, Hermann
Das informationelle Selbstbestimmungsrecht des Grundgesetzes als Schutz des Menschen vor totaler Erfassung
In: BB 1990, 1281 ff.

Hinrichs, Werner
Nochmals: Zur Frage der Schweigepflicht des Betriebsarztes
In: BB 1976, 1273 ff.

Höfle, T.
Zur Vorstrafe im Arbeitsverhältnis
In: AR-Blattei SD Vorstrafen I
1977

Hofmann, Paul
Zur Offenbarungspflicht des Arbeitnehmers
In: ZfA 1975, 1 ff.

Hoyningen-Huene, Gerrick v.
Der psychologische Test im Betrieb
In: DB 1991, Beilage Nr. 10

Hromadka, Wolfgang
Schuldrechtsmodernisierung und Vertragskontrolle im Arbeitsrecht
In: NJW 2002, 2523 ff.

Hufen, Friedhelm
Das Volkszählungsurteil des Bundesverfassungsgerichts und das Grundrecht auf informationelle Selbstbestimmung – eine juristische Antwort auf „1984" ?
In: JZ 1984, 1072 ff.

Hunold, Wolf
Aktuelle Probleme der Personalauswahl
In: DB 1993, 224 ff.

Die Frage des Arbeitgebers nach der Verfügbarkeit von Bewerbern
In: DB 2000, 573 ff.

Welche Fragen sind erlaubt ?
In: AuA 2001, 260 ff.

Isensee, Josef; Kirchhof, Paul
Handbuch des Staatsrechts
Band III, Das Handeln des Staates
2. Auflage
Heidelberg 1996
(zit.: Isensee/Kirchhof – Bearbeiter)

Jarass, Hans D.; Pieroth, Bodo
Grundgesetz
7. Auflage
München 2004
(zit.: Jarass/Pieroth)

Joussen, Jacob
Si tacuisses – Der aktuelle Stand zum Fragerecht des Arbeitgebers nach einer Schwerbehinderung
In: NJW 2003, 2857 ff.

Kaehler, Boris
Das Arbeitgeberfragerecht im Anbahnungsverhältnis: Kritische Analyse und dogmatische Grundlegung
In: ZfA 2006, 519 ff.

Käppler, Renate
Die Rechtsprechung des Bundesarbeitsgerichts im Jahre 1993
In: ZfA 1995, 271 ff.

Kamanabrou, Sudabeh
Anmerkung zu BAG v. 06.02.2003 (2 AZR 621/01)
In: AP Nr. 21 zu § 611 a BGB, Bl. 2 R ff.

Gemeinsame Anmerkung zu EuGH v. 04.10.2001 (Rs. C-438/99 u. C-109/00)
In: EzA Nr. 17 zu § 611 a BGB, S. 21 ff.

Keller, Ulrich
Die ärztliche Untersuchung des Arbeitnehmers im Rahmen des Arbeitsverhältnisses
In: NZA 1988, 561 ff.

Kittner, Michael; Däubler, Wolfgang; Zwanziger, Bertram
Kündigungsschutzrecht
6. Auflage
Frankfurt a.M. 2004
(zit.: K/D/Z – Bearbeiter)

Klak, Alexander
AIDS und die Folgen für das Arbeitsrecht
In: BB 1987, 1382 ff.

Klein, Olaf
Die Offenbarungspflicht des Arbeitnehmers bei Annahmeverzug des Arbeitgebers
In: NZA 1998, 1208 ff.

Kloepfer, Michael
Geben moderne Technologien und die europäische Integration Anlaß, Notwendigkeit und Grenzen des Schutzes personenbezogener Informationen neu zu bestimmen?
Gutachten D für den 62. Deutschen Juristentag
München 1998
(zit.: Kloepfer, Gutachten)

Kockel, Martin; Vossen-Kempkens, Stefanie
Zur Sachbehandlung von unschlüssigen, haltlosen, beschimpfenden, sich inhaltlich wiederholenden „querulatorischen" Strafanzeigen
In: NStZ 2001, 178 ff.

Kopp, Ferdinand
Tendenzen der Harmonisierung des Datenschutzrechts in Europa
In: DuD 1995, 204 ff.

Koppenfels-Spies, Katharina von
Das Ende der Vertragsfreiheit ? – Erkenntnisse aus dem (vorläufig) gescheiterten zivilrechtlichen Anti-Diskriminierungsgesetz für die Umsetzung der Richtlinien 2000/43/EG und 2000/78/EG –
In: WM 2002, 1489 ff.

Schwangerschaft und Schwerbehinderung – zwei weiterhin unbeliebte Fragen im Arbeitsrecht
In: AuR 2004, 43 ff.

Krause, Eberhard
Werksärztlicher Dienst und ärztliche Schweigepflicht
In: DB 1965, 1743 ff.

Krause, Peter
Das Recht auf informationelle Selbstbestimmung – BVerfGE 65, 1
In: JuS 1984, 268 ff.

Grundrechtliche Grenzen staatlicher und privater Informationserhebung und -speicherung
In: DB 1983, Beilage Nr. 23

Kuhla, Wolfgang
Datenschutz im Beamten- und Arbeitsverhältnis
Darmstadt 1983
(zit.: Kuhla)

Kuras, Gerhard
Verbot der Diskriminierung wegen des Alters
In: RdA 2003, Sonderbeilage zu Heft 5, 11 ff.

Kutsch, Stefan
Die Rechtsprechung des EuGH zur Gleichbehandlung von Mann und Frau
In: BB 1991, 2149 ff.

Langer, Margit
Informationsfreiheit als Grenze informationeller Selbstbestimmung
Berlin 1992
(zit.: Langer)

Larenz, Karl
Methodenlehre der Rechtswissenschaft
6. Auflage
Berlin, Heidelberg, New York u.a. 1991
(zit.: Larenz, Methodenlehre)

Laufs, Rainer; Laufs, Adolf
Aids und Arbeitsrecht
In: NJW 1987, 2257 ff.

Leipold, Dieter
Einstellungsfragebögen und das Recht auf Arbeit
In: AuR 1971, 161 ff.

Lepke, Achim
AIDS als Grund für eine Kündigung des Arbeitgebers
In: RdA 2000, 87 ff.

Lichtenberg, Peter; Schücking, Prosper
Stand der arbeitsrechtlichen Diskussion zur HIV-Infektion und Aids-Erkrankung
In: NZA 1990, 41 ff.

Linnenkohl, Karl
Arbeitsverhältnis und Vorstrafen-Fragen
In: AuR 1983, 129 ff.

Informationsrecht und Arbeitnehmerschutz
In: AuR 1984, 129 ff.

Linnenkohl, Karl; Rauschenberg, Hans-Jürgen; Schüttler, Jutta; Schütz, Regina
Das Recht auf „informationelle Selbstbestimmung" und die Drittwirkungsproblematik im Arbeitsrecht
In: BB 1988, 57 ff.

Linsenmaier, Wolfgang
Das Verbot der Diskriminierung wegen des Alters
In: RdA 2003, Sonderbeilage zu Heft 5, 22 ff.

Löwisch, Manfred
Arbeitsrechtliche Fragen von AIDS-Erkrankungen und AIDS-Infektion
In: DB 1987, 936 ff.

Arbeitsrecht
7. Auflage
Düsseldorf 2004
(zit.: Löwisch)

Mallmann, Otto
Zweigeteilter Datenschutz ? – Auswirkungen des Volkszählungsurteils auf die Privatwirtschaft
In: CR 1988, 93 ff.

Maunz, Theodor; Dürig, Günter u.a. (Hrsg.)
Grundgesetz
Loseblattsammlung
47. Ergänzungslieferung
München 2006
(zit.: M/D/H/S – Bearbeiter)

Maurer, Kurt
Befragung von Stellenbewerbern nach Vorstrafen nach Inkrafttreten des Bundeszentralregistergesetzes
In: AuR 1972, 9 ff.

Menzel, Hans-Joachim
Regelungsvorschlag zur Selbstbestimmung bei genetischen Untersuchungen
In: DuD 2002, 146 ff.

Messingschlager, Thomas
„Sind Sie schwerbehindert ?“ – Das Ende einer (un)beliebten Frage
In: NZA 2003, 301 ff.

Morgenroth, Sascha; Leder, Tobias
Die Besonderheiten des Arbeitsrechts im allgemeinen Zivilrecht
In: NJW 2004, 2797 ff.

Moritz, Heinz Peter
Fragerecht des Arbeitgebers sowie Auskunfts- und/oder Offenbarungspflicht des Arbeitnehmers bei der Anbahnung von Arbeitsverhältnissen ?
In: NZA 1987, 329 ff.

Müller, Christopher
Arbeitnehmerdatenschutz im Lichte der EU-Datenschutzrichtlinie
In: Festschrift für Alfred Söllner, 2000, 809 ff.
(zit.: Müller FS Söllner)

Münchener Anwalts-Handbuch Arbeitsrecht
Hrsg.: Moll, Wilhelm
München 2005
(zit.: MünchAnwHa – Bearbeiter)

Münchener Handbuch zum Arbeitsrecht
Hrsg.: Richardi, Reinhard; Wlotzke, Otfried
Band 1: §§ 1-113
Individualarbeitsrecht I
2. Auflage
München 2000
(zit.: MünchArbR – Bearbeiter)

Münchener Kommentar zum Bürgerlichen Gesetzbuch
Hrsg.: Rebmann, Kurt; Säcker, Franz Jürgen; Rixecker, Roland
Band 4
Schuldrecht, Besonderer Teil II
§§ 611-704
4. Auflage
München 2005
(zit.: MüKo – Bearbeiter)

Neumann, Dirk
Die Offenbarungspflicht des Arbeitnehmers
In: DB 1961, 1291 ff.

Neumann-Duesberg, Horst
Persönlichkeitsrecht, Vertragsfreiheit und gegenseitige Sozialpflichtigkeit
In: JZ 1962, 204 ff.

Nicolai, Andrea
Anmerkung zu EuGH v. 03.02.2000 (Rs. C-207/98)
In: SAE 2001, 79 ff.

Stellungnahme zum Entwurf eines Gesetzes zur Umsetzung europäischer Antidiskriminierungsrichtlinien – BT-Drucksachen 15/4538
Beziehbar unter http://www.aus-portal.de/aktuell/gesetze/media/Anhoerung_070305_Sachverstaendige(1).pdf
(zit.: Nicolai, Stellungnahme)

Pahlen, Ronald
Die Frage nach der Schwerbehinderteneigenschaft vor der Einstellung und Art. 3 Abs. 3 Satz 2 GG
In: RdA 2001, 143 ff.

Palandt, Otto
Bürgerliches Gesetzbuch
65. Auflage
München 2006
(zit.: Palandt – Bearbeiter)

Pieroth, Bodo; Schlink, Bernhard
Grundrechte
Staatsrecht II
20. Auflage
Heidelberg 2004
(zit.: Pieroth/Schlink)

Preis, Bernd
Tarifdispositives Richterrecht
In: ZfA 1972, 271 ff.

Preis, Ulrich
Entwicklungslinien in der Rechtsprechung des EuGH zum Arbeitsrecht
In: ZIP 1995, 891 ff.

Arbeitsrecht
Praxis-Lehrbuch zum Individualarbeitsrecht
2. Auflage
Köln 2003
(zit.: Preis)

Widerrufsvorbehalte auf dem höchstrichterlichen Prüfstand
In: NZA 2004, 1014 ff.

Raab, Thomas
Das Fragerecht des Arbeitgebers nach schwebenden Strafverfahren und die Unschuldsvermutung des Bewerbers
In: RdA 1995, 36 ff.

Rädler, Peter
Art. 3 III GG als Schutzgesetz i.S. von § 823 II BGB ? Zur Renaissance der unmittelbaren Drittwirkung in der Gestalt des Schutzgesetzes
In: NJW 1998, 1621 ff.

Rauscher, Thomas
Karteikarten und leere Aktendeckel – zur Kündigung inoffizieller STASI-Mitarbeiter
In: Festschrift für Wolfgang Gitter, 1995, 757 ff.
(zit.: Rauscher FS Gitter)

Redeker, Konrad
Legitimation und Grenzen richterlicher Rechtsetzung
In: NJW 1972, 409 ff.

Reichold, Hermann; Hahn, Oliver; Heinrich, Martin
Neuer Anlauf zur Umsetzung der Antidiskriminierungs-Richtlinien: Plädoyer für ein Artikelgesetz
In: NZA 2005, 1270 ff.

Reichsgerichtsrätekommentar
Das Bürgerliche Gesetzbuch
Band II, Teil 3/2
12. Auflage
Berlin, New York 1997
(zit.: RGRK – Bearbeiter)

Reimers, Claudia; Wiesinger, Kai
Keine Ausnahmen mehr ? Lügerecht bei Frage nach Schwangerschaft
In: AuA 2003, 25 ff.

Reinfeld, Roland
Vorstrafen im Arbeitsverhältnis
In: AR-Blattei SD Vorstrafen
1996

Richardi, Reinhard
Arbeitsrechtliche Probleme bei Einstellung und Entlassung Aids-infizierter Arbeitnehmer
In: NZA 1988, 73 ff.

Neues und Altes – Ein Ariadnefaden durch das Labyrinth des Allgemeinen Gleichbehandlungsgesetzes
In: NZA 2006, 881 ff.

Roesner, Ralf
Das Allgemeine Gleichbehandlungsgesetz
1. Auflage
Heidelberg, München, Landsberg, Berlin 2006
(zit.: Roesner)

Rolfs, Christian; Paschke, Derk
Die Pflichten des Arbeitgebers und die Rechte schwerbehinderter Arbeitnehmer nach § 81 SGB IX
In: BB 2002, 1260 ff.

Roos, Bernd
Gentechnik – Chancen und Risiken
In: AuR 2001, 121 ff.

Roth, Herbert
Geltungserhaltende Reduktion im Privatrecht
In: JZ 1989, 411 ff.

Rüpke, Giselher
Aspekte zur Entwicklung eines EU-Datenschutzrechts
In: ZRP 1995, 185 ff.

Säcker, Franz-Jürgen
„Vernunft statt Freiheit!“ – Die Tugendrepublik der Jakobiner
In: ZRP 2002, 286 ff.

Zum Regierungsentwurf eines Antidiskriminierungsgesetzes
Beziehbar unter http://www.aus-portal.de/aktuell/gesetze/media/Anhoerung_070305_Sachverstaendige(1).pdf
(zit.: Säcker, Regierungsentwurf)

Schäker, Hanns
Zur Schweigepflicht der Angehörigen werksärztlicher Abteilungen
In: BB 1964, 968 ff.

Schatzschneider, Wolfgang
Frage nach der Schwangerschaft und gemeinschaftsrechtliches Diskriminierungsverbot
In: NJW 1993, 1115 f.

Schaub, Günter
Ist die Frage nach der Schwerbehinderung zulässig ?
In: NZA 2003, 299 ff.

(Hrsg.)
Arbeitsrechts-Handbuch
11. Auflage
München 2005
(zit.: Schaub – Bearbeiter)

Schiek, Dagmar
Gleichbehandlungsrichtlinien der EU – Umsetzung im deutschen Arbeitsrecht
In: NZA 2004, 873 ff.

Schlachter, Monika
Kurzkommentar zu EuGH v. 03.02.2000 (Rs. C-207/98)
In: EWiR Art. 2 RL 76/207/EWG 1/2000, 249 f.

Schliemann, Harald (Hrsg.)
Das Arbeitsrecht im BGB
Kommentar
2. Auflage
Berlin, New York 2002
(zit.: ArbRBGB – Bearbeiter)

Schmid, Karlheinz
Rechtsprobleme im Zusammenhang mit Auswahlseminaren
In: BB 1982, 1249 ff.

Rechtsprobleme bei der Einholung von Auskünften über Bewerber
In: DB 1983, 769 ff.

Schmidt, Dietmar
Weiterleitung von Erkenntnissen über Stasi-Mitarbeit an einen Stellenbewerber durch den Arbeitgeber
In: RDV 1993, 63 ff.

Schmidt, Marlene; Senne, Daniela
Das gemeinschaftsrechtliche Verbot der Altersdiskriminierung und seine Bedeutung für das deutsche Arbeitsrecht
In: RdA 2002, 80 ff.

Schönfeld, Thorleif; Gennen, Klaus
Mitbestimmung bei Assessment-Centern – Beteiligungsrechte des Betriebsrats und des Sprecherausschusses
In: NZA 1989, 543 ff.

Scholz, Rupert
Arbeitsverfassung und Richterrecht
In: DB 1972, 1771 ff.

Gemeinsame Anmerkung zu BAG v. 14.03.1989 (8 AZR 447/87 u. 8 AZR 351/86)
In: AP Nr. 6 zu § 611 a BGB, Bl. 3 R ff.

Scholz, Uwe R.
Kündigung in der Privatwirtschaft wegen Tätigkeit für das Ministerium für Staatssicherheit/Amt für nationale Sicherheit
In: BB 1992, 2424 ff.

Schuler, Heinz (Hrsg.)
Lehrbuch der Personalpsychologie
Göttingen, Bern, Toronto, Seattle 2001
(zit.: Schuler – Bearbeiter)

Schulte Westenberg, Michael
Die Frage nach der Schwangerschaft – Entwicklung der Rechtsprechung
In: NJW 1994, 1573 ff.

Schwerdtner, Peter
Arbeitsrecht I
Individualarbeitsrecht
München 1976
(zit.: Schwerdtner)

Simitis, Spiros
Vom Markt zur Polis: Die EU-Richtlinie zum Datenschutz
In: Tinnefeld, Marie-Theres; Phillips, Lothar; Heil, Susanne
Informationsgesellschaft und Rechtskultur in Europa, 51 ff.
Baden-Baden 1995
(zit.: Simitis, Vom Markt zur Polis)

Die EU-Datenschutzrichtlinie – Stillstand oder Anreiz ?
In: NJW 1997, 281 ff.

Datenschutz – Rückschritt oder Neubeginn ?
In: NJW 1998, 2473 ff.

(Hrsg.)
Kommentar zum Bundesdatenschutzgesetz
5. Auflage
Baden-Baden 2003
(zit.: Simitis – Bearbeiter)

Sowka, Hans-Harald
Die Frage nach der Schwangerschaft
In: NZA 1994, 967 ff.

Sproll, Hans-Dieter
Rechtliche Grenzen der Erhebung und Speicherung von Arbeitnehmerdaten
In: ZIP 1984, 23 ff.

Stahlhacke, Eugen
Europäischer Gerichtshof und die Frage nach der Schwangerschaft
In: Festschrift für Söllner, 2000, 1095 ff.
(zit.: Stahlhacke FS Söllner)

Staudinger, J. von
Kommentar zum Bürgerlichen Gesetzbuch
Buch 2
Recht der Schuldverhältnisse
§§ 611-615 (Dienstvertragsrecht 1)
Neubearbeitung
Berlin 2005
(zit.: Staudinger – Bearbeiter)

Steinbuch, Karl
Über den Wert von Informationen
In: GRUR 1987, 579 ff.

Stern, Klaus
Das Staatsrecht der Bundesrepublik Deutschland
Band III/1
Allgemeine Lehren der Grundrechte
München 1988
(zit.: Stern, Staatsrecht, Band III/1)
Band III/2
Allgemeine Lehren der Grundrechte
München 1991
(zit.: Stern, Staatsrecht, Band III/2)

Sternberg-Lieben, Detlev
Strafbarkeit eigenmächtiger Genomanalyse
In: GA 90, 289 ff.

Stürmer, Klaus
Bewerbung und Schwangerschaft
In: NZA 2001, 526 ff.

Sutschet, Holger
Über Informationsverbote zur Wissensgesellschaft?! – Kritische Stellungnahme zum Reformentwurf des Bundesdatenschutzgesetzes vom 6.7.1999
In: RDV 2000, 107 ff.

Thüsing, Gregor
Der Fortschritt des Diskriminierungsschutzes im Europäischen Arbeitsrecht
In: ZfA 2001, 397 ff.

Anmerkung zu EuGH v. 04.10.2001 (Rs. C-109/00)
In: DB 2001, 2451 ff.

Anmerkung zu BAG v. 28.03.2000 (1 ABR 16/99)
In: RdA 2002, 49 ff.

Das Arbeitsrecht der Zukunft ? – Die deutsche Umsetzung der Anti-Diskriminierungsrichtlinien im internationalen Vergleich
In: NZA 2004, Sonderbeilage zu Heft 22, 3 ff.

Thüsing, Gregor; Lambrich, Thomas
Das Fragerecht des Arbeitgebers – aktuelle Probleme zu einem klassischen Thema
In: BB 2002, 1146 ff.

Tinnefeld, Marie-Theres
Persönlichkeitsrecht und Modalitäten der Datenerhebung im Bundesdatenschutzgesetz
In: NJW 1993, 1117 ff.

Tinnefeld, Marie-Theres; Ehmann, Eugen
Einführung in das Datenschutzrecht
3. Auflage
München 1998
(zit.: Tinnefeld/E. Ehmann)

Tinnefeld, Marie-Theres; Böhm, Ingolf
Genomanalyse und Persönlichkeitsrecht – Chancen und Gefährdungen –
In: DuD 1992, 62 ff.

Treber, Jürgen
Die Rechtsprechung des Bundesarbeitsgerichts im Jahre 1995
In: ZfA 1996, 659 ff.

Tschöpe, Ulrich (Hrsg.)
Anwalts-Handbuch Arbeitsrecht
4. Auflage
Köln 2005
(zit.: Tschöpe – Bearbeiter)

Waas, Bernd
Das Fragerecht des Arbeitgebers im Spannungsfeld von Schutz des Arbeitnehmers und Gemeinwohlbindung
In: JR 1992, 365 ff.

Walker, Wolf-D.
Zur Zulässigkeit der Frage nach der Schwangerschaft
In: DB 1987, 273 ff.

Waltermann, Raimund
Verbot der Altersdiskriminierung – Richtlinie und Umsetzung
In: NZA 2005, 1265 ff.

Wank, Rolf
Anmerkung zu BAG v. 01.07.1993 (2 AZR 25/93)
In: AP Nr. 36 zu § 123 BGB, Bl. 4 ff.

Diskriminierung in Europa – Die Umsetzung der europäischen Antidiskriminierungsrichtlinien aus deutscher Sicht
In: NZA 2004, Sonderbeilage zu Heft 22, 16 ff.

Weber, Claus
Das Verbot altersbedingter Diskriminierung nach der Richtlinie 2000/78/EG – eine neue arbeitsrechtliche Dimension
In: AuR 2002, 401 ff.

Wedde, Peter
Fragen privater Arbeitgeber nach MfS-Tätigkeit
In: CR 1992, 679 ff.

Weichert, Thilo
Der Entwurf eines Bundesdatenschutzgesetzes von Bündnis 90/Die Grünen
In: RDV 1999, 65 ff.

Der Schutz genetischer Informationen
In: DuD 2002, 133 ff.

Wellbrock, Rita
Genomanalysen und das informationelle Selbstbestimmungsrecht
In: CR 1989, 204 ff.

Wendeling-Schröder, Ulrike
Schriftliche Stellungnahme zur Sachverständigenanhörung im Bundestag am 07.03.2005 zum ADG-E
Beziehbar unter http://www.aus-portal.de/aktuell/gesetze/media/Anhoerung_070305_Sachverstaendige(1).pdf
(zit.: Wendeling-Schröder, Stellungnahme)

Wiedemann, Herbert
Zur culpa in contrahendo beim Abschluß des Arbeitsvertrages
In: Festschrift für Herschel, 1982, 463 ff.
(zit.: Wiedemann FS Herschel)

Wiedemann, Herbert; Thüsing, Gregor
Fragen zum Entwurf eines zivilrechtlichen Anti-Diskriminierungsgesetzes
In: DB 2002, 463 ff.

Der Schutz älterer Arbeitnehmer und die Umsetzung der Richtlinie 2000/78/EG
In: NZA 2002, 1234 ff.

Wiese, Günther
Der Persönlichkeitsschutz des Arbeitnehmers gegenüber dem Arbeitgeber
In: ZfA 1971, 273 ff.

Genetische Analyse bei Arbeitnehmern
In: RdA 1986, 120 ff.

Zur gesetzlichen Regelung der Genomanalyse an Arbeitnehmern
In: RdA 1988, 217 ff.

Verbot der Benachteiligung wegen des Geschlechts bei der Begründung eines Arbeitsverhältnisses – BAG, Betr. 1989, 2279
In: JuS 1990, 357 ff.

Willemsen, Heinz Josef; Grau, Timon
Geltungserhaltende Reduktion und „Besonderheiten des Arbeitsrechts"
In: RdA 2003, 321 ff.

Winterfeld, Rosemarie
Anmerkung zu BAG v. 15.10.1992 (2 AZR 227/92)
In: EzA Nr. 37 zu § 123 BGB, S. 9 ff.

Wohlgemuth, Hans H.
Rechtliche Grenzen der Informationsgewinnung durch den Arbeitgeber
In: BB 1980, 1530 ff.

Anmerkung zu BAG v. 16.09.1982 (2 AZR 228/80)
In: EzA Nr. 22 zu § 123 BGB

Grenzen der Personaldatenverarbeitung – Mitbestimmung des Betriebsrats nach § 87 Abs. 1 Ziff. 6 BetrVG
In: AuR 1984, 257 ff.

Darf der Arbeitgeber ein Führungszeugnis anfordern ?
In: DB 1985, Beilage Nr. 21

Ausgewählte Probleme des Arbeitnehmerdatenschutzes
In: AuR 1985, 239 ff.

Datenschutz für Arbeitnehmer
2. Auflage
Neuwied 1988
(zit.: Wohlgemuth, Datenschutz für Arbeitnehmer)

Fragerecht und Erhebungsrecht
In: AuR 1992, 46 ff.

Neuere Entwicklungen im Arbeitnehmerdatenschutz
In: BB 1992, 281 ff.

Auswirkungen der EG-Datenschutzrichtlinie auf den Arbeitnehmer-Datenschutz
In: BB 1996, 690 ff.

Wronka, Georg; Gola, Peter
Datenschutzrechtliche Aspekte bei der Verarbeitung von Arbeitnehmerdaten mit DDR-politischen Bezügen
In: RDV 1992, 12 ff.

Wuermeling, Ulrich
Umsetzung der Europäischen Datenschutzrichtlinie
In: DB 1996, 663 ff.

Zeller, Sven
Die arbeitsrechtlichen Aspekte des Personalfragebogens als Mittel der Personalauswahl
In: BB 1987, 1522 ff.

Die Einstellungsuntersuchung
In: BB 1987, 2439 ff.

Die Zulässigkeit der Frage nach der Schwangerschaft
In: BB 1991, 1124 f.

Zöllner, Wolfgang
Sind im Interesse einer gerechteren Verteilung der Arbeitsplätze Begründung und Beendigung der Arbeitsverhältnisse neu zu regeln ?
Gutachten D zum 52. Deutschen Juristentag
München 1978
(zit.: Zöllner, Gutachten)

Daten- und Informationsschutz im Arbeitsverhältnis
Köln, Berlin, Bonn, München 1982
(zit.: Zöllner, Daten- und Informationsschutz im Arbeitsverhältnis)

Die Nutzung DV-gestützter Personalinformationssysteme im Schnittpunkt von Datenschutzrecht und Betriebsverfassung
In: DB 1984, 241 ff.

Die gesetzgeberische Trennung des Datenschutzes für öffentliche und private Datenverarbeitung
In: RDV 1985, 3 ff.

Zuleeg, Manfred
Gleicher Zugang von Männern und Frauen zu beruflicher Tätigkeit
In: RdA 1984, 325 ff.

Peter Lang · Internationaler Verlag der Wissenschaften

Alida Milthaler

Das Fragerecht des Arbeitgebers nach den Vorstrafen des Bewerbers

Frankfurt am Main, Berlin, Bern, Bruxelles, New York, Oxford, Wien, 2006.
356 S.
Schriften zum Arbeitsrecht und Wirtschaftsrecht.
Herausgegeben von Abbo Junker. Bd. 37
ISBN 978-3-631-54657-4 · br. € 59.70*

Die Grenzen des Fragerechts des Arbeitgebers nach den Bewerbervorstrafen sind umstritten. Nach der Rechtsprechung des Bundesarbeitsgerichts darf der Arbeitgeber nur nach den für die in Aussicht genommene Stelle einschlägigen Vorstrafen fragen. Der Arbeitgeber kann jedoch diese Beschränkungen dadurch umgehen, daß er sich ein Führungszeugnis für private Zwecke nach § 30 Abs. 1 S. 1 BZRG vorlegen läßt; so kann er auch die nicht einschlägigen Vorstrafen erfahren. Auf diese Weise unterläuft er das informationelle Selbstbestimmungsrecht des Bewerbers. Dieser Widerspruch der geltenden Rechtslage kann nur anhand einer Gesetzesänderung beseitigt werden. Nach dem niederländischen Vorbild bietet es sich an, ein Arbeitgeberführungszeugnis zu schaffen. Diese Möglichkeit hat der Deutsche Bundestag vor kurzem aufgeworfen, ohne jedoch eine Regelung bereitzustellen.

Aus dem Inhalt: Die widerstreitenden Interessen der Beteiligten · Fragerecht des Arbeitgebers und Mitteilungspflichten des Bewerbers · Das Strafregisterwesen · Die Frage des Arbeitgebers nach Vorstrafen und das Verhältnis zum BZRG · Zulässigkeit der Frage des Arbeitgebers nach vorstrafenähnlichen Umständen des Bewerbers · Die Frage nach den Vorstrafen und das Führungszeugnis nach § 30 Abs. 1 S. 1 i. V. m. § 32 BZRG · Rechtsfragen bei unzulässigen Arbeitgeberfragen und Verstößen des Bewerbers gegen seine Mitteilungspflichten

FSC
www.fsc.org
MIX
Papier | Fördert gute Waldnutzung
FSC® C083411

Kolibri 360 GmbH
Ferdinand-Jühlke-Straße 7
99095 Erfurt, Deutschland
produktsicherheit@kolibri360.de

Druck:
CPI Druckdienstleistungen GmbH
im Auftrag der
Kolibri 360 GmbH
Ferdinand-Jühlke-Str. 7
99095 Erfurt